指导委员会

主　任　王其江
副主任　孙琬钟　张月姣　赵　宏　林中梁
委　员　（以姓氏拼音为序）
　　　　韩立余　孔庆江　李顺德　刘敬东　屈广清
　　　　石静霞　王传丽　吴　浩　徐崇利　杨国华
　　　　于　安　赵宏瑞　左海聪

编委会（以姓氏拼音为序）

陈咏梅　龚柏华　韩立余　贺小勇　刘敬东　石静霞
史晓丽　肖　冰　杨国华　余敏友　张乃根　赵　骏
朱榄叶　左海聪

秘书处

杨国华　石静霞　吕　勇　史晓丽　周小康

中国法学会资助出版

Selected Cases of
WTO Dispute Settlement

世界贸易组织法经典案例选编

朱榄叶 主编

图书在版编目(CIP)数据

世界贸易组织法经典案例选编/朱榄叶主编. —北京：北京大学出版社，2018.3

ISBN 978-7-301-29092-7

Ⅰ. ①世… Ⅱ. ①朱… Ⅲ. ①世界贸易组织—规则—案例 Ⅳ. ①F743.1

中国版本图书馆 CIP 数据核字(2017)第 328581 号

书　　　名	世界贸易组织法经典案例选编 SHIJIE MAOYI ZUZHIFA JINGDIAN ANLI·XUANBIAN
著作责任者	朱榄叶　主编
责 任 编 辑	朱梅全　孙维玲
标 准 书 号	ISBN 978-7-301-29092-7
出 版 发 行	北京大学出版社
地　　　址	北京市海淀区成府路 205 号　100871
网　　　址	http://www.pup.cn
电 子 信 箱	sdyy_2005@126.com　新浪微博 @北京大学出版社
电　　　话	邮购部 62752015　发行部 62750672　编辑部 021-62071998
印 刷 者	三河市博文印刷有限公司
经 销 者	新华书店
	730 毫米×1020 毫米　16 开本　30.25 印张　465 千字 2018 年 3 月第 1 版　2019 年 3 月第 2 次印刷
定　　　价	69.00 元

未经许可，不得以任何方式复制或抄袭本书之部分或全部内容。
版权所有，侵权必究
举报电话：010-62752024　电子信箱：fd@pup.pku.edu.cn
图书如有印装质量问题，请与出版部联系，电话：010-62756370

总　序

世界贸易组织（WTO）是全球范围内唯一一个在多边层面规范国家和地区间贸易规则的国际组织，也是世界上最有影响力的国际组织之一，目前已有一百六十多个成员方。WTO拥有全面和完善的贸易协定体系，涵盖货物贸易、服务贸易和知识产权三大领域，达成的贸易协定和决定已有六十多个。WTO旨在通过推动各成员方进行多边谈判、达成多边贸易协定和解决各成员方之间的国际贸易争端，促进贸易自由化，以实现国际贸易流动的稳定性和可预见性，改善和提高各成员方的国民福利。

中国法学会世界贸易组织法研究会是中国法学会所属的专门从事世界贸易组织法研究的全国性学术团体，2001年8月29日成立。研究会的宗旨是，推动全国法学工作者和法律工作者结合我国实际开展世界贸易组织法的理论和实务研究，为促进依法治国以及我国参与国际贸易规则的谈判和制定提供服务。研究会的主要活动包括：组织召开世界贸易组织法研究会学术年会、专题研讨会、座谈会和其他学术会议；向相关部门提供政策建议和咨询意见；设立世界贸易组织法科研项目；组织评选世界贸易组织法优秀学术论文；编辑和出版《WTO法与中国论丛》以及与世界贸易组织法有关的其他学术成果；组织和参与世界贸易组织法模拟竞赛；促进和推动世界贸易组织法教学和人才培养；根据需要开展相关法律服务等。

为加快构建开放型经济新体制，坚持世界贸易体制规则，国务院办公厅在2014年发布了《关于进一步加强贸易政策合规工作的通知》，要求国务院各部门、地方各级人民政府及其部门建立贸易政策合规工作审查机制，确保制定的有关或影响货物贸易、服务贸易以及与贸易有关的知识产权的规章、规范性文件和其他政策措施符合《世界贸易组织协定》及其附件和后续协定、《中华人民共和国加入议定书》和《中国加入工作组报告书》的规定。2015年,国家发展改革委、外交部、商务部联合发布了《推动共建丝绸之路经济带和21世纪海上丝绸之路的愿景与行动》,贸易自由化是其重要组成部分,而在WTO多边规则基础上进一步推动"一带一路"建设是我国政府尊重和恪守国际规则的必然选择。此外,自2001年我国加入WTO以来,世界贸易组织法成为我国法学研究和法律教育的重要组成部分,在将其纳入国际经济法教学内容的同时,许多高校还专门开设了独立的"世界贸易组织法"课程。

为服务"一带一路"建设,满足贸易政策合规工作的需要,加强WTO人才培养工作,让更多的人了解和掌握WTO多边贸易规则,中国法学会世界贸易组织法研究会组织从事WTO研究和实务工作的专家学者,编写了世界贸易组织法读本系列,供政府、企业、高校和有志于多边贸易规则和"一带一路"规则体系研究的人士选用。

本读本系列的编写集中了全国各地的专家力量,分别由我国长期从事WTO研究的权威人士担任主编,力求在理论联系实际、以案说法的基础上,全面和准确地阐述世界贸易组织法规则、多边贸易规则与区域贸易规则的关系、世界贸易组织的作用,充分反映WTO谈判和发展的动向。尽管各位主编为本读本系列的编写倾注了很大努力,但是错误在所难免,欢迎广大读者提出宝贵意见,以便再版时加以完善。

中国法学会世界贸易组织法读本指导委员会

2018年1月18日

前　言

　　WTO成立22年,我跟踪研究WTO案例17年。随着研究的深入,我发现WTO无论是在程序还是实体方面都一直有新的问题出现,要不断研究新的问题和新的理论,这是表面看上去没有创新的创新。

　　1993年秋我在美国旧金山大学法学院讲学时,出于不想浪费时间的想法,编写了第一本《关税与贸易总协定国际贸易纠纷案例汇编》。这成了我研究GATT和WTO争端解决机制和案例的开端。1999年,我再次到美国讲学,又有了比较多的自由支配时间,接着编写WTO的争端解决案例就成了顺理成章的选择。从此以后,便一发而不可收,每隔三四年,就有一本《世界贸易组织国际贸易纠纷案例评析》出版。截至2015年底,我已经编写出版了WTO争端解决机制处理的所有案例,共六本。

　　在编写WTO争端解决案例书的过程中,我感觉到,WTO专家组和上诉机构报告篇幅长,法律分析严谨,不要说一般人不大看得懂,也不太会有兴趣,就连不研究国际法的专业人士想看明白也不太容易。我越来越想写一本给普通人看的WTO案例书。2007年夏天,我在WTO的官网上看到WTO秘书处编写的 *World Trade Organization: One Page Summaries*。当时我正在新加坡国立大学法学院讲课,也有大把的时间可用。等开始动手翻译了,我才发现,实际上那本书更像是案件专题索引,除了对专业人士有一定的引导作用,外行看了肯定是一头雾水。2012年,中国法制出版社编辑问我有什么写作计划,我跟她沟通了自己的想法。几番交流之后,出版社同意我按照自己的想法写。2013年4月,《WTO争端解决案例新编》出版。

　　截至2017年9月底,WTO争端解决机构已经受理了530起纠纷,其中通过专家组和上诉机构处理的有216起,形成了196个专家组报告和110个上诉机构报告,有29个专家组正在工作。这些报告成为理解

WTO各项协定之规定极好的资料。

  本书根据WTO诸协定及其在争端解决机制涉及案件的相对数,选取30余个报告,并按协定的规定编排。在选取案例时,本书尽量遴选那些被其后的案件反复引用的,这表明WTO专家组或上诉机构也认可该案的论理。需要说明的一点是,WTO专家组报告和上诉机构报告往往在一个案例中涉及多个法律问题。本书根据报告中主要分析的问题进行归类,并且保留了对其他问题的分析和结论。

  本书所选取案例的时间跨度从1996年到2016年,各位参编者负责撰写相关部分案例的初稿,具体分工如下:房东,第一部分;胡建国,第二部分;李晓玲,第三、四部分;廖诗评,第五、六、七、八部分。此外,陈晨、邓炯、高田甜、韩谷乔、李嘉、李明瑞、陆钰、孙笑、孙书玲、吴蓓、杨鸿等也为本书的出版贡献了力量,在此一并致谢!

朱榄叶

2017年9月27日

本书使用的简称与全称对照表

简称	全称
GATT	《1994年关税与贸易总协定》
《SPS协定》	《实施卫生与植物卫生措施协定》
《TBT协定》	《技术性贸易壁垒协定》
《TRIMS协定》	《与贸易有关的投资措施协定》
《反倾销协定》	《关于实施1994年关税与贸易总协定第6条的协定》
《SCM协定》	《补贴与反补贴协定》
GATS	《服务贸易总协定》
《TRIPS协定》	《与贸易有关的知识产权协定》
DSU	《关于争端解决规则和程序的谅解》
DSB	争端解决机构
VCLT	《维也纳条约法公约》
HS公约	《商品统一分类及编码制度》

目　录

一　GATT 确立的世界贸易组织法基本原则

最惠国待遇原则 /001
　　加拿大影响汽车工业的措施案 /001
　　欧共体对发展中国家给予关税优惠的条件案 /026

国民待遇原则 /037
　　日本含酒精饮料的税赋案 /037
　　中国影响汽车零部件进口的措施案 /047
　　加拿大涉及接入电价项目的措施案 /062

关税减让 /073
　　欧共体电脑设备海关分类案 /073
　　欧共体无骨冻鸡关税分类案 /083

取消数量限制 /095
　　中国涉及稀土、钨和钼出口的措施案 /095

透明度原则 /100
　　阿根廷影响牛皮出口和皮革进口的措施案 /100
　　欧共体特定海关事项案 /116

一般例外——GATT 第 20 条 /129
　　美国禁止进口虾及虾制品案 /129
　　欧共体影响石棉及石棉制品的措施案 /136

二 《反倾销协定》

欧共体对巴西可锻铸铁管或套件最终反倾销税案 /157
美国计算倾销幅度的法律、法规及方法案 /172
美国涉及归零法与日落复审的措施案 /186
欧共体对中国钢铁紧固件的最终反倾销措施案 /199
美国对韩国大型家用洗衣机的反倾销反补贴措施案 /213
欧盟对阿根廷进口生物柴油采取反倾销措施案 /225

三 《补贴与反补贴协定》

美国陆地棉补贴案 /239
欧共体及某些成员国影响大型民用飞机贸易的措施案 /256
美国对来自中国的产品反倾销税和反补贴税案 /272
中国对来自美国的取向电工钢的反倾销反补贴税案 /290
美国对中国产品的反补贴措施案 /305

四 《保障措施协定》

韩国进口奶制品最终保障措施案 /316
阿根廷对进口鞋类的保障措施案 /325
美国对韩国弧焊碳管的最终保障措施案 /337

五 《实施卫生与植物卫生措施协定》

欧共体影响肉和肉制品的措施案 /358
澳大利亚影响新西兰苹果进口的措施案 /370
美国影响中国禽肉进口的措施案 /384

六 《技术性贸易壁垒协定》

美国涉及金枪鱼及制品进口和销售的措施案 /396
欧盟禁止海豹产品进口和销售的措施案 /409

七 《与贸易有关的知识产权协定》

加拿大药品专利保护案 /428
中国影响知识产权保护和实施的措施案 /437

八 《服务贸易总协定》

美国影响跨境提供赌博与博彩服务的措施案 /447
中国影响电子支付服务的措施案 /461

GATT 确立的世界贸易组织法基本原则

最惠国待遇原则

加拿大影响汽车工业的措施案

(WT/DS139、WT/DS142)(简称:加拿大—汽车案)

【案件基本情况】

申诉方(被上诉方/上诉方):日本、欧共体

被申诉方(上诉方/被上诉方):加拿大

第三方(第三参与方):韩国、美国、印度(未参与上诉)

本案涉及的相关协定条款和法律问题:《SCM 协定》第 1 条、第 3 条和第 4.7 条;GATS 第 1 条、第 2 条,GATT 第 1 条、第 3 条;司法节制;对 GATT 第 3.4 条"要求"的解释(专家组);细化诉请的截止时间;对诉请的分析顺序;专家组对 GATS 第 5 条和第 17 条的分析。

日本和欧共体先后于 1998 年 7 月 3 日和 8 月 17 日向加拿大提出要求,就加拿大影响汽车工业的某些措施进行磋商。由于磋商未果,根据申诉方的请求,DSB 于 1999 年 2 月 1 日决定,根据 DSU 第 9.1 条,成立一个专家组对两案进行合并审理。2000 年 2 月 11 日,专家组做出报告。3 月 2 日,加拿大提出上诉;3 月 17 日,欧共体和日本也分别提出上诉。5 月 31 日,上诉机构做出报告。6 月 19 日,DSB 通过了上诉机构报告和专家组报告。

本案涉及加拿大对汽车工业给予的待遇。加拿大根据一定条件对在其境内设立的汽车制造商给予免税进口汽车的待遇。根据规定,加拿大

国内合格制造商要获得进口税减免的优惠,其汽车产品国内生产量(某些情况下包括产品零部件)必须达到加拿大附加值(Canada value added,CVA)的最低数量要求,并且其国内汽车产品的生产与在加拿大的销售之间应保持一个最低的比率。

进口税豁免最初源于加拿大和美国在 1965 年 1 月达成的汽车协定,GATT 工作组曾经确认这一措施不符合 GATT。后经美国要求,这一措施根据 GATT 第 25.5 条得到豁免;1996 年底,这一豁免又被延长一年。1989 年,美加达成自由贸易协议,规定自 1998 年 1 月 1 日起对符合原产地规定的汽车产品取消关税。随着北美自由贸易协定的执行,美加自由贸易协议于 1994 年 1 月 1 日中止执行。根据协定,加拿大对从美国进口的汽车产品自 1998 年 1 月 1 日起,对墨西哥进口的汽车产品自 2003 年 1 月 1 日起完全取消关税。本案纠纷发生时,上述免税措施通过加拿大 1998 年《汽车产品税则》(MVTO1998)和一系列的《特别免税条令》(Special Remission Orders,SROs)实施。

1995 年 4 月 10 日,加拿大财政部发布了 MVTO1998 的获益人清单,并在附录中列出了 33 家受益公司,其中 4 家是小汽车制造商,7 家是公共汽车制造商,27 家是特种商用车制造商。4 家小汽车制造商分别是克莱斯勒(加拿大)有限公司、福特汽车公司(加拿大)有限公司、通用汽车(加拿大)有限公司和沃尔沃(加拿大)有限公司。加拿大财政部备忘录发布了 SROs 的获益人清单,有 63 家受益公司,其中 2 家是小汽车制造商,5 家是公共汽车制造商,59 家是特种商用车制造商。[①]

本案双方对加拿大的相关措施是否符合 GATT、《TRIMS 协定》《SCM 协定》以及 GATS 的相关条款产生争议。

【专家组的分析和结论】

一、先决问题

日本提出,虽然它提交的材料中没有详细分析加拿大的措施是否符

[①] 报告原文如此。

合 GATT 第 3.4 条的问题,但保留在专家组审查过程中提出这一问题的权利,因为它在成立专家组的请求中已经提出了这一问题。加拿大认为这不符合正当程序的要求。如果申诉方可以在其需要的任何时候提出诉请,就会影响加拿大为自己辩护的权利。加拿大要求专家组对此问题作出决定。

专家组在与双方第一次会晤时作出如下决定:尽管日本在提交的材料中没有详细分析 GATT 第 3.4 条和《TRIMS 协定》第 2.1 条的问题,但它在成立专家组的请求中已经提出了这一问题,因此允许日本保留分析这一问题的权利。这样做并不存在加拿大所说的在程序进行的任何阶段提出新的诉请的问题,加拿大的权利也不会因此受到影响。

二、实体问题

在开始分析本案的法律争端之前,专家组首先明确了本案涉及的具体措施,并决定根据申诉方诉请的顺序进行分析。接着,专家组又引用了 VCLT 第 31 条和第 32 条,表示他们将像 DSB 其他专家组一样,按照 VCLT 的规定对协议作出解释。

1. 加拿大的措施是否违反了最惠国待遇

欧共体和日本声称,加拿大根据 MVTO1998 和 SROs 的规定授予符合一定条件的汽车进口商以进口税豁免的权利,该措施违反了 GATT 第 1.1 条,即最惠国待遇的规定。双方都承认免税待遇是一种"利益(advantage)",但由于种种条件限制,加拿大没有将该利益"立即并无条件"地给予从其他成员进口的类似产品。欧共体和日本认为这些措施事实上给予某些国家更有利的待遇。

日本提出,根据《节本牛津词典》,"无条件"的定义是"不受限于任何条件"。日本还援引了印尼—汽车案(DS54、DS55、DS59、DS64)、比利时—家庭津贴案(BISD 1S/59,GATT 案件)以及关于匈牙利加入 GATT 的工作组报告的意见,认为用与产品无关的条件限制优惠,违反了 GATT 第 1.1 条。专家组认为,日本声称进口税豁免不符合 GATT 第 1.1 条是因为其条件是建立在与产品本身并无任何联系的标准之上的,且在实践中对某些国家的产品给予优惠条件构成了差别待遇。根据 GATT 第 1.1 条的宗旨、目的及其上下文的意思来判断,专家组认为日本的解释不符合"无条件"一词在该条款中的通常意思。GATT 第 1.1 条所称的优惠是否无条件地给予,不能孤立地根据它是否对不同国家的类似产品构成了差别待遇来判断。"无条件"的通常含义是"不受任何条件的限制",这是正确的,但是日本曲解了"无条件"在 GATT 第 1.1 条中的含义。在该条款中,"无条件"并不是指在实质上给予一项优惠是无条件的,而是指给予源自任何国家的任何产品的优惠也必须无条件地给予源自所有其他成员国的类似产品,其目的在于保证无条件的最惠国待遇。此项义务意味着优惠的扩展不能建立在基于这些国家的地位或国家行为的条件限制之上。给予任何国家的产品的优惠也应当给予 WTO 所有成员的类似产品,而不问其来源如何。

在讨论这个问题时,专家组认为,必须将 GATT 第 1.1 条所说的优惠是不是无条件的争议,与一项优惠一旦给予任何国家的某一产品,该优惠是否也无条件地给予 WTO 所有成员的类似产品的争议区分开来。尤其需要指出的是,优惠条件与进口产品本身无关并不必然意味着这样的条件在产品的来源上构成歧视。日本援引的 GATT 和 WTO 报告中所涉及的违反 GATT 第 1.1 条的措施,并不是因为其适用条件建立在与进口产品本身无关的标准之上,而是因为它构成了对不同来源国产品的差别待遇。

专家组认为,不能简单地以加拿大进口免税条件与进口产品本身无关为由,认为该措施违反了 GATT 第 1.1 条,而应看该措施是否对不同来源的类似产品构成了差别待遇。日本声称,加拿大仅对来自部分国家的汽车产品实施进口免税,构成了对来自 WTO 其他成员国的汽车产品的差别待遇,而且享有免税进口资格的进口商名单 1989 年便已确定,这使得其差别待遇的性质更为突出。欧共体声称,从表面看,进口税豁免是非歧视性的,它平等地适用于由享有免税资格的制造商(获益人)进口的所有汽车产品,不论其来源国为哪一国。但是,实际上,由于条件的设置,主要的获益人是在美国和墨西哥拥有大制造业设备的美国公司的加拿大子公司,例如 1997 年从这两个国家进口的汽车产品大多数享受免税待遇,而从其他成员进口的汽车则要缴纳关税。

加拿大辩称,申诉方关于免进口税构成事实上的差别待遇的请求在法律上和事实上均无根据。GATT 和 WTO 争端解决案例表明,要证明事实上违反 GATT 第 1.1 条,必须证明有一个表面中立的标准,该标准实际上只有特定来源的产品才能符合,产品来源决定了产品所享有的关税待遇。在本案中,并不存在这样的情况。依加拿大的观点,只要不对免税获益人进口产品的来源进行限制,仅仅对享有免税资格的进口商的数量进行限制并不违反 GATT 第 1.1 条。

专家组指出,GATT 和 WTO 的实践中已确立了这样的观点,GATT 第 1.1 条规定的歧视包含了法律上和事实上的歧视。本案与以往案件的不同之处在于:申诉方所指控的歧视产生于规定进口商可以免税进口的条件,而不是规定进口产品可以免税进口的条件。申诉方认为,只有部分加拿大进口商享有进口免税的资格,这在事实上构成了歧视待遇。按照他们的观点,这实际上有效地将进口免税优惠限定在与进口商有联系的公司所在成员国的产品上。

专家组注意到,加拿大根据 MVTO1998 和 SROs 给予免税待遇的公司仅限于在特定的基准年度内的加拿大制造商及符合一定履行条件的外国制造商。除此之外,自 1989 年以来,没有新的汽车制造商能取得免税资格。目前那些享有免税优惠的制造商是特定国家汽车生产商所有或控制的公司。因此,在汽车行业,MVTO1998 的普遍获益人是通用、福特、克莱斯勒、沃尔沃的全资子公司;其他国家汽车制造商在加拿大的全资子公司却未能享受到免税待遇。

专家组得出结论:通过限制享受免税待遇的条件,加拿大给予来源于特定国家的产品以优惠,该优惠并没有立即无条件地给予来源于 WTO 其他成员国的相同产品。因此,该措施的实施违背了加拿大根据 GATT 第 1.1 条承担的义务。

在作出这样的结论之后,专家组又分析了加拿大根据 GATT 第 24 条提出的抗辩。加拿大提出,它与美国、墨西哥组成了自由贸易区,GATT 第 24 条可以免除其在 GATT 第 1.1 条项下的义务。专家组指出,加拿大规定的免税条件是要看其国内的合格进口商与外国的生产者之间有没有资本联系,所以免税待遇也可能给非自由贸易区国家出口的产品,且美国或墨西哥出口的产品并不都能享受免税待遇。因此,GATT 第 24 条显然不能豁免加拿大在这一方面的义务。

2. 加拿大的措施是否违反了国民待遇

申诉方根据 GATT 第 3.4 条和《TRIMS 协定》第 2.1 条提出，加拿大附加值水平和加拿大产汽车产品的净销售比例要求违反了国民待遇的原则。专家组引用了欧共体—香蕉案(DS27)和印尼—汽车案(DS54、DS55、DS59、DS64)专家组的意见认为，根据两个协定，特殊的问题涉及同一个措施，可以一起审理。

(1) CVA 要求

专家组分别审查了 MVTO1998 和 SROs 中规定的 CVA 要求，以及承诺书中包含的 CVA 要求。

在汽车生产过程中使用的加拿大生产的零部件成本、原材料成本、直接劳动力成本、一般生产支出、一般行政费用、机器和固定设备折旧费、土地和厂房的资金成本补贴等因素合称为 CVA。MVTO1998 规定了基准年度(1963 年)，为了获得免税进口的资格，制造商必须满足的条件之一是：某一类汽车产品的 CVA 不小于基准年度制造商该类别所有汽车产品的 CVA。CVA 要求作为获得免税进口汽车的条件也规定在 SROs 中。

日本和欧共体声称，CVA 要求仅包括国内产零部件、原材料和非固定设备的成本，而将相同进口产品的成本排除在外，其结果必然对相同进口产品的"国内销售，……或使用"造成影响，因为这改变了国产品和进口产品之间的竞争条件；同时，CVA 要求通过刺激国产品的使用，从而给进口产品低于国产品的待遇。加拿大辩称，MVTO1998 和 SROs 中的 CVA 要求并没有在法律上要求使用国产品，因此 GATT 第 3 条不适用。专家组指出，以往案件的专家组已经确认，GATT 第 3.4 条不仅适用于法律规定的措施，也适用于企业为了获取某项利益而根据法律采取的措施。

加拿大还提出，通过附加值中规定的其他因素如劳动力成本，同样可以满足 CVA 要求，因此 CVA 没有影响进口产品。专家组认为，根据 WTO 已经形成的共识，"不低于……的待遇"是要求保证进口产品和国产品有相同的机会，它要保证的是对进口产品和国产品之间竞争关系的预期。根据"影响"一词的一般含义，CVA 要求必然会影响进口产品的国内销售和使用，因为只有使用国产品才能获得免税待遇，这就影响了国产品和进口产品之间的竞争关系。因此,专家组认为,如果使用国产品比使用进口产品更容易满足 CVA 要求,从而也更容易获取免税进口优惠,就可以确认这些规定影响了进口产品的国内销售和使用。

专家组进一步认为,根据 GATT 第 3.4 条的含义,CVA 要求将优惠给予使用国产品而非进口产品的企业,对进口零部件、原材料和非固定设备提供的待遇低于国产品的待遇,影响了进口产品和国产品的竞争机会的平等性。

加拿大辩解说,《TRIMS 协定》的解释性清单规定,只有一项措施"要求"使用国产品时,才不符合 GATT 第 3.4 条。专家组认为,《TRIMS 协定》的解释性清单只是解释性的,它并没有穷尽不符合 GATT 第 3.4 条的所有情况。

专家组认为加拿大的措施不符合 GATT 第 3.4 条。在得出这一结论之后,专家组提出,在欧共体—香蕉案(DS27)专家组报告中的意见同样适用于本案;确认本案措施不是与贸易有关的投资措施,并不影响专家组确认该措施不符合 GATT 第 3.4 条;另一方面,加拿大使其措施符合 GATT 第 3.4 条的做法也必然使其符合《TRIMS 协定》。专家组认为,没有必要再对 CVA 要求是否符合《TRIMS 协定》第 2.1 条作出决定。

除 MVTO1998 和 SROs 中包含的 CVA 条款外,申诉方还就 1965 年 1 月 13、14 日加拿大四个汽车产品制造商向加拿大工业部作出的承诺书中包含的 CVA 与 GATT 第 3.4 条的相符性提出异议。日本和欧共体声称,承诺书中关于取得 CVA 的条件实际上是 GATT 第 3 条意义上的"规定",该条件给予进口零部件、原材料在国内销售或使用方面的待遇低于国内类似产品。加拿大指出,承诺书并不具有法律上的约束力,它不是合同或法律文件,在任何情况下,加拿大政府或公司都不认为承诺书具有约束力。在承诺书中的义务被违反时,加拿大政府并没在法律上授权否定 MVTO1998 和 SROs 中规定的优惠。

专家组提出,一些 GATT 和 WTO 专家组报告认为,当事人之间的私人行为也可构成 GATT 第 3.4 条意义上的"规定"。私人行为是否构成 GATT 第 3.4 条意义上的"规定",必须依赖于这一行为与政府对该行为承担责任的行为之间存在关联。专家组注意到,根据"规定"一词的通常意思及 GATT 第 3.4 条的上下文,很明显,它包含涉及政府命令、要求或施加条件的行为,但并没有明确政府行为的法律形式。把 GATT 第 3.4 条的"规定"适用于涉及私人行为的情形,要考虑政府能够影响私人行为的方式是多种多样的。

专家组根据双方提交的证据认定,政府要求公司按规定作出承诺,并将承诺以书面形式记录在提交给政府的书信中;公司向政府提供其执行承诺的信息,这些承诺被公司称为"义务"。这些现象表明私人行为受到政府的指导,或者至少是政府所期望的。承诺书并不具有法律上的特殊地位,因为它不是合同或法律文件,但并不能由此否定政府引导公司作出承诺的行为是有效的这一事实。根据加拿大政府在承诺书问题上的实际做法,承诺书可以被视为 GATT 第 3.4 条意义上的"规定"。

作为 GATT 第 3.4 条意义上的"规定",承诺书中包含的 CVA 要求影响了进口产品国内销售或使用,对进口产品提供的待遇低于国内类似产品,不符合 GATT 第 3.4 条。出于与上述同样的理由,专家组认为没有必要审查 CVA 要求是否符合《TRIMS 协定》第 2.1 条的问题。

(2) 比例要求

根据 MVTO1998 和 SROs 的规定,作为获得免税进口资格的条件之一,在制造商某种汽车的总净销售额中,加拿大生产的汽车销售额要保持一定比例。欧共体认为,比例要求刺激了对进口汽车的国内销售的限制,在国内销售方面给予进口产品的待遇低于国内类似产品,不符合 GATT 第 3.4 条。加拿大指出,比例要求并不影响任何汽车产品在加拿大的国内销售,无论是进口的还是国产的。比例要求对进口汽车产品的影响在于它限制了制造商可以免税进口汽车产品的总量,但并没有限制汽车产品进口后在国内的销售条件。

专家组认为,根据比例要求,销售进口汽车和国产汽车对比例的影响不同,销售进口汽车会增加总销售额,但不会增加国产汽车销售额;而销售国产汽车会同时增加两个数据。比例要求对进口的直接影响是,超过一定量再进口的汽车产品要支付关税,但它并没有限制免税进口汽车的国内销售。从 GATT 第 3 条的目的来看,比例要求影响汽车产品进口方面待遇的方式是不重要的。根据 GATT 第 3 条的规定,将国产品境内销售的条件和进口产品的进口条件相比较,不可能得出违反该条的结论。

鉴于上述考虑,专家组认为,欧共体未能证明由于加拿大将比例要求作为进口汽车免税的条件之一,使得进口汽车产品在国内销售方面的待遇低于国内相同产品的待遇。因此,驳回欧共体提出的比例要求与 GATT 第 3.4 条不一致的诉请,由此也驳回欧共体提出的比例要求与《TRIMS 协定》第 2.1 条不符的诉请,因为该诉请是建立在比例要求违反 GATT 第 3.4 条的基础之上的。

3. 加拿大的措施是否违反了《SCM 协定》

欧共体和日本声称,加拿大政府对某些汽车产品生产商所提供的免税待遇是《SCM 协定》第 1 条所指的补贴。由于这种关税的豁免需要满足某种比例要求和 CVA 要求,是《SCM 协定》第 3.1(a)条所指的依出口实绩和《SCM 协定》第 3.1(b)条所指的以进口替代为条件而提供的补贴,此种补贴是为《SCM 协定》所禁止的补贴措施。

(1) 比例要求

依照欧共体和日本的观点,免除关税构成"政府收入的放弃",而"这些收入是应该征收的",因此存在《SCM 协定》第 1.1(a)(1)(i)条所指的政府资助;这种措施给予享受待遇的制造商以利益,因为它们被允许保留本应作为进口税而上缴的资金;免税在法律和事实上都依出口实绩而定,因为要享受免税待遇必须满足生产销售比例要求,该条件实际上要求获益制造商出口其产品。加拿大辩称,进口免税并非《SCM 协定》第 1 条或者第 3.1(a)条意义上的补贴。比例要求并没有使进口免税在法律上以出口实绩为条件,因为 MVTO1998 和 SROs 中没有任何规定表明只有在制造商取得一定的出口实绩时,进口免税才被允许。加拿大还辩称,比例要求也没有在事实上以出口实绩为条件,因为进口免税不是与出口或出口额相联系的行为。

《SCM 协定》第 3.1(a)条规定,第 1 条意义上取决于出口实绩的补贴应予禁止。专家组决定首先审查进口税豁免是不是《SCM 协定》第 1 条意义上的补贴,然后再审查其是不是基于出口实绩的补贴。

根据《SCM 协定》第 1.1 条相关部分的规定,存在该条意义上的补贴必须先后满足两个标准:首先,必须存在政府的财政资助;其次,由此而给予某种利益。专家组依次审查了这两个标准。

欧共体指出,关税是由政府施加、征收和核算的,因此它构成政府财政资助。考虑到进口汽车产品到加拿大主要受制于进口关税,对这样一种关税的豁免意味着加拿大政府放弃了它应该征收的收入,因此是《SCM协定》第1.1(a)条意义上的财政资助。加拿大辩称,对货物进口的措施并不必然构成《SCM协定》第1.1(a)条所说的放弃财政收入。按欧共体的说法,只要成员方适用比约束税率低的税率,都将构成补贴。另一方面,将这种情况定性为补贴与《WTO协定》的目标相悖,因为《WTO协定》明确指出关税减免有助于协定目标的实现。

专家组认为加拿大的理解是错误的。一成员的约束税率仅仅代表其对来自WTO其他成员的进口产品可以实行的最高税率,对WTO成员适用比约束税率低的税率并不意味着该成员放弃了"应该征收"的财政收入。根据《SCM协定》第1条,当政府本应征收的收入被豁免或未予征收时,就存在政府资助,因此便可能存在补贴。专家组注意到,加拿大对原产于北美自由贸易协定(NAFTA)成员国之外的汽车产品实行税率为6.1%的最惠国关税待遇,这一税率对于进口原产于NAFTA成员国的某些产品仍然适用。例如,墨西哥的轻型卡车以及美国的所有汽车都根据NAFTA免税进口到加拿大,而墨西哥的其他汽车产品则需缴纳1.3%或2.4%的关税。要获得NAFTA汽车产品的优惠关税待遇,必须满足其他一些条件,而这些条件并不适用于争议中涉及的进口免税措施。因此,即使是处于同一关税税目下享有零关税待遇的从美国和墨西哥进口的汽车产品,在不存在进口税豁免的情况下,也并不必然有资格享受免税待遇。如果不存在MVTO1998和SROs,一些公司有义务就争议中涉及的汽车产品支付6.1%的关税。因此,专家组最终得出结论:进口税减免构成政府本应征收收入的豁免,构成《SCM协定》第1.1(a)(1)条意义上的资助。

专家组接着审查了有关补贴定义中的第二个标准,即利益。"利益"一词被定义为"某种优惠"。专家组认为,受益的生产商不需要支付本应支付的关税,而没有满足条件的生产厂家则需要支付,这一事实就构成优惠。因此,专家组认定,通过进口税减免所给予的资助构成《SCM协定》第1.1(a)(2)条意义上的利益。

欧共体和日本认为,由于比例要求的存在,进口税减免与出口实绩有关。在比例是100:100或更高的情况下,除非它出口同样价值的国内生产的汽车产品,否则受益生产商就不可能在加拿大销售任何免税进口的汽车产品。在出口部分占国内生产比例低于100:100的情况下,受益厂商会发现它可以免税进口的汽车产品价值将与其出口汽车的价值等量增长,这比将国内生产的汽车产品全部在加拿大境内销售获得的补贴更多。由此可以看出,比例要求实际上是出口要求。加拿大认为,即使存在补贴,在法律上也不存在出口关联。如果补贴在法律上与出口关联,则有关的法律应明确规定只有在满足出口实绩要求的情况下,才可获得免税。加拿大进一步指出,事实上也不存在出口关联,因为不管受益厂商是否出口,他们都可能获得进口税减免,进口税减免与出口数量完全没有关系。

专家组注意到,加拿大的比例要求为 75∶100、95∶100 或 100∶100。专家组提出,在比例为 100∶100 的情况下,加拿大生产企业要想享受免税待遇,就只有出口,而且享受免税的进口产品值直接取决于出口产品的价值;在比例低于 100∶100 时,生产企业可以享受的免税值是销售与生产价值的差额,如果要享受超过这一差额的免税,就必须出口。可见,免税待遇取决于出口实绩。专家组认为,只要存在《SCM 协定》第 3.1(a)条意义上的以出口实绩为条件的任何一种补贴,就属于《SCM 协定》所禁止的出口补贴。本案所涉及的补贴是通过进口免税机制提供的,依出口实绩而定的补贴可能影响出口商的出口实绩。即使出口补贴对出口没有任何"实际影响",也不会改变补贴取决于出口实绩的事实。因此,专家组认为,加拿大进口税豁免的做法是《SCM 协定》第 1 条意义上的"依出口实绩而定"的补贴,不符合其根据《SCM 协定》第 3.1(a)条规定所承担的义务。

(2) CVA 要求

欧共体和日本提出,加拿大将 CVA 作为享受免税待遇的条件,而使用国产零部件有助于达到 CVA,所以免税也可以说是以使用国产零部件为条件的。加拿大辩称,它的措施不是从法律上取决于出口。《SCM 协定》第 3.1(b)条并没有"事实上取决于出口"的提法,只规定了法律上取决于出口。即使《SCM 协定》第 3.1 条适用于事实上取决于出口的情况,加拿大的措施也绝不是在事实上取决于出口。

专家组认为,《SCM 协定》第 3.1 条的措辞表明在补贴和使用国产品之间应当有直接联系,加拿大的措施并没有在法律上取决于出口。同时,专家组认为加拿大的措施也没有在事实上取决于出口。

4. 加拿大的措施是否违反了 GATS 的有关规定

申诉方声称，MVTO1998 和 SROs 中规定的进口税豁免和 CVA 要求是 GATS 第 1 条意义上的影响服务贸易的措施。加拿大辩称，进口税豁免不是 GATS 第 1 条意义上的影响服务贸易的措施，作为一项关税措施，它影响的仅仅是货物本身，而不是分销服务。进口税豁免并不影响生产商作为一个服务提供者的能力。

专家组注意到，GATS 第 1 条并没有排除某项具体措施。决定一项措施是否影响服务贸易不能仅看抽象的字面，而不考虑该措施所产生的影响是否与成员方所承担的 GATS 项下的义务和承诺相符。在本案中，MVTO1998 和 SROs 是不是 GATS 第 1 条意义上的影响服务贸易的措施，应取决于该措施是否对一些成员国的服务以及服务的提供者构成差别待遇。

因此，专家组不主张将有关 MVTO1998 和 SROs 是否影响服务贸易的争议，与该措施是否产生与 WTO 相关协定义务不相符的影响的争议割裂开来分析。

(1) 加拿大的措施是否违反 GATS 第 2 条

加拿大提出，免税措施只影响货物进口，并没有影响服务和服务提供商。专家组指出，免税措施确实没有直接影响服务和服务提供商，但根据上诉机构在欧共体—香蕉案(DS27)中的意见，免税措施是"与特定的货物相连的服务，或与特定的货物相关而提供的服务"，属于第三种类型的服务，"可以根据 GATT 和 GATS 来审查"。申诉方声称，虽然获得进口税豁免资格的条件中并没有明确以国别为标准，但实际上几乎所有受益的供应商都是美国的，因此进口税豁免构成了 GATS 第 2 条规定的事实上的歧视。加拿大辩称，汽车协定中没有以国别作为获得进口税豁免资格的标准，这些措施也没有在实际上授予某一成员国以更优惠的待遇，受益者中还有欧共体和日本的公司。

专家组根据 GATS 第 28(m)条对"另一成员的法人"的定义认为，克莱斯勒加拿大公司和沃尔沃加拿大公司都是 GATS 第 28 条意义上的美国的服务供应商，前者由美国的法人——克莱斯勒公司控制，后者的所有权和控制权于 1999 年 1 月从沃尔沃 AB 瑞典公司转移至美国福特汽车公司，由于沃尔沃公司于 1998 年 12 月关闭了它在加拿大的工厂，因此便失去了免税进口的权利。

虽然进口税豁免的条件并没有明确以国别为标准,但实际上只有美国的三家服务供应商(克莱斯勒加拿大公司、通用汽车加拿大公司和福特汽车加拿大公司)和瑞典的一家服务供应商(沃尔沃加拿大公司)符合免税进口资格,而沃尔沃加拿大公司因控制权转移也已成为美国法人。因此,在专家组看来,由于 MVTO 1998 和 SROs 中的规定,比如基核年度在加拿大的生产存在的标准,使得优惠只授予了有限的某些成员的汽车产品制造商或批发商集团。加拿大没有立即无条件地将优惠待遇提供给其他成员类似的服务和服务供应商,因此该进口税豁免与 GATS 第 2.1 条不符。

(2) GATS 第 5 条的适用性

美国在其作为第三方的诉请中称,加拿大依据 MVTO1998 和 SROs 给予美国服务提供者更优惠的待遇是基于 GATS 第 5.1 条的规定,是 GATS 第 2 条的例外。美国同时指出,NAFTA 服务条款与 GATS 第 5.1 条是一致的。

申诉方声称,GATS 第 5 条不适用本案,因为 MVTO1998 和 SROs 是单边措施,并不能被看作 GATS 第 5.1 条所称的"协定"(美国已不再执行原先的汽车协定)。申诉方同时指出,MVTO1998 和 SROs 也不能被看作 NAFTA 的一部分,因为 NAFTA 禁止进口税的免除以及对经营进行限制。NAFTA 只允许而没有要求加拿大通过明确表明例外的方式保留 MVTO1998 和 SROs。

专家组注意到,美国声称本案中争议的措施包含在 GATS 第 5.1 条之中,因为它们是由 NAFTA 的成员国授予同一经济共同体协定的另一成员国的服务提供者的。专家组认为,尽管 MVTO1998 和 SROs 不能被看作 NAFTA 促进贸易自由化规定的一部分,但 NAFTA 成员国已同意加拿大将它们作为特别例外继续执行。即使假设 MVTO1998 和 SROs 属于 NAFTA 贸易自由化规定的范围,MVTO1998 和 SROs 规定的进口税豁免也只是授予一小部分美国的制造商或批发商,而不是美国和墨西哥所有的制造商或批发商,因为 MVTO1998 和 SROs 只给予一部分而不是所有的 NAFTA 成员国的服务提供者以更优惠的待遇。

根据 GATS 第 5.1(b) 条,一个经济一体化协定只有不实行或取消

GATS第17条意义上的所有的歧视,才能免于适用GATS第2条。在专家组看来,将更优惠待遇有选择地给予经济一体化协定的某些成员国不符合GATS第5条的宗旨和目的,尽管这些做法可能是在该经济一体化协定中明文规定的。因此,专家组认为,MVTO1998和SROs相关规定不符合GATS第5.1条的精神,不能免除加拿大在GATS第2条项下所承担的义务。

5. 根据GATS第17条提出的诉请——关税豁免

日本单独提出,进口税豁免同时也违反了GATS第17条的规定,因为这一措施使那些有权免税进口汽车产品的加拿大服务和服务提供者所获得的待遇优于没有免税进口权的日本服务和服务提供者。

加拿大辩称,免征进口税的措施不属于GATS第1条所指的影响服务贸易的措施,因为作为一项关税措施,它仅影响了商品本身,并不影响分销服务的提供。加拿大进一步辩称:第一,在汽车产品的批发贸易服务方面,它尚未承担有关义务;第二,如果承诺了义务,也没有必要承诺将关税列为国民待遇的限制;第三,在加拿大并不存在与日本的汽车批发贸易服务的服务提供者相类似的服务提供者;第四,根据GATS第2条,进口税的免除不会改变汽车产品批发贸易服务提供者之间的竞争条件,由于汽车生产商和销售商之间的纵向结构及专有分销关系,在批发贸易这一层面上竞争的条件并未受到影响。

(1) 加拿大是否承担有关汽车批发贸易服务的义务

日本声称,在加拿大的服务贸易具体承诺表中的一般准入(B.批发贸易服务)或更为具体的准入(汽车产品包括汽车和其他路上机动车辆的销售)之下包含汽车产品批发贸易服务,即《联合国中心产品分类暂行规定》(United Nations Provisional Central Product Classification,CPC)条目6111。日本同时指出,在"B.批发贸易服务"项下,加拿大为萨斯喀彻温省适用"汽车产品销售"作了限制。在日本看来,这说明加拿大在贸易服务方面的义务包含在汽车产品批发贸易服务方面的义务。

加拿大则辩称,它在"B.批发贸易服务"方面明确指的是CPC条目622,而CPC条目622是将汽车产品的分销排除在外的,在该项下加入对汽车产品的限制是列表上的错误。加拿大还称,CPC条目6111是规定在"C.零售服务"之下的,因此应认定加拿大仅在汽车产品的零售服务方面承担义务。

专家组注意到,CPC 条目 622(批发贸易服务)下并没有关于汽车产品的分项规定,CPC 条目 622 下的小标题 62282(除汽车产品、摩托车和自行车以外交通设备的批发贸易服务)明确排除了汽车产品。专家组认为,加拿大在条目 622 下加入对汽车产品的限制这一做法本身并不构成其已就汽车产品批发贸易服务方面的义务作出承诺的充分证据。

然而,加拿大在其承诺表中明确参照 CPC 条目 6111,列入"汽车产品包括汽车及其他路上交通工具的销售"这一条。CPC 条目 6111 包括两个小标题:"61111 汽车产品的批发贸易服务"和"61112 汽车产品的零售"。专家组认为,如果加拿大意欲将义务限制在零售领域中,它应该在承诺表中引用条目 61112 而非条目 6111。专家组也注意到,将 CPC 条目 6111 整个包括在内的做法和加拿大承诺表第 48 页的标题"C.零售服务"之间有矛盾。然而,将条目 6111 列在"C.零售服务"的标题下的事实并不能构成排除汽车产品批发贸易服务方面义务的充分证据。如果以标题为准,将会导致系统性不良影响,成员方承诺表中清楚而准确列出的服务部门中那些不属于该部门的 CPC 条目将会受到损害。因此,专家组认为,CPC 的定义必须适用,加拿大承诺表第 48 页的义务中也包含"条目 61111 汽车产品的批发贸易服务"。

(2) 服务是否"类似"

日本声称,日本和加拿大的汽车产品批发服务提供者是类似的。加拿大则否认有类似的服务提供者存在。日本指出,加拿大的一些服务提供者有 SROs 规定的免税进口资格,而日本的服务提供者则没有免税进口的资格,除非它们是现有的加拿大获益人的分支机构。加拿大认为,日本没有指明加拿大或日本的公交车及特殊商用车的批发贸易服务的提供者。日本则反驳说,至少有一个日本的该类服务提供者(Hino Diesel Trucks)在加拿大营业,而且日本的其他汽车产品批发商也有能力生产和分销公交车及特殊商用车。

专家组认为,生产并直接向消费者出售一部分汽车产品的 Intermeccanica 不能被看作汽车产品批发服务商,因为它不是 CPC 条目 6111 所定义的"提供汽车产品批发服务"的服务商。至于公交车及特殊商用车的批发贸易服务,专家组注意到,日本已经指出了一家日本服务商,并说明日本汽车批发商可以进入市场。"CPC 条目 6111 汽车产品包括小汽车和其他路上交通工具的销售"也包括公交车及特殊商用车的批发贸易。加拿大辩称这些公司不是汽车批发商,而负有举证责任的日本则没有提出反证。专家组认为,没有确切证据说明享有进口免税权的加拿大公交车及特殊商用车的生产商同时也是 CPC 定义的汽车产品批发商。如果缺乏与国内服务提供者"类似"这个要件,则某成员方的措施就不能被认为与 GATS 第 17 条国民待遇的义务不符。

因此,专家组认为,日本未能证明根据 MVTO1998 和 SROs 给予的进口税免除,使得日本服务商所获得的待遇低于加拿大服务商。

6. 根据 GATS 第 17 条提出的诉请——CVA 要求

专家组注意到,只有在加拿大境内提供的消费被允许计算在 CVA 中,可见 CVA 要求会影响通过跨境支付和境外消费方式提供的服务,而这属于加拿大作出承诺的服务提供方式。加拿大提出,某些类型的服务需要通过商业存在的方式提供,由外国公司提供跨境支付和境外消费本来就是不可能的。专家组指出,加拿大所说的情况确实存在,但申诉方列举的服务中,许多项目仍然可以通过跨境支付和境外消费方式提供。即使服务不可能通过跨境支付和境外消费方式提供,也不能成为加拿大给外国服务提供者的待遇低于本国服务提供者的理由。

加拿大提出,CVA 要求没有改变竞争环境,因为大多数受益的生产商通过劳动力成本就满足了 CVA 要求。申诉方指出,GATS 第 17 条中规定的国民待遇,正如 GATT 第 2 条一样,保护的是竞争机会而非实际的贸易量。只要像 CVA 要求这样的措施能够刺激对当地服务的消费,就没有必要证明它们对贸易量有实际影响。即使所有受益的生产商在劳动力成本方面满足了 CVA 要求,只要存在对来自加拿大境外的类似服务低于加拿大境内服务的差别待遇,这样的措施仍然会构成对 GATS 第 17 条的违反。申诉方认为,加拿大辩称大多数的生产商在劳动力成本方面超过了 CVA 要求,也就是默认了有一些生产商没有达到要求。GATS 第 17 条要求每个成员方给其他成员方境内的服务及服务提供者的待遇不低于其境内的服务及服务提供者。只要改变了竞争条件,从而有利于国内服务及服务提供者,不管这些待遇表面上是否相同,都低于国民待遇。专家组认为,CVA 要求影响了在加拿大境内提供的服务和来自加拿大境外的服务之间的竞争条件。实际上，CVA 要求刺激了对加拿大境内提供服务的消费，而这种刺激是有效的。因此，专家组确认，某些生产商完全通过劳动力成本就达到了 CVA 要求这样一个事实不能改变 CVA 要求的性质：刺激对加拿大境内提供的服务的消费，而歧视来自加拿大境外的服务。

申诉方提出，"在加拿大执行"和"在加拿大发生"等字眼，使得通过跨境支付和境外消费方式提供的服务被排除在 CVA 之外，构成了对来自其他成员方的类似服务及服务商的歧视。加拿大指出，通过商业存在和自然人流动方式提供的服务未受到 CVA 要求的影响。专家组注意到，MVTO1998 和 SROs 中并不区分加拿大国内的服务和服务商与通过商业存在和自然人流动方式在加拿大境内提供服务的外国服务商。但是，专家组认为，在加拿大境内通过商业存在和自然人流动方式提供的服务与从其他成员方境内通过跨境支付和境外消费方式提供的服务是"类似"服务。CVA 要求刺激了加拿大境内提供的服务，从而改变了竞争条件，使其有利于加拿大境内提供的服务。如上所述，专家组认为，MVTO1998 和 SROs 中包含的对受益生产商的 CVA 要求造成了对通过跨境支付和境外消费方式提供的来自其他成员方的服务的歧视，因而与加拿大在 GATS 第 17 条项下的义务不符。

鉴于以上调查结果，专家组最终作出以下结论：

（1）加拿大根据 MVTO1998 和 SROs 给予来自特定国家的汽车产品进口免税的待遇，而未能立即、无条件地将这一待遇给予来自其他成员方境内的产品，不符合 GATT 第 1 条的规定；

（2）上述不符的措施也不符合 GATT 第 24 条允许的例外；

（3）加拿大的 CVA 要求给予进口零部件、原料和非永久性设施的待遇低于对类似国内产品的待遇，违反了 GATT 第 3.4 条的规定；

（4）欧共体未能证明加拿大将 MVTO1998 和 SROs 规定的比例要求作为获得免税进口资格的条件的行为违反了 GATT 第 3.4 条；

（5）MVTO1998 和 SROs 以比例要求作为获得免税进口资格的条件，加拿大在法律上以出口实绩作为授予补贴的条件，与其所承担的《SCM 协定》第 3.1(a)条的义务不符；

（6）欧共体和日本未能证明加拿大以 MVTO1998 和 SROs 规定的

CVA要求作为获得免税进口资格的条件的做法,与其所承担的《SCM协定》第3.1(b)条的义务不符;

(7)加拿大根据MVTO1998和SROs将进口免税资格授予少数汽车产品制造商和批发商,但没有立即、无条件地给予来自其他成员方的服务和服务提供者不低于其给予另外一些国家的类似服务和服务提供者的待遇,违反了GATS第2条;

(8)不符合GATS第2条的措施不能根据GATS第5条得到豁免;

(9)日本未能证明加拿大根据MVTO1998和SROs授予的进口免税待遇,使得日本汽车产品批发贸易服务提供者的待遇低于类似的加拿大服务,构成GATS第17条意义上的歧视;

(10)MVTO1998和SROs规定以CVA要求作为获得免税进口资格的条件,加拿大给予其他成员方通过跨境支付和境外消费方式提供的服务和服务提供者的待遇低于加拿大类似服务和服务提供者的待遇,其行为违反了GATS第17条。

根据DSU第3.8条,如果发生了违反WTO相关协定义务的情况,则该行为应视为初步构成利益损失或减损案件。为此,专家组确认加拿大剥夺或损害了申诉方在相关协定下的利益。

专家组建议DSB要求加拿大使其措施符合GATT第1条、第3条和GATS第2条、第17条;要求加拿大在90天内撤销其出口补贴。

【上诉机构的分析和结论】

上诉机构依次对上诉中涉及的问题进行了审查。

一、GATT第1.1条

加拿大声称,专家组关于加拿大的措施不符合GATT第1.1条规定的最惠国待遇的决定是错误的。第1.1条所禁止的是基于产品的产地而给予优惠的歧视性待遇。从这个意义上讲,加拿大的措施对产地而言是平等的,免税进口到加拿大的汽车产品来自各个国家,并且给予免税的条件与产品产地无任何关系,因此与第1.1条是相符的。

上诉机构认为,GATT第1.1条不但包含法律上的歧视,也包含事实上的歧视,这已在一些 GATT 专家组报告中得到了肯定。第 1.1 条要求任何优惠都应立即、无条件地被授予所有成员国的任何类似产品,而非仅将一些优惠授予某些成员国的一些产品。这些解释与第 1.1 条的宗旨和目的是相符的,第 1.1 条旨在禁止对来源于不同国家的类似产品的歧视性待遇。

虽然从表面上看,加拿大的措施没有限制进口汽车产品的产地,但实际上,正如专家组分析的那样,加拿大一些主要的汽车公司仅仅进口其自己或相关公司制造的汽车产品,因此享受免税待遇的产品实际上只是来源于极少数国家的出口商。按照加拿大关税税则,进口汽车产品的最惠国关税税率是 6.1%,因此相类似的汽车产品免税进口,在实际上便享有一种优惠,但这一优惠并没有授予来源于其他成员国的类似产品。

因此,上诉机构支持了专家组的结论:加拿大根据 MVTO 1998 和 SROs 的规定,授予来源于特定国家的汽车产品进口免税的待遇,而这一待遇没有立即、无条件地被授予产自 WTO 其他成员国的类似产品,该行为与 GATT 第 1.1 条不符。

二、《SCM 协定》第 3.1(a)条

1. 争议措施是否构成补贴

专家组认为争议措施是《SCM 协定》第 1.1 条意义上的补贴,加拿大就此提出上诉。加拿大认为其措施并不是第 1.1 条所称的"对应当征收的政府财政收入的放弃",不能将进口免税机械地等同于税收豁免,只有当免税超过本应征收的数额时才构成补贴。

上诉机构认为,进口免税毫无疑问是政府财政收入资助。加拿大就进口汽车产品已经规定了 6.1% 的普通最惠国税率,在没有进口税豁免的情况下,这些税收是应该被征收的。通过本案所涉及的措施,加拿大政府放弃了本应征收的税收,特别是加拿大的进口税豁免忽视了其根据普通最惠国税率针对进口汽车产品已经建立起来的基准,实际上放弃了本应征收的财政收入。

上诉机构维持了专家组就此问题的决定,争议措施放弃了本应征收的政府财政收入,构成了《SCM 协定》第 1.1 条意义上的补贴。

2. 争议措施是否在法律上取决于出口实绩

加拿大认为,专家组对"取决于"的定义解释在法律上是错误的,专家组认为争议措施在法律上取决于出口实绩的结论也是错误的,因为它是对一些事实因素作出的假设性分析。加拿大指出,与争议措施相关的事实并不能证明该措施在事实上取决于出口实绩。

上诉机构认为,法律上取决于出口实绩可以用相关立法、规定或其他法律文件中的用词来证明,而事实上取决于出口实绩的证明则困难得多,它必须根据授予补贴的全部的事实情况和背景来推断。但是,法律上取决于出口实绩,通常并不需要证明基本的法律文件中明确规定了出口实绩要求的条件,以及补贴只有在完全符合这一条件时才被授予,这样的条件也可以通过法律用语所隐含的意思来推断。

本案中,关键的法律文件——MVTO 1998 中规定了比例要求,只有在符合规定的比例要求时,制造商才可享有进口免税资格。正如专家组的分析中指出的那样,比例要求实际上是对制造商出口的要求,因为制造商只有出口其制造的一定数量甚至是全部的汽车产品时,才能符合比例要求,并由此获得进口免税的资格。其出口越多,可以免税进口的汽车产品就越多。因此,上诉机构支持了专家组的结论:争议措施是《SCM 协定》第 3.1(a)条意义上的法律上基于出口实绩的补贴;加拿大的行为与其所承担的《SCM 协定》第 3.1(a)条的义务不符。

三、《SCM 协定》第 3.1(a)条——欧共体有关 CVA 要求的诉请

欧共体认为专家组没能就其所主张的 CVA 要求是《SCM 协定》第 3.1(a)条所禁止的取决于出口实绩的补贴这一诉请进行审查,这构成了法律上的错误。但是,欧共体没有明确指出其所主张的法律错误是什么,也没有指出所援引的是《WTO 协定》的哪一条。从表面上看,欧共体是指专家组违反了 DSU 第 11 条,特别是司法节制原则。

上诉机构认为,专家组没有必要就欧共体有关 CVA 要求违反《SCM 协定》第 3.1(a)条的可选择性诉请进行审查。司法节制原则旨在解决争端事项和确保对争端的积极解决。无论是 DSU 第 11 条还是先前 GATT 的实践,都没有要求专家组对申诉方提出的所有法律上的诉请进行审查。先前的 GATT1947 专家组和 WTO 专家组往往只审查那些他们认为对

解决争端是必要的问题,如果专家组已经认为一项措施与GATT的特别条款相悖,通常就不会再审查该措施是否与GATT的其他条款相悖。本案中,专家组已经作出决定,认为CVA要求违反了GATT第3.4条和GATS第17条,这其中暗含了专家组已经谨慎地履行了司法节制原则,因此不对欧共体有关CVA要求违反《SCM协定》第3.1(a)条的可选择性诉请进行审查是适当的。此外,上诉机构认为必须指出的是,基于透明度原则和对当事人的公平对待,专家组在所有案件中都应明确指出,根据司法节制原则将不对哪些诉请进行审查,否则将不利于这一目标的实现。

四、《SCM协定》第3.1(b)条

欧共体和日本对专家组的第六点结论提出上诉。他们坚持,专家组认为加拿大的措施在法律上不是基于使用国内产品替代进口产品的决定是错误的;专家组认为《SCM协定》第3.1(b)条不适用于事实上取决于某一条件的决定也是错误的。他们主张,进口税豁免在事实上基于使用国产品替代进口产品。

1. 争议措施是否在法律上基于使用国产品替代进口产品

欧共体声称,《SCM协定》第3.1(b)条禁止以使用国产品替代进口产品为条件而授予的补贴。日本则指出,第3.1(b)条禁止因使用国产品替代进口产品而导致的补贴的存在或授予。按照日本和欧共体的观点,专家组的解释不符合第3.1(b)条的宗旨和目的,并将会产生对这一条款的规避。

上诉机构援引了加拿大—飞机案(DS70)中上诉机构的意见,"取决于"的通常含义就是"以……为条件"或"其存在依赖于……"。法律上,"取决于"(法律中规定的条件)可以被相关立法、法规或其他法律文件中的用词来证明,也可以从一项措施中的实际用词来推断。这一解释不但适用于《SCM协定》第3.1(a)条,同样也适用于第3.1(b)条。

专家组认为,CVA要求包含了除加拿大产的原材料和零部件之外的其他因素,诸如劳动力成本、生产常规支出和管理费用等。根据实际情况,制造商即便不使用任何国内产品,也可以满足CVA要求。专家组推论的言外之意是,没有任何一种情况可以推断出CVA要求导致了在法律上以使用国产品替代进口产品为条件。上诉机构并不同意这一点。

上诉机构认为,专家组没能对争议中涉及的法律文件进行全面审查,也没有审查 CVA 要求对个别制造商的适用,这使专家组认为的 CVA 要求不是在法律上基于以使用国产品替代进口产品的结论缺乏足够的理由。因此,上诉机构认为专家组有关"在法律上取决于"的分析是错误的。由于专家组报告中没有足够的无异议的事实,上诉机构无法就使用国产品替代进口产品是不是满足 CVA 要求的一个法律上的条件,并且由此也成为获得进口税豁免的条件作出结论。因此,上诉机构也就不能确定加拿大进口税豁免是不是《SCM 协定》第 3.1(b)条所指在法律上以使用国产品替代进口产品为条件。

2. 争议措施是否在事实上基于使用国产品替代进口产品

欧共体和日本认为《SCM 协定》第 3.1(b)条适用于事实上以使用国产品替代进口产品为条件的补贴,并声称进口税豁免就是这样一种被禁止的补贴。

专家组认为,《SCM 协定》第 3.1(b)条并没有像第 3.1(a)条那样明确指出适用于事实上取决于某一条件的补贴,这表明立法者的意图仅仅在于限制法律上规定以使用国产品替代进口产品为条件的补贴。

上诉机构认为专家组的分析是不完整的。专家组在解释《SCM 协定》第 3.1(b)条时只考虑了该条款的(a)项,而没能考虑与该条款相关的其他条款以及《SCM 协定》的目的和宗旨。上诉机构认为,第 3.1(b)条就其字面意思来看,没有明确地将事实上建立在某一条件之上的补贴包含在内,但也没有将其明确排除在外。GATT 第 3.4 条也涉及以使用国产品替代进口产品的措施,它不仅包含法律上的也包含事实上的违反,因此很难想象《SCM 协定》的相似条款仅仅适用于法律上的违反。虽然《SCM 协定》第 3.1(a)条明确指出"法律上和事实上",而第 3.1(b)条没有包含这样的词语,但这并不意味着该条款仅仅适用于法律上以某一条件为基础的补贴。如果这样认为,成员国将会非常容易地逃避一些义务。因此,上诉机构认为,专家组认为的《SCM 协定》第 3.1(b)条不适用于事实上以使用国产品替代进口产品为条件的补贴的决定是错误的。但是,由于专家组报告中没有包含有关此方面的足够的信息,上诉机构无法完成这一法律分析,因此也无法判定通过适用 CVA 要求,进口税豁免是否在事实上以使用国产品替代进口产品为条件。

五、GATS 第 1.1 条和第 2.1 条

专家组认为,进口税豁免是 GATS 第 1.1 条意义上的影响服务贸易的措施;加拿大没有立即、无条件地将该优惠待遇提供给其他成员国的类似服务和类似服务商,违反了 GATS 第 2.1 条。加拿大就此提出上诉。

1. GATS 第 1.1 条

按照加拿大的观点,进口税豁免不是 GATS 第 1 条意义上的影响服务贸易的措施。专家组认为一项措施是否包含在 GATS 的适用范围之内是由该措施是否与一些实质义务,比如第 2 条的义务相符决定的,而不是由该措施是否在第 1 条的适用范围内决定的,这一结论是错误的。

上诉机构认为,根据 GATS 第 1 条和第 28 条的相关规定,决定一项措施是否对服务贸易有影响,必须对两个法律问题加以审查:首先,是否存在 GATS 第 1.2 条意义上的"服务贸易"。加拿大并没有否认在本国有美国、日本和欧共体提供汽车产品批发贸易服务的服务商的存在。因此,本案中存在的服务贸易是一些成员国的服务商以商业存在形式提供的汽车产品批发贸易服务。其次,争议措施是不是 GATS 第 1.1 条意义上的影响服务贸易的措施。上诉机构援引 DS27 案中上诉机构的结论认为,"影响"一词有广义的适用范围,GATS 的适用范围包含那些与特定商品相关的服务。一项措施是否影响与特定产品相关的服务的提供要视个案而定。就本案而言,专家组没有分析在加拿大市场上汽车产品批发贸易服务的提供,也没有就加拿大汽车产品的市场结构以及哪些公司在实际上提供汽车产品的批发贸易服务作出任何事实性结论。因此,专家组没有审查过进口税豁免是否以及如何影响批发贸易服务提供者作为服务商的资格就得出结论,认为进口税豁免影响了汽车产品的批发贸易服务以及批发贸易服务提供者作为服务提供商的资格,这一结论缺乏足够的理由支持。

2. GATS 第 2.1 条

加拿大认为,专家组认为争议措施给予其他成员方的服务和服务商以差别待遇的结论是错误的。

GATS 第 2 条规定了最惠国待遇。上诉机构认为,根据该条规定,分析一项措施是否与其相符需要经过两个步骤:首先,一个关键性的问题就

是根据 GATS 第 1 条确定该措施是否在 GATS 所调整的范围之内。这要求判断是否有通过四种方式中的任何一种提供的服务贸易的存在以及该措施是否影响服务贸易。正如前文所述，专家组并没有就此问题进行分析。其次，如果断定一项措施属于 GATS 调整的范围，接下来需要审查的是该措施是否与 GATS 第 2.1 条相符，这要求将给予一成员方服务和服务商的待遇与给予其他成员方类似服务和服务商的待遇进行比较。这需要专家组首先对该条进行解释，然后将解释运用到所作出的事实结论上。专家组并没有做到这一点。专家组也没有对为什么争议措施提供了不平等待遇作出解释，而仅仅对一些联系的可能性进行推断。

最终，因为专家组没能证明为什么进口税豁免与 GATS 第 2.1 条不符，上诉机构推翻了这一结论。但是，这并不意味着上诉机构认为进口税豁免没有对加拿大境内汽车产品的批发贸易服务产生影响，也不意味着加拿大没有给予来自其他成员方类似服务和服务商以不平等待遇。鉴于 GATS 所调整的服务贸易范围的复杂性，以及 GATS 义务的不成熟性，上诉机构认为有关 GATS 第 2 条的解释应留待以后的案子去解决。

上诉机构决定：

（1）维持专家组的结论：加拿大根据 MVTO 1998 和 SROs 的规定，授予来源于特定国家的汽车产品进口免税的待遇，而这一待遇没有立即、无条件地授予 WTO 其他成员国类似产品，其行为与 GATT 第 1.1 条不符。

（2）维持专家组的结论：比例要求作为根据 MVTO 1998 和 SROs 规定获得汽车产品进口税豁免的条件，其适用的结果是加拿大授予了一项根据法律规定（在法律上）基于出口实绩的补贴，其行为与《SCM 协定》第 3.1(a) 条规定的义务不符。

（3）专家组没有就欧共体的可选择性申诉进行审查，是司法节制原则的适当体现。

（4）由于无法就作为适用 CVA 要求的结果，进口税豁免是不是《SCM 协定》第 3.1(b) 条意义上的在法律上基于使用国产品替代进口产品的条件作出结论，因此保留对这一问题的意见；推翻专家组认为《SCM 协定》第 3.1(b) 条不适用于事实上基于某一条件的结论；由于专家组报告中有关的事实结论和双方不存在争议的事实不充分,无法就争议措施是否系《SCM 协定》第 3.1(b)条意义上的在事实上基于使用国产品替代进口产品的条件作出结论,因此保留对这一问题的意见。

(5) 认定专家组没能就争议措施是不是 GATS 第 1.1 条意义上的影响服务贸易的措施进行审查;推翻专家组关于 MVTO 1998 和 SROs 规定授予的进口税豁免与 GATS 第 2.1 条的要求不符的结论,以及专家组根据 GATS 第 2.1 条所作出的结论。

欧共体对发展中国家给予关税优惠的条件案

(WT/DS246)(简称:欧共体—关税优惠案)

【案件基本情况】

申诉方(被上诉方):印度

被申诉方(上诉方):欧共体

第三方(第三参与方):玻利维亚、巴西、哥伦比亚、哥斯达黎加、古巴、厄瓜多尔、萨尔瓦多、危地马拉、洪都拉斯、毛里求斯、尼加拉瓜、巴基斯坦、巴拿马、巴拉圭、秘鲁、美国、委内瑞拉、斯里兰卡(未参与上诉)

本案涉及的相关协定条款和法律问题:GATT 第 1.1 条;授权条款第 2(a)段;授权条款的性质;专家组中的不同意见;GATT 第 20(b)条抗辩;第三方增加的权利(DSU 第 10 条);印度和巴拉圭的律师联合提交材料。

2002 年 12 月 9 日,印度提出与欧共体进行磋商,以解决欧洲委员会对发展中国家实施关税优惠措施的条件问题。双方磋商未果。应印度的请求,2003 年 1 月 16 日,专家组成立。10 月 28 日,专家组做出报告。欧共体提出上诉。2004 年 3 月 18 日,上诉机构做出报告。4 月 20 日,DSB 通过了上诉机构报告和专家组报告。

本案争议涉及欧共体在 2002 年至 2004 年期间给予发展中国家关税优惠方案的条件问题。争议源于欧共体第 2501/2001 号条例,该条例包含对关税优惠的"一般安排",对最不发达国家的"特殊安排",以及反毒品、环境保护和劳工权利的三种"特别奖励安排"。对于"特别奖励安排",只有符合欧共体自定标准的发展中国家才能获得其中的优惠,特别奖励包括更多的产品享受关税优惠以及更大幅度的关税减让。"一般安排"中规定的关税优惠适用于该条例附件一所列的所有国家；而"特别奖励安排"中规定的给惠产品范围和关税减让程度各不相同，有资格享受这些特别安排的国家必须满足一定的条件。目前，"反毒品特别奖励安排"（以下简称"反毒品安排"）只对 12 个国家适用，可以享受的特别奖励包括：(1) 对"反毒品安排"中涉及而"一般安排"中未涉及的产品，12 个受惠国可以享受零关税，而其他发展中国家只能按照"一般安排"支付全部的共同关税；(2) 对于"反毒品安排"和"一般安排"中均包含的"敏感类产品"，12 个受惠国也享受在欧共体市场的零关税，而其他发展中国家只享受"一般安排"中对于普通关税项下的减让。

　　印度认为，该安排中，欧共体只对 12 个国家给予特别优惠的市场准入条件，这既违反 GATT 第 1 条的最惠国待遇，也不符合 1979 年授权条款（Enabling Clause）第 2(a) 段脚注 3 中的"非歧视"要求。欧共体则认为其"反毒品安排"符合授权条款，倘若专家组认为违反 GATT 最惠国待遇条款，则该"反毒品安排"属于 GATT 第 20(b) 条的例外规定。

【专家组的分析和结论】

一、授权条款与最惠国待遇条款的关系

1. 授权条款是否构成 GATT 第 1 条的例外

　　双方均承认授权条款是 GATT 的一部分。但是，对于它的性质，印度认为授权条款是 GATT 第 1 条的例外，构成积极抗辩（affirmative defense）；而欧共体提出，授权条款是自主性权利，不构成积极抗辩，并完全排除 GATT 第 1 条的适用。专家组提出，判断一个条款是自主性权利规则还是例外规定，主要看它在整个条约中的法律作用，同时也要和 GATT 项下已经确立的例外条款作比较。

　　专家组回顾了上诉机构在美国—羊毛上衣案（DS33）中的分析，指出一项规定构成"例外"应具备两个特征：第一，该规定自身没有设立法定义务；第二，它必须具有这样的功能，即授权成员国适当偏离一个或者多个设定了法定义务的积极条款。专家组认为，虽然授权条款在表达方式上

与 GATT 的例外如第 20、21 和 24 条有区别，但本质上这些条款都允许成员国适当偏离那些创设义务的规则，而 GATT 的最惠国待遇显然是设定义务的规则。

专家组又以 GATT 第 20 条为例指出，一旦成员决定选择适用该例外，则必须满足其中规定的条件，而这些条件的存在恰恰说明这个例外是"有限的"。对于授权条款，专家组认为其功能就在于授权成员适当背离 GATT 第 1 条的义务，使得发达国家可以对发展中国家提供普惠制（generalized system of preference, GSP）；而授权条款本身并没有为成员设定义务，其第 1 段的"may"一词也很清楚地显示，优惠方案的给予只是发达国家的一个选择而非义务。同时，在适用授权条款时，需要满足"普遍、非歧视、非互惠的"条件，也说明该条款仅仅是有限地授权背离义务条款。因此，专家组认为，授权条款完全符合上述两个特征，是 GATT 第 1 条最惠国待遇的例外规定。

2. 授权条款是否排除 GATT 第 1 条的适用

欧共体认为，授权条款与 GATT 第 1 条处于同等地位，并完全排除后者的适用；而印度认为，授权条款仅限于在实施 GSP 所必要的范围内免除最惠国待遇义务，并不排除最惠国待遇条款的整体适用。

专家组从授权条款中"notwithstanding"一词入手，认为这个委婉的词说明了两个条款有冲突的时候，授权条款应该优先适用，但是优先适用并不表示双方之间的完全排斥。专家组还指出，在没有书面文件提出授权条款应排除 GATT 第 1 条的适用时，不能推定缔约方有这样的意图。同时，专家组援引美国—汽油案（DS2、DS4）、美国—虾案（DS58）和韩国—牛肉案（DS161、DS169）报告的分析，证明义务条款和其例外条款的关系首先是两者共同存在，而例外条款只有在两者产生冲突时才优先适用。此外，专家组还从授权条款所追求的目标分析指出，目标的重要性并非检验一个条款性质的关键。

二、被诉措施是否符合授权条款

印度认为，授权条款是最惠国待遇条款的例外规则，所以欧共体对其在授权条款下的抗辩负有举证责任；而欧共体则基于对授权条款是"自主性权利规则"的理解认为，要证明"反毒品安排"违反 GATT 第 1 条，印度需要证明其不符合授权条款。

对于双方举证责任的分配,专家组援引了美国—羊毛上衣案(DS33)中的分析,即"只有让援引积极抗辩一方承担举证责任才是合理的"。专家组还认为,就被诉措施而言,申诉方要确切了解其目的是否合法非常困难,而应诉方肯定了解己方采取措施的宗旨,可以方便地援引 GATT 中的例外条款进行抗辩。所以,本案中欧共体既然以授权条款作为抗辩基础,就应该承担举证责任,证明其"反毒品安排"符合这一抗辩;而印度只要证明该安排违反 GATT 第 1 条就已完成举证。

三、"反毒品安排"是否符合授权条款

1. 授权条款第 2(a)段脚注 3 中"非歧视"的含义

专家组注意到,双方的分歧在于"反毒品安排"是否符合授权条款第 2 段,特别是第 2(a)段脚注 3 关于"非歧视"的要求。专家组认为,要解释第 2(a)段脚注 3,必须正确解释第 3(c)段,确定第 3(c)段是否允许在"积极呼应发展中国家的发展、金融和贸易需求"时在发展中国家之间加以区别。专家组指出,第 3(c)段的措辞本身并没有明确是要呼应所有发展中国家还是特定发展中国家的需求。专家组根据 VCLT 第 31、32 条的规定,对与授权条款相关的文件、各成员方的实践进行考察,认为解释第 3(c)段的相关因素包括:授权条款涵盖的产品范围及降税幅度;GSP 的设计和修改不应在不同的发展中国家之间造成不同待遇,除非符合下列条件之一:(1)事先设定进口上限以阻止来自某些进口在给惠国已经达到一定数量国家的进口;(2)给予最不发达国家的待遇。专家组认为,脚注 3 中的"非歧视"原则要求对 GSP 下所有发展中国家给予无差别待遇,除非事先设限。

2. "反毒品安排"是否符合授权条款

有了上述结论,专家组认为,"反毒品安排"是欧共体 GSP 的一部分,但它未向所有发展中国家成员提供同样的待遇,所给予的区别待遇既不是给最不发达国家的待遇,也不是事先设限,这样的差别待遇不符合授权条款第 2(a)段,也不符合脚注 3。

【上诉机构的分析和结论】

一、授权条款与最惠国待遇条款的关系

1. 授权条款构成 GATT 第 1 条的例外

欧共体对此结论提出上诉,并主张授权条款鼓励发达国家分别对发展中国家提供关税优惠,从而创造了一个特殊的非互惠性贸易体制,应被视作独立于 GATT 第 1 条的最惠国待遇条款。上诉机构则根据条约解释的一般惯例,从条约用语的通常含义、条约的目的和宗旨出发分析指出,最惠国待遇条款的第 1 款明白无误地对成员国设定了这样的义务:对于类似产品,不管其原产于何地,都应该平等对待。至于授权条款,其第 1 段开篇就谈到与最惠国待遇条款的关系,并用了"除……之外"(notwithstanding)一词。换句话说,尽管 GATT 设定了最惠国待遇义务,然而正是因为授权条款的存在,成员对发展中国家提供不同的更为优惠的待遇也是合法的,所以授权条款的实施应理解为最惠国待遇条款的例外情况。

欧共体还提出,授权条款与《WTO 协定》的目标一致,也表明其属于自主性权利规则。对此主张,上诉机构只同意前一半,即授权条款对发展中国家实行特殊的、有差别的优惠待遇,正是《WTO 协定》序言中所提到的一种积极行动,目的在于"确保发展中国家,尤其是最不发达国家,获得与其经济发展需要相称的增长份额"。然而,上诉机构强调,WTO 的目标通过例外规定也同样可以实现。上诉机构举出了美国—虾案(DS58)的例子认为,授权条款与该案中涉及的 GATT 第 20(g)条一样,成员不会因为后者是例外规定就认为其允许的措施不是为了实现 WTO 的重要目标。

据此,上诉机构肯定了专家组对授权条款是最惠国待遇条款例外规定的结论,并强调将授权条款定性为例外,不会影响到其在《WTO 协定》整体框架下作为"增强发展中国家成员经济发展的积极行动之一"的地位和重要性,也不会因此打击发达国家给予优惠方案的积极性。

2. 授权条款对 GATT 第 1 条的适用性问题

针对欧共体在上诉中继续坚持授权条款与 GATT 第 1 条平行的观

点,上诉机构指出,欧共体混淆了这两个条款之间的关系。基于对授权条款属于例外规定的定性,一旦证明被诉措施符合授权条款,在最惠国待遇条款下对该措施提出的诉请就不会成功。但是,要确定这样的冲突是否存在,应当先看被诉措施是否和 GATT 第 1 条相一致,然后再看其是否符合授权条款。换句话说,从"程序上"看(或者像专家组认为的,作为"考察的先后次序"),授权条款不排除最惠国待遇条款的适用性——当然,在最后需要决定被诉措施合法性时,只有一个条款可以被适用。上诉机构还提醒,条款是否在特定案件中适用与条款的适用性是两码事。基于上述分析,上诉机构支持专家组的结论,认为授权条款不排除 GATT 第 1 条的适用性。

二、被诉措施是否符合授权条款

对这个问题,上诉机构采用了两步分析法。首先,上诉机构肯定了专家组对美国—羊毛上衣案(DS33)的援引,重申一般而言,"举证责任在提出一项特定主张或特定辩护的一方,不论是申诉方还是被诉方"。同时,上诉机构提醒,该规则包括两部分,一是举证方要"提出"该条款,二是"证明"被诉措施符合该条款,所以通常的举证责任分配是由应诉方提出积极抗辩并承担证明责任。然而,上诉机构话锋一转,指出授权条款在 WTO 体系中具有特殊地位,因而其举证责任的分配也会略微不同于上述一般规则。上诉机构认为,由欧共体"证明"被诉安排满足授权条款这一点无可厚非,但微妙之处在于是否也应该同时由欧共体来"提起"授权条款。

对于授权条款的特殊性,上诉机构从两个方面进行论证:其一,从授权条款的目的来看,授权发达国家成员对于来自发展中国家的产品给予更多的市场准入,具有正面刺激经济增长、推动贸易发展的作用。相对于 GATT 第 20 条或者其他案件中认定的例外条款,授权条款不属于典型的例外或者抗辩。其二,从形成历史来看,授权条款源于 1970 年联合国贸发会通过的"一致结论"(agreed conclusions),其中确认了在 GSP 方案下提供"优惠关税待遇"对发展中国家至关重要;1971 年通过的豁免决议(waiver decision)免除了发达国家成员在 GATT 项下的最惠国待遇义务;1979 年的授权条款则扩大了豁免决议下的授权,增加了非关税型优惠措施,并使其成为 GATT 下的一个永久性的特色,意义非凡。

所以，上诉机构认为，授权条款的特殊地位决定了其在争端处理中的地位也与众不同：虽然每项根据授权条款采取的措施必然是不符合GATT 第 1 条的，但是之所以允许成员免除 GATT 项下的义务，正是因为那些措施符合授权条款中的要求。换句话说，从授权条款的目的以及框架内容可以看出，授权条款虽然"鼓励"发达国家成员背离最惠国待遇义务而给予发展中国家成员更优惠的待遇，但是这种背离必须符合前者列出的一系列条件。因此，涉及授权条款时，申诉方仅仅证明被诉措施和 GATT 第 1 条不符是不够的，还需要"提出"其不符合授权条款，即"提起"授权条款的举证责任在于申诉方，这样才充分构成申诉法律依据的"争议事项"。对"提起授权条款"的举证应该扩展到何种程度，上诉机构强调，申诉方的责任仅限于：(1)"指出"那些授权条款中被诉措施没能符合的特别规定；(2)提交书面文件来支持其主张，无须提供必要的事实来"证明"被诉措施不符合授权条款。

在考查了印度向专家组提交的书面文本以及口头阐述后，上诉机构认为，本案中印度已经明确援引了授权条款第 2(a)段作为依据，并阐述了"反毒品安排"不符合该项的理由。因此，上诉机构认为印度的行为是善意的、符合诚信原则的，足以让欧共体注意到其对"反毒品安排"提出质疑的依据和理由，使后者能够有针对性地提出抗辩，证明其"反毒品安排"符合授权条款的条件。

基于上述分析，上诉机构纠正了专家组的结论并裁定：(1)应该由印度"提出"授权条款来作为"反毒品安排"不符合 GATT 最惠国待遇条款的依据；(2)欧共体应该承担举证责任"证明"被诉安排满足了授权条款下的条件；(3)印度已经履行了其举证责任。

三、"反毒品安排"是否符合授权条款

欧共体对专家组的第三点结论提出上诉。欧共体提出，"非歧视"的要求与形式上的平等待遇并不相同，并强调"反毒品安排"是通过客观评估后采取的差别待遇，并不构成歧视。欧共体还以授权条款第 3(c)段为例，指出"非歧视"并不排除在发展中国家之间基于不同发展需要给予差别待遇。印度则主张，关税措施的不歧视就是要求"形式上"平等，并且授权条款第 2(a)段应解释为"授权发达国家对发展中国家提供更为优惠的

关税待遇,而不是在发展中国家之间提供不同的待遇",只有这样才能够保证GATT第1条和授权条款的效力同时存在,并减少它们之间的冲突。

对于双方的各执一词,上诉机构首先指出,尽管欧共体没有就专家组关于授权条款第3(c)段的解释提出上诉,但是这并不妨碍上诉机构对其进行分析,因为该段构成脚注3"非歧视"一词的上下文。

然后,上诉机构从脚注3所在的第2(a)段着手分析认为,第2(a)段及其脚注3共同澄清了授权条款第1段的适用情况,尤其是一项优惠关税措施只有"符合"1971年豁免决议序言中"描述"的GSP才是正当的。此外,上诉机构认为第2(a)段法文版和西班牙文版的用词明显突出了如下含义:授权条款下采取的措施有"义务"依照豁免决议的要求来实施,以提供"普遍的、非互惠的、非歧视性的"优惠关税措施。上诉机构特别指出,脚注3除了要求"非歧视"之外,还要求"普遍"。虽然如专家组所言,实现"普遍"的要求,需要由发展中国家和发达国家一起寻求以消除"仅对指定的发展中国家给予特殊优惠"的现状,但是上诉机构认为这并不表示"非歧视"就要对所有的发展中国家提供"同样"的关税优惠,而是应该理解为要求给惠国的优惠方案具有"普遍适用性"。上诉机构提到,鉴于授权条款已经对给予优惠设立了足够的要件,专家组关于"如果不对所有国家提供相同关税优惠就可能导致GSP的崩溃"的论断缺乏依据。

接着,上诉机构开始分析授权条款第3(c)段,指出其中用了"应该"(shall)一词,这暗示着一种义务,即要求发达国家在GSP下提供的优惠待遇必须"积极回应"发展中国家"发展上的、财政上的和贸易上的"需求。专家组认为该段未提到对"单个"国家的需要,就应该解释为要求对发展中国家的"整体"需要予以考虑。上诉机构对此持不同意见,提出该段既然没有明确要求优惠措施必须符合"所有"国家的需求,那么实际上就没有附加这样的义务。上诉机构还强调,发展中国家的需求是不断变化的,特定的发展需求只可能存在于特定的国家内,而第3(c)段的制定正是出于如下考虑:"可能需要不断修正'有差别的优惠待遇'才能够积极回应发展中国家的需求",而并非专家组报告所言"优惠安排需要覆盖足够的产品范围和提供足够的关税削减来保证符合'所有'的不同需要"。此外,上诉机构还谈到,授权条款的目的就是加强发展中国家现在或将来的经济发展,不可能假设所有国家发展步调一致。同时,《WTO 协定》序言也明确指出:"需要采取积极的行动来确保发展中国家尤其是最不发达的国家,在国际贸易增长中获得和它们经济发展需要'相当'的增长份额","相当"一词正体现了不同发展中国家可能有不同的发展需要。所以,第 3(c)段授权给惠国积极回应受惠国的"需要",这些需要未必是"所有"发展中国家都共有的,也意味着允许对不同受惠国给予不同待遇。

但是,上诉机构也强调,授权条款第 3(c)段并不要求对任何需求都必须作出回应。首先,需求仅限于发展上、财政上和贸易上的需求,并且需求是否存在不取决于给惠国或者受惠国的"主张",而要通过客观的标准来判断。其次,作出的回应必须是"积极"的,也就是根据特殊需要并致力于改善受惠国在发展上、财政上或贸易上的情况而采取的措施。最后,积极的回应与需求要有足够的联系,即优惠待遇要属于授权条款第 2 段中提供的措施如关税优惠,并且这样的措施要能够解决发展中国家的需求。综上,上诉机构认为,授权条款第 3(c)段暗示了即使没有对所有的发展中国家提供同样的关税待遇,也可能是"非歧视"的,只要争议的方案可以解决一个特殊的需求并对"有这方面需求的所有受惠国"实施同样的待遇。因此,对于印度提出"发展中国家适用授权条款并不意味着其放弃根据 GATT 下第 1 条享受的最惠国待遇,更不允许发达国家对其采取歧视待遇",上诉机构不同意在被诉措施满足授权条款要件的情况下,GSP 的受惠国还可以援引最惠国待遇条款要求享受适用于"其他国家需求"的优惠待遇。

对于专家组认为与"非歧视"最为相关的是 GATT 序言中"旨在消除国际贸易的歧视待遇"这一目标,上诉机构也持不同观点。上诉机构基于对授权条款第 3(c)段的分析指出,"非歧视"不仅允许对所有受惠国提供更优惠的市场准入条件,同时也允许考虑部分国家的特殊需要,而这正反映了《WTO 协定》与 1971 年豁免决议的一项共同宗旨,即确保发展中国家享有与其需求"相当"的增长份额,所以这一目标对解释"非歧视"的含义更为重要。

此外,在解释"非歧视"一词时,双方对授权条款第 2(a)段中"发展中国家"一词的范围也存在分歧。印度认为这一措辞应解释为"所有"发展中国家,并重申"非歧视"指对于"所有"发展中国家一律适用同一关税优惠；而欧共体则认为印度这样的解释造成脚注3中"普遍"与"非歧视"的重叠。

专家组认为，在缺少定冠词"the"的情况下，要解释"发展中国家"是否指"所有"的发展中国家必须将授权条款作为一个整体来解读，从条款起草者的意图和条文解释的一贯性原则来看，授权条款意在提供一个对"所有"发展中国家平等适用的GSP制度。上诉机构则推翻了专家组此项结论，认为基于上述对授权条款第2(a)段脚注3和第3(c)段的分析，授权条款并不排除对按不同需求分类的GSP受益国给予不同的关税优惠，所以第2(a)段中的"发展中国家"不能理解为所有的发展中国家。

综上所述，上诉机构推翻了专家组对于脚注3中"非歧视"含义的裁定，其结论是：该词允许发达国家成员对来自不同GSP受惠国的产品给予不同的关税待遇，只要确保对于所有"情况相似"的GSP受惠国提供同样的待遇，也即符合授权条款中的其他条件即可。

上诉机构注意到，印度在举证中只提及"反毒品安排"不符合授权条款第2(a)段，尤其是脚注3，所以讨论被诉措施是否符合授权条款只需要集中分析是否符合该段即可。根据上文对"非歧视"的分析，以及本案所涉及的"需求"是困扰某些国家的毒品生产和贩卖问题，上诉机构认为，只要欧共体能证明"反毒品安排"中的优惠方案适用于所有受到"相似"毒品问题困扰的GSP受惠国，抗辩即可成立。上诉机构还指出，双方都同意情况"相似"的GSP受惠国不应该受到不同的待遇，分歧在于如何确定情况"相似"。欧共体坚持认为，"反毒品安排"目前涵盖的受惠国是其依照客观的、无歧视的标准，并对各发展中国家毒品问题严重性进行全面评估后作出的决定。

然而，上诉机构对欧共体关于客观标准的说法表示质疑。上诉机构分析指出，根据欧共体第2501/2001号条例附件一，"反毒品安排"适用于12个国家，并且条例的解释性备忘录中称"反毒品安排"中提供的利益是无条件的，但是"反毒品安排"本身以及条例中与该安排相关的第10条和第25条均没有提供机制，以便今后将其他国家纳入该安排的受惠名单，对此欧共体在上诉中已予以承认。准入机制的缺位使得"反毒品安排"与条例的另外两种"特别奖励安排"存在明显不同。

此外，"反毒品安排"的异常之处还在于安排本身缺乏取消受惠资格的机制,这意味着12个受惠国即使将来不再受到目前毒品问题的影响,也依然可以享受相关产品的关税优惠。在条例层面,即使其第3条和第12条存在取消受惠资格的框架性规定,但仍缺少关于遴选受惠国的说明,也未提到如何衡量一个国家毒品问题是否严重,更没有标准来评估"反毒品安排"是否能充分"回应"发展中国家的需求。上诉机构还指出,其他有相似毒品问题的发展中国家要想成为"反毒品安排"的受惠国,唯一途径就是等待条例自身的修改。欧共体自己也承认,该安排采取的封闭式名单不能确保其优惠对所有存在毒品非法生产和贩卖问题的国家都适用。

基于这些情况,上诉机构认为被诉安排同那些"一开始就限制并永远适用于特定数量发展中国家的具有歧视性的优惠方案"并无二致。虽然欧共体又提出所有发展中国家都是潜在的受惠者,但上诉机构认为,条例中未规定进入受惠名单的相关标准或规范,所以无从决定标准或规范是否有歧视性。

综上,上诉机构的结论是:欧共体未能证明"反毒品安排"符合授权条款第2(a)段脚注3的要求,所以支持专家组对此问题的结论。

国民待遇原则

日本含酒精饮料的税赋案

(WT/DS8、WT/DS10、WT/DS11)(简称:日本—含酒精饮料案 II)

【案件基本情况】

申诉方(被上诉方):欧共体、加拿大、美国(还作为上诉方)

被申诉方(上诉方/被上诉方):日本

本案涉及的相关协定条款和法律问题:GATT 第 3 条;条约解释(VCLT);专家组职权范围。

1995 年 6 月 21 日,欧共体提出与日本磋商(WT/DS8),要求解决日本根据《酒税法》征税的问题。同年 7 月 7 日,加拿大根据 GATT 第 22 条提出与日本磋商(WT/DS10),要求解决同一问题。同日,美国提出与日本磋商(WT/DS11),要求解决相同的问题。

由于磋商都未能达成一致意见,1995 年 9 月 27 日,根据三方的第一次请求及日本的同意,DSB 决定成立一个专家组审查三个成员方提出的相同问题。1996 年 7 月 11 日,专家组做出报告。8 月 6 日,日本提出上诉;8 月 23 日,美国提出上诉。上诉机构于 10 月 4 日做出报告。11 月 1 日,DSB 通过了上诉机构报告和经过修改的专家组报告。

本案涉及的是修改后的日本 1953 年《酒税法》。该法规定:在日本销售的酒精含量超过 1 度的酒都必须缴纳酒税;酒被分成 10 类:清酒、清酒混合酒、烧酒(分 A 组和 B 组)、甜米酒、啤酒、葡萄酒(包括甜葡萄酒)、威士忌和白兰地、烈性酒、餐后酒、其他酒;按每公升所含酒精浓度不同,规定各类酒的税率;国产酒在出厂时纳税,进口酒在提货时纳税。本案涉及的是其中的烧酒、威士忌和白兰地、烈性酒、餐后酒的税率。

这些酒的税率如下：

烧酒

每公升含酒精浓度(%)	A组（通过持续蒸馏提取的）税率（日元/公升）	B组（其他烧酒）税率（日元/公升）
25—26	155700	102100
26—31	155700,每增高1度加征9540	102100,每增高1度加征6580
≥31	203400,每增高1度加征26230	135000,每增高1度加征14910
21—25	155700,每降低1度减征9540	102100,每降低1度减征9540
<21	108000	69200

威士忌

每公升含酒精浓度(%)	税率（日元/公升）
40—41	982300
≥41	982300,每增高1度加征24560
38—40	982300,每降低1度减征24560
<38	908620

烈性酒

每公升含酒精浓度(%)	税率（日元/公升）
<38	367300
≥38	367300,每增高1度加征9930

餐后酒

每公升含酒精浓度(%)	税率（日元/公升）
<13	98600
≥13	98600,每增高1度加征8220

申诉方认为,日本对酒的分类实际上造成进口酒比国产酒税率高,违反了GATT第3.2条第1句。欧共体要求专家组确认,烧酒与伏特加、金酒、白朗姆酒和杜松子酒是类似产品,日本对其适用不同税率违反了GATT第3.2条第1句;如果专家组不能确认这一点,则要求专家组确认这些酒是直接竞争或可替代产品,日本对其适用不同税率违反了GATT

第 3.2 条第 2 句。欧共体还要求专家组确认,烧酒与威士忌、白兰地和餐后酒是直接竞争或可替代产品,日本对其适用不同税率违反了 GATT 第 3.2 条第 2 句。加拿大要求专家组确认,烧酒与威士忌、白兰地和其他蒸馏酒以及餐后酒是直接竞争或可替代产品,日本对其适用不同税率违反了 GATT 第 3.2 条第 2 句。美国要求专家组确认,无色和棕色的烈性酒都是类似产品,日本对烧酒、伏特加、金酒、白朗姆酒和其他烈性酒适用不同税率违反了 GATT 第 3.2 条第 1 句。如果专家组无法得出这一结论,美国要求专家组确认无色酒是类似产品,所有的蒸馏酒是直接竞争或可替代产品,日本对国产酒的优惠税率违反了 GATT 第 3.2 条第 2 句。美国还提出,日本《租税特别措施法》对小规模生产者的免税措施违反了 GATT 第 3.2 条第 1 句。

日本要求专家组确认其酒类税收制度不违反 GATT 第 3 条,认为其《酒税法》不是为了保护国内产品,也没有起到保护国内生产的效果。日本还提出,申诉方所提出的各类酒不是类似产品。此外,日本要求专家组驳回美国的最后一条诉请。

【专家组的分析和结论】

专家组认为,要确定日本是否违反了 GATT 第 3.2 条,首先要确认产品是否类似。专家组注意到,GATT 的许多条款都提到了"类似产品"(like product)这一概念。不过,专家组认为,这一概念在不同的条款中不一定要作出完全相同的解释,即使在同一条款中,其含义也可能不同;这一概念在 GATT 第 3.2 条中的范围显然比在第 3.4 条中窄。类似产品含义的确定必须根据个案的实际情况,且应当考虑产品特性、质量、最终用途、消费者偏好和习惯等多种因素。根据这些分析,专家组比较了伏特加和日本烧酒,认为两者的物理特性基本相同,酒精含量的不同不足以排除其相同性;两种酒在日本关税目录上属于同一类,在关税谈判时,都受到同样的关税税率约束。因此,专家组确认伏特加和日本烧酒是类似产品。至于其他的酒,它们在物理特性上都与日本烧酒有所不同,有些有添加成分,有些外观与烧酒不同。参考 1987 年日本—酒税案(GATT 案件,BISD 34S/83)的专家组结论,以及申诉方提交的东京欧洲商会酒类委员会 1996 年 2 月的研究报告表明的烧酒与其他酒类之间存在价格弹性，专家组确认，烧酒与其他酒类是"直接竞争或可替代产品"。

专家组的结论是：(1) 烧酒与伏特加是类似产品，日本对伏特加适用的税率比烧酒高，违反了它根据 GATT 第 3.2 条第 1 句应当承担的义务；(2) 烧酒、威士忌、白兰地、朗姆酒、金酒和餐后酒是"直接竞争或可替代产品"，日本没有对它们实行相同的税收待遇，违反了它根据 GATT 第 3.2 条应当承担的义务。

专家组强调指出，日本将关税与国内税结合在一起，产生了下列影响：一方面，外国产的烧酒很难进入日本市场；另一方面，日本没有保证烧酒和其他无色或棕色酒的平等竞争条件。通过高关税和不同的国内税，日本把其国产烧酒同外国产品——不管是外国产的烧酒还是其他无色或棕色酒的竞争隔离开来。

【上诉机构的分析和结论】

日本和美国都提出上诉。日本认为专家组错误地解释了 GATT 第 3.2 条。日本提出，专家组的错误在于：(1) 没有考虑《酒税法》是否为了保护国内生产；(2) 忽略了产地与税收之间的联系，没有把国产酒和进口酒作整体比较；(3) 在比较税收负担时，没有重视税价比。

日本认为 GATT 第 3 条是一个整体，其第 1 款和第 3 款以及标题都对理解第 2 款有一定作用。综合理解这一条，专家组应当审查日本法律的目的和效果。日本还提出，专家组过于偏重关税税目分类，错误地把一些产品认定为类似产品。

美国总体上支持专家组的结论，但对专家组意见中的几点法律错误提出上诉。美国认为专家组对 GATT 第 3.2 条的解释是错误的，专家组在解释第 2 款第 1 句时没有结合第 3.1 条，第 1 款是第 3 条的宗旨，在解释第 2 款时必须同时考虑第 1 款。专家组认为仅凭物理特性、消费者使用和关税税目分类就可以决定产品是否"类似"，而不需要考虑第 3 条的目的和条文，特别是没有考虑该法的制定"保护了国内生产"，因此专家组没有认定所有的蒸馏酒都是"类似产品"，美国认为这是错误的。美国还提出，专家组在确定产品是否为直接竞争产品时，没有考虑不同税收待遇在实施时是否违反第 3.1 条规定的原则,而把价格弹性作为决定因素。美国还指出,专家组对没有审查的所有争议产品,其结论的第 7 部分第 23 段与第 6 部分第 32、33 段不一致。专家组在评价 GATT 第 3.2 条和第 3.4 条的关系时,错误地认为这两款所涉及的产品是不相同的。美国最后指出,专家组把其他案件的专家组报告作为 VCLT 第 31.3(b)条所说的"嗣后惯例"(subsequent practice),这也是错误的。美国认为,专家组报告仅仅起到澄清具体纠纷中各方权利义务的作用,以往通过专家组报告的决议是 GATT1994 第 1 段(b)(iv)所指的"决议",①但专家组报告本身并非这样的"决议"。

上诉机构综合了日本和美国的上诉,认为要确认专家组报告在下列问题上是否有错误:

（1）没有结合 GATT 第 3.1 条来理解第 3.2 条的第 1、2 句;

（2）在确定日本《酒税法》是否"保护了国内生产"时拒绝考虑"目的和效果";

（3）在审查法律是否"保护了国内生产"时没有考虑产品产地及其与税收待遇间的联系;

（4）在比较税赋负担时没有重视税价比;

（5）把 GATT 第 3.2 条第 2 句中"不同征税待遇"与第 3.1 条中"提供了保护"相等同;

（6）在确定"类似产品"时过于强调关税税目分类;

（7）没有确认所有的蒸馏酒都是类似产品;

（8）将国民待遇与关税约束联系在一起;

（9）在确定"直接竞争或可替代产品"时将价格弹性作为决定因素;

（10）专家组意见中第 7 部分第 1 段(ii)关于"直接竞争或可替代产品"的结论与第 6 部分第 32、33 段不一致,而且专家组没有对争议的所有产品进行审查并作出结论;

（11）认为 GATT 第 3.2 条和第 3.4 条涉及的产品不同;

（12）将 GATT 全体成员方和 DSB 通过的专家组报告称作"嗣后惯

---

① 《马拉喀什协定》附件一 A《1994 年关税与贸易总协定》第 1 条规定:"《1994 年关税与贸易总协定》('GATT')包括:……(b)《WTO 协定》生效之日前在 GATT1947 项下已实施的以下所有法律文件的条款;……(iv)GATT1947 缔约方全体的其他决议……"

例"。

尽管上诉机构综合出了十多个问题,但只讨论了四个法律问题:专家组报告的法律地位;对 GATT 第 3 条的理解;对 GATT 第 3.2 条第 1 句的理解;对 GATT 第 3.2 条第 2 句的理解。

一、专家组报告的法律地位

DSU 第 3.2 条要求专家组"根据解释国际公法的惯例"来澄清 GATT 和 WTO 各项协议的含义。在美国—汽油案(DS2、DS4)中,上诉机构强调,要做到这一点,必须遵循 VCLT 第 31.1 条规定的条约解释的基本原则。真的当然,该公约第 32 条也具有同样重要的作用。综合其规定,该公约要求在解释条约时"应当以条约的文字规定为基础",解释文字应当按其通常含义,同时也应当考虑条约的目的和宗旨。解释的结果不能使条文变成重复或无效的。

上诉机构首先讨论了美国上诉请求中的最后一个问题,即 GATT 成员方或 DSB 通过的专家组报告的法律性质问题。GATT 专家组报告虽然要由 GATT 缔约方全体通过,但根据 GATT1947,通过专家组报告的决议并不构成缔约方全体的协议。在 GATT 时代被普遍接受的看法是,专家组报告只针对一个案件的具体问题,因而只对当事方有约束力,其他案件的专家组并没有义务根据其分析来决定其他案件。上诉机构认为,在通过某个案件的专家组报告时,成员方全体并不想让专家组的意见成为对某一条文的固定解释,而且这也不是 GATT 的本意。《WTO 协定》第 9.2 条规定:"部长会议和总理事会应当是唯一有权对本协定和多边贸易诸协定作出解释的机构",而且"决定应当以四分之三多数通过"。从历史上看,根据 GATT1947 第 23 条通过的专家组报告,其性质不同于根据第 25 条由缔约方全体采取的行动。在 WTO 体制下,专家组报告也不同于对协定的解释。虽然各专家组确实经常引用其他专家组报告中的意见,WTO 成员可以从专家组报告中了解对某一条款的理解,但专家组报告除了对各自案件的当事方有约束力之外,并没有其他约束力。

综合以上分析,上诉机构不同意专家组关于"GATT 全体成员方和 DSB 通过的专家组报告是《维也纳公约》第 31 条所说的嗣后惯例"的观点。本案专家组提出,未通过的"专家组报告在 GATT 或 WTO 没有任何效力",然而"专家组可以从未通过的报告之分析中找到有用的参考"。上诉机构赞同这一说法。

二、对 GATT 第 3 条的理解

GATT 第 3 条共有 10 款,其目的是要避免国内税收和国内法规方面的保护主义。这一条规定,各成员方有义务为进口产品提供与国产品平等的竞争条件,进口产品清关进入国内市场之后就应当得到与国产品同样的待遇。GATT 要保护的是进口产品和国产品之间平等的竞争关系。只要不违反 GATT 第 3 条,WTO 成员可以为国内政策目的设置税收或制定法规。上诉机构指出,在讨论 GATT 第 3 条与《WTO 协定》其他规定的关系时,应当牢记第 3 条的这一目的。GATT 第 3 条的适用范围不局限于根据第 2 条承担关税约束的产品,而是要禁止采用任何国内税收或其他法规来保护国内生产。

专家组认为,GATT 第 3.1 条规定了总的原则,第 3.2 条则对国内税和费用作了规定。上诉机构同意专家组的这一说法。上诉机构认为,第 3.1 条是整个第 3 条的纲领,它也构成第 3.2 条和此后各款的一部分。但是,它对第 3.2 条第 1 句和第 2 句的指导作用不完全相同。

三、对 GATT 第 3.2 条第 1 句的理解

上诉机构分几个层次分析了 GATT 第 3.2 条第 1 句的含义:

首先,根据第 3.1 条来理解第 3.2 条第 1 句,如果一个成员方对进口产品征收的税超过对国产品征收的税,就违反了 GATT 第 3 条。第 3.2 条第 1 句并没有提及第 3.1 条,上诉机构认为这样的措辞是有意义的,其意义就在于:只要成员方对进口产品的征税高于对国产品的征税,就违反了第 3.2 条第 1 句的规定,不需要再进行其他证明。

其次,对这句中"类似产品"的解释。由于第 3.2 条第 2 句涉及非"类似产品",其范围比第 1 句要宽,所以对第 1 句应当作狭义的解释,对其中的"类似产品"也要作狭义理解。确定"类似产品"需要根据各个案件的具体情况。上诉机构认为,GATT 全体缔约方 1970 年通过的边境税工作组报告中解释"相同或类似产品"的方法可以适用于 GATT1947 的各项规定。报告提出,"对'类似产品'这一术语的解释应当个案处理,这样才

能公平地评价每个案件中'类似产品'的各种因素,其中可以包括:某个市场上产品的最终用户;因国家而异的消费者的喜好和习惯;产品的特点、性质和质量"。自从报告通过后,GATT 实践中一直使用这些标准。上诉机构认为,在本案中,只要记住第 1 句应当作极狭义的解释,上述标准也可以作参考。尽管如此,上诉机构承认判断产品是否类似仍不可避免地带有主观因素。

专家组在本案中确定伏特加与烧酒是 GATT 第 3.2 条第 1 句所说的类似产品。上诉机构注意到,认定这两种产品是"类似产品"还是 GATT 第 3.2 条第 2 句所说的"直接竞争或可替代产品"对本案的最终结果没有实质影响。因此,上诉机构没有就这一具体问题继续讨论。

上诉机构指出,HS 公约的统一关税分类如果足够详细,也有助于确定"类似产品",GATT 专家组报告就有好几个采用了关税分类来确定"类似产品"。但是,HS 公约的分类与 WTO 成员接受的关税约束分类方法差异很大,如果使用约束关税表中较粗的分类来确定"类似产品",是要冒风险的。在对分析的理由作了上述修改之后,上诉机构表示同意专家组在"类似产品"方面的其他意见。

最后,对第 1 句中"超过"(in excess of)的理解。专家组认为,根据这一句的规定,并不需要考虑税收差异对贸易的影响,也不受微小数量标准的限制,只要对进口产品征税超过对国产品的征税,就违反了第 1 句的规定。上诉机构同意专家组在这一问题上的分析和决定。

四、对 GATT 第 3.2 条第 2 句的理解

这一句明确提到了第 3.1 条,因此在确定某一措施是否违反第 2 句时,应当分别考虑三个因素:进口产品与国产品是否为"直接竞争或可替代产品";这两种产品的税收待遇是否不同;对进口产品和国产品给予不同的税收待遇是否"保护了国内生产"。

第一,达不到"类似产品"程度的产品,根据竞争环境和相对市场情况,完全可能是"直接竞争或可替代产品"。这要靠专家组根据所有有关因素来确定。本案专家组决定,在确定"直接竞争或可替代产品"时,不仅要根据产品的物理特性、最终用途和关税分类,还要考虑市场。上诉机构认为,在分析产品的竞争关系时考虑市场是恰当的;专家组使用价格弹性

的方法也是恰当的,不过专家组并没有把这一方法作为决定性的方法;专家组对"直接竞争或可替代产品"的法律分析是正确的。

上诉机构注意到,专家组在报告中对"类似产品"和"直接竞争或可替代产品"作结论时,没有把争议中所有的酒都包括在内。在确定"直接竞争或可替代产品"时,专家组只提到了烧酒、威士忌、白兰地、朗姆酒、金酒、杜松子酒和餐后酒,这比美国对专家组的请求中包括的产品范围窄。美国的请求包括了属于 HS 公约编码 2208(以下简称"HS2208")的所有蒸馏酒。上诉机构认为,专家组没有将职权范围所涉及的产品全部包括在其决定中,是一个法律错误。

第二,对"税收待遇不同"不应当理解为第 1 句所说的"超过"。如果认为这两种说法的含义相同,就抹杀了第 1 句和第 2 句的区别。在第 1 句中,只要对进口产品的征税高于对国产品的征税,不管高出幅度多大,都是超过,但微小的差别不一定能满足第 2 句所说的"税收待遇不同"。专家组认为,要达到第 2 句所要求的"税收待遇不同",其差别不能是微小的(de minimis),而税收差别是否微小,要根据个案决定。上诉机构同意专家组的这一意见。可惜的是,专家组在正确分析的基础上却把这一问题与税法的实施结果混为一谈。上诉机构认为这是两个法律问题,如果对进口产品和国产品没有实行不同的税收待遇,就不需要讨论下一个问题了。

第三,对"直接竞争或可替代"的进口产品和国产品采取的"不同税收待遇"是否造成对国内生产的保护。专家组并不审查立法者的主观意图(intent),只审查国内措施的实施结果是否保护了国内生产。上诉机构引用 1987 年 GATT 专家组在日本—酒案(BISD 34S/83,GATT 案件)中的意见指出,小的税收差别会影响进口产品和国产品的竞争条件,但微小的差别不一定造成第 3.2 条第 2 句的保护效果。1987 年日本—酒案的专家组分析了一系列与此有关的因素,包括:对烧酒的征税比对进口直接竞争产品的征税低许多;对进口酒从价征收特别税,而对烧酒不征从价税;烧酒几乎只产于日本,较低的税赋确实保护了日本的生产;蒸馏酒之间的可替代性。上诉机构认为,在本案中,应当全面客观地分析税收的结构和实施情况。要确定立法意图确实困难,但从法律实施情况角度确定法律的保护作用还是可能的。税收待遇不同的程度可以证明法律的保护性。

本案专家组正确地引用了1987年日本—酒案中专家组的一段话,表明可以使用不同方法来分析同一个问题。

上诉机构分析了专家组报告所陈述的理由后指出,专家组在正确地提出了对GATT第3.2条第2句的理解之后,错误地把"税收待遇不同"与"保护国内生产"混为一谈。上诉机构重申这是两个不同的法律问题。本案中,税收待遇差别之大或许使专家组认为它"保护国内生产",但在其他案件中,还要考虑其他因素。在任何一个案件中,都应当分别分析这三个问题,并考虑所有有关的因素。尽管专家组把第2句中两个法律问题混淆在一起,但上诉机构认为专家组对问题的结论还是正确的。

上诉机构的最终结论是:

(1) 专家组关于"GATT缔约方全体和WTO的DSB通过的专家组报告构成嗣后惯例"的结论,在法律上是错误的;

(2) 专家组在分析GATT第3.2条第1、2句时没有结合第3.1条进行分析,在法律上是错误的;

(3) 专家组关于"直接竞争或可替代产品"的结论仅限于烧酒、威士忌、白兰地、朗姆酒、金酒、杜松子酒和烈性酒,这与其职权范围不符,在法律上是错误的;

(4) 专家组在分析GATT第3.2条第2句时没有分别分析"税收待遇不同"和"造成保护",在法律上是错误的。

烧酒与伏特加是相同产品,日本对伏特加适用比烧酒高的国内税率,违反了它根据GATT第3.2条第1句应当承担的义务。上诉机构认定,烧酒与HS 2208包括的所有蒸馏酒(除伏特加外)是"直接竞争或可替代产品",日本在实施《酒税法》时没有给予它们相同的税收待遇,保护了国内生产,违反了GATT第3.2条第2句。

除了提出上述修改之外,上诉机构同意专家组的最终结论。

中国影响汽车零部件进口的措施案

(WT/DS339、WT/DS340、WT/DS342)(简称:中国—汽车零部件案)

【案件基本情况】

申诉方(被上诉方):欧共体、美国、加拿大

被申诉方(上诉方):中国

第三方(第三参与方):阿根廷、澳大利亚、巴西、日本、墨西哥、中国台北、泰国

本案涉及的相关协定条款和法律问题:GATT 第 2 条、第 3.2 条、第 3.4 条、第 20(d)条;《中国加入世界贸易组织工作组报告书》。

2006 年 3 月 30 日,欧盟和美国分别请求与中国进行磋商,指控中国实施的措施对出口到中国的汽车零部件产生不利影响。4 月 13 日,加拿大就同样的问题请求与中国进行磋商。上述磋商均未取得满意结果。10 月 26 日,DSB 根据申诉方的请求成立了专家组。2008 年 7 月 18 日,专家组报告公布。9 月 15 日,中国提出上诉。12 月 15 日,上诉机构发布了报告。2009 年 1 月 12 日,DSB 通过了上诉机构报告和专家组报告。

本案争端的起因是中国颁行了影响汽车零部件进口的相关法律、规定和政策。在中国,之前适用于进口汽车零部件的税率为 10%,一直显著低于进口整车 25%的税率。在实际生产中,许多汽车制造商大量进口汽车零部件,并在中国国内组装为整车,而后进行销售。这样,通过进口零部件组装成汽车,而不是直接进口整车,可以变相规避高达 15%的关税。因此,中国先后于 2004 年 5 月、2005 年 2 月和 3 月出台了《汽车产业发展政策》《构成整车特征的汽车零部件进口管理办法》(简称《管理办

法》)、《进口汽车零部件构成整车特征核定规则》三部法令(统称为"涉争措施")。如果进口零部件根据涉争措施规定的特定标准"构成整车特征",则将适用25%而非10%的关税税率。上述规定一出台便激起轩然大波,遭到来自欧美汽车大国的强烈反对,它们认为中国的涉争措施违反了包括国民待遇原则在内的多项WTO规则,争端由此而起。

【专家组的分析和结论】

在2008年7月18日正式公布的、长达三百多页的报告中,专家组裁决,中国对进口零部件超过整车价值60%以上的按整车税率征税的做法对进口汽车零部件构成歧视,违反了WTO的相关贸易规则。报告中涉及的主要法律问题有:

一、中国的措施是否符合GATT第3.2条

1. GATT第3.2条的适用

涉争措施的性质是本案中争端双方最重要也是最本质的分歧。作为申诉方,欧、美、加等认为,涉争措施以违反GATT第3.2条第1句的方式征收了"国内费用"(internal charge),而中国则抗辩认为其征收的是符合GATT第2.1(b)条的"普通关税"。

针对上述主张,专家组分别考察了GATT第3.2条第1句中"国内费用"的含义和第2.1(b)条中"普通关税"的含义。

GATT第3.2条第1句规定:"任何缔约方领土的产品进口至任何其他缔约方领土时,不得对其直接或间接征收超过对类似国产品直接或间接征收的任何种类的国内税或其他国内费用。"

鉴于GATT第3.2条以及任何其他的WTO涵盖协定均未规定"国内费用"的定义,专家组参考了2003年《贸易政策术语辞典》中对于"国内费用"的定义,认为"国内"意味着引发费用支付的主要因素发生在关税领土之内。

为进一步澄清"国内费用"的含义,专家组援引了GATT时期的比利时—家庭津贴案(BISD 1S/59)和WTO时期的阿根廷—皮革案(DS155)专家组报告中的论述指出:"考虑到与上述GATT和WTO专家

组(裁决)的一致性,我们同样认为表明一项收费是否构成 GATT 第 3.2 条意义上的'国内税或其他国内费用'的一个重要因素是(考察)该项支付义务是否源于一项'国内'因素(例如,产品在国内被转售或在国内被使用),而该'国内因素'发生在一成员方产品进口至另一成员方领土之后。"

随后,专家组又援引了 GATT 补充脚注中的相关内容指出,任何适用于进口产品和类似国产品的国内税和其他国内费用,即使是针对进口产品,并在进口的时间或地点征收,仍将被视为 GATT 第 3 条意义上的国内税或其他国内费用。因此,国内税征收的时间和地点并不必然表明其属于 GATT 第 3.2 条范围内的决定性标准。

专家组随后分析了"普通关税"的含义。对于 GATT 第 2.1(b)条中的"普通关税",WTO 涵盖协定亦未给出定义。参考 2006 年《国际海关术语目录》《布莱克法律词典》(第 7 版)及 2003 年《贸易政策术语辞典》中关于"普通关税"的定义,并全方位考察了第 2.1(b)条中相关词语的含义后,专家组得出结论认为,综合考虑第 2.1(b)条中"在其进口"(on their importation)和"到领土"(into the territory)这两个词语的含义,"普通关税"是指在货物进入另一成员方的关税领土时所发生的付费义务,并且一项"普通关税"必须以货物进口时为估价标准。

基于上述结论,专家组指出,考虑到上下文以及 GATT 的宗旨和目的,我们认为,GATT 第 2.1(b)条第 1 句中"在其进口"一词的正常含义包含了不容忽视的严格而又精确的时间因素。它意味着,支付普通关税的义务与产品进入另一个成员方领土的那一刻(时间)密切相关;正是在那一刻,也仅仅是在那一刻,支付(普通关税)的义务才得以发生;进口国现时或后续实施的执行、评估或再评估、施加或征收普通关税的法案(行为)必须建立在处于这个时刻的货物的基础之上。与普通关税相反,"国内费用"的支付义务并不发生于产品进入另一成员方领土的那一刻,而是源于国内因素(例如,由于货物在国内被转售或由于货物在国内被使用),而这些国内因素发生在货物已经进入另一成员方的领土之后。如果一项普通关税的支付义务产生于货物进口之后的状态,而不是其进口时的状态,则将抹杀普通关税与国内费用间"极端重要"的区别。

在援引了一系列 WTO 和 GATT 的先前裁决,考察了《WTO 协定》和 GATT 的目标和宗旨,并综合考虑了上述各种因素后,专家组最终得出结论:申诉方成功地证明了基于涉争措施所征收的费用构成GATT第3.2条项下的国内费用,因为根据涉争措施征收费用所依据的是汽车零部件进口到中国领土之后发生的情况,而不是在产品进口时的状况。这也就意味着,争端的解决应当依欧、美、加所主张的,适用GATT第3.2条关于国民待遇的规定,而不是如中国所主张的那样适用第2.1(b)条关于普通关税的规定,正是在这一基础和根本性问题上的失利最终直接导致中国遭遇在WTO的第一次"败诉"。

2. 违反GATT第3.2条

得出上述结论后,专家组继续分析了涉争措施是否符合GATT第3.2条第1句所规定的国民待遇原则。

专家组援引上诉机构在加拿大—期刊案(DS31)中的意见指出,分析一项措施是否违反GATT第3.2条,应当分两步进行:第一步,审查进口产品与国产品是否属于"类似产品";第二步,审查该进口产品是否被以超过国产品的税率征税。如果对这两个问题的答案都是肯定的,那么就存在违反GATT第3.2条第1句的情形。专家组随后按照这种方法对涉争措施进行了分析。

专家组首先分析了进口汽车零部件与国内汽车零部件是否属于类似产品。对此,专家组完全采纳了申诉方的主张,认为涉争措施没有以原产地外的任何其他标准区分进口汽车零部件,即意味着全部的进口和国产汽车零部件是类似产品。

专家组随后分析了第二步的问题,即进口汽车零部件是否被征收了高于国产品的国内税和费用。专家组在参考了日本—酒类税案II(DS8、DS10、DS11)的上诉机构报告中关于"超过"一词的分析后认定,由于涉争措施并不适用于国产品,因此基于涉争措施而征收的费用自然也就不适用于国产品而仅适用于进口产品,构成GATT第3.2条意义上的高于国产品的国内费用。

基于上述分析结论,专家组最终裁定基于涉争措施所征收的费用违反了GATT第3.2条第1句的规定。

二、中国的措施是否符合GATT第3.4条

GATT第3.4条规定:"任何缔约方领土的产品进口至任何其他缔

约方领土时,在有关影响其国内销售、标价出售、购买、运输、分销或使用的所有法律、法规或要求方面,所享受的待遇不得低于类似国产品所享受的待遇……"申诉方主张涉争措施违反了该条的规定。中国抗辩,作为边境措施,涉争措施不属于第3.4条的范畴。

上诉机构报告曾澄清,认定一项措施违反GATT第3.4条必须满足三个要素:首先,争议涉及的进口产品和国产品是"类似"产品;其次,争议的措施是"影响其(进口产品)国内销售、标价出售、购买、运输、分销或使用的所有法律、法规或要求";最后,进口产品被给予了"低于"类似国产品所享受的待遇。

专家组逐一分析了上述三个问题。

首先,争议的进口产品与国产品是否"类似"?专家组认为,根据涉争措施,进口汽车零部件与国内汽车零部件是在GATT第3.2条第1句意义上的"类似",而第3.2条第1句中"类似"的适用范围要窄于第3.4条中的"类似"。因此,争议的进口汽车零部件与国内汽车零部件是在GATT第3.4条意义上的"类似"。

其次,涉争措施是否为GATT第3.4条意义上的"法律、法规或要求"?专家组指出,涉争措施对任何打算使用进口汽车零部件的汽车生产商强加了各种行政程序。这些行政程序涉及受涉争措施影响的汽车零部件在进口前、进口中和进口后的诸多义务,如自身估价、组装后的认证等。因此,涉争措施属于GATT第3.4条意义上的"法律、法规"。尽管涉争措施强制适用于所有使用进口零部件组装汽车的汽车生产商,汽车生产商仍然可以通过选择根本不使用进口零部件而避免这种行政程序的适用。但是,这些措施即使可以被视为"自愿的",仍将是GATT第3.4条意义上的"要求"。因此,专家组得出结论:涉争措施是"法律、法规",亦构成GATT第3.4条意义上的"要求"。同时,专家组指出,涉争措施对任何使用进口汽车零部件的汽车生产商所施加的行政程序,以及涉争措施所规定的标准,结合以最后形成整车为基础的税收估价,都对汽车生产商形成了某种激励,即鼓励商家使用国内零部件替代进口零部件。因此,专家组认定,涉争措施是在GATT第3.4条意义上的影响到进口汽车零部件的"国内销售、标价出售、购买、运输、分销或使用"。

最后,涉争措施给予进口汽车零部件的待遇是否低于国内汽车零部件?专家组首先对 GATT 第 3.4 条所规定的"较低"(less favorable)待遇的标准进行了界定。专家组参考上诉机构在韩国—涉及牛肉的各种措施案(DS161、DS169)中的论述指出,进口产品和国内类似产品之间在形式上的差别待遇对于证明违反 GATT 第 3.4 条既不是必须的,也不是充分的;判断是否给予进口产品以低于国内类似产品的待遇,应当考察一项措施是否改变了相关市场上的"竞争条件",从而对进口产品造成损害。基于这一考虑,专家组随后分析了涉争措施是否改变了中国市场的竞争条件,从而对进口汽车零部件造成不利。在专家组看来,涉争措施对进口汽车零部件施加了国内类似产品无须适用的行政程序,而这会导致从一个新车型下线到鉴定中心鉴定的整个装配过程面临实质性的延误。因此,涉争措施改变了中国市场的竞争条件,从而对进口零部件造成了损害。专家组进一步指出,由于进口汽车零部件是否达到涉争措施所要求的整车特征的决定是以汽车零部件的最终装配为基础的,因此如果汽车生产商想要避免这种行政程序,涉争措施就不可避免地影响到汽车生产商在国内和进口汽车零部件间进行选择时的决策。涉争措施所规定的整车特征的决定标准和这种标准在汽车最终装配后的适用,不仅在进口汽车零部件和类似国内汽车零部件之间造成了一种形式上的区分,而且这种区分在抑制汽车生产商使用进口汽车零部件上也极为重要。因此,专家组认定涉争措施给予进口汽车零部件的待遇低于国内汽车零部件,违反了 GATT 第 3.4 条的规定。

三、中国的措施是否符合 GATT 第 20(d)条的例外

在认定涉争措施违反国民待遇原则后,专家组继续考察了涉争措施能否构成 GATT 第 20 条所规定的例外情形。

根据以往上诉机构的裁决,一项违反 GATT 的措施,如果要满足第 20 条的要求,必须具备两个条件:第一,属于第 20 条规定的一项或几项例外情形;第二,满足第 20 条前言的要求。

GATT 第 20(d)条规定:"本协定的任何规定不得解释为阻止任何成员方采取或实施以下措施:……(d)为保证与本协定规定不相抵触的法律或法规得到遵守所必需的措施……"

上诉机构在韩国—涉及牛肉的各种措施案(DS161、DS169)中曾澄

清,一项措施只有同时具备两个因素才能满足 GATT 第 20(d)条的规定:第一,该措施旨在"保证遵守"本身不与 GATT 的某些规定相抵触的法律或法规;第二,该措施是保证这种遵守所"必需"的。

据此,为确定涉争措施是否满足 GATT 第 20(d)条,专家组首先考察了中国是否确立了一项本身不违反 GATT 的法律或法规。专家组认为,中国有关汽车关税规定的解释违反了其在减让表下的义务,因而违反了中国在 GATT 第 2.1 条(a)和(b)项下的义务。

中国强调,涉争措施的实施旨在防止某些汽车企业"规避"中国进口汽车海关关税的非法行为,并列举了三种"规避"行为;如果漠视上述"规避"行为的存在,进口商今后将再也不可能以适用于整车的关税税率缴纳进口关税。对于中国的主张,专家组在全面考察了相关词语的确切含义后指出,国际贸易中"规避"一词的含义表明,"规避"和"反规避"并未与"普通关税"相联系。在《WTO 协定》中,"规避"仅在有关反倾销税、原产地规则、《农业协定》和纺织品贸易中被承认,且只有在《农业协定》中"反规避"这一概念才被明确承认。此外,诸如"逃避""避免"这类词语并没有以与关税相关联的方式存在(于 WTO 中),至少在法律文本中不存在。相比较而言,此类词语较多地出现在国内税法之中。因此,专家组认为,中国未能令其满意地证明所谓"规避"中国汽车关税规定的行为如何违反了中国关税减让表下的义务,因而需要通过涉争措施来阻止。

最后,专家组指出,既然已经认定中国未能证明涉争措施是为确保遵守中国的关税减让表,那么涉争措施自然不是"必需的";中国未能证明涉争措施满足 GATT 第 20(d)条的例外情形,因此专家组没有必要再继续考察涉争措施是否满足第 20 条"序言"的要求。

四、中国的措施是否违反《中国加入世界贸易组织工作组报告书》第 93 段

申诉方提出,中国将全散件(CKD)和半散件(SKD)视为整车并以整车税率征收关税违反了中国的关税减让表。美国和加拿大还认为,涉争措施中有关 CKD 和 SKD 的规定违反了《中国加入世界贸易组织工作组报告书》(以下简称《中国入世工作组报告》)第 93 段的承诺。

对于第一个问题,专家组先后查阅了权威机构对 CKD 和 SKD 的定义,以及中国政府的一贯立场和做法,最终认定中国政府将 CKD 和 SKD 按照整车对待并征税的做法没有违反中国的关税减让表。

对于第二个问题,中方认为,由于第 93 段规定的前提条件没有发生(设立此类税号),因此不存在违反第 93 段承诺的问题。

该第 93 段规定:"某些工作组成员对汽车部门的关税待遇表示特别关注。对于有关汽车零件关税待遇的问题,中国代表确认未对汽车全散件和半散件设立关税税号。如设立此类税号,则关税将不超过 10%。工作组注意到这一承诺。"

在《中国入世工作组报告》第 93 段中,中国政府承诺对 CKD 和 SKD 的关税不超过 10%,但前提条件是中国为 CKD 和 SKD"设立此类税号",而该税号在中国入世时并不存在。鉴于此,专家组决定判断第 93 段规定的条件是否出现。

美、加认为,中国的涉争措施实际上已为 CKD 和 SKD 设立了须承担 25%关税的关税税号,因此中国事实上就是给 CKD 和 SKD"设立"了关税。中方主张,由于中国的关税表都是通过财政部修订、发布的,而中国的财政部并没有就 CKD 和 SKD 制定新的关税表,因而没有满足第 93 段规定的前提条件。

对于上述争论,专家组查阅了 HS 公约对于商品编码的相关规定,分析了中国涉争措施的实际效果,指出:专家组审查的是中国是否遵循了它的承诺,而不是中国是否已经满足其国内的法律程序。专家组认为,一旦中国决定于 2004 年和 2005 年实施涉争措施并通过该措施系统地为 CKD 和 SKD 进口设立某种关税税号,就有效地为 CKD 和 SKD"设立"了关税税号。专家组最终认定:由于在关税表中通过采取涉争措施为 CKD 和 SKD 设立了关税税号,中国已经满足适用第 93 段的前提条件,而且中国将 CKD 和 SKD 视为整车征收 25%的关税,违反了其在第 93 段中"不超过 10%的关税"承诺。

基于上述结论,在 2008 年 7 月 18 日散发给 WTO 成员的专家组报告中,专家组裁定涉争措施是 GATT 第 3 条范围内的国内费用,此类措施违反了第 3.2 条第 1 句,因为它对进口汽车零部件征收了一项高于适用于类似国内汽车零部件的国内费用;此类措施也不符合第 3.4 条,因为它给予进口汽车零部件低于类似国内汽车零部件的待遇。另外,专家组还认定,假定涉争措施属于 GATT 第 2.1(b)条第 1 句的范围,它仍征收了超过中国关税减让表中的相关约束税率的关税,并因此违反了 GATT 第 2.1(a)条、第 2.1(b)条。专家组还得出结论:涉争措施不符合 GATT 第 20(d)条。至于有关 CKD 和 SKD 的规定,专家组认定,此类措施虽然没有违反 GATT 第 2.1(b)条,但与中国在《中国入世工作组报告》第 93 段项下的义务不符。除此之外,专家组对于申诉方根据《TRIMS 协定》、GATT 第 3.5 条、《SCM 协定》第 3.1(b)条和第 3.2 条提出的诉请适用了司法节制原则。

【上诉机构的分析和结论】

中国提出了上诉,请求上诉机构推翻专家组关于依涉争措施所征收的费用是受 GATT 第 3.2 条规范的一项国内费用的裁定,以及专家组基于该裁定所得出的全部结论和建议,并裁决该费用是 GATT 第 2.1(b)条第 1 句下的一项普通关税。但是,如果上诉机构肯定专家组的裁决,则中国请求上诉机构裁决专家组在第 2 条项下的选择性结论和建议无意义。中国还请求上诉机构推翻专家组根据 GATT 第 3.4 条作出的裁决和结论,以及专家组关于《中国入世工作组报告》第 93 段的裁决。

上诉机构首先对本案的背景和涉争措施进行了详细的描述和界定,随后对上诉中涉及的问题逐一进行了分析。

一、对专家组报告的肯定

1. 涉争措施的性质

上诉机构认为,中国的上诉要求其从三个方面评价专家组对这一问题的裁决:(1)专家组所采用的分析方法;(2)专家组对 GATT 第 2.1(b)条中"普通关税"和第 3.2 条中"国内费用"的解释;(3)专家组依其解释对涉争措施下费用的评估。

上诉机构首先回顾和分析了专家组所采用的分析方法。专家组将初始问题——依涉争措施所征收的费用的定性(国内费用或普通关税)与核心问题——在涉争措施下征收的费用是否符合中国在 GATT 第 3.2 条或第 2.1(b)条项下的义务相分离,单独并先于后者对初始问题加以分析,并在所得出结论的基础上分析核心问题。上诉机构肯定了专家组的这种分析方法。对于专家组对第2.1(b)条中普通关税和第3.2条中国内费用的解释,上诉机构认为,关于一项特定费用是否属于第2.1(b)条或第3.2条的决定,必须基于对这两条规定的适当解释而作出。关税协调制度没有提供与这一问题相关的上下文。因此,专家组在解释第2.1(b)条第1句中的普通关税时总体上没有依赖协调制度的规则,或没有特别地依赖《协调制度一般解释规则》第2(a)条,并没有错误。最后,对于专家组依其解释对涉争措施下费用的评估是否正确,上诉机构认为专家组正确地识别了涉争措施的相关特征,而这些特征与将在措施下的费用定性为第2.1(b)条项下的普通关税还是第3.2条项下的国内费用有关;专家组正确地评价了这些特征的相对分量和重要性,并准确地将费用定性为一项国内费用。

基于这些原因,上诉机构维持了专家组对初始问题的解决和专家组关于"措施下的费用是GATT第3.2条项下的一项国内费用"的裁决。

2. 涉争措施与GATT第3条的相符性

由于中国关于GATT第3.2条上诉的唯一理由是,专家组错误地裁决涉争措施下的费用是一项国内费用而非普通关税。因此,鉴于上诉机构已经维持了专家组关于涉争措施下征收的费用是GATT第3.2条项下的一项国内费用的裁决,上诉机构同样维持专家组关于第3.2条的裁决,即涉争措施不符合GATT第3.2条第1句,因为它们使进口汽车零部件承担了超过适用于类似国内汽车零部件的国内费用。

中国关于GATT第3.4条的上诉主要基于两个理由:

首先,中国主张,专家组关于涉争措施属于第3.4条项下的裁决是"基于"专家组对初始问题的裁决,即措施下的费用是一项国内费用;而在中国看来,因为初始问题的裁决是错误的,专家组在第3.4条项下的裁决也必须被推翻。对于这一主张,上诉机构认为,既然上诉机构已经维持了专家组对初始问题的裁决,认定措施下的费用是一项国内费用,那么它必须拒绝中国基于这一理由对专家组在第3.4条项下裁决的上诉。

中国提出的另一理由是,涉争措施是征收普通关税,与这些关税相联系的行政程序应当被视为关税措施,而不属于第3.4条的范围。中国认为,涉争措施对汽车制造商使用国内汽车零部件替代进口汽车零部件所可能产生的任何激励,均可归因于中国关税减让表中约束关税税率的结构,即汽车零部件的税率为10%,而整车为25%。因此,由此产生的任何激励均是"在中国可允许的关税税率中内在存在的",而专家组错误地利用了中国关税减让表中细分税率所创造的激励来裁决中国违反第3.4条。对此,上诉机构回顾了专家组的分析并指出,涉争措施列明了决定进口汽车零部件何时被定性为整车的具体标准,相对于国内零部件来说,这为限制制造商使用进口零部件创造了一种激励。另外,涉争措施对使用进口零部件的汽车制造商施加了行政程序和与此相关联的迟延,而如果制造商全部使用国内汽车零部件,则这些问题将被完全避免。这些激励影响了进口汽车零部件在中国国内市场的竞争条件。上诉机构在专家组的裁决中没有发现错误,因此维持了专家组的裁决,认定涉争措施不符合GATT 第3.4条。

3. GATT 第2.1(a)条第2.1(b)条项下的选择性裁决

申诉方诉称,假定专家组认定涉争措施下的费用构成一项普通关税,这种普通关税仍违反中国在GATT 第2.1(a)条、第2.1(b)条项下的义务,因为它超过了中国关税减让表中汽车零部件的约束税率。在认定涉争措施下的费用确系第3.2条项下的国内费用后,专家组继续对费用是第2.1(b)条含义内的普通关税这一假定作出选择性裁决,即中国关税减让表中关于汽车的关税并没有为被组装成汽车的多批运输进口的汽车零部件设立单独税号。因此,在涉争措施可能被认为属于GATT 第2条范围时,涉争措施具有对进口汽车零部件适用超过中国关税减让表中约束关税税率的效果,违反了中国在第2.1(a)条、第2.1(b)条项下的义务。

中国的上诉与其如下诉请相关联,即上诉机构应当推翻专家组关于涉争措施下的费用是GATT 第3.2条项下的一项国内费用的裁决,并裁决在涉争措施下征收的费用是一项普通关税。但是,如果上诉机构维持专家组关于涉争措施下的费用是第3.2条项下的国内费用的裁决,则中国请求上诉机构"裁决专家组的选择性论证和裁决……以及选择性结论和建议,是无意义和不具有法律效力的"。中国解释,这是因为,这些裁决及结论的前提是,专家组错误地"选择性假定,即在受到质疑的措施下征收的费用是一项普通关税"。

上诉机构认为摆在其面前的唯一问题是,是否应该考察专家组的选择性裁决。虽然中国认为这些裁决以专家组关于涉争措施的定性错误为基础,但是上诉机构认为其已经裁决专家组没有犯这样的错误。相反,专家组恰当地将涉争措施下的费用定性为一项国内费用,并恰当地裁决涉争措施与中国在GATT第3.2条第1句项下的义务不符。因此,上诉机构认为其没有理由考察专家组在第2.1(a)条、第2.1(b)条项下的选择性裁决。上诉机构也不认为有任何理由同意中国的请求,宣布这些裁决和结论"无意义和不具有法律效力"。

二、对专家组报告的修改

专家组裁决,中国违反了其在《中国入世工作组报告》第93段下的承诺,即如果中国为CKD和SKD组件设立税号,则将适用不超过10%的关税税率,该承诺是《WTO协定》的一部分。中国从如下几个方面对这一裁决提出上诉,上诉机构在分析了相关问题后,推翻了专家组的结论:

1. 涉争措施对CKD和SKD进口的适用性

首先,中国认为,专家组错误地将涉争措施解释为对选择在边境申报CKD和SKD的进口商征收的费用。中国《构成整车特征的汽车零部件进口管理办法》(以下简称"第125号令")第2(2)条规定:"汽车生产企业进口全散件(CKD)或半散件(SKD)的,可在企业所在地海关办理报关手续并缴纳税款,不适用本办法。"第21(1)条规定:"有下列情形之一的,进口汽车零部件构成整车特征:(一)进口全散件(CKD)或半散件(SKD)组装汽车的;……"据此,专家组裁决,第125号令第2(2)条给予汽车制造商一种选择权,使他们的CKD或SKD组件进口得以从涉争措施下的"行政程序"中被排除,并依常规海关程序进口。但是,如将其与第21(1)条的规定一并解读,第2(2)条中"不适用本办法"的语言只解除了CKD和SKD组件进口商遵从涉争措施下各种行政程序的义务,并没有免除CKD和SKD组件进口商在涉争措施下被征收的费用,这些进口商根据第2(2)条申报他们的商品并在进口时按照适用于整车的25%税率支付费用。专家组澄清,该费用与在零部件被组装成整车后产生的费用在本质上是不同的,在CKD和SKD组件的进口被第2(2)条从涉争措施下的行政程序中排除,但受制于中国常规海关程序的限度内,对CKD和SKD组件征收的费用可以被认为是GATT第2.1(b)条第1句项下的一项普通关税。因此，专家组裁决，涉争措施对第125号令第2(2)条项下的CKD和SKD组件进口商征收的25%的费用是一项普通关税；进而认定，中国对CKD和SKD进口征收了25%的关税，违反了其在《中国入世工作组报告》第93段下的承诺。

对此，中国提出上诉。中国主张，第125号令第2(2)条从涉争措施中完全排除了CKD和SKD组件进口，即将其同时从行政程序和在该程序下征收的费用中排除。第2(2)条项下CKD和SKD组件的进口受制于中国常规海关法律下的进口税，并不承担涉争措施下的费用。此外，专家组关于对在第2(2)条项下进口的CKD和SKD组件征收的费用是一项普通关税的裁决，无法与专家组对初始问题的解决和如下裁决相协调，即涉争措施所征收的费用是GATT第3条项下的一项国内费用。

对此，上诉机构首先分析了第125号令第2条的原文，指出在第2(2)条中并不存在对不适用的办法的原文限制。特别是，第2(2)条没有指出，CKD和SKD组件的进口商在涉争措施下仅从行政程序中被排除，而仍承受费用。上诉机构将第2条中提及的办法理解为涵盖全部第125号令的规则。第125号令的规则似乎并没有将涉争措施下的费用从与其相联系的行政程序中分离，反而列明了许多先于或伴随涉争措施下的费用的征收程序步骤。第125号令从未孤立提及任何"费"或"税"，总是连同列明的一项或多项程序因素一并提及。第125号令的全部规定同时为行政程序和费用设立了一种制度，这些程序和费用因汽车零部件构成整车特征而被适用。第2(2)条的原文和第125号令的整体结构和逻辑，包括第21(1)条，使费用不可能从与该费用的征收相联系的行政程序中被分离。因此，在上诉机构看来，专家组对第2(2)条的解释，以及与第21(1)条共同解读，都存在法律错误。

上诉机构认可专家组的如下观点，即第125号令第2(2)条为进口CKD和SKD组件的汽车制造商提供了一种选择。但是，对于这一选择的范围，上诉机构表达了不同的观点。在上诉机构看来，提供给汽车制造商的选择是在进口CKD和SKD组件时申报，并因此将制造商从第125号令规则的适用中排除，包括据此征收的费用。但是，如果这一选择权没有被行使，那么规则将完全适用，即制造商将承受涉争措施下的行政程序、第125号令第21(1)条项下的标准以及在组装和核定后征收的费用。

在处理初始问题时,专家组恰当地细察了费用的核心特征,评价了这些特征的重要性,并认定在涉争措施下征收的费用是一项国内费用。但是,专家组没有解释在第2(2)条项下对CKD和SKD组件进口征收的费用的特征与那些它先前在解决初始问题时曾经识别的特征如何或为什么不同。专家组也没有解释为什么这种特征要求将在第2(2)条项下进口的CKD和SKD组件征收的费用定性为一项普通关税。

上诉机构裁决:专家组错误地解释了第125号令,并在这一错误观点之上作出最终的裁决。上诉机构由此得出结论:必须推翻专家组关于涉争措施与《中国入世工作组报告》第93段中的承诺不符的裁决。

2. 美国和加拿大是否未能确立表面证据

中国认为专家组错误地裁决了一项诉请,美国和加拿大均未就该诉请确立表面证据。中国提出,专家组通过裁决一项美国和加拿大均未提出的诉请而违反了DSU第11条,并且美国和加拿大均未能对该诉请确立关于涉争措施不相符的表面证据。特别是,美国和加拿大未能证明如下内容:涉争措施对在第125号令第2(2)条项下进口的CKD和SKD组件的适用性,和/或涉争措施下的费用可能同时是一项国内费用和一项普通关税。对此,上诉机构认为,既然已经推翻了专家组关于涉争措施对在第125号令第2(2)条项下进口CKD和SKD组件的适用性的裁决,就不必再考虑美国和加拿大是否未能就其诉请确立表面证据的问题。

3. 涉争措施与《中国入世工作组报告》第93段的相符性

中国认为,专家组关于涉争措施与《中国入世工作组报告》第93段中的承诺不符的实质裁决错误。专家组基于如下两点得出这一结论,即"围绕着本争端中的涉争措施,一项CKD和SKD组件的关税税号可被视为通过措施而设立,因为中国在具体的关税税号下有效地分类了这一组件,并在措施下适用了在该税号下可适用的税率(25%)"和"中国……在其关税减让表的十位数级为CKD和SKD组件设立了单独的关税税号,并因此满足了第93段下的条件"。对此,中国提出,在上诉机构不推翻专家组关于涉争措施不符合《中国入世工作组报告》第93段的裁决的情形下,中国基于如下理由对这两项裁决提出质疑,即专家组错误地裁决涉争措施在第125号令第2(2)条项下对进口CKD和SKD组件征收了一项关税,或者专家组裁决了一项美国和加拿大均未能证明的诉请。

对此,上诉机构指出,它已经推翻了专家组关于《中国入世工作组报告》第 93 段的裁决,这种推翻基于如下理由:专家组错误地将第 125 号令第 2(2)条和第 21(1)条解释为涉争措施对在第 2(2)条项下进口的 CKD 和 SKD 组件征收一项费用。因此,中国的实质上诉所预设的前提条件并没有被满足,上诉机构不必再考虑中国上诉的选择性理由。同时,考虑到中国构建其上诉的方式,上诉机构认为也没有必要决定一项关税税号是否能被视为设立,或者中国是否在十位数级为 CKD 和 SKD 组件设立了单独的关税税号。

根据美国的请求,上诉机构以一份单一报告的形式发布了裁决,报告中包含三份独立的报告,具有共同的叙述和分析部分,以及针对各被上诉的专家组报告的独立结论和建议。上诉机构最终裁决维持了专家组的下列裁决:(1)在涉争措施下征收的费用是 GATT 第 3.2 条项下的一项国内费用,而不是第 2.1(b)条项下的一项普通关税;(2)涉争措施与 GATT 第 3.2 条第 1 句不符,因为它们使进口汽车零部件承担一项并不适用于类似国内汽车零部件的国内费用;(3)涉争措施与 GATT 第 3.4 条不符,因为它们给予进口汽车零部件以低于类似国内汽车零部件的待遇。上诉机构同时裁决:(1)没有必要对专家组的选择性裁决作出决定;(2)专家组错误地将涉争措施解释为对在第 125 号令第 2(2)条项下进口的 CKD 和 SKD 组件征收的一项费用,并因此推翻专家组的裁决,即关于对 CKD 和 SKD 组件进口的待遇,涉争措施与《中国入世工作组报告》第 93 段中的承诺不符(针对美国和加拿大,不含欧共体)。

加拿大涉及接入电价项目的措施案

(DS426)(简称:加拿大—接入价项目案)

【案件基本情况】

申诉方(被上诉方/上诉方):日本、欧盟

被申诉方(上诉方/被上诉方):加拿大

第三方(第三参与方):澳大利亚、巴西、中国、萨尔瓦多、印度、韩国、墨西哥、挪威、沙特阿拉伯、中国台北、美国、欧盟和洪都拉斯(在WT/DS412中作为第三方)、日本和土耳其(在WT/DS426中作为第三方)

本案涉及的相关协定条款和法律问题:《SCM协定》第1.1条;GATT第3.4条、第3.8(a)条;《TRIMS协定》第2.1条。

2010年9月13日,日本提出申诉,要求就加拿大安大略省涉及接入电价项目(feed-in tariff program,以下简称"FIT项目")的国内含量要求进行磋商。2011年8月11日,欧盟就同一问题要求与加拿大磋商。由于磋商未果,经日本请求,DSB决定于7月20日成立专家组。10月6日,专家组由WTO总干事指定组成。2012年1月20日,经欧盟请求,DSB决定成立专家组。3天后,双方同意DS412号案件和DS426号案件并案,由已经组成的专家组审理。专家组报告于11月16日公布。日本、欧盟和加拿大都提出上诉,上诉机构报告于2013年5月6日公布。5月24日,DSB通过了上诉机构报告和专家组报告。

本案专家组在报告裁定部分用了近1/4的篇幅介绍了安大略省的电力系统和输配电、价格及管理体系。在现代社会,电力不可或缺,又与其他产品不同:持续供电需要强大的供电系统;电力不能储存,生产与消费几乎同时进行;电力通过电网输送,对输入与输出必须严格控制;单个消费者不可能与供方订立单独的合同,需要集中调控,电力的供需必须平衡,而这一要求造成买卖双方不协调的贸易。电力供应目前没有替代品。短期电力的需求不受价格的影响,用电量因用户和季节不同而有很大差别。从发电厂设备的角度看,有以下几种类型的发电:(1)基础载荷发电,在所有时间都可以供应电力,不管需求高低,其固定成本高,边际成本低,能率高,但适应需求变化的能力较低(水电除外),水电和核电基础投资高,能源消耗少,是典型的基础载荷发电。(2)可再生能源中的太阳能和风能发电,与基础载荷发电相似。(3)中等载荷发电,固定成本和边际成本都比较稳定。煤电和天然气属于中等水平载荷。(4)峰值发电,固定成本低,边际成本高,但输出容易。基础载荷发电提供基本的电力;在需求超过最低供应量不到最高供应量时,中等载荷发电加入;而峰值发电则在需求接近供应量最高值时加入。这些供电方式的综合运用是世界各国供电系统使用的传统方式。安大略电力市场上,供应者中公有和私有并存,政府在其中起着至关重要的作用。为了鼓励可再生能源的使用,安大略省对使用不同能源发电制定了不同的价格。FIT 项目是安大略省政府能源局(以下简称"安大略能源局")向符合条件的发电厂支付的保证价格。该项目向安大略省所有使用风能、太阳能、可再生生物、生物气体、土地填埋气体和水能发电的发电厂开放,但是对 10 千瓦以上的风能和 10 兆瓦以下的太阳能有本地成分要求,只有符合所有条件的发电厂才可能获得供电合同。

申诉方认为,加拿大政府的这些规定和措施违反了 GATT 第 3.4 条,《TRIMS 协定》第 2.1 条、附件一(a),以及《SCM 协定》第 3.1(b)条、第 3.2 条。

【专家组的分析和结论】

一、加拿大的相关法案是否违反了《TRIMS 协定》第 2.1 条和 GATT 第 3.4 条

《TRIMS 协定》第 2.1 条规定:"在不损害 GATT 项下其他权利和义务的情况下,各成员不得实施任何与 GATT 第 3 条或第 11 条规定不一

致的投资措施。"GATT 第 3.4 条规定:"一缔约国领土的产品输入到另一缔约国领土时,在关于产品的国内销售、兜售、购买、运输、分配或使用的全部法令、条例和规定方面,所享受的待遇应不低于类似的国产品所享受的待遇。但本款的规定不应妨碍国内差别运输费用的实施,如果实施这种差别运输费用纯系基于运输工具的经济使用而与产品的国别无关。"

日本认为 FIT 项目属于投资措施,与加拿大在《TRIMS 协定》第 2.1 条项下的义务不符,并认为该措施违反 GATT 第 3.4 条,不符合 GATT 第 3.8(a)条,因为 FIT 项目的合同不属于"政府机构购买",不是为"供政府使用"而订立,而是"为商业转售"目的订立的。欧盟对于该问题的观点基本与日本相同。关于不适用 GATT 第 3.8(a)条的理由,除了日本提出的以外,欧盟还认为:第一,该条款仅仅涉及与政府购买的产品直接相关的要求,而涉案的"最低国内含量标准"涉及不同的产品;第二,该条款中的"购买"意为"获得",而在 FIT 项目中安大略能源局并未从 FIT 发电商处"获得"电力。加拿大则认为,对于"政府购买"的通常理解是为了政府目的而进行采购,安大略能源局对于可再生电力的购买并非为了转售目的,FIT 项目应当适用 GATT 第 3.8 条,加拿大没有违反 GATT 第 3 条和《TRIMS 协定》第 2.1 条。

专家组首先论证并确认了涉案措施属于与贸易有关的投资措施。接下来,对于争议的核心问题,专家组展开如下讨论:

1. 涉案措施是否属于 GATT 第 3.8 条所描述的情况

如果加拿大的措施属于 GATT 第 3.8 条列举的情况,就可以被豁免 GATT 国民待遇的义务,所以专家组先分析这个问题。

(1)关于涉案措施是不是"购买电力的法律、法规或规定"

加拿大提出,FIT 项目下的"最低国内含量标准"属于"购买电力的法律、法规或规定",因此根据 GATT 第 3.8(a)条的规定,加拿大没有国民待遇的义务。欧盟则认为,安大略省政府的"最低国内含量标准"并没有"管理"电力的采购,因为这不是关于采购的产品(即电力)的要求。欧盟认为,GATT 第 3.8(a)条所指的"法律、法规或规定"仅限于直接涉及政府采购产品的"法律、法规或规定","最低国内含量标准"是施加于其他产品(特定可再生能源发电设备)而非其采购的产品(电力)。对于欧盟的观点,专家组认为:首先,根据 GATT 第 3.8 条的文本内容,无法解读出其所指的"法律、法规或规定"只能理解为直接涉及政府采购产品的"法律、法规或规定";其次,由于"最低国内含量标准"是安大略省采购发生的必要前提,此要求"管理"了涉案的采购;最后,由相关"法律、法规或规定"所影响的产品(特定可再生能源发电设备)与采购的产品(电力)有非常密切的联系。因此,专家组认为,"最低国内含量标准"应当属于GATT第3.8(a)条所指的电力采购的"管理"要求。

(2) 关于涉案措施是否涉及"政府机构购买"

日本认为,欧盟和加拿大提出的GATT第3.8(a)条"购买"的含义并不能完全涵盖"采购"的全部意思。一项"政府机构购买"是否存在,应考虑:(1) 政府为购买进行的支付;(2) 政府使用、消费或获得好处;(3) 政府获得、取得或占有;(4) 政府控制对产品的获得。专家组不同意日本的观点,认为从GATT第3.8(a)条中并不能直接解读出这些要求,根据其上下文,"采购"和"购买"是相同的意思。最终,专家组认为涉案措施涉及GATT第3.8条项下的"政府机构购买产品"。

(3) 关于是否"供政府使用、不以商业转售或用以生产供商业销售为目的"

对这一问题的分歧主要是关于"供政府使用"和"商业转售"两个概念。专家组首先从条约用语的通常意义和上下文出发,说明"供政府使用"和"不以商业转售或用以生产供商业销售为目的"是并列的条件,如果一项购买是为了供政府使用,则不可能是为了商业目的;反之,如果专家组确认安大略省政府购买电力用于商业转售,则这样的采购就不属于GATT第3.8(a)条的范围。专家组注意到,政府机构通过FIT合同购买的电力通过电网输送,最终通过政府控股的公司和经批准的私人公司销售给消费者使用。安大略省政府和市政府会从转售FIT项目下购买的电力中获得利益,因此专家组确认,安大略省在FIT项目下采购电力是为了"商业转售"目的。

通过以上分析,专家组认为加拿大不能通过引用GATT第3.8条来排除GATT第3.4条对"最低国内含量标准"的适用。

2. 涉案措施是否违反GATT第3.4条及《TRIMS协定》第2.1条

《TRIMS协定》第2.2条指出,协定的附件列出了一份不符合GATT第3.4条和第11.1条义务的投资措施例示清单。这就意味着,如果一项投资措施进入例示清单的范围,该措施就不符合国民待遇或取消数量限制的要求。《TRIMS协定》附件例示清单第1条列举的措施包括"根据国内法律或根据行政裁定属强制性或可执行的措施,或为获得一项利益而必须遵守的措施,且该措施要求企业购买或使用国产品或任何国内来源的产品,无论按照特定产品、产品数量或价值规定,还是按照其当地生产在数量或价值上所占比例规定"。关于加拿大的措施属不属于这样的情况,专家组主要分析了以下两个问题:

(1)"最低国内含量标准"是否要求购买或使用加拿大国内产品或任何国内来源的产品

"最低国内含量标准"要求,凡是太阳能发电和大于10千瓦的风力发电合同,其设备的国产化率必须达到一定的百分比,根据类别的不同,该百分比为25%至60%;FIT项目还规定了哪些活动可以计算为国内含量,比如风力发动机的叶片是在安大略浇铸和组装的,可以算16%等。专家组在审查了证据之后确认,如果对国产品的使用不超过进口产品,根本不可能达到"最低国内含量标准",该标准至少要求部分使用加拿大国内来源的产品。因此,符合《TRIMS协定》附件例示清单第1(a)条所称的"任何国内来源"。

(2)"最低国内含量标准"是不是为获得一项利益而必须遵守的标准

根据对安大略省一系列法律文件的分析,专家组发现,遵守"最低国内含量标准"对于电力生产商来说是签订FIT合同的必要条件和前提,签订合同后达不到"最低国内含量标准"的将被视为违约;而签订FIT合同后,电力生产商可以在20年的时间里得到电价保证。因此,专家组认为"最低国内含量标准"是为获得一项利益而必须遵守的标准。

专家组认为,涉案措施属于《TRIMS协定》附件例示清单第1(a)条描述的措施,因此违反了GATT第3.4条及《TRIMS协定》第2.1条。

二、涉案措施是否构成《SCM协定》第1.1条项下的补贴

1. 涉案措施是否构成"财政资助"和/或"收入或价格支持"

专家组首先从事实方面详细分析了涉案措施,即FIT项目的运行情况,总结了其特点,然后从法律方面分析这些措施。申诉方认为,涉案措施是《SCM协定》第1.1(a)条所定义的"财政资助"和/或"收入或价格支

持"中的一种或多种类型;而加拿大则认为,涉案措施仅仅应当被分类为《SCM 协定》第 1.1(a)(1)(iii)条下的"政府购买产品"形式的"财政资助"。

专家组同意加拿大的观点,认为涉案措施属于"政府购买产品"。首先,安大略能源局只有在电力根据 FIT 合同生产和传输进入系统时才承担付款义务,它不是为可再生能源设备付款,也不是预付全部款项给签订了 FIT 合同的生产商。其次,安大略省政府获得电力的所有权并因此"购买"了电力。尽管由于存在一些权利和义务的转移(包括金钱的支付),使得涉案措施也可能具有某些"资金直接转移"的特征,但是考虑到政府提供一项"资金直接转移"必须转移某种金融资源,而《SCM 协定》第 1.1(a)(1)(iii)条指明了政府收购的标的,第 1.1(a)(1)(i)条并没有说明政府直接转移资金的具体标的。据此,专家组不同意申诉方认为涉案措施属于"资金直接转移"的观点,且认为涉案措施也不属于"潜在的资金直接转移"。对申诉方认为措施属于《SCM 协定》第 1.1(a)(1)(iv)条所述类型和第 1.1(a)(2)条所谓"收入或价格支持"的观点,专家组基于司法节制的考虑,不作结论。

2. 涉案措施是否给予了"利益"

《SCM 协定》第 14(d)条规定:"政府提供产品或服务,或购买产品不得视为授予利益,除非提供所得低于适当报酬,或购买所付高于适当的报酬。报酬是否适当应与所涉产品或服务在提供国或购买国现行市场情况相比较后确定(包括价格、质量、可获性、适销性、运输和其他购销条件)。"

本条款说明,想要证实涉案措施授予了利益,其中一种方法就是证明向 FIT 合同对方购买电力所支付的报酬高于安大略省电力市场中同样的生产商所得的报酬。这里所说的"市场",必须存在有效竞争,即所购买产品的价格必须是通过不受限制的供求关系达到的,且不受政府干涉。专家组接着分析了以下因素以确定涉案措施是否"授予利益":

第一,关于电力批发市场的价格。申诉方提供了安大略小时电价(hourly Ontario electricity price,HOEP)作为衡量基准。由于电力的特有属性和电力批发市场的竞争特点,政府的干涉通常是必不可少的。因此,专家组认为安大略省和其他地区交易的电力价格并不能证明 HOEP 可以代表安大略省在"市场条件"下的电力价格。专家组驳回了申诉方的请求,认为其没有足够证据说服专家组自己所提供的是有竞争力的市场价格,因此不应当作为基准。

第二,日本和欧盟提出了一系列有竞争的电力批发市场的其他基准,以期说明涉案措施确实给予了利益。例如,它们提出了可以用电力价格的零售标准作为另一基准来判断支付给 FIT 合同生产商的批发价格标准是否给予了利益。但是,专家组认为,相关的零售标准价格受到安大略省政府的价格政策和规范的极大影响,申诉方并未能提供其他基准作为比较的基础,表明涉案措施确实给予了利益。最终,专家组认为申诉方提出的证据证明力不足,判定申诉方未能证明涉案措施确实给予了《SCM 协定》第 1.1(b) 条意义上的"利益"。

专家组最后的结论是:涉案措施违反了《TRIMS 协定》第 2.1 条和 GATT 第 3.4 条项下的义务;驳回申诉方关于涉案措施属于《SCM 协定》第 1.1 条所指的补贴,因而加拿大违反了《SCM 协定》第 3.1(b) 条和第 3.2 条的诉请。最后,专家组希望加拿大能够修改其措施以遵守其在《TRIMS 协定》和 GATT 下的义务。

【上诉机构的分析和结论】

上诉机构综合了各方的上诉,在分析实质性问题之前,首先对日本提出的诉请分析的顺序问题作了结论。日本认为,专家组应该先分析关于补贴的诉请,再分析关于《TRIMS 协定》和国民待遇的诉请。但是,在听证阶段,日本提出,它只是希望上诉机构先分析关于补贴问题的上诉。上诉机构指出,在某些案件中,分析的顺序确实会影响不同协定之间的关系,但本案没有这样的问题,日本并没有提出从补贴问题开始分析与从《TRIMS 协定》和国民待遇开始分析会产生不同的结果。上诉机构认为,专家组没有义务从补贴问题开始分析,他们分析的顺序也在其权限范围之内。此外,上诉机构认为按照专家组的顺序来分析上诉的问题具有实际可操作性。

一、GATT 第 3.8 条的适用性及其解释

专家组认为,《TRIMS 协定》第 2.1 条提到了 GATT 第 3 条,GATT

第 3.8 条属于第 3 条,只要是符合第 3.8 条所列条件的措施,就没有违反国民待遇原则,也不可能违反《TRIMS 协定》第 2.1 条。专家组进行了一系列分析并得出结论:"最低国内含量标准"属于 GATT 第 3.8(a)条所指的电力采购的"管理要求",涉及"政府机构购买产品"。然而,措施是为了"商业转售"目的,所以不符合 GATT 第 3.8 条,不能通过引用 GATT 第 3.8 条来排除国民待遇的义务。专家组还认定加拿大的措施属于《TRIMS 协定》附录清单列举的情况,因此违反了 GATT 第 3.4 条及《TRIMS 协定》第 2.1 条。

欧盟认为,只要是属于《TRIPS 协定》第 2.2 条和例示清单的措施,就违反了国民待遇原则,与这些措施是不是属于 GATT 第 3.8 条无关。专家组没有接受这一观点。上诉机构认为,《TRIPS 协定》第 2.2 条和例示清单并不是违反国民待遇原则的措施的穷尽性清单,还有其他情况也可能违反国民待遇原则。但是,只要符合 GATT 第 3.8 条的条件,就不会违反国民待遇原则。然而,如果落入例示清单中的任何一项,又不符合 GATT 第 3.8 条的条件,就是违反国民待遇原则。上诉机构赞同专家组的裁定,即 GATT 第 3.8 条适用于加拿大的措施。

专家组认为涉争措施不满足 GATT 第 3.8 条的条件,加拿大对此提出上诉。欧盟和日本则对专家组就 GATT 第 3.8 条的一些论述提出上诉。

上诉机构对 GATT 第 3.8(a)条的几个术语进行了逐一分析。上诉机构注意到,专家组并没有对"供政府使用"作出解释,而是对"不以商业转售为目的"进行了分析,并认为加拿大的措施以商业转售为目的。上诉机构认为,GATT 第 3.8(a)条的这一条件表明,政府购买的产品是由政府使用,或其使用与政府的公共职能有关;政府使用与不以商业转售为目的是并列条件。因此,上诉机构不同意专家组认为以商业转售为目的就不是政府使用的观点。上诉机构提出,GATT 第 3.8(a)条适用于政府购买产品供政府使用,或为政府履行其职责而提供给接受者使用的情况,而不适用于政府机构以商业转售为目的购买产品。上诉机构指出,GATT 第 3.8 条允许偏离的是第 3 条规定的国民待遇原则,而这一原则与"类似产品"或"直接竞争或可替代产品"相关。在本案中,涉案措施给予不同待遇的是发电设备,而政府购买的是电力,这二者并不是有竞争关系的产品,欧盟也指出了这一点。尽管专家组注意到了这二者的区别,但认为它们之间存在紧密联系,因此没有分析产品的类似性问题。上诉机构注意到,双方都没有提供证据证明产品的类似性。上诉机构认为,本案措施的涉案产品是发电设备,受到不同待遇的也是发电设备,而安大略省政府购买的是另一种产品——电力。这样,加拿大与FIT项目相关的法律、法规或规定就不是GATT第3.8(a)条所指的"有关政府机构购买供政府使用……的法律、法规或规定"。上诉机构特别说明,这一结论的基础并不是"安大略省购买电力是以商业转售为目的",而是"GATT第3.8(a)条不涵盖生产安大略省购买之电力的发电设备"。上诉机构还宣布,专家组关于"安大略省购买电力是以商业转售为目的"的结论没有法律效力。

二、专家组关于补贴问题的结论

申诉方要求上诉机构推翻专家组关于加拿大的措施是"政府购买产品",而不是"资金直接转移"的结论。在分析加拿大的措施是不是违反了《SCM协定》时,专家组曾经提出第1.1(a)(1)条下的(i)、(ii)和(iii)是相互排斥的,如果一项措施是"政府购买产品",就不可能是"资金直接转移"。上诉机构不同意专家组的这一说法。上诉机构指出,《SCM协定》第1.1(a)(1)条的用语并没有表明各个项目是相互排斥的。在确定一项措施的法律性质时,专家组应该针对每一个项目审查涉案措施。由于措施的复杂性和多面性,可能同时属于多重类型的财政资助,某项措施属于某种类型的财政资助,并不表明它不可以属于另外一种类型。因此,专家组的这种说法是错误的。但是,专家组是不是有义务审查一项措施符合一种以上的类型,这一点并不清楚。据此,上诉机构宣布专家组的上述结论没有法律效力。日本要求上诉机构确认涉案措施是资金直接转移,上诉机构没有支持。专家组对涉案措施是不是属于《SCM协定》第1.1(a)(2)条下的"收入或价格支持"行使了司法节制,日本对此提出上诉。上诉机构认为专家组行使司法节制并无不妥。

专家组确认申诉方未能证明涉案措施授予了利益,日本和欧盟对此提出上诉。专家组在分析"利益"问题时,一方面认为安大略省的电力批发价格不是"市场条件"下的价格,另一方面否认了申诉方提出的几种不同价格作为比较的基准。专家组提出了其认为合适的比较方法:一边是

FIT 合同,另一边是同样在 FIT 项目下运作的太阳能或风能发电厂与商业送电企业订立的合同。将两者的合同条款相比较,可以看出 FIT 合同的发电企业是不是得到了政府给予的更高电价,从而确定是不是存在利益。但是,专家组认为没有足够的事实证据完成其所提议的分析。

上诉机构首先确定,专家组对"利益"的法律解释与先前的案件中上诉机构的结论一致,即"利益"是比较财政资助的接受者有财政资助和没有该财政资助时在市场上的境况,其法律解释是正确的。上诉机构发现,专家组在确定加拿大的措施是否给予了利益时,先进行了利益比较分析,确认没有合适的比较基准,然后才分析"相关市场"。同时,专家组认为将太阳能和风能发电作为单独市场考虑没有理由,因为消费者购电不区分发电用的能源,而电作为产品的物理特性也不因发电用的能源不同而不同。上诉机构认为,专家组的分析存在两个问题:第一,专家组应该先确定相关市场再分析利益;第二,从需方角度考虑,电本身确实是相同的,但专家组没有从供方角度分析这个问题。上诉机构认为,如果专家组从供方和需方两个角度分析相关市场的问题,则政府干预对市场划分的影响就可以看得清楚,而专家组也会得出不同的结论。专家组指出:"安大略的电力批发市场可以概括为由政府干预混合供应方式的政策决定和规范所确定的电力系统的一部分。"但是,专家组并没有分析政府干预对安大略电力市场的影响。本案中,从供方角度分析可以看到,风能和太阳能发电由于成本的原因而无法与其他能源发电竞争,其投入成本高,运营成本低,且依赖自然因素,所以不能作为基础载荷或峰值载荷,在价格上也不占优势。因此,只有在政府干预下,风能和太阳能发电才可能进入市场。政府干预可以通过控制电价,或者规定输配电商和政府购买一定比例的风能和太阳能发电。不管哪种方式,其本身都不能被认为是授予了利益。如果审查了所有的因素,专家组就不应该把电力供应作为一个整体市场,而应该把由于政府干预形成的风能和太阳能发电作为一个市场来考察。

政府干预本身并不一定排除把干预下的价格作为一个因素来考虑。如果市场是由于政府干预而形成,就不能说政府干预扭曲了市场,因为没有政府干预,市场就不存在。政府干预形成市场,这一事实本身不能说是政府补贴,但政府对已有市场的干预可能构成补贴。上诉机构认为,本案决定利益是否存在的基准应该是风能和太阳能发电市场。但是，上诉机构也认为，本案中各方提供的价格数据都不宜作为基准。由于对"相关市场"的错误确认，专家组认为申诉方没有能证明涉案措施授予了利益。上诉机构推翻了专家组的这一裁定。

申诉方提出，如果上诉机构推翻了专家组的裁定，请上诉机构完成对补贴问题的分析并作出结论。上诉机构认为，本案有不少证据，其中通过招投标形成的可替代能源供应项目的发电价格可以作为比较的基准，而且可以看出 FIT 风能合同可能存在利益的授予。但是，在专家组阶段和上诉阶段，各方对这一问题并没有展开辩论，专家组也没有对这一点加以认定。据此，上诉机构认为不存在其完成分析的事实基础，无法确定涉案措施是否授予了利益。

关税减让

欧共体电脑设备海关分类案

(DS62、DS67、DS68)(简称:欧共体—电脑设备案)

【案件基本情况】

申诉方(被上诉方):美国

被申诉方(上诉方):欧共体

第三方:印度、韩国、新加坡、日本(第三参与方)

本案涉及的相关协定条款和法律问题:GATT 第 2.1 条;措施及涉及的产品(DSU 第 6.2 条);被申诉方的范围。

1996 年 11 月 8 日,美国提出与欧共体磋商。美国指责欧共体及其成员国关税当局在重新对关税税目进行分类时,将局域网设备(局域网)和多媒体个人电脑分在一类,违反 GATT 第 2 条。由于双方未能达成一致意见,应美国的请求,DSB 决定于 1997 年 2 月 25 日成立专家组。1997 年 2 月 14 日,美国又分别提出与英国和爱尔兰磋商,涉及的同样是局域网设备和多媒体个人电脑关税税目分类的问题。2 月 24 日,两国正式拒绝与美国磋商。为此,美国于 3 月 7 日请求再成立两个专家组。在 1997 年 3 月 20 日的会议上,DSB 同意修改 2 月 25 日成立的专家组的职权范围,由一个专家组审查美国针对三个成员方(欧共体、英国和爱尔兰)的申诉。专家组报告于 1998 年 2 月 5 日公布。3 月 24 日,欧共体提出上诉。上诉机构于 6 月 5 日做出报告。6 月 22 日,DSB 通过了上诉机构报告和经过修改的专家组报告。

本案是由欧共体及其成员国对关税税目重新分类引起的。在乌拉圭回合谈判结束时,对"自动信息处理器及其组件、磁性或光学阅读器、以编码方式将资料输送给资料传媒的设备,以及处理上述资料的设备"(以下简称"ADP设备"),只要没有规定在其他税目中的,欧共体都规定在税目84.71,其约束税率为2.5%(需要从当时的4.9%降低到约束税率),其中部分产品为零关税。关税84.71目下产品的部件和附件分目是84.73,约束税率是2.0%。电话和电报设备属于关税税目85.17,其税率不等(乌拉圭回合结束时为4.6%—7.5%,后下降到3.0%—3.6%),但总的来说高于ADP设备;电视接收设备的税目是85.28,税率为14%。美国指出,在乌拉圭回合谈判期间及随后一段时间,欧共体海关当局,特别是英国和爱尔兰海关一般都把局域网设备作为ADP设备。1995年5月,欧盟委员会通过了第1165/95号规则,把局域网适配器作为电子通信设备重新分类在税目85.17.35。美国指出,从那以后,欧共体海关,特别是英国和爱尔兰海关,不仅把局域网适配器分类在税目85.17.35,而且把局域网设备作为电子通信设备征税。1996年4月,英国的一个法庭维持了海关将PCTV(个人电脑和彩色电视的结合)作为电视接收器征税的决定。1997年6月,欧盟委员会通过了第1153/97号规则,把个人电脑作为ADP设备征税,且对其中具有多媒体功能的个人电脑征收较高的关税(14%)。

美国提出:(1)欧盟委员会第1165/95号规则使涉及产品的待遇低于关税减让表LXXX第一部分的待遇,不符合欧共体根据GATT第2.1条应当承担的义务;(2)欧共体对局域网设备重新分类使涉及产品的待遇低于关税减让表LXXX第一部分的待遇,不符合欧共体根据GATT第2.1条应当承担的义务;(3)欧共体对多媒体个人电脑重新分类使相关产品的待遇低于关税减让表LXXX第一部分的待遇,不符合欧共体根据GATT第2.1条应当承担的义务;(4)英国对局域网设备重新分类使涉及产品的待遇低于关税减让表LXXX第一部分的待遇,不符合英国根据GATT第2.1条应当承担的义务;(5)英国对多媒体个人电脑重新分类使涉及产品的待遇低于关税减让表LXXX第一部分的待遇,不符合英国根据GATT第2.1条应当承担的义务;(6)爱尔兰对局域网设备重新分类使涉及产品的待遇低于关税减让表LXXX第一部分的待遇,不符合爱尔兰根据GATT第2.1条应当承担的义务;(7)爱尔兰对多媒体个人电脑重新分类使涉及产品的待遇低于关税减让表LXXX第一部分的待遇,不符合爱尔兰根据GATT第2.1条应当承担的义务。

【专家组的分析和结论】

本案专家组从程序和实体两方面进行了分析。

一、程序方面

专家组要解决三个问题，具体如下：

1. 美国的指控是否具体

欧共体提出，除局域网适配器之外，美国所说的局域网设备过于笼统。因此，它要求专家组驳回美国提出的所有针对局域网设备的诉请。在回答专家组的问题时，美国认为局域网设备指局域网的所有设备，包括适配器、控制器、中继器、接口件和桥接器、扩充器、集线器、开关、插孔插座和线路器。欧共体则引用了香港—欧共体关于数量限制的纠纷案（BSID30S/129）专家组报告中的一段话，说明双方应当对纠纷所涉及的产品范围有共同的理解。本案专家组认为，该案与本案的情况有所不同，因为美国在争端解决过程中并没有提出增加新的产品。欧共体还提出，美国所说的多媒体电脑设备也不具体，除英国法院曾经作出判决的PCTV外，要求专家组驳回美国针对多媒体电脑设备的其他所有诉请。专家组认为美国的诉请已经足够清楚，因此驳回欧共体的要求。

2. 美国成立专家组的请求中所指控的措施是否具体

欧共体表示，除欧盟委员会第1165/95号规则和英国法院的一个判决外，美国没有明确指出欧共体违反WTO义务的具体措施；而美国则表示，除了这两个具体措施，美国还提出了欧共体各成员国海关当局针对局域网设备的所有措施，以及英国海关对多媒体个人电脑的措施。在对双方论点进行审查之后，专家组确认，美国明确地提出了本案争议的措施，即欧共体各成员国海关当局针对局域网设备和多媒体个人电脑的关税措施。

欧共体还提出，第1153/97号规则是在专家组成立以后才制定的，因此不属于本案争议范围。专家组考虑到，这一规则是在专家组成立近四个月之后才制定的，DSB的实践是专家组不审查其成立之后制定的措施;美国也没有提出令人信服的观点。因此,专家组决定不审查欧盟委员会第 1153/97 号规则。

3. 英国和爱尔兰在本案中的地位问题

美国要求专家组明确由欧共体、英国还是爱尔兰对剥夺或削弱美国利益的措施负责。欧共体则提出,英国和爱尔兰不是本案的一方。专家组认为,其职权范围是解决第 62、67 和 68 号纠纷,因此本案的被申诉方包括欧共体、英国和爱尔兰。但是,本案争议的是欧共体海关当局对局域网设备的关税待遇,既然欧共体、英国和爱尔兰都受到关税约束,专家组便集中讨论欧共体各成员国海关当局,当然也包括英国和爱尔兰海关,是否受关税减让表的约束。

在本案处理过程中,出现了一个非主要的程序问题,美国要求将专家组报告的标题改为"欧共体、英国和爱尔兰对某些电脑产品提高关税"的纠纷,欧共体不同意。专家组认为,如果双方在就专家组任务书达成一致时提出这一问题,可能问题已经解决了,但美国在第二次实质会晤之后才提出,时间上晚了些,再说不改变标题并不会引起人们对本案解决之问题的误解。专家组决定不改变报告的标题,同时指出,专家组报告的标题只是便于查找,与案件的性质无关。

二、实体方面

专家组讨论的问题是欧共体海关当局对某些产品的征税措施是否使这些产品所获待遇低于关税减让表 LXXX 第一部分给予的待遇。至于某个产品分在某个税目是否恰当,因为美国没有提出这方面的诉请,专家组不予讨论。

关税减让表 LXXX 是《马拉喀什议定书》的附件,是 GATT 的一部分,因此对它的解释也应当遵循国际法上对条约解释的原则。1969 年 VCLT 第 31 和 32 条规定了解释条约的原则:"条约应依其用语按其上下文并参照条约之目的及宗旨所具有之通常意义,善意解释之。"专家组认为,在确定对局域网设备和多媒体个人电脑的税收待遇是否符合关税减让表 LXXX 时,应当遵守这些原则。同时,减让表中的表述还应当与 GATT 第 2 条的规定综合在一起理解。专家组认为,在解释受约束关税时重要的是看谈判时的"合法预期"(legitimate expectation),并引用欧共体油料作物种子案和纺织内衣案(BISD37S/86)专家组的意见,以及GATT第2.5条规定来支持自己的观点。专家组认为,解释关税减让的范围要根据美国作为出口国有权预期得到的待遇。专家组首先从条文的措辞着手分析,但结论是从条文本身不能确定局域网设备是应当被作为ADP设备还是电子通信设备。接着,专家组运用了美国在谈判时可以"合法预期"的标准。美国表示,根据欧共体各海关的实践,特别是英国和爱尔兰的征税实践,它有理由预期局域网设备被作为ADP设备征税。欧共体则提出,各成员国海关的征税实践并不一致,美国没有理由预期得到如此待遇。专家组对双方提供的证据进行了审查:美国提交的是乌拉圭回合谈判期间约束关税表、英国海关的一封信、向欧共体出口局域网设备的美国四家主要出口商的信。美国出口商的信证明,在1991年至1994年期间,局域网设备是被作为ADP设备征税的。关税减让表表明,在乌拉圭回合谈判结束之后,丹麦、法国、荷兰还是把局域网设备作为ADP设备征税。由于这份约束关税表的制定时间较早,美国没有用它作为自己有理由预期的直接依据。专家组同时注意到,美国出口统计中,局域网设备向欧共体的出口持续增加;欧共体进口统计中的数据原先与美国一致,现在则出现了ADP设备进口减少,而同期电子通信设备进口增加的情况。虽然从这些证据很难判断欧共体各海关对局域网设备到底是如何分类的,但专家组认为美国所提供的证据已经能够证明它有理由预期局域网设备被作为ADP设备征税。为反驳美国的观点,欧共体提供了德国的约束关税表,德国一贯将某些局域网设备作为电子通信设备征税;欧共体还提供了荷兰、法国和英国的约束关税表,证明某些局域网设备也是被作为电子通信设备征税的。专家组认为,以上直接有关的只有1993年英国海关发给某个美国公司的约束关税表,其中将一种局域网设备作为电子通信设备。但是,这张减让表是在乌拉圭回合谈判结束前一周才开始适用的,专家组认为它不足以驳回美国的合法预期。专家组注意到,欧共体提供的证据可以证明法国在局域网设备征税方面的做法是不统一的,但英国和爱尔兰才是美国局域网设备出口的最大市场,从该两国得到的证据足以支持美国的观点。

欧共体提出,美国应当在乌拉圭回合谈判期间澄清局域网设备的具体分类。专家组认为,如果一个出口国有理由预期某个产品得到什么样的关税待遇,它就没有必要去澄清各种产品的具体分类,一来提出这样的问题可能会引起双方之间的不信任,似乎关税减让表本身有什么问题;二来关税减让表是进口方提出的,要达到的是保护本国市场的目的。因此,应当由进口国澄清其关税减让表的适用范围。专家组为此援引了德国—希腊关于提高关税案(L580)和加拿大—欧共体关于新闻纸关税案(BISD31S/114)。

专家组的分析结论是:美国有理由合法预期局域网设备被作为 ADP 设备征税;美国没有义务澄清欧共体关税减让的范围;欧共体未能向进口局域网设备提供不低于减让表 LXXX 第一部分税目 84.17 或 84.73 规定的待遇。

对所谓的 PCTV,专家组认为其分类取决于把这一产品看作"可以接收电视节目的电脑"还是"具备电脑功能的电视接收器"。由于关税减让表本身不能提供现成答案,专家组又从"合法预期"标准入手加以分析。专家组认为,美国提供的证据不足以让专家组得出结论。因此,专家组认为欧共体对这一产品征税没有违反 GATT 第 2.1 条。

美国提出,欧共体对局域网设备征税剥夺或削弱了美国根据 GATT 可以得到的利益。专家组指出,既然专家组已经确定欧共体对局域网设备征税的实践不符合 GATT 的规定,就没有必要再讨论这一诉请。但是,专家组又指出,根据 DSU 第 3.8 条,违反 GATT 规定的实践本身就构成了剥夺或削弱利益的表面证据。

专家组的最终结论是:欧共体未能向局域网设备提供不低于关税减让表 LXXX 中税目 84.17 或 84.73 的待遇,其实践不符合 GATT 第 2.1 条,建议 DSB 要求欧共体将其对局域网设备的税收待遇加以修改,以符合 GATT 规定。

【上诉机构的分析和结论】

欧共体提出三点上诉:(1)美国在成立专家组的请求中是否明确指出了涉及的产品和措施?(2)专家组是否错误地用"合法预期目标"来解释关税减让表,并引用了 GATT 第 2.5 条?(3)专家组仅要求进口方澄清谈判时关税减让表的适用范围,是否错误?

上诉机构首先援引了 DSU 第 6.2 条的规定："设立专家组的请求应以书面提出，它应阐明是否已经进行了磋商，确认争议的措施，并提出一份简要概述，足以明确说明作出该项投诉的法律依据。"接着，上诉机构把美国成立专家组请求中有关段落摘录下来。上诉机构认为，DSU 第 6.2 条所称之"措施"不仅指一般实施法律，也包括海关对关税的实际征收行为。美国在请求中明确提出了欧共体海关对局域网设备和多媒体个人电脑征收关税的问题。至于美国的请求是否具体指明了措施适用的产品，上诉机构注意到，DSU 第 6.2 条并没有要求指明产品，但考虑到 WTO 的某些义务，为了明确争议的措施，有可能需要指明措施适用的产品。"局域网设备"和"多媒体个人电脑"都是普通称呼，它们是否具体，要根据条款目的来审查。上诉机构引用了欧共体—香蕉案（DS27）上诉机构的观点，指出成立专家组的请求应当明确，其目的有二：其一，为了明确专家组的任务；其二，为了让被诉方和第三方了解诉请的依据。欧共体认为，美国没有明确指出产品，影响了其正当程序权。上诉机构注意到，欧共体也承认"局域网设备"是一般商业用语，而且在整个磋商过程中双方都使用了这一表述。上诉机构不认为使用这一用语会影响欧共体抗辩的权利。上诉机构因此维持专家组在这一问题上的结论。

关于使用"合法预期目标"解释减让表的问题，欧共体特别指出了专家组报告中的两点错误：按出口国"合法预期目标"来解释减让表，认为 GATT 第 2.5 条的规定符合专家组的这一解释。

上诉机构注意到，关税减让表中确实没有局域网设备的专门税目，欧共体目前将电子通信设备分在 85.17 税目，普遍比 ADP 设备的税目 84.71 或 84.73 税率高。美国提出，局域网应当被作为 ADP 设备征税。专家组在讨论时提出，一个税目下的税收待遇应当是关税谈判时参加谈判者可以合理预期得到的待遇（这就是所谓的"合法预期"标准）。

上诉机构不同意专家组提出的确定减让表含义应当根据出口方的"合法预期"的观点。上诉机构首先指出专家组引用 BISD37S/86 案不当，该案是在不违反 GATT 任何规定的前提下，对某一实践做法提出的申诉。GATT 第 23.1 条允许三种情况下的申诉：违反 GATT 规定引起之申诉，没有违反 GATT 规定而提出的申诉和具体情况下的申诉。从法律上说，它们有完全不同的依据。BISD37S/86 案中采用的"合理预期"方法是在没有违反GATT规定的案件中适用的,与本案无关。上诉机构顺便指出,该案中使用的是"合理预期"(reasonable expectation),而不是本案专家组所说的"合法预期"。在印度—专利纠纷案(DS50)中,上诉机构就曾经指出,专家组把非违反之诉中适用的方法运用到违反之诉的案件中,混淆了GATT第23条规定的不同情况,这样做是错误的。

上诉机构也不同意专家组援引GATT第2.5条来支持自己的观点。GATT第2.5条规定:"如果一缔约方相信某一产品应享受的待遇在本协定所附另一缔约方的减让表所定的减让中已有规定,并认为另一缔约方未给予此种待遇时,这一缔约方可以直接提请另一缔约方注意这一问题。后一缔约方如同意减让表所规定的待遇确系对方所要求的待遇,但声明由于本国法院或其他有关当局的决定,按照本国税法有关产品不能归入可以享受减让表应有待遇的一类,因而不能给予这项待遇时,则这两个缔约方,连同有实质利害关系的缔约方,应立即进一步进行协商,以便对这一问题达成补偿性的调整方案。"从该条文本身就可以看出,它并不支持专家组的意见。GATT第2.5条承认减让表中规定的对某个产品的关税待遇可能与该产品实际获得的不同,因此提供了给予补偿的机制。GATT第2.5条并没有规定应当按照出口方的预期目标来确定减让表的含义,专家组在讨论这一问题时忽略了该条的第2句,即要考虑双方预期的目标。

专家组提出,WTO和GATT的宗旨是要降低关税,使关税减让的结果稳定、可预见,并对双方都有利,还要减少非关税壁垒的安排。上诉机构同意这一观点,但不同意专家组将其作为出口方的预期目标以确定减让范围的依据。

专家组提出,自己的做法符合VCLT第31条的要求。但是,上诉机构认为专家组对VCLT第31条的理解是不正确的。VCLT第31条要求对条约的解释应当根据某一术语的通常意义。如果运用了VCLT第31条的标准,该术语的含义仍不明确,第32条允许根据缔约情况来确定。专家组明确承认,由于根据减让表税目的通常意义无法确定局域网设备是否应当作为ADP设备,就放弃了根据VCLT第31条和第32条解释的努力。专家组这样做是错误的。

上诉机构不理解专家组为什么没有参考HS公约。在乌拉圭回合谈判期间,美国和欧共体都是HS公约成员,而且关税减让谈判也是以此为基础的。美国和欧共体都没有提出这一体系与本案有关。上诉机构认为,要正确解释关税减让表LXXX,应当考虑这一文件,也应当考虑其随后的实践。

美国提出,世界海关组织统一税则委员会1997年4月决定将某些局域网设备分类为ADP设备。新加坡作为本案第三方也提到了这一决定。欧共体对这一决定作了保留,即使它最终生效时不作修改,也不适用于本案,理由是:这一决定不能用来追溯并确定1993、1994年对ADP设备的分类问题;本案的争议并不在于对某一产品如何分类,而是对某一产品的关税待遇是否低于减让表规定的待遇。美国和欧共体都同意,本案争议焦点在于对某一产品的关税待遇。但是,上诉机构仍认为,世界海关组织的决定可能与此有关,专家组应当考虑。

欧共体提出,在乌拉圭回合关税谈判期间,双方根本没有具体讨论过局域网设备属于哪一个税目。美国则提出,在大多数情况下,谈判各方从来不讨论具体产品属于哪个税目的问题,基本上是维持原状。在这样的情况下,上诉机构不理解专家组为什么不查阅东京回合谈判时欧共体关税约束中局域网设备是属于ADP设备还是属于电子通信设备。

尽管专家组错误地以美国在关税谈判中的"合法预期"来确定减让表的范围,但却正确地考察了欧共体海关在乌拉圭回合谈判期间对局域网设备征税的实践。上诉机构认为,根据VCLT第32条,欧共体海关对局域网设备征税实践属于与解释条约含义有关的"缔约情况"。

专家组的错误在于,它只考察了欧共体对局域网设备的分类,而没有考察美国对这一产品的分类。专家组的另一个错误是没有考察欧共体当时适用于关税分类的法律规定,特别是没有审查欧共体理事会第2658/87号规定。除此之外,还应当考虑欧共体海关一贯的实践。专家组只审查了欧共体当时12个成员国中5个国家的海关分类,就得出结论认为欧共体各海关的实践是不统一的。

专家组指出,英国和爱尔兰是美国出口局域网设备最大的市场,因此只依据英国和爱尔兰的资料就可以决定本案。上诉机构指出,欧共体是一个关税同盟,产品一旦进入欧共体,就可以自由流动,所以美国产品的出口市场应当是欧共体而不是其成员国,应当考察欧共体市场的资料。

据此,上诉机构认为,专家组关于欧共体的关税实践违反 GATT 第 2.1 条的结论是错误的。

欧共体提出的第三点上诉是专家组错误地把澄清关税减让范围的举证责任全部交由进口方承担。专家组的结论中提出:根据欧共体,特别是英国和爱尔兰在乌拉圭回合谈判期间的实践,美国有权预期局域网设备会被继续作为 ADP 设备征税,而且美国没有澄清减让范围的义务。上诉机构注意到,专家组依据了 BISD31S/114 案和 L580 案中的专家组意见。上诉机构认为,本案的关键是欧共体对局域网设备的关税约束是针对 ADP 设备还是电子通信设备,所以澄清减让范围与本案没有关系。专家组还提出,根据关税减让的性质,应当由进口国澄清减让范围。上诉机构认为,关税减让是谈判双方讨价还价的结果,双方各有得失。专家组关于美国没有义务澄清关税减让范围的结论是错误的,澄清关税减让范围是谈判双方的义务。

上诉机构的最终结论为:

(1)维持专家组关于美国成立专家组的请求达到 DSU 第 6.2 条要求的决定;

(2)推翻专家组关于美国有权"合理预期"局域网设备会被作为 ADP 设备征税,欧共体没有给局域网设备以不低于减让表 LXXX 所规定的待遇,违反 GATT 第 2.1 条的决定;

(3)推翻专家组关于美国没有义务澄清欧共体局域网设备关税减让范围的决定。

欧共体无骨冻鸡关税分类案

(DS269、DS286)(简称:欧共体—冻鸡案)

【案件基本情况】

申诉方(被上诉方/上诉方):巴西、泰国

被申诉方(上诉方/被上诉方):欧共体

第三方:巴西、泰国、智利、哥伦比亚、中国和美国(中国和美国还作为第三参与方)

本案涉及的相关协定条款和法律问题:欧共体减让表;GATT 第 2.1 条;职权范围内的措施和产品;提交材料的概述(《专家组工作程序》第 12 条);相关的专家组报告;世界海关组织的管辖权(DSU 第 13.1 条——向专家咨询);VCLT 第 31 条、第 32 条。

2002 年 10 月 11 日,巴西要求与欧共体磋商,解决欧盟委员会第 1223/2002 号规则关于对无骨冻鸡关税重新分类问题。由于双方磋商未果,经巴西请求,专家组于 2003 年 11 月 7 日成立。3 月 25 日,泰国就同一问题提出与欧共体磋商。11 月 27 日,DSB 同意由先前成立的专家组合并审理两个案件。2005 年 5 月 30 日,专家组做出报告。欧共体和巴西、泰国分别提出上诉。9 月 12 日,上诉机构做出报告。9 月 27 日,DSB 通过了上诉机构报告和专家组报告。

欧共体第 LXXX 号关税减让表是乌拉圭回合谈判的成果,规定了对分税目 0207.14.10 下的产品征收每 100 千克 102.4 欧元的关税,并允许欧共体对该类产品依据《农业协定》第 5 条采取特别保障措施。LXXX 号关税减让表还规定对分税目 0210.90.20 下的产品征收 15.4% 的从价税,并且可以对该类产品依据《农业协定》第 5 条无保留地采取特别保障措施。

作为 WTO 和 WCO 的成员方,欧共体制定了包含商品名称表的第 2658/87 号规则,以履行其根据关税减让承诺和 HS 公约应承担的义务。申诉方提出,欧共体制定的对于商品名称表中特定货物进行分类的第 1223/2002 号规则,以及关于德国发布的特定约束关税信息(BTI)的欧盟委员会第 2003/97 号决定,改变了含盐量 1.2%—3%的无骨冻鸡的关税分类,使原本在分税目 0210.90.20 下被征收 15.4%从价税的产品被分到了分税目 0207.14.10 下,每 100 千克产品关税提高到 102.4 欧元,并且很有可能被依据《农业协定》第 5 条采取特别保障措施。欧共体对无骨冻鸡实施的较差待遇违反了 GATT 第 2.1 条(a)(b)项的规定。

【专家组的分析和结论】

一、争议措施所产生的影响

根据欧共体第 1223/2002 号规则,含盐量 1.2%—1.9%的无骨冻鸡被分在分税目 0207.41.10 下,对此各方都没有异议。欧共体第 2003/97 号决定对欧共体第 1871/2003 号规则作了详细的解释,前者撤销含盐量 1.9%—3%的无骨冻鸡的约束关税的理由与后者对含盐量 1.2%—3%的无骨冻鸡的分类相同。因此,欧共体第 2003/97 号决定的法律作用在于把含盐量 1.9%—3%的无骨冻鸡也归入分税目 0207.14.10 下。

专家组认为,欧共体第 1871/2003 号规则和第 2003/97 号决定的作用在于使该措施项下的产品都归入欧共体减让表 0207 项下。

二、GATT 第 2 条

巴西和泰国主张,欧共体通过前述两项措施,对争议产品给予了比欧共体减让表所承诺的更低的待遇,违反了 GATT 第 2.1 条(a)(b)两项的义务。欧共体认为其给予无骨冻鸡的待遇符合减让表的承诺,也不违背 GATT 第 2.1 条(a)(b)两项的要求。

专家组指出,上诉机构在阿根廷—纺织品与服装案(DS56)中对 GATT 第 2 条的含义和范围作过解释,即第 2.1 条(a)项普遍禁止对进口产品实施低于减让表的待遇,(b)项禁止与(a)项不相符的行为,即适用的普通关税税率高于减让表的规定。关于(a)(b)两项的关系,该案上诉机构指出,根据 VCLT 第 31 条的条约解释规则,GATT1994 第 2 条(b)项第 1 句应该从 GATT1994 上下文和 GATT 的目的出发来解读;第 2 条(a)项为理解(b)项提供了依据,它要求成员方对其他成员方的待遇不应该低于减让表所规定的待遇,超出减让表承诺的关税就是第 2.1 条(a)项中所指的"较差待遇"。

如上所述,为了确定争议措施是否与 GATT 第 2.1 条(a)(b)两项的要求不符,有必要确定:(1)欧共体减让表中争议产品的待遇;(2)争议措施中争议产品的待遇;(3)争议措施是否给予了争议产品比欧共体减让表的规定更低的待遇,特别是是否对争议产品施加了超出欧共体减让表的义务和条件。

巴西和泰国认为,因为欧共体改变了关税分类,使得分税目 0210.90.20 下的无骨冻鸡被分到了分税目 0207.14.10 下,关税由从价征收 15.4% 提高到每 100 千克 102.4 欧元,并有可能适用特别保障措施,这就对争议产品实施了较差待遇,从而违反了 GATT 的规定。

欧共体提出,根据前述两项措施,无骨冻鸡产品在欧共体减让表 0207 项下,应当征收每 100 千克 102.4 欧元的关税,而且这些产品可能会依照《农业协定》第 5 条的规定被采取特别保障措施。巴西和泰国在此关税类别中的 15500 吨产品已经从关税配额中获益,配额产品的关税为 0。欧共体承认目前还没有防止这两项措施下的产品的关税超过 15.4% 的预防机制,但是认为这种机制并不是必要的,因为争议产品无权从减让表分税目 0210.90.20 下产品征收 15.4% 的从价税的减让优惠中受益。

三、对欧共体减让表的解释

欧共体认为,分税目 0210 项的关键因素在于对保存的重视,肉类必须全部深深地浸入一定浓度的盐中,以保证长期保存。对于 0210 项来说,长期保存原则被广泛承认并为 1993 年欧洲法院的判决所肯定。

专家组认为,本案中解释欧共体减让表的关键问题在于 0210 项下

"含盐的"一词是否包含争议产品。问题的答案显然取决于对欧共体减让表0210项"减让"的解释。该"减让"属于GATT和《WTO协定》的条约条款。换句话说,减让表的内容必须被视作条约语言。专家组决定依据VCLT第31条,首先分析0210项下"减让"的通常意义,然后分析其在上下文中的含义,最后结合其目的进行分析;如果依据第31条不能得出清楚的解释或者结果显属荒谬或不合理,再转而适用第32条。

专家组认为,在不同的字典释义中,欧共体减让表0210项下的"salted"被赋予了多重含义,包括调味、增加咸度、入味、加工、治疗、保存等一系列含义。在包含"salted"一词的通常含义中,并没有一种意思认为添加盐的鸡肉不在欧共体减让表0210项下的减让中。可见,根据"salted"一词的通常意义,不足以解释争议产品是否属于减让表中减让的范围。

至于解释条约用语的"上下文",专家组首先考虑欧共体相关方面的术语,以确定其是否有助于解释减让表0210项下的"减让"。同时,专家组还应考虑有助于作出解释的满足"上下文"条件的其他协定或文件。从欧共体减让表0210项下包含的其他术语,专家组仍无法得出确切的答案。专家组认为,第2章的结构总体上为"salted"一词的解释提供了文本的上下文依据。概括而言,第2章的标题结构如下:(1) 区分了争议标题项下不同种类的肉和肉类产品;(2) 指出了标题项下肉类的状态,即新鲜、冷藏还是冷冻的。但是,标题0210是一项重要的例外,该项囊括了从标题0201到0208下的所有产品,且这些产品必须是咸的、经盐水浸泡的、干的或者熏制的。专家组认为,事实上,第2章中的术语并未表明成员方提出的何种方法是正确的。总而言之,对欧共体减让表第2章结构的分析并没有回答"保存"和"准备"何者为第2章,特别是0210项下减让的特征这一问题。专家组认为,第2章的结构并不说明减让是以长期保存为特征的。

总之,专家组认为减让表0210项下除"salted"以外的其他术语的定义并不具备除了"新鲜的""冷藏的""冷冻的"之外的其他特征,也不能被定义为仅仅与"准备"或"保存"程序有关。专家组也不认为从减让表第2章或者其他部分的结构分析中能够得出对解释减让有用的线索。至此,对欧共体减让表进行的各个方面的分析并没有澄清"salted"一词的通常意义。

专家组认为,遵照 HS 公约第 3.1 条的要求,欧共体有义务采用 HS 公约 6 位数的标题和副标题。因此,在这一点上,欧共体商品名称表和 HS 公约应该是相同的。HS 公约的成员极其广泛,包括了绝大部分 WTO 成员,也包括了本案中的当事各方。HS 公约还是乌拉圭回合 GATT 减让表谈判的基础。另外,专家组还引用了欧共体—电脑设备案(DS62、DS67、DS68)中上诉机构的意见,证明专家组应当考虑 HS 公约及其解释性注释。专家组认为,HS 公约符合 VCLT 第 31.2 条"上下文"的要求。经分析,专家组认为,不论是对 HS 术语、结构还是 0210 项发展历程的分析,均不能对"salted"一词得出我们已知的通常含义以外的理解,而且这种分析也无法判断"保存"和/或"准备"是否就是减让表 0210 项的特征,无论在何种情况下都不能说明 0210 项以长期保存为特征。总之,专家组认为 HS 公约并没有对欧共体减让表 0210 项的"减让"提供更进一步的澄清。

专家组还考察了其他成员方的减让表,同样不认为在其术语与欧共体减让表和 HS 公约的术语相同的范围内,有助于作出进一步的分析。

专家组依据 VCLT 第 31.2 条的规定,把欧共体减让表的许多方面作为"上下文"加以考虑。但是,任何一项都没有在解释"salted"一词的通常意义时有进一步作用,没有说明"减让"以长期保存为特征。

专家组进而根据 VCLT 第 31.1 条,从《WTO 协定》和 GATT 的宗旨和目标来分析。巴西和泰国认为,保证互惠安排的确定性和可预见性是《WTO 协定》和 GATT 的主要目标,即在没有适当的补偿时不应该单方更改减让的内容。欧共体同意,在欧共体法律下适用 HS 公约使得产品的客观特征成为影响分类的决定性因素,但并无一个具体的标准判断产品是否属于减让表 0210 项下。同时,欧共体认为,保存原则的适用几乎不成为问题,因为产品是否以 0210 项下的方式保存是不言而喻的。

专家组认为,《WTO 协定》的目标是在前言中体现出来的,前言中规定其目标之一是"通过旨在实质降低关税和其他贸易壁垒的互惠安排"来"扩大服务和贸易"。《WTO 协定》和 GATT 的相关规定表明,对"减让"的解释应该能进一步推动扩大贸易和实质性降低关税目标的实现,不影响减让谈判所达成的平衡,保证减让所体现出来的互惠安排的确定性和可预见性。通过分析,专家组认为,长期保存原则的适用缺乏确定性,这与GATT和《WTO协定》的目标相冲突。因此,"salted"一词的解释中包含长期保存的标准,只会破坏确定性和可预见性这两个基本目标。

专家组认为,争议产品属于欧共体减让表0210项下的"减让",并通过对"减让"解释的补充方法进一步肯定了这一结论。在专家组看来,欧共体第535/94号规则指出,那些被盐浸泡的、最低含盐量为1.2%的肉类符合欧共体减让表0210项下"减让"中"腌肉"的标准。根据VCLT第32条规定的解释补充方法,鉴于对"salted"一词所作的分析,专家组得出结论:这个词包括全部深入被盐浸泡的、最低含盐量为1.2%的无骨冻鸡。

专家组在前面已经说明,如果得出结论认为0210项下的"减让"包含争议产品,则争议措施下产品的待遇低于欧共体减让表规定的待遇,因为确定的价格数据已经表明对争议产品征收的关税超出了15.4%的从价税,即超出了0210项下产品的约束税率。由于0210项下的"减让"包含争议产品,因此这些产品有权享受减让表所规定的待遇。但是,争议产品未能享受这一待遇。因此,欧共体违反了GATT第2.1条(a)(b)项的规定。专家组指出,《WTO协定》和GATT的根本目标是保证互惠安排的确定性和可预见性。在专家组看来,一个成员方对于多边谈判达成的减让的含义所给予的单边解释,其说服力无法超越根据VCLT第31条和第32条得出的WTO各成员方的共同意图。

专家组最终确定:含盐量1.2%—3%的无骨冻鸡(即争议产品)之税率属于欧共体减让表0210项下的"减让"的内容;欧共体第1223/2002号规则和欧共体第2003/97号决定使得对本案争议产品所征收的关税高于依照欧共体减让表0210项所应征收的关税。

专家组据此认为,欧共体未能履行GATT第2.1条(a)(b)两项的要求,使巴西的利益受到损害或者致使其完全不能实现。

【上诉机构的分析和结论】

一、依VCLT第31条对欧共体减让表的解释

1. 欧共体减让表0210项下"salted"一词的通常含义

根据DSU第11条,欧共体提出,专家组的一系列结论导致事实的严

重歪曲,与DSU第11条严重背离,并对专家组在对"事实语境"的分析中的三条结论提出质疑。

第一条是专家组提出的"即使少量盐也能达到保存的目的",欧共体认为这严重歪曲了相关技术证据。因为专家组提到的是"冷冻的生鸡肉",这样的表述不能支持专家组的结论,即"未冷冻的含盐量在3‰的产品,防腐期在数日之内"的证据。上诉机构通过仔细审阅专家组报告,认为专家组没有得出以上结论。欧共体认为专家组的结论违反了DSU第11条的义务,上诉机构对此不予赞同。第二条是关于各种含盐量和附加保存方法。欧共体提出,含盐量并不意味着可以采用附加保存方法,专家组为得出事实论断而超越其自由裁量权,其结论与可靠的证据相矛盾。第三条是专家组认为欧共体承认除了加盐以外还需其他保存方法,而且承认用盐保存的保存期限相对短的产品不必然被排除在0210项外。欧共体认为事实与此相反,它承认的是"用加盐等方法保存不等于说不可以用其他方法进一步保存肉类"。欧共体回顾了其提交专家组的证据,即"保存好的肉可因为准备或零售等目的而切片或以其他加工步骤进行冷冻或加以包装",认为该证据与专家组得出的以上结论间没有逻辑关系。

专家组为论证"欧共体承认用盐保存的保存期限相对短的产品不必然被排除在0210项外",查看了0210项下的部分产品,并得出结论:"这些产品除了加盐以外还需其他保存方法",这一事实已经被多种含盐量和保存期加以证实。上诉机构注意到,专家组提到"欧共体承认0210项下的产品除了加盐以外还需其他保存方法",但是欧共体却明确反对泰国关于部分产品还需其他保存方法的观点。因此,上诉机构支持欧共体的观点,即专家组的论证没有准确反映欧共体的所有诉请。同时,专家组的论证貌似以争议产品和部分产品的内在相似性为基础。但是,根据专家组的证据,这两种产品在易腐败程度上有相当大的区别,专家组的陈述不足以解释"附加的保存方法"是如何得出"用盐保存的保存期限相对短的产品不必然被排除在0210项外"这一结论的。然而,上诉机构认为,欧共体质疑的专家组意见补充和支持了专家组先前的结论,受到欧共体质疑的不确切陈述无关紧要,不足以破坏专家组对"事实语境"的分析。因此,上诉机构不认为专家组违反了其在DSU第11条项下的义务。

综上所述,上诉机构认可专家组关于"salted"一词的通常含义所作结论,即"在事实语境下考虑'salted'一词的通常含义,表明产品特征由于加盐而发生了改变",以及"该词的一系列通常含义不能说明加盐的鸡肉不在 0210 项的减让范围内"。

2. 上下文

欧共体和巴西、泰国分别就专家组的结论提出上诉。欧共体认为,上下文各方面都表明"salted"一词以"保存"为特征,而且 HS 公约第 2 章的结构也表明"salted"指的是保存。与此相反,巴西和泰国认为上下文要素表明该词以"准备"为特征。为解决上述争论,上诉机构从两个方面进行分析。

在关于 HS 公约是否构成"salted"解释的上下文这个问题上,各当事方有不同意见。专家组最终认定 HS 公约属于 VCLT 第 31.2 条下的"上下文",赞同 HS 公约与减让表术语的解释有关。

上诉机构认为,缔约方为了促进 HS 公约被各方采用,制定了一系列准则和程序。HS 公约与《WTO 协定》之间的关系也很清楚,通过谈判达成的一系列《WTO 协定》为了特定目的而纷纷采用 HS 公约,如《原产地规则协定》《SCM 协定》《纺织品与服装协定》均以 HS 公约作为定义产品范围和特定条款产品的标准。各 WTO 成员就将 HS 公约作为减让表的基础达成广泛一致,这种一致同意构成了 VCLT 第 31.2(a)条项下的全体缔约方达成的,缔结《WTO 协定》所订与条约有关之任何协定。因此,这种协定就成为 VCLT 第 31.2(a)条项下解释《WTO 协定》(包括减让表)的"上下文"。有鉴于此,上诉机构认为 HS 公约与解释减让表中的关税承诺有关。

上诉机构面临两个问题:一是 0210 项下的"salted"一词在其上下文中是否表明加盐的肉,不管是否达到保存的目的,都能称为"salted";二是加盐是否必须使肉处于"保存"状态。上诉机构认为,对第一个问题的肯定回答表明 0210 项包括加盐的量不足以达到保存目的的咸肉,以及能够达到保存目的的咸肉;反之,对第二个问题的肯定回答表明 0210 项仅仅包括能够通过加盐达到保存目的的肉类,而排除了其他"咸肉"。因此,应当确定"salted"一词的上下文是否要求作出比通常含义更窄的解释。

上诉机构认为,"用盐水浸泡"也包含"保存"的意思。与此同时,上诉机构不赞同"干的""用盐水浸泡的""熏制的"这几个术语仅有"保存"的意思。这些术语的通常含义表明,0210项下的这些加工方法不仅赋予肉制品"保存"的特征,同时也赋予肉制品其他特定特征。上诉机构还考察了欧共体减让表第2章和HS公约的结构是否能证明0210项仅指"保存"程序。上诉机构为此分析了上下文中的相关注释,即第16章的章节注释、第2章的解释性注释以及0210项的解释性注释。上诉机构通过分析认定,HS公约和相关章节的解释性注释不能支持0210项仅以保存为特征这一观点;"salted"一词在其上下文中表示通过加盐改变了特征的肉类属于0210项下的含义,即加盐没有使这种肉处于"保存"状态。

上诉机构支持专家组的裁定,即0210项下关税承诺中"salted"一词的上下文表明减让不必以长期保存为特征。

3. 目的及宗旨

欧共体提出的上诉请求是:(1)专家组考虑了《WTO协定》和GATT的目的及宗旨,却没有考虑相关条约条款的目的及宗旨;(2)专家组在分析保证关税减让的确定性和可预见性这一目的及宗旨时依赖于"贸易扩大"这一概念是错误的;(3)专家组错误地裁定"保存"标准会破坏关税减让的确定性和可预见性;(4)欧共体减让表0210项并非旨在解决"冷冻咸禽肉"问题。

上诉机构首先区分了条约的目的、宗旨及条约条款的目的、宗旨,认为VCLT第31条所说的"它的目的及宗旨"指作为整体的条约,而如果是"它们的目的及宗旨","它们"即指特定的条约条款,本案中"目的及宗旨"的主语应当是作为整体的条约。同时,上诉机构认为,如果有助于解释者从整体上确定条约的目的及宗旨,则特定条约条款的目的及宗旨应予考虑,但单个成员在缔结关税减让表时的特定目的及宗旨不构成解释关税承诺的基础。

欧共体在上诉中提出,专家组对保存标准的表述有误,因为欧共体第1223/2002号规则和第2003/97号决定没有适用"长期保存"标准,是将含盐量3%的分割鸡肉归入0207项下,而非0210项下。

专家组认为,为关税分类的目的对产品进行定性,有必要考察产品的"客观特征"。上诉机构同意这一观点。同时,欧共体举例说明了产品描述,包括"保存"标准符合HS公约下"客观特征"的要求。据此,保存标准本身并非不确定的,在满足相关条件的前提下,不排除保存标准的使用。

因此,这一标准不必然与《WTO协定》和GATT的确定性和可预见性目标相抵触。尽管欧共体明白0210项下所列各种手段会造成保存的结果,但是并没有解释0210项下各种方法的保存效果与0207项下的保存效果有何不同。因此,上诉机构同意专家组的裁决,即欧共体对于保存标准的适用缺乏确定性,会破坏《WTO协定》和GATT的确定性和可预见性目标。

欧共体认为专家组忽视了它的一个观点,即谈判中0210项没有保证冷冻咸鸡肉市场准入安排的目的及宗旨。专家组认为,在解释减让表0210项下的"减让"时,它无权考虑欧共体在缔结减让表时的单方目的及宗旨。上诉机构赞同专家组的观点,即条约解释者必须确定各方的共同意图,并确定不以单边或主观判断的一个缔约方的"期望"为基础来决定这种共同意图。欧共体的观点涉及对关税谈判达成协议的主观看法,因为各方均认为专家组并未把冷冻(咸)禽肉排除在减让表0210项肉产品的范围之外。在这一点上,上诉机构认为专家组没有任何错误。

二、依VCLT第32条对欧共体减让表的解释

在对"salted"一词根据VCLT第31条进行解释后,专家组又根据该公约第32条对"salted"一词的补充方法进行了分析,并以后者的分析结果验证了依据第31条得出的初步结论。但是,欧共体对专家组"缔约情势"的解释以及欧共体第535/94号规则和欧洲法院的法律特征的裁决提出质疑,提出专家组在VCLT第32条项下的结论是建立在对事实的错误评估基础上的,因此违反了DSU第11条的义务。上诉机构的裁决是:"salted"一词并不要求一定是为了保存才加盐;HS公约不因分类的需要而排除保存标准的适用;专家组根据VCLT第32条进行的分析旨在确定WTO成员是否就欧共体提出的保存标准达成一致。

欧共体在上诉中提出,专家组没有考虑"全球性的普遍情势"及其他成员,尤其是美国的实践。专家组理解,"缔约情势"包含一系列的事件、行为、文件,而这些事件、行为、文件的主要特征是体现了欧共体的"普遍情势"。但是,专家组又指出,尽管每一减让表是对一个特定成员方作出的,然而它又代表了全体成员方的一致同意。

上诉机构同意专家组为在"缔约情势"下解释"salted"一词,把欧共体

的分类实践作为重要的考量因素。上诉机构也认同欧共体的观点,即"欧共体的普遍情势"不具有排他的相关性,另外具有相关性的还有"全球性的普遍情势"。同时,上诉机构注意到,专家组确实考察了美国的分类实践,但由于其主要涉及争议产品以外的产品,因此说服力很有限。上诉机构裁定,专家组关于其他成员,包括美国的关税分类实践的结论在它的自由裁量的范围之内,支持专家组关于"全球性普遍情势"的裁定。

专家组认为,缔约前的关税分类实践是"缔约情势"的一部分,可以被作为 VCLT 第 32 条中解释的补充方法加以适用,不构成惯例的实践也可以在第 32 条项下进行考虑;缔约后的关税分类实践,根据第 32 条,对于解释也具有相关性。欧共体对此提出上诉。

上诉机构认为,公布的文件、发生的事件或者缔约后的实践都会给缔约时"各方共同的意图"的判断提供相应的提示,因此以上文件、事件或者实践的相关性应当就个案的不同分别进行判断。上诉机构同意专家组的观点,即如果进口方进行关税谈判时的分类实践与解释关税减让具有相关性,则成员方关于关税分类的立法也具有相关性。另外,如果成员方法院的判决有助于确定各方的共同意图,则也应该属于"缔约情势"的范畴。但是,应当指出,法院判决基本上只适用于特定争端,就其本质而言,其相关性不如普遍适用的立法文件。

接着,上诉机构分析了专家组作出的关于欧共体的关税分类立法、实践和欧共体法院判决与"salted"一词解释的相关性的裁决,以及判断欧共体的法律和实践是否构成 VCLT 第 32 条项下解释的补充方法,是否支持专家组对于"salted"一词的解释。

关于《WTO 协定》缔结以后欧共体的分类实践是否肯定了欧共体的观点,即"保存"标准是否在其关税分类实践中得到应用,上诉机构分析后认定,专家组提出的证据没有表明,根据欧共体第 535/94 号规则,在 1994—2002 年欧共体的关税分类实践中,要求加盐的目的是长期保存。

根据前文的分析,HS 公约 0210 项下"salted"一词并不要求加盐的目的是确保长期保存,但它并不排除"保存"这项特征。因此,上诉机构认为,如要将长期保存标准作为欧共体减让表 0210 项下关税减让的一部分,则必须有充分的证据证明这一标准为欧共体减让表各方一致同意,而本案恰恰缺少这样的证据;同时,在《WTO 协定》缔结时,欧共体的关税立法,即欧共体第535/94号规则中也没有具体的说明。此外,上诉机构发现,争议产品在1996年到2002年间,毫无例外地被各国海关归入0210项下。

由于上述原因,上诉机构根据VCLT第32条的补充方法进行解释,认定"salted"一词并不要求加盐的目的是保存。因此,上诉机构支持专家组的裁决,即VCLT第32条的补充方法进一步肯定了争议产品属于欧共体减让表0210项下这一结论。

上诉机构决定支持专家组根据VCLT第31条和第32条对欧共体减让表0210项关税承诺中"salted"一词的解释作出的裁决;撤销专家组对VCLT第31.3(b)条中"惯例"的解释和适用,并因此推翻专家组认为欧共体在1996—2002年对争议产品的分类实践形成第31.3(b)条"惯例"的结论;更改专家组对VCLT第32条中"缔约情况"一词所作解释的某些方面,但支持专家组所作的结论,即依照第32条的补充方法进行解释证实了争议产品属于欧共体减让表0210项下关税承诺的范围。

根据上述结论,上诉机构支持专家组的下列裁决:

(1) 含盐量在1.2%—3%的无骨分割冻鸡(即争议产品)在欧共体减让表0210项下关税承诺的调整范围之内。

(2) 欧共体第1223/2002号规则和欧共体第2003/97号决定导致了对争议产品征收的关税高于欧共体减让表0210项下的约束关税。

(3) 欧共体的行为与GATT第2.1条(a)(b)两项的要求不相一致,损害或者剥夺了巴西和泰国的利益。

取消数量限制

中国涉及稀土、钨和钼出口的措施案

(WT/DS431、WT/DS432、WT/DS433)(简称:中国—稀土案)

【案件基本情况】

申诉方(被上诉方/上诉方):美国、欧盟、日本

被诉方(上诉方/被上诉方):中国

第三方(第三参与方):阿根廷、澳大利亚、巴西、加拿大、哥伦比亚、印度、印尼、韩国、挪威、阿曼、秘鲁、俄罗斯、中国台北、土耳其、越南(申诉方各自在其他两个案件中作为第三方)

本案涉及的相关协定条款和法律问题:《中国加入世界贸易组织议定书》(以下简称《议定书》);《中国入世工作组报告》;《马拉喀什协定》;GATT第11条和第20条。

2012年3月13日,美国、欧盟和日本分别要求与中国磋商,指控中国对稀土、钨和钼实施的出口限制措施违反了GATT第11条,《议定书》第1.2条、第11.3条和第5.1条,以及《中国入世工作组报告》第83段、第84段、第162段和第165段。由于磋商未果,7月23日,DSB应起诉方请求,决定成立一个专家组审理该三起案件。2014年3月26日,专家组报告正式公布。年4月8日和17日,美国和中国分别提出上诉。8月7日,上诉机构发布了报告。8月29日,DSB通过上诉机构报告和专家组报告,认定中国的出口关税违反了《议定书》第11.3条,且不能援引GATT第20条(g)项作为抗辩理由;出口配额以及对出口配额的分配和管理违反了《议定书》第5.1条,GATT第11.1条以及《中国入世工作组报告》第162段、第165段和第83段(a)(b)和(d)项;同时,中国未能证明

其措施符合 GATT 第 20 条(g)项例外的条件。

本案的争议措施涉及稀土、钨和钼的出口关税、出口配额以及对出口配额的分配及管理措施,具体包括:《海关法》《进出口关税条例》《国务院关税税则委员会关于 2012 年关税实施方案的通知》《海关总署公告 2011 年第 79 号(关于 2012 年关税实施方案)》《对外贸易法》《货物进出口管理条例》《出口商品配额管理办法》《进出口商品许可证发证机构管理办法》《货物出口许可证管理办法》《出口许可证签发工作规范》《进出口许可证证书管理规定》《2012 年出口许可证管理货物目录》《2012 年出口许可证管理货物分级发证目录》《关于 2012 年钨、锑、白银国营贸易出口企业,钨、锑出口供货企业资格标准及申报程序的公告》《关于公布 2012 年稀土出口企业名单并下达第一批出口配额的通知》《关于公布 2012 年钨、锑等有色金属出口(供货)企业名单并下达第一批出口配额的通知》《关于 2012 年稀土出口配额申报条件和申报程序的公告》《2013 年钢、钼、锡出口配额申报条件及申报程序》《关于补充下达 2012 年第一批稀土出口配额的通知》。

【专家组的分析和结论】

一、中国征收出口关税是否违反《议定书》第 11.3 条

《议定书》第 11.3 条规定:"中国应取消适用于出口产品的全部税费,除非本议定书附件 6 中有明确规定或按照 GATT1994 第 8 条的规定适用。"本案涉案产品均未被列入附件 6。专家组首先确认,中国对没有被列入《议定书》附件 6 的 82 种产品征收 5%—25% 的出口关税,不符合其根据《议定书》第 11.3 条承担的义务。关于中国提出的 GATT 第 20 条(b)项的抗辩,专家组的结论是:《议定书》第 11.3 条的措辞非常明确,结合其上下文和宗旨,排除中国援引 GATT 第 20 条例外为其违反《议定书》第 11.3 条项下义务抗辩的可能性;即使 GATT 第 20 条(b)项可以适用,中国的措施也不符合(b)项的条件。中国提出的对《议定书》与 GATT 规定之间的关系作系统性解释的观点没有得到支持。

二、中国实施出口配额是否违反 GATT 第 11.1 条和《中国入世工作组报告》第 162 段、第 165 段

GATT 第 11 条禁止对产品的进出口实行数量限制。在《中国入世工作组报告》第 162 段和第 165 段中，中国承诺遵守有关非自动出口许可程序和出口限制的 WTO 规则，只有在被 GATT 规定为合理的情况下，才实行出口限制和许可程序；将每年向 WTO 通报现行的非自动许可限制措施，除非这些措施在《WTO 协定》或《议定书》项下被证明为合理，否则将予以取消。中国不否认涉案措施违反 GATT 第 11 条。于是，专家组主要分析了中国关于 GATT 第 20 条(g)项的抗辩。要符合 GATT 第 20 条(g)项，必须证明相关措施与保护可用竭的自然资源有关，而且要同时限制国内的生产和消费，还要证明措施的实施符合 GATT 第 20 条的序言。专家组提出，出口配额可以与"保护可用竭的自然资源有关"，且对国内生产和消费的限制与对出口的限制必须"公平"；仅仅是在各项文件中出现"为了保护"的措辞，不能排除措施可以为了其他目的而实施；中国没有证明其对出口配额的设置和管理与保护可用竭的自然资源有关。中国虽然采取了一系列限制措施，但是专家组认为，这些措施并没有直接限制国内的生产和消费以达到保护可用竭的自然资源的目的。此外，中国也没有证明其出口配额的实施符合 GATT 第 20 条导言。

三、中国的措施是否违反了其贸易权承诺

根据中国的规定，要申请出口配额，必须提供申请者以前有过出口的记录，还要符合最低注册资本要求。申诉方认为这违反了《议定书》第 5.1 条和《中国入世工作组报告》第 83 段、第 84 段。中国在《议定书》第 5 条中承诺：在加入 WTO 后 3 年内，使所有在中国的企业均有权在中国的全部关税领土内从事所有货物的贸易，包括进口、出口货物的权利；对于所有外国个人和企业，在贸易权方面应给予其不低于给予在中国的企业的待遇。《中国入世工作组报告》第 83 段和第 84 段也作了类似的承诺。专家组认为，中国明确承诺取消贸易权审批制和出口实绩、外贸经验要求，但涉案措施保留了这些要求，这显然不符合其入世承诺。虽然在贸易权问题上中国有权援引 GATT 第 20 条(g)项作为抗辩，但是专家组认为，中国没有证明其措施符合 GATT 第 20 条的要求。

【上诉机构的分析和结论】

中国在本案中采用了系统性抗辩的策略,试图将《议定书》《中国入世工作组报告》《WTO协定》和WTO诸协定作为一个整体,作为GATT第20条例外适用于偏离《议定书》和《中国入世工作组报告》义务的措施的抗辩。

中国在专家组审理时提出,虽然《议定书》第11.3条没有明确提到GATT第20条,但这不意味着成员方放弃将GATT第20条作为抗辩的可能;《议定书》第11.3条应该作为GATT条约群整体的一部分;GATT第20条前言的措辞表明其不排除可以适用于《议定书》第11.3条;对《WTO协定》的目的应作系统性解释,确认GATT第20条可以适用于中国对出口关税的抗辩。

中国没有对专家组的整体结论提出上诉,只针对专家组在分析中提出的一个观点提出上诉。

中国针对专家组程序提出,《议定书》第1.2条与《马拉喀什协定》第12.1条使得《议定书》成为《马拉喀什协定》的一部分,也使得《议定书》的每一个条款成为《马拉喀什协定》附件的多边贸易诸协定(包括GATT)的一部分;至于《议定书》的哪一个条款是GATT的组成部分,需要根据情况分析,《议定书》第11.3条涉及货物贸易特别是关税,因此它内在地与GATT特别是GATT关于出口关税的条款有联系,具体是GATT第2条和第11条。

专家组在分析这个问题时指出,《议定书》"第1.2段第2句话的法律效果是使得《议定书》整体成为《马拉喀什协定》的'组成部分',而没有在此之外使得《议定书》的单个条款成为作为《马拉喀什协定》附件的多边贸易诸协定的组成部分"。中国对这一观点提出上诉。

《议定书》第1.2条规定:"中国所加入的《WTO协定》应为经加入前已生效的法律文件所更正、修正或修改的《WTO协定》。本议定书,包括工作组报告书第342段所指的承诺,应成为《WTO协定》的组成部分。"《马拉喀什协定》第12.1条规定:"任何国家……可按它与WTO议定的条件加入本协定。此加入适用于本协定及所附多边贸易协定。"

上诉机构指出,《议定书》第1.2条在《议定书》条款整体和现有

WTO法律框架内的权利义务群(package of rights and obligations)之间架起了桥梁,其结果是《马拉喀什协定》、多边贸易协定和《议定书》构成了一个权利义务群,应该共同解读。至于其中某个条款与另一个条款的关系,必须作具体分析。

《马拉喀什协定》第2.2条使每一个多边贸易协定都成为《马拉喀什协定》的组成部分,但这并不能回答多边贸易协定中的具体权利义务之间关系如何的问题。上诉机构列举了几个争端案件中的论述指出,这个问题需要根据个案解决,且必须对涵盖协定的条款加以恰当的分析,分析的结论可能会有所不同;在某些情况下,某个涵盖协定下的例外可以作为违反其他协定义务的抗辩理由。这样的思路也适用于对《议定书》条款与《马拉喀什协定》和多边贸易协定条款之间关系的分析。在中国—音像制品案(DS363)中,上诉机构就进行过这样的分析,确认GATT第20条可以适用于对指控中国违反《议定书》第5.1条的抗辩。但是,在中国—原材料案(DS394、DS395、DS398)中,上诉机构指出,《议定书》条款提到GATT的某个条款,并不能必然得出GATT第20条可以适用的结论,上诉机构得出结论也不仅仅是因为《议定书》条款没有提到GATT第20条。上诉机构在两个案件中的分析思路是相同的,结论却相反,就是因为上诉机构对具体条款的上下文及其在《议定书》和GATT中的结构进行了详细分析。

上诉机构指出,《马拉喀什协定》第12.1条第1句规定了加入WTO的一般规定,即"按照加入成员与WTO议定的条件加入",第2句特别标明加入的是《马拉喀什协定》和其附件多边贸易协定,这具体反映了《马拉喀什协定》第2.2条所规定的一揽子协定的根本原则。根据《议定书》第1.2条,《议定书》和《中国入世工作组报告》第342段所指的承诺是《WTO协定》的组成部分。无论对《WTO协定》作广义还是狭义的解释,对确定《议定书》第1.2条的法律含义并无决定作用。上诉机构不接受中国的观点,认为专家组的观点没有错误。

专家组在解释GATT第20条(g)项时提出措施要"公平",也就是说,要平衡对待国产品和进口产品(in a balanced way)。中国对此提出上诉后,上诉机构认为,专家组把"公平"(even-handedness)作为援引GATT第20条的一个独立条件是错误的。但是,上诉机构认为,这个错误并没有造成专家组整个分析和结论的错误,因此维持专家组的结论。

透明度原则

阿根廷影响牛皮出口和皮革进口的措施案

(WT/DS155)(简称:阿根廷—皮革案)

【案件基本情况】

申诉方:欧共体
被申诉方:阿根廷
第三方:美国

本案涉及的相关协定条款和法律问题:GATT 第 3.2 条、第 10 条、第 11 条和第 20 条;对 GATT 第 10 条、第 11 条的初步声明(政府措施等)的解释;政府"措施"。

1998 年 12 月 23 日,欧共体要求与阿根廷磋商,解决关于阿根廷对牛皮的出口限制和对进口皮革制品的征税问题。由于磋商未果,应欧共体的请求,专家组于 1999 年 7 月 26 日成立。2000 年 12 月 19 日,专家组公布报告。2001 年 2 月 16 日,DSB 通过了专家组报告。

本案涉及阿根廷对于牛皮出口和皮革进口的措施。欧共体认为,阿根廷对牛皮出口的措施是事实上的出口限制,违反了 GATT 第 11.1 条、第 10.3(a)条;阿根廷对进口商征收附加增值税和预征所得税的措施,违反了 GATT 第 3.2 条。

1972 年之前,阿根廷出口大量的生牛皮到世界各地,包括欧共体。阿根廷是欧共体制革厂商重要的原料来源地。1961—1970 年,阿根廷生牛皮出口量每年平均约 17.7 万吨。但是,从 1971 年起,生牛皮出口量开始下降。欧共体指出,1972 年 5 月,阿根廷政府为保证国内制革企业牛皮供应充足,开始实施生牛皮出口限制。截至 1978 年,生牛皮的年出口量从 14.4 万吨下降到 7000 吨。自 1979 年至 1996 年本案争议的措施出台前,阿根廷政府采取了多种措施保证国内制革业的原料供应,包括出口税和出口数量限制。阿根廷牛皮出口量持续下降,1987 年一度为零。

1993 年 2 月 17 日,在阿根廷制革企业的要求下,阿根廷政府发布 771/93 号决议,授权阿根廷制革业协会(CICA)代表参与牛皮出口之前清关程序的全过程。这一措施原本打算适用 90 天,但后来被延长了数次。这和授权原先只适用于那些与生牛皮和湿蓝牛皮①属于同一关税分类的产品。1994 年 4 月 26 日,在皮革制造和相关产品的工业生产者协会(ADICMA)的要求下,这一措施的适用范围扩大至皮革成品和毛皮等所有在 4104 关税分类号下的产品。从此,ADICMA 代表也被允许参与相关产品的出口清关程序。

1996 年 6 月 27 日,在 ADICMA 的要求下,阿根廷海关部门发布了 2235 号决议。按照 2235 号决议,ADICMA 成员可以见证海关官员检查货物的过程。海关一旦收到出口商或者其代理人的装载通知,就会通知 ADICMA 清关事宜,包括地点、日期和时间。在检查现场,ADICMA 代表随同海关检查人员确认出口货物与出口商所说无异。皮革出口程序和货物检验(皮革)都由检验与估价技术部门(the Technical Unit for Verification and Valuation, UTVV)来执行。技术部门所做的一些检查应有海关官员、出口商或其清关代理人、ADICMA 代表在场。如果认定货物分类无误,则可以装船;如果发现有不符之处,则不能装船。如果对数量、质量和货物价值的检查结果存在不同意见,则相关当事人可以依据该决议向争端部门或当地海关提出申诉。如果 ADICMA 代表对海关官员的决定有异议,则可以提出申诉,或者向法院起诉。但是,2235 号决议规定,不能仅仅因为 ADICMA 代表的反对而阻止货物的装船。

欧共体还认为,阿根廷政府维持的预征增值税、所得税的做法违反了阿根廷在 GATT 项下的义务。

根据阿根廷《增值税法》,无论是对国内销售还是货物进口,都征收 21% 的增值税。如果一个纳税人在一年内的交易额没有超过一定数额,可以选择不向税务部门登记,因而也就没有直接的缴纳增值税的义务。

---

① 从生皮到皮革加工过程中的半成品。

也就是说，如果某项国内销售发生在未登记的两个纳税人之间，就不会被要求缴纳增值税；如果登记的纳税人将货物销售给未登记的纳税人，因为交易的前手对于后手的再交易行为负有纳税的责任，所以登记的纳税人（销售者）不仅要向未登记的纳税人（购买者）收取双方之间交易的增值税，还会收取附加的税额，这部分附加税是基于未登记的纳税人（购买者）可能的再销售行为，附加税的税率是普通增值税的一半，即 10.5%。根据阿根廷税务司发布的税收总则（即 3431 号失效），当货物进口到阿根廷境内时，要向进口商征收进口交易的增值税和附加税：如果进口商是登记的纳税人，则其预缴的增值税会在最后结算时被抵消；如果进口商是未登记的纳税人，则其预缴的增值税不会被抵消。根据 3337 号决议，如果在阿根廷境内把货物销售给登记的纳税人，则应当向购买者征收增值税和附加税，该附加税在最终结算时会被抵消。

根据阿根廷《所得税法》，对自然人和法人的所有收入来源征税，包括国内销售和进口货物所得利润。法人的所得税税率是 35%，自然人的税率根据收入不同而不同。根据 3543 号决议，当货物进口到阿根廷境内时，要向进口商征收一定数额的所得税，预征的税额在最终结算时可以被抵销。根据 2784 号决议，国内购买者在向销售者付款时要扣除所得税，并交付税务部门。

欧共体提出，阿根廷的 3431 号决议和 3543 号决议违反了 GATT 第 3.2 条第 1 句的规定，这两个决议使得针对货物进口预先征收的税额超过了针对国内销售的税额。阿根廷反对欧共体的观点，指出阿根廷的《增值税法》和《所得税法》对于货物进口和国内销售的适用是相同的；3431 号决议和 3543 号决议并没有新设额外的税目，它们只是对增值税和所得税的征收作出具体的规定而已，因而不属于 GATT 第 3.2 条的适用范围；预征的税额在最终结算时可以被抵销，因此对于货物进口征收的国内税并不高于国内类似产品。

【专家组的分析和结论】

专家组分别分析了数量限制、透明度和国民待遇三个问题。

一、GATT 第 11.1 条——数量限制

欧共体认为,阿根廷政府的措施限制了牛皮的出口,违反了阿根廷在 GATT 第 11.1 条项下的义务。GATT 第 11.1 条规定:"任何缔约国除征收税捐或其他费用以外,不得设立或维持配额、进出口许可证或其他措施以限制或禁止其他缔约国领土的产品的输入,或向其他缔约国领土输出或销售出口产品。"

欧共体认为,阿根廷的 2235 号决议中的措施,事实上是对出口的限制。欧共体承认,阿根廷除了征收一定的出口税外,没有公然限制出口。因此,欧共体并没有对出口税提出申诉。欧共体认为,阿根廷是有意实施这样一项措施的,因为这项措施的实施必然会限制出口。

专家组针对欧共体的这一诉请,分成三个问题进行讨论:

(1) ADICMA 代表参与相关产品的出口清关程序,是否构成出口限制?

(2) 如果上一举措不构成出口限制,那么 ADICMA 通过参与清关程序而获取商业机密信息,是否构成出口限制?

(3) 如果以上皆不构成出口限制,那么将 ADICMA 获取的商业机密信息和阿根廷国内市场中的制革企业卡特尔的情况结合起来,是否构成出口限制?

专家组注意到,在欧共体提出的理由中,最主要的一点是:在世界牛皮市场的价格高企的情况下,阿根廷牛皮出口水平很低,除了出口限制,没有其他合理的解释。欧共体还提出,应该比较阿根廷牛皮出口的历史来对现在的情况作分析。阿根廷对欧共体的指控予以反驳:(1) 牛皮出口确实存在,而且出口水平和其他国家相差不大。(2) ADICMA 参与清关程序,目的是提高出口清关的准确率和效率,因为阿根廷在某些特殊领域存在货物分类错误的问题,而分类错误又可能导致少收必要的出口税额,或多退牛皮加工品的"出口退税"税额。阿根廷特别强调,ADICMA 的代表没有权利禁止或减少出口,同时他们获取的信息是已经进入公共领域的信息,是可以通过在线服务获得的信息。

欧共体指出,虽然 2235 号决议表面上并没有规定出口限制,但它在事实上产生了限制出口的效果。阿根廷认为,允许私人部门参与牛皮出

口的检查并不违反GATT第11条,GATT第11条是专门针对政府数量限制行为的,且本案的争议措施也不属于该条所指的"其他措施"的范围。阿根廷还指出,从GATT/WTO的实践中看来,适用GATT第11条的私人行为必须是被强制授权的行为,而本案的情况不符合这个条件。专家组认为,GATT第11条的原则适用于"事实上"的限制。如果2235号决议确实实施了限制,那么这一措施就属于GATT第11.1条所指的"其他措施"。同时,2235号决议是有法律约束力的政府措施,属于GATT第11条所指的政府措施。专家组赞同在日本—胶卷案(DS44)中专家组的意见:如果私人行为中包含足够的政府授权,那么这种私人行为也有可能被视为政府行为,这种可能性应该根据个案分析。

专家组指出,要确定2235号决议是否在事实上构成出口限制,违反GATT第11.1条,欧共体就需要证明这种出口限制的影响是事实存在的,而不仅仅是一种推论。虽然从贸易统计数据来看,阿根廷的出口水平之低不同寻常,但是它本身并不能证明这是全部或部分由于该项措施的实施而引起的。因此,欧共体在证明因果关系时,应该着重论述争议措施是如何引起出口水平降低的。

欧共体认为,ADICMA代表参与牛皮出口清关程序,使制革企业有可能阻止牛皮出口。根据欧共体的观点,制革企业的参与本身就是出口限制,通过参与清关,向牛皮出口商施加压力;同时,出口商作为牛皮供应商,还要承受另一种更大的压力,如果被发现出口牛皮,那么其货物在国内市场上就有可能被拒绝销售。欧共体又指出,ADICMA代表在参与出口清关时,可以向海关官员施压以阻止牛皮装船,或者拖延装船日期数个星期甚至数月,这样牛皮质量就会变差而使出口商蒙受损失。

阿根廷认为欧共体的指控和理由是没有意义的。牛皮相对于被宰杀的牛,其价值仅仅占到10%,是种副产品。牛皮供应商没有理由因为这一点点剩余价值就受到ADICMA代表的胁迫,这是不符合逻辑的。同时,如果牛皮供应商害怕其产品在国内无法出售,那么按照欧共体所言,可以将牛皮出口到国际市场。可见,牛皮供应商并不依赖于国内制革企业,所以也就不存在压力一说。至于欧共体所说的向海关官员施压以阻止出口的情况,阿根廷指出,这种做法违反阿根廷海关法。有关ADICMA代表可以拖延装船的情况,阿根廷指出,欧共体的这一理由既没有法律依据,也没有事实证据。相反,阿根廷认为,出口少主要是因为国内市场的需要量大,大量牛皮被国内市场消化;质量差异造成价格差异也是重要因素;牛皮出口的成本比在国内销售要高出20%。

专家组认为,欧共体针对ADICMA代表参与出口清关程序构成出口限制的申诉,仅提供了一些间接证据,而且这种间接证据不能支持申诉方的诉请,除非欧共体能提供更有说服力的证据。专家组最后的结论是:仅仅有ADICMA代表的参与出口清关程序,不能构成出口限制。阿根廷牛皮出口水平低,有可能是因为出口税、出口成本或者质量差异等方面的因素。专家组还指出,如果ADICMA要对海关官员施压,没有必要获得授权参与清关,直接在海关外就可以做到。如果海关官员在压力下实施出口限制,那么就违反了海关法。专家组指出,如果没有相反的证据,不能简单地认定海关官员在压力下向ADICMA屈服。

专家组认为,虽然下游企业代表参与出口清关程序不太寻常,且阿根廷的出口水平也偏低,但是已有的证据不足以证明,仅仅因为制革企业代表参与出口清关就构成GATT第11.1条所指的出口限制。

欧共体认为,ADICMA代表参与出口清关程序,能够获得大量的商业信息,包括价格、数量、目的地,尤其是牛皮供应商的身份。欧共体提供的证据是:一份双面的文件,一面是出口商的名称,另一面是ADICMA代表的签字。牛皮供应商因为实行2235号决议危及其商业秘密而抱怨。阿根廷否认牛皮供应商提供的信息是商业秘密,且认为ADICMA代表在第二面上的签字并不意味着他们看见第一面上所谓的商业秘密,这不是官方文件。阿根廷指出,ADICMA从没有得到过关于出口商或进口商名称的信息,而其他如船上交货(free on board, FOB)价格、目的地、运输方式等信息都可以通过在线服务获得。

专家组检视了证据后认为,欧共体提供的双面文件是官方文件,因为第一面上有官方印签。虽然专家组不同意阿根廷所说的ADICMA代表在第二面上的签字不能证明他们看见第一面上的信息,但专家组认为,仅仅列出这些信息不能认定在具体案件中出口商的身份被披露了。即使出口商的身份在出口清关程序中被披露了,专家组还是认为,仅仅通过这些间接证据无法证明这些信息本身导致了出口限制。所以,专家组认为,ADICMA代表参与出口清关程序、获取一些信息,并不足以造成对出口商的负面影响而构成出口限制。

欧共体指出,阿根廷制革企业在事实上滥用其所获得的信息。牛皮供应商真正担心的是这些信息在国内市场上的披露,因为在阿根廷市场上存在着操纵市场的制革企业卡特尔,这个卡特尔的目标之一就是抑制生牛皮的出口。因此,专家组应该考虑结合阿根廷历史上针对牛皮出口的措施来分析目前的2235号决议。正是因为制革企业卡特尔和前述的产业保护目标,所以2235号决议的作用在于出口限制。阿根廷认为欧共体没能提供具体的证据,而且欧共体的逻辑也是不正确的,制革企业和牛皮供应商处于平等的交易地位,尤其牛皮只是副产品,牛皮供应商不愿意冒大的风险和精力在这种辅助品上,这才是其不出口的真正原因。同时,牛皮供应商有很大的销售面,不可能存在受制革企业的压力而不出口的情况。

专家组注意到,有可能存在制革企业卡特尔对牛皮销售固定价格,这就产生了新的问题:价格卡特尔和出口限制之间是什么关系?即使确实存在运作着的卡特尔,对牛皮销售固定价格,这和出口数量限制也没有直接联系,况且没有足够的证据能证明存在实际运作的卡特尔。专家组认为,也许存在个别制革企业滥用信息,但欧共体没有能够证明个别企业滥用信息会造成出口限制。所以,专家组认定:卡特尔能够独立于2235号决议产生出口限制的效果,欧共体必须证明2235号决议与出口限制之间的因果关系;即使承认存在卡特尔,也没有证据证明2235号决议是导致出口限制的原因。

所以,针对欧共体在GATT第11.1条项下的诉请,专家组认为,没有充分的证据能够证明争议措施(即2235号决议)产生了出口限制的结果。

二、GATT第10.3(a)条——透明度

欧共体针对阿根廷的2235号决议提出GATT第10.3(a)条下的诉请。GATT第10.3(a)条规定:"缔约各国应以统一、公正和合理的方式实施本条第1款所述的法律、条例、裁决和决定。"欧共体认为,第一,让"存在相对利益"的ADICMA代表参与出口清关程序,会导致相关海关规则适用"不公正";第二,把牛皮出口商的出口信息告知那些希望从出口商

那里购买牛皮的企业,这种做法不符合GATT第10.3(a)条中规定的"合理"要求 第三,阿根廷行政部门执行法律"不统一",因为阿根廷的这套出口清关程序只适用于一种特定的产品,而没有适用于其他出口产品。

阿根廷认为欧共体的诉请不能成立,理由是:第一,欧共体没有能够证明为什么让企业参与清关程序是"不合理"的;第二,法令的执行是"统一"的,因为其他的工业部门也能够获得相似的待遇,只是这些部门没有提出这样的要求;第三,GATT第10.3(a)条只适用于那些将贸易政策按国别分别适用的成员国,也就是说,如果2235号决议规定,只有当牛皮出口到欧共体时才要求相关企业参与出口清关程序,才会违反GATT第10.3(a)条。

专家组首先分析了第10.3(a)条与GATT其他规定的关系。第10条的标题是"贸易条例的公布和实施",根据第10条的其他条款,第10.3(a)条适用于"行政部门"的法律、条例、裁决和决定。阿根廷认为,第10.3(a)条只适用于针对不同成员方给予区别待遇的情况,欧共体没能证明本案中存在这种差别待遇。欧共体则认为,第10.3(a)条的适用并不要求有违反最惠国待遇的情况存在,与此相反,第10.3(a)条并不适用于违反GATT实质性条款的做法。专家组认为,即使海关法令的适用没有针对国别的区别待遇,也能适用第10.3(a)条;从第10.3(a)条的条款来看,其目的是提倡贸易政策法令执行的统一、公正和合理,要求贸易政策法令及时公布,以便政府和贸易商能够知晓;第10.3(b)条规定的是给贸易商个人提供司法复审的程序,不适用于成员方。由此看来,阿根廷认为GATT第10条只适用于成员国之间差别待遇的主张是无法成立的。

阿根廷认为,欧共体针对2235号决议提出的诉请,是针对"实质性条款"提出的诉请,而不是法令的"执行",因而不属于GATT第10.3(a)条的适用范围;欧共体的主张与上诉机构在欧共体—香蕉案(DS27)中的意见相反。专家组不同意阿根廷的观点,指出阿根廷的主张扩大了该案上诉机构意见的适用范围。专家组认为,2235号决议并没有确立海关法实施的实质性规则,也没有规定海关分类条件、出口退税和征收出口税等实质性条款,它显然不是实质性条款。

阿根廷认为,GATT第10.3(a)条中提到第10.1条中规定的"法律、条例、司法裁决和行政决定的一般援用",而2235号决议只是为具体的参与牛皮出口的 ADICMA 代表规定权利,因而第 10.3(a)条不能适用。专家组不同意这种观点,认为 2235 号决议"一般性"地规定了 ADICMA 代表参与出口清关程序的权利,至于他们是否真的参与则不在专家组考虑范围内。

关于 2235 号决议是否"统一、公正和合理",专家组认为,要审查海关法令、决定、裁决是否统一、公正和合理,应该检查是否存在对于竞争的潜在影响。

欧共体认为,在众多的需要征收出口税、给付出口退税的产品中,仅仅在牛皮出口这一部分允许下游企业参与出口清关程序,这是法令执行的不统一。阿根廷则指出,其他产品也可以参与这样的措施,只是目前只有这一产品开始实施而已。专家组对 GATT 第 10.3(a)条中是否"统一"作了具体分析,所有的牛皮出口都一视同仁,会有 ADICMA 代表的参与,所以 2235 号决议的执行并没有"不统一"。

欧共体认为 2235 号决议是不合理的,理由是:牛皮购买商参与出口清关程序,能够获取商业秘密信息,GATT 第 10.1 条最后 1 句并不要求成员方公开"会损坏某一公私企业的正当商业利益的机密资料";如果阿根廷政府需要人员在出口清关时区分生牛皮或湿蓝牛皮,那么应该培养专门的海关官员,而不是依赖于零星的 ADICMA 代表;如果需要 ADIC-MA 代表的参与,那么 2235 号决议就应该作强制性规定,而不是授权性的规定。阿根廷则认为,GATT 第 10.1 条最后 1 句不应该如欧共体理解的那样进行强制性规定,而且本案中的信息不是机密资料;允许 ADIC-MA 代表的参与,目的是保证出口清关程序的公平和透明,而 ADICMA 代表只有参与了这一程序,才能对政府的违规行为提起诉讼。专家组认为欧共体提出的理由是有说服力的,让 ADICMA 代表参与出口清关程序并获取信息是不合理的;即使 ADICMA 代表参与清关是合理的,让他们获取与清关无关的价格信息也是没有理由的,他们无须知道出口的目的地、数量等与他们的任务无关的信息。所以,专家组认为,即使实施措施的目的是进行正确的税目分类,但是却可能引发商业机密资料的泄漏,同样属于"不合理"地实施法令,违反了 GATT 第 10.3(a)条。

欧共体认为,让下游企业参与出口清关程序没有合法的目的,这会导致双方的利益冲突,使出口商处于不利的地位;即使没有现实的利益冲突,也存在潜在的冲突,ADICMA 可能会滥用参与权和获取的信息,所以是"不公正"的。欧共体注意到,制革企业早在几年前就开始限制出口,从这一点看,让其代表参与出口清关程序肯定是不公正的。阿根廷则认为不存在不公正,因为出口商也参与了出口清关程序,这是一种利益平衡,而且 ADICMA 代表无权阻止出口,这样做只是为了保证出口清关程序的高效和透明,是公正的。专家组认为分析允许"谁"参与清关是关键。让没有法律上的利益,却有着相对商业利益的一方参与出口交易,是存在危险的;虽然这种危险可以补救,但是目前没有补救性的保障措施。所以,允许 2235 号决议实施海关法令是不公正的,违反了 GATT 第 10.3(a)条。

三、GATT 第 3.2 条第 1 句——国民待遇

GATT 第 3.2 条第 1 句规定:"一缔约国领土的产品输入到另一缔约国领土时,不应对它直接或间接征收高于对类似的国产品所直接或间接征收的国内税或其他国内费用。"在这一条款下,欧共体的主张是针对阿根廷对进口产品预征增值税和所得税的措施提出的。

专家组认为,要确认某一行为违反了 GATT 第 3.2 条第 1 句,需要满足三个条件:第一,该种措施直接或间接地规定了对进口产品和国产品征收国内税或其他国内费用;第二,被征税的进口产品和国产品必须是类似的;第三,对进口产品直接或间接征收的国内税或其他国内费用高于类似的国产品。阿根廷主张,欧共体作为申诉方,应当先举证说明争议措施的适用存在保护性倾向。专家组不同意这一主张,认为要证明一项措施违反第 3.2 条第 1 句,不需要再独立或连带证明该项措施的实施为国内生产提供保护。专家组决定按照上面三个条件分析欧共体的诉请。

第一,GATT 第 3.2 条的适用性。判断 3431 号决议和 3543 号决议是否属于第 3.2 条的适用范围,要考察三个要素:(1)税和其他费用;(2)国内措施;(3)直接或间接地适用于进口产品和国产品。阿根廷指出,3431 号决议和 3543 号决议只是规定税款的管理和征收措施,它们本身不是税。专家组认为:(1) 3431 号决议和 3543 号决议本身也许不能被认为是税,但它们是增值税和所得税的征收机制;在第 3.2 条中还提到"其他费用",毫无疑问,这两个决议规定了支付金钱的义务,而且事实上

表现为预先支付的增值税和所得税。(2)3431号决议和3543号决议确立的征收增值税和所得税的机制属于国内措施。(3)关于3543号决议,欧共体认为,这个决议并不适用于收入,而是适用于"产品",因为无论进口货物有无潜在的交易利益,都要依据海关税而不是进口利润来征税。阿根廷则认为,3453号决议不适用于产品的税收,因而不属于第3.2条的范围。专家组认为,3453号决议很清楚地写明是适用于产品的,而且征税依据是进口税的正常价格,所以符合第3.2条所指的"适用于产品"。专家组对第一个问题的总结是:GATT第3.2条适用于3431号决议和3543号决议。

第二,进口产品和国产品是类似的。专家组指出,GATT第3.2条第1句提到,类似产品的认定必须考虑产品的最终用途,消费者的消费习惯和喜好,产品的性质、种类和质量等相关因素。本案中,情况却有所不同,欧共体已经对这一情况作了充分的说明。因此,专家组最后得出结论:本案中,GATT第3.2条第1句关于类似产品的要求无须另外举证。

第三,税费负担的比较。这是第三个也是最后一个条件,如果证明对进口产品征收的税费高于国内类似产品,则构成违反GATT第3.2条第1句的义务。欧共体认为,虽然预征的增值税和所得税在最后税务结算时会被抵销,但是这部分预征的税款使得纳税人实际缴纳的税款高于名义上的应纳税额;如果无须缴纳这部分税款,他们就有机会赚取利息。欧共体还引用欧共体—水果蔬菜案(BISD 25S/68,GATT案件)的专家组报告,指出利息损失构成GATT第2.1条(b)项下的主张;同样,利息损失也可以根据第3.2条提出主张。阿根廷认为,无论是增值税还是所得税,对进口产品适用的总体税率和国产品是相同的,只是部分税款征收时间提前,但没有给进口产品造成高于国产品的负担,欧共体对于税款征收的"时间"提出主张是不恰当的。同时,阿根廷认为利息损失甚至不属于GATT第3.2条第1句的"国内税和其他国内费用"。专家组认为,第3.2条第1句规定的"税"和"费用"的比较,应该从第3.2条的目的出发,分析具体哪些税和费用应当被比较。第3.2条的目的是保证"进口产品和国内类似产品的公平竞争条件",因此专家组认为应当分析比较产品上的实际税额负担。因为即使进口产品适用的税率和国产品相同,也可能出现进口产品实际被征收的税款较高的情形。3431号决议和3543号决议通过要求进口商预先缴纳部分增值税和所得税,给进口产品增加了实际税务负担;而阿根廷没有对因此给进口商造成的损失采取任何措施进行补救,违反了第3.2条第1句。

接着,专家组就增值税和所得税分别进行了讨论分析。

欧共体针对依据3431号决议预征的增值税提出了几项具体的主张,阿根廷则针对欧共体的主张提出了抗辩,专家组将欧共体和阿根廷的主张一一对应加以分析。

第一,对国内登记的纳税人适用较低的预征税率。欧共体提出,阿根廷依据3431号决议,对进口商适用10%的预征税率,而对国内登记的纳税人却适用5%的预征税率。尽管阿根廷指出国内销售还要再征收10.5%的扣除税,专家组还是认为3431号决议对于进口产品10%的税率违反了GATT第3.2条第1句,因为对部分进口产品适用有利的税率的事实并不能使对其他进口产品适用不利的税率的现象合法化。

第二,对国内未登记的纳税人不征收预征税。欧共体指出,如果国内销售时未登记的纳税人是购买者,他就不需要预缴增值税;而如果未登记的纳税人是进口商,他就需要预缴增值税。阿根廷则认为,通常未登记的纳税人都是进口商,而且未登记纳税人的地位是自愿取得的,任何未登记的纳税人都可以通过申请取得登记纳税人的地位。专家组指出,未登记纳税人作为国内交易买家的情况又分为:交易双方都是未登记纳税人,都不需要预缴增值税;只有买家是未登记纳税人,适用10.5%的税率;未登记纳税人进口产品要被征收12.7%的预征税。由此,专家组认为,进口产品处于税收负担较重的地位,不符合GATT第3.2条第1句的要求。

第三,非扣缴义务人无须缴纳预征税。欧共体提出,国内交易的非扣缴义务人无须缴纳预征税,而所有的进口商却都要缴纳预征税。阿根廷对欧共体的这一主张没有提供特别的解释。专家组认为,无论阿根廷此项制度是如何设计的,设计目的何在,它都违反了GATT第3.2条第1句的要求。

第四,国内某些金融实体或纳税代理无须缴纳预征税。欧共体提出,阿根廷对某些金融实体或纳税代理的国内交易不征收增值税的预征税,而如果他们作为进口商则不能例外。对此,阿根廷没能提供足够的证据和令人信服的解释。专家组认为,某些金融实体或纳税代理进口产品所负担的税负要重于他们购买国产品的税负,因此 3431 号决议不符合 GATT 第 3.2 条第 1 句。

第五,对国内交易征收预征税有起征点的规定。欧共体提出,阿根廷在国内交易额小于某个数额时不征收预征税,也就是规定了起征点,而对于进口交易却一律要征收预征税。阿根廷提出,这是由 3337 号决议规定的,而且进口交易一般都是数额较大的。专家组确认 3337 号决议规定了起征点,而 3431 号决议没有相应的规定,阿根廷的理由不能令人信服,所以该规定违反了 GATT 第 3.2 条第 1 句。

专家组最后的结论是:3431 号决议违反了 GATT 第 3.2 条第 1 句。

欧共体针对 3543 号决议的预征所得税提出具体主张:进口交易的预征所得税高于国内交易,有时国内交易无须缴纳预征所得税。阿根廷提出了相应的抗辩理由。专家组按照审查增值税的方法审查了所得税问题。

第一,对国内登记的纳税人适用较低的预征税率。欧共体提出,阿根廷对进口交易预征的所得税税率是 3% 或 11%,而其国内交易的税率是 2% 或 4%。阿根廷则提出,进口交易的税率是 3%,刚好是国内税率 2% 或 4% 的平均值。专家组发现,2% 的税率适用于国内登记的纳税人,4% 的税率适用于未登记纳税人。虽然 4% 的税率高于 3% 的进口预征税,但是 GATT 第 3.2 条第 1 句适用于每一个单独的进口交易,成员方不能用某项交易中较低的税率来平衡其他交易中较高的税率。因此,3543 号决议规定的进口税率高于国内登记的纳税人适用的税率,不符合 GATT 第 3.2 条第 1 句。

第二,用于购买者自己使用和消费的进口产品无须缴纳预征税。欧共体提出,即使是进口商自己使用和消费的进口产品,也需要缴纳预征税。专家组发现,3542 号决议对用于进口商自己使用和消费的产品征收 11% 的预征所得税,而相应的 2784 号决议却没有如此规定,这违反了 GATT 第 3.2 条第 1 句的规定。

第三,针对国内交易规定预征税的起征点和月份津贴。欧共体提出,依据 3543 号决议,所有的进口交易都被要求预缴所得税,无论其交易额是多少;而 2784 号决议却规定,只有交易达到某一数额,才被要求预缴所得税;如果购买者是按月缴税的,则税额不会超过某一定额。阿根廷提出,适用2784决议的纳税人数量大大超过适用3543号决议的纳税人,如果不规定起征点,会使税收机制的效率变低;而进口交易一般都是很大额的,没有必要规定起征点。专家组不能接受这些理由。关于月份津贴,阿根廷提出这是建立在国内交易每月发生的基础上的,而专家组认为进口交易和国内交易并没有实质性的区别,只对国内交易适用月份津贴不符合GATT第3.2条第1句。

综上,专家组最后结论的是:3543号决议违反GATT第3.2条第1句,阿根廷实施3543号决议违反了它在第3.2条第1句项下的义务。

四、GATT第20条(d)项——一般例外

就违反GATT第3.2条第1句项下义务的问题,阿根廷依据GATT第20条(d)项提出了抗辩。GATT第20条是关于一般例外的规定:"本协定的规定不得解释为阻止缔约方采用或实施以下措施,但对情况相同的各国,实施的措施不得构成武断的或不合理的差别待遇,或构成对国际贸易的变相限制:……(d)为保证某些与本协定的规定并无抵触的法令或条例的贯彻执行所必需的措施,包括加强海关法令或条例,加强根据本协定第2、4条和第17条而实施的垄断,保护专利权、商标及版权,以及防止欺骗行为所必需的措施。"阿根廷提出,虽然它针对增值税和所得税的机制不符合GATT第3.2条第1句的规定,但可以援引第20条(d)项获得豁免。欧共体则认为阿根廷没能证明它所实施的税收机制符合第20条(d)项的要求。

专家组认为,一项被证明违反了GATT的实质性条款的措施,如果要援引GATT第20条(d)项获得豁免,则必须经受住两层考验:第一,该措施必须是第20条(a)到(j)项明确列举的;第二,该项措施符合第20条引言的要求。专家组按照这两个层次来分析阿根廷的措施。

第一,根据GATT第20条(d)项的表述,阿根廷必须证明三个要素,才能符合第20条(d)项的要求:(1)措施的实施是为了保证"法令或条例的贯彻执行";(2)这些法令或条例与GATT的规定"并无抵触";(3)这些措施的实施对于贯彻这些法令或条例来说是"必需"的。

阿根廷提出,3431号决议和3543号决议分别是为了贯彻执行增值税法和所得税法而制定的。对此,欧共体没有异议,专家组也认同。阿根廷提出,增值税法和所得税法符合阿根廷在 GATT 项下的义务。欧共体和专家组对此都没有异议。欧共体认为,审查一项措施是否是"必需"的,要看是否还有可替代的其他合理措施,即没有其他合理的措施可替代才能证明相关措施是"必需"的。阿根廷并不认同欧共体的这个主张,认为GATT 第 20 条(d)项没有要求作这样的审查;退一步讲,即使欧共体的主张是正确的,阿根廷的措施也是符合要求的,因为这些措施是为了防止逃税所"必需"。欧共体认为阿根廷没有说明为什么对进口产品征收较重的税是"必需"的。专家组认为阿根廷的主张是有道理的,因为从 3431 号决议和 3543 号决议的设计和结构来看,它们的目的主要是防止逃税,这对于阿根廷当时的情况而言是"必需"的。

综合上述分析,专家组认为阿根廷 3431 号决议和 3543 号决议符合GATT 第 20 条(d)项的要求。

第二,阿根廷提出,预征增值税和所得税只是为了防止逃税,不构成贸易限制;第 20 条引言中的表述是"武断的或不合理的差别待遇",不是所有的差别待遇;如果是针对出口国之间的差别待遇,也许会构成"武断的或不合理的差别待遇",但不应包括针对出口国和进口国之间的差别待遇。专家组经过分析指出,"对情况相同的各国"的差别待遇包括出口国和进口国之间的差别待遇,所以关键问题是阿根廷的这种差别待遇是否为"不合理的"。阿根廷提出,之所以维持这样的预征税机制,目的是防止逃税和财政的损失;在 10%的进口税中每减少一个百分点,每月就会损失一千万美元;阿根廷和国际货币基金组织签有还款协议,如果降低进口税,就会使阿根廷处于财政赤字的危险地位。欧共体认为阿根廷并没有证明它的这种逻辑推理。欧共体不同意阿根廷所说的对进口征收少于10%的预征税会减少交易,而对国内交易征收 5%的预征税就不会减少交易;同时,阿根廷没能采取适当的措施来弥补进口商因预缴增值税和所得税的利息损失。

专家组指出,这不是 3431 号决议和 3543 号决议规定的税率差别的问题,而是在事实上进口产品相对于国产品是否存在差别。专家组认为,3431 号决议和 3543 号决议的实施是"必需"的,而这两项决议的实施又会不可避免地造成进口商额外的税收负担;阿根廷本可以采取某些有效的措施来弥补进口商因此遭受的损失,但阿根廷并没有这么做。阿根廷则认为这么做是不可行的,每个进口商的利息损失是难以计算的,会增加政府的行政成本,最终导致实施3431号决议和3543号决议的目的无法实现。专家组不同意阿根廷的这种主张,阿根廷和国际货币基金组织的备忘录不能成为其不补偿进口商损失的理由,而且阿根廷也没有能证明,如具它实施补偿,就会处于财政失衡的地位。同时,阿根廷没有能充分说明,一旦消除了税率差别,就会不可避免地造成税款流失。

根据上面的分析论述,专家组认为,阿根廷适用3431号决议和3543号决议的确造成了GATT第20条所指的"不合理的差别待遇",因而专家组不再讨论该条中包括的其他款项。

针对阿根廷依据GATT第20条提出的抗辩,专家组的结论是:3431号决议和3543号决议不符合第20条的要求,因而否定了阿根廷据此提出的要求豁免的主张。

专家组的最终结论是:

(1)阿根廷2235号决议不违反阿根廷在GATT第11.1条项下的义务;

(2)阿根廷2235号决议不符合阿根廷在GATT第10.3(a)条项下的义务;

(3)阿根廷关于增值税的3431号决议违反了GATT第3.2条第1句;

(4)阿根廷关于所得税的3543号决议违反了GATT第3.2条第1句;

(5)阿根廷3431号决议和3543号决议虽然符合GATT第20条(d)项的要求,但它们不符合第20条引言的要求,因而不能享受第20条的豁免。

综合以上几点,专家组依据DSU第3.8条确认,阿根廷的措施剥夺或损害了欧共体在GATT下的利益。

欧共体特定海关事项案

(WT/DS315)(简称:欧共体—特定海关事项案)

【案件基本情况】

申诉方(被上诉方/上诉方):美国

被申诉方(上诉方/被上诉方):欧共体

第三方(第三参与方):阿根廷、澳大利亚、巴西、中国、中国香港、印度、日本、韩国、中国台北

本案涉及的相关协定条款和法律问题:GATT 第 10.3(a)和(b)条、第 24.12 条;DSU 第 6.2 条、第 12 条和第 13 条;对专家组职权范围的临时限制。

2004 年 9 月 21 日,美国要求与欧共体磋商,解决欧共体海关措施实施不统一的问题,但未能取得满意的结果。经美国请求,2005 年 3 月 21 日,专家组成立。2006 年 3 月 31 日,专家组做出最终报告。欧共体和美国分别提出上诉。11 月 13 日,上诉机构做出报告。12 月 11 日,DSB 通过了上诉机构报告和专家组报告。

本案争议涉及欧共体及其成员国统一实施海关法规中与产品关税分类相关的规定(以下简称"海关规定")的问题。这些规定主要有三类:欧共体海关关税法、欧共体海关法和海关法实施条例。这些规则和条例由成员国、欧共体海关税则委员会、欧共体成员国的法院和欧共体法院等机构,依据各自的职权,通过成员国之间、成员国与欧盟委员会之间的合作,对海关关员的培训,以及预算控制来实施。

【专家组的分析和结论】

专家组首先确认,它要审查的是欧共体及其成员国实施海关规定的具体措施,而不是针对欧共体海关规定的整体。专家组分析了下列问题:

一、关于 GATT 第 10.3(a)条的诉请

GATT 第 10.3(a)条规定:"每一缔约方应以统一、公正和合理的方式实施本条第一款所述的所有法律、法规、判决和裁定。"专家组首先根据《维也纳条约法公约》第 31 条,从术语的普通含义和上下文对"实施"(administer)一词进行了解释。专家组认为,"实施"指的是法律、法规的施行,而不是指法律、法规本身。美国提出,有些法律是实施的工具,或者说其本身具有实施的性质,也应当属于 GATT 第 10.3 条的审查范围。专家组指出,美国的理解是错误的。按照美国的理解,"作为实施工具的法律"应当审查其实体是否符合 WTO;而对其他法律,则应当审查其实施是否符合 WTO。专家组指出,GATT 第 10 条区分法律文本和法律的实施,美国的理解使得这种区分变得没有意义,在 GATT 第 10 条中也找不到依据。接着,专家组分析了"统一"一词的含义,认为 GATT 第 10.3 条要求的"统一"包括:一个成员方地理区域内法律实施的统一;这一要求应当与法律的性质结合来看,法律规定的问题越具体,统一的要求越高,反之,法律规定越原则,对其实施的统一要求越低;一段时间内法律实施的统一。此外,GATT 第 10.3 条只要求统一执法,并没有规定以什么样的方式执法,也没有阻止欧共体将海关执法权交给各成员国的海关。

专家组注意到,欧共体的海关规定是由其成员国的海关分别实施的,但是各成员国的海关必须实施统一的欧共体海关法。在具体的海关事务方面,欧共体海关法的实施机制各不相同:关税分类是各成员国海关的权力,如果各成员国在某一问题上有不同看法,它们应当磋商。但是,各成员国的海关没有义务与其他国家的海关磋商。欧共体通过关税分类规则、关税分类解释、海关税则委员会的意见等方式来保证各成员国的统一实施。成员国在海关估价方面存在不同意见时,不需要与其他成员国海关当局进行磋商。具体清关程序是各成员国海关的职责,在这方面的不

同意见亦不需要与其他成员国海关当局进行磋商。

1. 关税分类问题

美国提出,丹麦、荷兰、英国海关与德国海关将个人电脑网卡分别列在8471、8473和8517的不同税号下。欧共体提出,美国引用的案件发生在1995年之前,欧共体1995年发布条例,解决了这个问题;欧洲法院的判决也纠正了德国海关的错误做法。专家组首先指出,关于个人电脑网卡的分类是非常具体的实施海关关税法问题,因此其统一的要求较高。美国引用的案例证明,在1990年至1995年期间,欧共体成员国海关对同一种产品其实曾经作出不同的分类。这一问题引起了欧洲法院的关注。在2000年和2001年审理的案件中,欧洲法院澄清了这一问题。另外,没有证据表明在2000年之后各成员国对个人电脑网卡的关税分类仍然存在不统一的情况。

美国提出,法国和西班牙对滴灌设备的分类不一致:1999年,法国海关把滴灌设备分在灌溉系统,税号8424,从价税1.7%;2000年,同样的设备从西班牙进口时,西班牙海关把它作为管子,税号3717,从价税6.4%。欧共体提出,这一问题已经海关税则委员会讨论,欧洲委员会于2002年5月发布条例,统一了对这种产品的分类。专家组注意到,在1999年至2001年期间,对滴灌设备法律规定不统一的情况确实存在,但是欧洲委员会2002年的条例已经解决了这一问题,没有证据表明在2002年之后这一问题继续存在。专家组认为,在这一产品的关税分类上不存在不统一的问题,欧共体没有违反GATT第10.3(a)条关于"统一"执法的要求。

美国称,根据一个贸易协会的调查,意大利、西班牙和德国对男女通用产品和短裤的分类不同,因此出口商都从德国进入欧共体,增加了成本。欧共体辩称,美国的指控依据是2005年3月一家公司的调查问卷,除此之外没有任何其他证据;同时,从美国的指控中根本无法知道所指的是什么产品。专家组认为,首先,这是外贸协会2005年进行的问卷调查,一共发出70份问卷,收回20份,因此其代表性不清楚;其次,美国引用的调查问卷中的评论并不能表明欧共体在上述产品的关税分类上不统一;最后,就算调查问卷表明欧共体成员国在上述产品上存在关税分类不统一的问题,在没有其他证据的情况下,专家组仍无从知晓这是不是由于产品本身不同所造成的。专家组确认，美国未能证明欧共体在上述产品的关税分类上存在不统一的情况。

美国称，在1999年至2002年期间，英国、爱尔兰和荷兰海关把遮光布内衬分在税号5907，而同一时期德国海关却将其分在税号3921。2004年10月，世界海关组织秘书处发表意见，将该产品归入税号5907，比利时海关随后修改了分类，但德国海关坚持不改。欧共体辩称，美国提出的本来就是两种产品，世界海关组织描述的产品与德国海关分在3921项下的产品也不同，分在不同税号下是很正常的。专家组决定审查德国海关进行不同分类是否有理由。专家组仔细审查了各国海关分类时在对产品进行描述后得出的结论，根据已有的证据，只能假定德国海关与其他国家海关分类的产品不是相同的产品。专家组注意到，德国海关分类时引用了一个对纺织品分类的解释，正是这个解释使德国海关作出与其他国家海关不同的分类。德国海关把这种产品作为塑料制品，专家组不能理解德国海关怎么可以根据纺织品分类的解释对塑料制品进行分类。德国海关依据一条解释作出分类决定，而其他国家海关都没有这样做。上述这些做法构成了执法"不统一"。

美国称，在2004年之前，对有图像数码接口的平面液晶显示屏欧共体一直将其作为电脑显示屏分在税号8471；2004年，荷兰海关把这种产品作为图像显示屏分在税号8528；海关税则委员会已经注意到这一问题，但是没有解决；欧共体理事会2005年3月公布条例，对19英寸及以下的液晶显示屏暂时中止征税，但是没有解决19英寸以上的这类产品关税分类问题。欧共体辩称，这是随着科技发展和家用电器的增加出现的新问题，这些产品确实既可以作为电脑显示屏，也可以作为图像显示屏。专家组指出，对于成员国对相同产品作不同分类的情况，欧共体只是暂时中止部分产品的征税，并没有解决分类不统一的问题。在这一点上，欧共体执法不统一，违反了GATT第10.3(a)条。

美国提出，英国海关对Sony PS2作了分类，不久又根据欧洲委员会的条例撤销了分类。后来，欧洲法院宣布该条例无效。英国海关本应恢复被撤销的分类，但由于欧洲法院在另一案件中判决英国法院可以根据自己对关税分类的解释，继续维持对分类的撤销，因此英国海关一直没有予以恢复。欧共体认为美国对此事的解释是错误的。英国海关根据英国高等法院的判决维持对该分类的撤销,而英国高等法院是正确适用欧共体法律作出的判决。专家组回顾了 Sony PS2 关税分类案的过程指出,英国海关拒绝根据欧洲法院的决定撤销其将 Sony PS2 重新分在 8417 的决定,这本可能出现执法不统一的情况,因为其他成员国海关可能采取不同的做法。但是,美国除了提交英国高等法院和欧洲一审法院的判决之外,没有提交其他任何证据表明其他成员国采取了不同的做法。专家组确认,美国未能证明欧共体在这一问题上的执法不统一。

美国提出,海关税则委员会的解释在不同的成员国有不同的效力,一些国家将其视为条例,只对其发布之后的分类有效;另一些国家则将其看作对已有规定的解释,赋予其追溯效力。例如,摄像机应当分在 85254091(税率 4.9%)还是 85254099(税率 14%)?2001 年,欧洲委员会修改了此前的解释,对后一类产品的涵盖范围作了新的规定。根据这一解释,法国和西班牙海关对已经按前一类产品征税的补征了关税,而其他成员国海关则没有采取这样的行动。专家组指出,成员国海关对海关税则委员会的解释予以不同对待可能造成执法不统一,但是美国提交的证据仅仅是一个欧洲律师的讲座提纲,没有其他任何证据。专家组确认,美国未能证明欧共体在这一问题上的执法不统一。

2. 海关估价

美国引用了欧共体审计法院的一份报告,提出成员国在计算完税价格后对相同产品的特许权使用费计算方法不一致。欧共体辩称,审计报告所说的问题是同一公司在不同成员国建立的子公司的实践,欧洲委员会和海关税则委员会对这一问题进行了调查,确认主要是事实认定的问题,因此没有采取任何措施。美国则提出,即使欧共体所说的是事实,也无法改变审计报告的总体评价:欧共体在关税估价工作方面的管理很"弱","缺乏共同的监督标准和工作实践"。专家组注意到,除了审计报告,美国没有提交其他任何证据。专家组分析了审计报告的不同段落后指出,在没有其他证据的情况下,单凭审计报告,无法证明欧共体各成员国在计算特许权使用费时的执法不统一。专家组确认,美国未能证明欧共体在这一问题上的执法不统一。

美国提出,根据审计报告,欧共体允许进口商不按最终交易价格计算完税价格,部分成员国要求进口商得到事先批准,而其他成员国则无此要求;在一个成员国得到的事先批准,在另一个要求批准的成员国可能无效。欧共体指出,这只是部分成员国海关的实践,欧共体并没有在法律上要求事先批准。虽然除了审计报告,美国没有提交其他任何证据,但是专家组认为,从审计报告可以明确看出,同样是执行《欧共体海关法典实施条例》第147(1)条,一些成员国要求事先批准,而另一些成员国则无此要求,这显然是执法不统一。专家组确认,在执行该条例第147(1)条时,欧共体成员国的执法不统一,违反了GATT第10.3(a)条。至于一个成员国得到的事先批准在另一个成员国无效,由于美国未提交任何证据,专家组确认美国未能证明这一点。

美国提出,根据审计报告,德国海关允许从完税价格中扣除车辆修理费,而意大利、荷兰和英国海关则不允许。欧共体提出,审计报告是提醒欧洲委员会注意这个问题,德国这一做法已经实行了10年,审计报告认为德国的做法是错误的;欧洲委员会随后进行了调查,并于2002年发布第444/2002号条例,澄清对这一问题的做法。欧共体认为这恰恰表明它有能力发现并解决执法不统一的问题。专家组认为,仅仅依据审计报告的总体评价,不能确认欧共体的执法不统一;而从报告中指出的具体问题可以看到,同样是执行《欧共体海关法典》第29(3)(a)条,各成员国的做法不一样,这显然是执法不统一。然而,2002年欧洲委员会的条例已经解决这一问题,美国也承认这一点。专家组确认,在执行《欧共体海关法典》第29(3)(a)条时,目前欧共体成员国的执法并没有不统一,没有违反GATT第10.3(a)条。

美国提出,在确定进口商与非欧共体制造商之间的关系以便确定海关估价方法时,各成员国的做法不一。以锐步公司为例,根据该公司与非欧共体制造商之间的合同,西班牙海关认定该公司与供货商之间存在控制关系,而其他成员国的海关却没有认定存在控制关系。由于所涉信息的敏感性,美国的依据只有进口商的陈述,没有任何具体数据。美国还提交了欧洲申诉专员(ombudsman)就此案的决定。专家组指出,决定中只有一句总体评论,没有实际数据,仅仅依据决定不能认定欧共体在这一问题上的执法不统一;美国提交的其他证据也只是评论性质的陈述,不足以证明欧共体的执法不统一。专家组确认,美国未能证明欧共体在这一问题上的执法不统一。

3. 海关手续

美国提出,根据欧共体审计法院的报告,在清关之后的审计环节,各成员国的做法也不一致,至少有一个成员国海关除了诈骗案之外,完全没有审计的权力;海关有审计权的,其工作程序也各不相同,比利时和荷兰海关在审计后会给进口商出具报告,有效期 5 年,而其他成员国并没有这样做。欧共体辩称,根据《欧共体海关法典》第 78(2) 条,各成员国可以采取各种措施保证清关时数据的准确性;欧洲委员会和成员国一起,最近已经制定了共同体海关审计指南,这将保证共同体在审计方面实践的统一。专家组注意到,《欧共体海关法典》第 78(2) 条允许各成员国采取其认为可行的方法核实清关数据,没有对实施方法提出任何要求,其立法意图就是要给各成员国一定的自由度。赋予成员国自由裁量权的法律是允许通过不同的方式实施的,如果这也被认定违反 GATT 第 10.3 条,显然不是 GATT 制定者的原意。当然,行使自由裁量权的结果不得损害 GATT 第 10.3 条所体现的程序正义原则,也不能不合理地造成贸易环境不稳定或不可预见。专家组认为,欧共体提出的理由是成立的,欧共体没有违反 GATT 第 10.3(a) 条。

美国提出,对违反欧共体海关法的行为,各成员国有权给予不同的处罚。事实上也给予了不同的处罚,连欧共体自己都承认,违反海关法的某些行为可能在一些成员国是犯罪,而在另一些成员国只是处以小额罚款。欧共体提出,美国要求的是立法统一,而这不属于 GATT 第 10.3(a) 条的范围;关于刑罚的法律也不是海关法的范畴。专家组注意到,欧共体海关法或实施条例都没有关于违法处罚的内容。那么,关于刑罚的法律是否可以被看作执行海关法的工具,其不统一是否可以被认为是海关法执法不统一?专家组认为,关于刑罚的实体法不能被看作对法律、法规的实施,各成员国实体法的不统一也不能被认为是执法不统一。

美国提出,欧共体实行的"海关监管下的加工"允许一些产品在欧共体加工后再征税,但必须符合一定的条件。《欧共体海关法典实施条例》附件 76 规定了一部分货物的条件,其他货物必须在提出申请后由成员国海关依个案决定条件及是否批准,虽然审核条件是根据整个欧共体的情况,但并没有统一的法律。法国海关在审查时完全根据欧共体的规定,而英国海关在审查时还要考虑会不会损害欧共体内相同产品生产者的利益。欧共体辩称,美国提出的文件都不是法律,而是指南。专家组仔细审查了美国列举的文件,确认两个国家海关的要求是一致的。据此,专家组确认,美国未能证明英国和法国海关的要求存在实质性不同,也没有提供任何证据证明英国和法国海关在执法方面存在不统一。

美国提出,欧共体允许进口商在营业地办理海关手续,但各成员国的手续差别非常大。美国以图表方式列举了几个成员国在不同阶段的手续。欧共体辩称,美国没有提供任何证据,其列表中有些属于对欧共体程序的误解。专家组注意到,除了自己画的图表之外,美国没有提交任何事实证据支持其说法。据此,专家组确认美国未能证明欧共体在这一问题上存在执法不统一,未能证明欧共体违反GATT第10.3(a)条。

二、关于GATT第10.3(b)条的诉请

GATT第10.3(b)条规定:"每一缔约方应维持或尽快设立司法、仲裁或行政庭或行政程序,目的特别在于迅速审查和纠正与海关事项有关的行政行为。此类法庭或程序应独立于受委托负责行政实施的机构,他们的决定应由此类机构执行,并应适用于此类机构的实践……"美国提出,根据这一规定,复审裁判庭作出的决定应当"适用于这些机构的实践",而欧共体复审裁判庭作出的决定只适用于一部分机构,对成员国的其他机构并没有约束力,因此欧共体没有履行GATT第10.3(a)条的义务。专家组认为,这牵涉到对GATT第10.3(b)条义务的理解。专家组详细列举了双方对GATT第10.3(b)条诸多术语的不同理解并指出,它需要决定的是GATT第10.3(b)条是否要求,由复审裁判庭作出的决定或审查、纠正海关行政行为的程序,必须对该成员国领土内所有被赋予行政权的机构都有约束力。专家组分析了GATT第10.3(b)条一些措辞的普通含义,又分析了其上下文,得出的结论是:GATT第10.3(b)条不存在美国所称的要求。

美国提出,欧共体没有统一的复审机构,GATT第10.3(b)条要求由一个成员国而不是其下属的机构建立复审裁判庭,但其成员国的复审机构不能代替欧共体履行其义务,因此欧共体的做法不符合GATT第10.3(b)条。专家组指出,欧共体是WTO的一个成员,其成员国各自也都是WTO的成员,根据欧共体的法律,成员国海关及复审机构作出的决定相

当于欧共体作出的决定;GATT第10.3(b)条并没有对复审机构的具体形式提出要求,欧共体选择由其成员国的具体机构进行复审并无不当。

专家组决定,欧共体的法律实施导致对遮光布内衬和对有图像数码接口的平面液晶显示屏关税分类不统一属于执法不统一,违反了GATT第10.3(a)条;在执行《欧共体海关法典实施条例》第147(1)条时,一些成员国要求事先批准,而另一些则无此要求,欧共体成员国执法不统一,违反了GATT第10.3(a)条。对美国的其他诉请,专家组或确认欧共体没有违反GATT第10.3条,或指出美国没有提供证据证明欧共体违反GATT第10.3条。专家组要求欧共体采取措施,使被专家组确认不符合GATT第10.3条的措施符合其在WTO下的义务。

【上诉机构的分析和结论】

一、专家组的职权范围

专家组首先确认,它要审查的是欧共体成员国实施海关规定的具体措施,而不是针对欧共体海关规定的整体。美国对这一点提出上诉。

上诉机构指出,DSU第6.2条要求成立专家组的请求应当"指明争议的措施并提出诉请的法律概要",这是两个不同的要求:前者涉及申诉方要求解决的是什么措施,后者是其涉及的法律规定。成立专家组的请求决定了专家组的职权范围,在请求中是否指明争议的措施,与这项措施是否符合WTO下的义务是两个不同的问题,应当分别分析。专家组混淆了这两个不同的问题,其分析逻辑是错误的。上诉机构据此推翻专家组的这一结论。

上诉机构仔细审查了美国成立专家组的请求,发现其中明确地提出了争议的措施,这一点也得到专家组的承认。但是,请求中也包括美国政府的一些观点。上诉机构指出,DSU第6.2条没有禁止申诉方在成立专家组的请求中提出自己的观点;申诉方在请求中提出的观点不构成对其诉请范围的限制。因此,专家组关于美国的诉请仅限于欧共体海关实施措施的结论是错误的,上诉机构推翻这一结论。

关于专家组是否有权审理欧共体海关制度的整体结构问题,上诉机构同意专家组的观点,即 WTO 任何成员都可以对其他成员的整体制度提出申诉,但在申诉中必须明确这一点。上诉机构审查了美国的请求后认为,该请求从措辞到内容,都表明美国是对欧共体海关及关税规则整体提出申诉。尽管美国确实列举了成员国的法律实践,但可以看出其指向的是欧共体海关法实施的总体情况。上诉机构认为专家组没有任何理由认为自己不能审查欧共体海关法的整体构架。据此,上诉机构推翻专家组与此相关的结论。

关于专家组的职权范围是否涵盖专家组成立前后的实施措施,上诉机构首先指出,DSU 第 6.2 条所说的"争议的措施"应该是专家组成立时存在的措施,但这一规则有两个例外:一是专家组有权审查在成立专家组的请求中提出的措施在专家组成立后的修改;二是立法基础已经不存在,但其影响仍然存在的措施。其次,专家组对"争议的措施"的理解不正确,混淆了"争议的措施"和美国提交的证据之间的区别;虽然专家组的职权范围所涵盖的措施确实是有限制的,但提交的证据可以是专家组成立之前或之后的,专家组完全有权审查。上诉机构据此用不同的理由支持了专家组的结论。

二、欧共体海关措施是否违反 GATT 第 10.3(a)条

专家组从"实施"的普通含义出发,认为 GATT 第 10.3 条调整的是法律、法规的实施,而不是法律、法规本身。上诉机构注意到,在欧共体—香蕉案(DS27)和欧共体—禽类案(DS69)中,上诉机构都把普遍适用的法律、法规与法律、法规的实施区别开来。但是,在这两个案件中,上诉机构并没有排除可以根据 GATT 第 10.3(a)条对规范法律实施的规定提出质疑。上诉机构认为,如果要根据 GATT 第 10.3(a)条对规范法律实施的文件提出质疑,就必须证明执行该文件的结果必然导致执法不统一、不合理、不公正。

那么,欧共体各成员国在处罚规定和审计程序方面的法律、法规不统一,是否必然导致执法不统一,从而违反了 GATT 第 10.3(a)条?上诉机构认为不一定,关键是美国并没有提供这方面的证据。上诉机构推翻专家组关于只能根据 GATT 第 10.3(a)条对法律、法规的实施提出质疑,不能对法律、法规本身提出质疑的结论,但维持专家组关于处罚规定和审

计程序规定的不一致本身并不违反 GATT 第 10.3(a)条的结论。上诉机构还同意专家组的观点,即 GATT 第 10.3(a)条所指的实施包括实施方法,但并没有要求实施方法统一。

关于具体产品的海关分类是否违反 GATT 第 10.3(a)条,上诉机构注意到,专家组对遮光布内衬分类的结论似乎是矛盾的:一方面,专家组认为,根据事实证据,德国海关的分类不构成不统一执法;另一方面,专家组又认为,导致这一决定的实施方法构成了执法不统一。专家组作出后一决定的理由是:德国海关的决定是根据自己国家的解释,没有参考其他成员国的分类。上诉机构指出,专家组不能仅仅根据这两个特点就得出上述结论,应该分析这样的实施方法是否必然导致执法不统一,但专家组没有作进一步分析。上诉机构认为专家组的理由不充分,推翻专家组的上述结论。对有图像数码接口的平面液晶显示屏的海关分类,专家组认为,欧共体的做法不符合 GATT 第 10.3(a)条,且欧共体采取的措施不足以纠正这种不统一。欧共体提出,专家组依据的证据是其成立之后荷兰和德国海关的决定,而专家组又拒绝考虑欧共体在中期评审阶段提供的新证据,因此违反了 DSU 第 11 条。上诉机构认为,专家组考虑其成立之后的证据并没有错,因为这两份证据与美国提出的诉请和专家组要决定的问题相关。至于专家组拒绝考虑欧共体在中期评审阶段提交的新证据,上诉机构认为也没有错误,如上诉机构在欧共体—沙丁鱼案(DS231)中就曾经指出"中期评审阶段不是提交新证据的合适时机"。

欧共体认为,专家组得出的第三点结论是不恰当地将举证责任加在欧共体头上所致。上诉机构回顾了以往案件中上诉机构对举证责任问题的论述,审查了专家组阶段美国提交的证据,认为美国没有指出哪些国家要求事先批准,以及事先批准的具体要求是什么,因此美国没有满足其举证义务。上诉机构推翻专家组的上述结论。

对于美国提出的欧共体海关措施整体违反 GATT 第 10.3(a)条的问题,专家组认为不在其职权范围内而未加分析。上诉机构指出,如果有足够的事实基础,上诉机构可以完成法律分析。这个观点已经被普遍接受。上诉机构现在要决定专家组已经作出结论的事实是否足以让上诉机构完成对这一问题的法律分析。从专家组对其他问题的分析中可以看到,欧共体有许多机构和规定,尽力消除成员国之间在关税分类问题上的差异,尽管专家组对其效果有怀疑,但并没有得出欧共体存在体制上的漏洞,导致其必然违反 GATT 第 10.3(a)条的结论。专家组的结论是在对自己的职权范围作狭义解释的基础上作出的。上诉机构认为它没有足够的事实来完成分析。

三、欧共体海关措施是否违反 GATT 第 10.3(b)条

美欧双方都同意,GATT 第 10.3(b)条所说的复审指对行政决定的第一次复审。专家组和上诉机构也同意这一看法。问题在于,第一次复审结论是否应当对该成员国领土内所有相同机构都有约束力?美国提出,GATT 第 10.3(b)条在提到"机构"时使用了复数,这表明机构应当指该成员国领土内所有相同机构。上诉机构不同意这一看法。上诉机构认为,使用复数可以有多种解释,但不一定是美国提出的解释,而且 GATT 第 10.3(b)条提到了上诉的可能性。这更表明,从措辞的普通含义看,GATT 第 10.3(b)条没有要求第一次复审结论应当对该成员国领土内所有相同机构都有约束力。上诉机构又从条约的上下文和缔约宗旨角度作了分析,确认美国的看法是没有依据的。上诉机构据此维持专家组关于这一问题的结论。

上诉机构的决定如下:

(1) 关于专家组的职权范围,上诉机构推翻专家组的下列结论:GATT 第 10.3(a)条所指的措施只能是法律实施的方式;本案的争议是美国在其请求中指明的欧共体执行其海关规定的具体方式;由于美国请求的措辞,专家组无权审查作为整体的欧共体海关规定及其结构。上诉机构维持专家组关于专家组成立前后的措施属于专家组职权范围的结论。上诉机构确认本案的争议是欧共体海关规定的实施。

(2) 关于 GATT 第 10.3(a)条,推翻专家组关于 GATT 第 10.3(a)条只涉及法律、法规的实施,不可能涉及法律、法规本身的结论,但维持专家组关于欧共体成员国的处罚规定和审计程序不同本身并不违反 GATT 第 10.3(a)条的结论;确认专家组并没有认为 GATT 第 10.3(a)条要求执法方式的统一,维持专家组关于 GATT 第 10.3(a)条的要求包括执法方式的观点,但推翻专家组关于欧共体成员国海关在遮光布内衬关税分类上不符合 GATT 第 10.3(a)条的结论,维持其关于欧共体在有

图像数码接口的平面液晶显示屏关税分类上不符合 GATT 第 10.3(a)条的结论；推翻专家组关于欧共体"事先批准"制度不符合 GATT 第 10.3(a)条的结论；确认没有充分的事实依据对欧共体海关规定总体是否符合 GATT 第 10.3(a)条作出结论。

（3）关于 GATT 第 10.3(b)条，维持专家组的结论，即 GATT 第 10.3(b)条没有要求第一次复审结论应当对该成员国领土内所有相同机构都有约束力。

一般例外——GATT 第 20 条

美国禁止进口虾及虾制品案

(DS58)(简称:美国—虾案)

【案件基本情况】

申诉方(被上诉方):印度、马来西亚、巴基斯坦和泰国

被申诉方(上诉方):美国

第三方:澳大利亚、哥伦比亚、哥斯达黎加、厄瓜多尔、萨尔瓦多、欧共体、危地马拉、中国香港、日本、墨西哥、尼日利亚、菲律宾、塞内加尔、新加坡、斯里兰卡、委内瑞拉

第三参与方:澳大利亚、欧共体、中国香港、墨西哥、尼日利亚

本案涉及的相关协定条款和法律问题:GATT 第 11 条和第 20 条;上诉通知的充分性(《上诉机构审理工作程序》第 20(2)条(d)项规则)。

1996 年 10 月 8 日,印度、马来西亚、巴基斯坦和泰国要求与美国磋商,解决美国禁止进口这些国家的虾及虾制品问题。由于磋商未果,申诉方分别请求成立专家组。1997 年 2 月 25 日,DSB 决定成立专家组,解决马来西亚和泰国提出的问题。同日,DSB 决定成立专家组,解决巴基斯坦提出的问题。DSB 同时决定,两个专家组合并成一个专家组。同日,印度请求成立专家组。4 月 10 日,DSB 决定成立专家组,并决定该专家组并入先前已经成立的专家组。1998 年 4 月 6 日,专家组做出报告。7 月 13 日,美国提出上诉。10 月 12 日,上诉机构做出报告。11 月 6 日,DSB 通过了上诉机构报告和修改后的专家组报告。

本案涉及的是美国为保护海龟而禁止从某些国家进口虾的纠纷。

海龟是一种十分古老而又珍稀的迁徙性海洋生物,广泛分布于世界几乎各大洋面。由于历史上商业性捕捞和交易,加之捕虾作业中的误杀,致使海龟的生存环境急剧恶化,面临灭绝威胁。20 世纪 70 年代初,海龟即作为因"受到和可能受到贸易的影响而有灭绝危险的物种"被《濒危野生动植物物种国际贸易公约》(CITES 1973)列为最高级别的保护对象。在猎獗的非法物种贸易得到严格而又有效的控制之后,海龟保护的重心逐步转移到消除拖网在捕虾作业中因附带捕捞(by-catch)对其造成的误杀之上。出于生存天性,海龟经常需要浮到海面换气;若不慎为细密的捕虾拖网所捕,则将因在水中滞留时间过长而溺死。据世界野生动物基金(World Wildlife Fund)估测,若不采取任何防护措施,则每年有逾 12.5 万只海龟因此而葬身虾网,这一数字使捕虾拖网成为目前各类人为致害海龟因素中的"第一杀手"。

美国在防止误杀海龟问题上走在世界前列。1973 年,美国国会通过《濒危物种法案》(Endangered Species Act 1973),将在美国海域内出没的海龟列为法案保护的对象之一,并将一切占有、加工以及加害为捕虾拖网误捕或误杀的海龟的行为视为非法。同时,美国科学家研制开发出一种海龟隔离器(turtle excluder device,TED),将这种金属制的带有栅格的装置缝合于拖网的颈部,体形较小的海虾将滑过栅格在网尾就擒,不慎闯入的海龟则因受 TED 的阻挡和指引而能轻易地从网口逃生。美国国家科学院(NAS)1993 年的一份报告显示,使用 20 年来,轻便、价廉的 TED 被证明是避免海龟遭到误捕的最为有效的方式,其有效隔离率高达 97%,且捕虾作业的效率因误捕率的降低反而有上升,因而 TED 也被美国虾农称为"拖网增效装置"(trawling effective device)。

鉴于海龟的全球分布性和广泛迁徙性,美国积极立法推广 TED 这一高效的隔离装置。1989 年,继在国内推行 TED 初步成功之后,美国国会又修正《濒危物种法案》,增加 609 条款,推动其他国家采用 TED 以相应提升海龟保护力度。609 条款共包含两项基本政策要求:第一,609 条款(a)段授权美国国务卿同有关国家磋商制定关于海龟保护的国际条约,并定期就谈判情况向国会汇报;第二,609 条款(b)段授权美国国务院负责制定具体实施措施,禁止所有未符合 TED 装备使用要求、未达到相应美国海龟保护标准的国家或地区捕获的野生虾及虾类制品进入美国市场。

该修正案通过之初,美国国务院将609条款解释为授权其保护美国海域内的海龟。1992年,美国国内一些民间环保组织提起诉讼,认为美国国务院的上述解释歪曲了《濒危物种法案》(修正案)的立法目的,因为609条款旨在保护所有海龟,而非仅在美国海域内的海龟。1995年12月29日,美国国际贸易法院(CIT)通过审理正式确认,为了实现保护海龟这一物种的修正案宗旨,美国国务院应自1996年5月1日起将609条款适用于全球。依据该判决,美国国务院于1996年4月19日修正并颁布了新版609条款实施指导细则。该新版细则将609条款延伸适用至所有海域,由此引发了本案纠纷。

印度、马来西亚、巴基斯坦和泰国四国认为,美国的609条款实际是一种非关税性质的贸易数量限制措施,因此美国首先违背了GATT第11条有关数量限制一般取消的规定。同时,四国认为,不能仅因为生产或加工方法的不同,就对来源于不同缔约国但实质相同或类似的进口产品予以有差别的对待。本案中,TED的使用与否并不影响相关虾及虾制品的实质物理构成,而美国仅依据捕捞方式的不同就确定对未使用TED的出口国实行禁止进口措施,这显然违背了GATT第1条所蕴含的最惠国待遇原则。此外,由于1991年版609条款实施指导细则规定了有关国家所享有的三年过渡期,而从1995年12月底CIT判决作出到1996年4月新版细则公布,期间仅有四个月多一点的时间。四国认为美国有歧视地实施了609条款,因为初期受影响的14个大加勒比及西大西洋地区虾及虾制品出口国显然较新受影响的包括四国在内的其他国家和地区在时间上更为充裕,所以美国违背了GATT第13条关于禁止任何缔约方采取歧视性贸易限制措施的规定。针对四国的上述指控,美国援引GATT第20条"一般例外"作为其施行609条款的主要依据。美国坦然承认,如果缺乏该条授权,其禁止从有关国家及地区进口虾及虾制品的措施确实是对国际贸易普遍规则的违反,然而第20条导言(chapeau)及相关条款包括了多数环境保护所应当考虑的因素,且TED的使用既是出于保障动物生命的必要措施,又采用了平等适用于国际、国内的实施方式。因此,为推广TED这样一种被明确证明为有效的海龟保护工具而采取相应的禁虾等贸易措施,并不违背 GATT 本身的规定。

美国的主张也得到一些非政府组织的支持。本案审理期间,不少国际性动物及环境保护组织纷纷向世界贸易组织上书,提交"法庭之友报告"(Amicus Curie Brief),表明其保护海龟、支持美国的态度和立场。

【专家组的分析和结论】

1998 年 4 月 6 日,专家组在详细列举争端各方和第三方的观点,拒绝采信并驳回由世界野生动物基金等动物及环境保护组织提交的书面协助报告,并总结由专家组自行选定的技术专家作出的咨询意见之后,最终裁定美国 609 条款有悖于世界自由贸易规则,对多边贸易体制构成威胁,并且不能依据 GATT 第 20 条规定的豁免获得正当性。

专家组尽管在报告中承认世界贸易组织对环保问题有一些特殊的规定,"但不能允许美国为保护海龟等海洋生物而强迫别国采取某种政策"。专家组还强调,环境保护固然重要,但国际贸易协议确定的首要目标仍然是通过开展不受限制的贸易促进各国经济发展。

专家组在报告之初就开宗明义地指出,为达到保护海龟的目的,争端各方应采取一切符合世界贸易组织宗旨的有效措施,而最佳的保护方式就是多边合作:争端各方应当在考虑各自不同地域的特殊条件状况的前提下,就 TED 的设计、贯彻和使用等具体问题达成多边协议,从而协调相互间的海龟保护政策。

在审查了四国的诉请之后,专家组判定美国的禁虾措施违背了 GATT 第 11.1 条有关"禁止和限制一切数量限制"的规定。由于这一认定足以证明美国已违反 GATT 所规定的义务,因此专家组认为没有必要继续对美国是否违反 GATT 第 1 条和第 13 条再进行审查。

专家组随即审查了美国的禁虾措施是否能够依据 GATT 第 20 条规定的例外获得正当性。专家组着眼于第 20 条的导言,即对所实施的措施"不得构成武断的或不合理的差别待遇,或构成对国际贸易的变相限制"的要求进行分析。专家组认为,若将本导言解释为允许进口方以出口方是否采用某种政策(包括环境政策)作为市场准入的条件,将严重威胁

WTO和GATT作为缔约方间多边贸易框架的地位。若出口方为此不得不遵循各进口缔约方不同的国内政策要求,势必将导致各方政策要求间的冲突,从而动摇WTO所追求的"安全和可预测的贸易关系"的根本宗旨。因此,专家组得出结论:任何单边措施,只要可能危害多边贸易体制,均得不到GATTS第20条的认可。

由于本案中美国没有与四国认真协商即采取禁虾措施,很明显已对多边贸易体制构成威胁,因此专家组认定美国的相关措施并不属于GATT第20条导言所允许的例外。专家组同样认为没有必要对美国的措施是否属于第20条(b)或(g)项的范围问题进行审查。

基于上述审查,专家组做出报告,建议争端解决机构要求美国修改TED禁令,以符合世界贸易组织的有关法律制度。

本案有一个特殊的问题:"法庭之友"提交的材料。在案件审理过程中,非政府组织提交了两份材料,并冠之以"法庭之友报告"。申诉方要求专家组拒绝接受,美国则提出专家组可以根据DSU第13条从这些材料中寻找有用的信息。专家组指出,根据DSU第13条,专家组确实有权寻求各种信息;而如果接受主动提交而非专家组要求提供的信息,不符合DSU的规定。专家组将这一意见告知双方,同时提出,DSU对各方可以提交的材料并无限制,任何一方如果希望专家组考虑上述材料中的信息,可以将其纳入已方提交的材料。美国将上述材料中的一部分纳入其提交的材料。

【上诉机构的分析和结论】

由于对专家组的裁决不服,美国提起上诉。1998年10月12日,上诉机构做出报告。

经过审查,上诉机构首先推翻了专家组报告中的两项认定:

(1)上诉机构认为接受非政府间组织提交的非经要求(non-requested)的"法庭之友报告"并不违反DSU的规定,专家组以此为由拒绝采信于法无据;

(2)上诉机构推翻专家组报告中有关美国609条款不属于GATT

第20条所允许的例外的认定,认为美国的措施依据第20条(g)项"可被耗竭的自然资源"可以获得正当性。

与专家组报告相比,上诉机构报告并没有拘泥于 GATT 条文本身,在"单边环境措施是否将会对多边贸易体制构成威胁"这一问题上过多纠缠,而是通过详尽的事实分析方法验证609条款是否以不合理或者是武断的方式施行。上诉机构最终认定,美国国务院作为执行机构在贯彻实施609条款过程中存在以下七个方面的失当和缺陷:

第一,609条款在实施过程中被歪曲为美国强加的一项政策要求,即要求虾及虾制品的各个出口国采取同美国一致的捕捞和海龟保护政策,从而对其他缔约方的立法自主决策过程产生不合理的强制效力(coercive effect)。

第二,忽视对各地特殊和具体情况(conditions prevailing)的考虑,不分青红皂白地要求各出口国均装备使用 TED,美国无法确保其政策是适当的。

第三,依据美国国务院的实施细则,即便出口商采用规定方法进行捕捞,若其母国并不要求使用 TED,则美国仍可能拒绝从该出口商处进口。这从另一方面显示,美国实际上更关心的是逼迫其他出口方采用其所规定的管理体系,而并非确保进入美国市场的虾及虾制品不对海龟造成实质的威胁。

第四,美国没有认真地试图通过达成多边协议的方式解决争议。上诉机构注意到,美国成功地推动了《美洲间海龟保护公约》的签订,证明多边合作是可实现的和可行的,但美国同争端四国之间从未有过通过签署多边协议寻求争议解决的类似努力。

第五,在实施609条款过程中,美国给予大加勒比及西大西洋地区的14个出口国三年的过渡期,却仅给予包括四国在内的其他出口缔约方四个月多一点的准备时间,这实际上构成对 WTO 不同缔约方之间的歧视。

第六,美国在 TED 技术转让过程中同样存在不公平的歧视。

第七,美国国务院作为609条款的实施机构,在过往年度认证过程中,无论接受还是拒绝进口,均无书面的、结论经过论证的正式文件,并且没有为被拒绝的出口国提供辩解、寻求救济的正式渠道。因此,上诉机构认为美国的整套认证程序是非透明的、单方性质的(non-transparent and ex parte nature)。

  上诉机构认为,以上七点中的第一至六点证明美国在609条款实施过程中实行"不正当的差别待遇"(unjustifiable discrimination),第七点说明美国在实施过程中同时存在一定程度的武断性(arbitrary),故认定:美国609条款虽然属于GATT第20条(g)项下的例外,但由于其在具体实施过程中违背GATT的有关精神,无法满足第20条导言所规定的要求,因而不能得到最终支持。

欧共体影响石棉及石棉制品的措施案

(WT/DS135)(简称:欧共体—石棉案)

【案件基本情况】

申诉方(上诉方/被上诉方):加拿大

被申诉方(被上诉方/上诉方):欧共体

第三方(第三参与方):巴西、美国、津巴布韦(没有参与上诉)

本案涉及的相关协定条款和法律问题:《TBT协定》附件1.1;GATT第3.4条、第20条和第23.1(b)条;上诉机构处理"法庭之友"提交材料的特别程序(DSU第11条和GATT第20(b)条);一名上诉机构成员单独的协同意见(concurring opinion);GATT第3.4条的范围(对进口禁令的可适用性);向专家咨询(DSU第13条);《TBT协定》与GATT的分析顺序。

1998年5月28日,加拿大提出与欧共体磋商,解决关于法国禁止石棉及石棉制品进口的问题。由于双方磋商未果,应加拿大的请求,专家组于1998年11月25日成立。2000年9月18日,专家组报告公布。加拿大提出上诉。2001年3月12日,上诉机构做出报告。4月5日,DSB通过上诉机构报告和专家组报告。

本案涉及法国有关石棉及石棉制品的第96-1133号法令(以下简称《法令》)。《法令》第1条和第2条规定,禁止石棉和含石棉的产品生产、加工、销售、进口、投放国内市场和运输;同时,还规定了若干有条件的、临时性的例外,准许在没有替代产品时,使用某些现有材料。

加拿大认为,《法令》与欧共体依照《TBT协定》第2条、GATT第3

条和第 11 条所承担的义务不一致。根据 GATT 第 23.1(b)条的规定，《法令》使加拿大在《WTO 协定》下直接或间接获得的利益丧失或减损，或者说损害了协定目标的实现。

【专家组的分析和结论】

一、程序问题

1. 咨询技术专家

由于本案涉及复杂的技术问题，专家组根据 DSU 第 13 条的规定，决定向技术专家咨询。在征求双方的意见之后，专家组决定分别向专家个人咨询。专家组报告中关于同类产品的报告在很大程度上依赖于这些专家的意见。

2. "法庭之友"的书面材料

专家组成立之后，收到四份"法庭之友"提交的材料。专家组向双方转交了这些材料。欧共体将其中两份纳入自己提交的材料，因此专家组决定考虑这两份材料而拒绝另外两份。2000 年 6 月 27 日，在专家组已经提交中期评审报告之后，又一个非政府组织递交了"法庭之友"材料。考虑到其递交时间过迟，专家组决定拒绝这一材料。

二、《TBT 协定》对《法令》是否适用

加拿大认为《法令》是《TBT 协定》附件 1.1 条所指的技术法规，欧共体则否认《法令》是技术法规。加拿大提出，《法令》规定了一种产品的特性、生产流程及其管理，特别是在禁止石棉及石棉产品的同时，还规定了一些例外，详细规定根据技术特性可以销售的产品。因此，《法令》是技术法规。欧共体则认为，技术法规不涉及禁止产品进口，也与保护人类生命健康无关，它们是与产品技术特征密切相关的标准和规定。

《TBT 协定》附件 1.1 条规定，技术法规指"规定强制执行的产品特性或其相关工艺和生产方法、包括适用的管理规定在内的文件。该文件还可包括或专门针对适用于产品、工艺或生产方法的专门术语、符号、包装、标志或标签要求。"

专家组指出，尽管双方有分歧，但有一点认识是共同的，即如果《TBT 协定》适用于本案，那么《法令》必须是《TBT 协定》所指的技术法规。专家组决定从这一点入手进行分析。专家组指出，一个技术法规可以适用不同的协定，专家组的任务就是根据双方的举证和自己的调查，决定应当适用什么协定。专家组认为，如果适用于《法令》一部分的《WTO 协定》条款不同于适用于《法令》剩余部分的《WTO 协定》条款，专家组完全可以根据不同的协定来分析《法令》。因此，专家组决定分别考虑《法令》的禁止部分和例外部分。

根据《TBT 协定》附件 1.1 条，专家组认为，《法令》禁止石棉和含石棉的产品销售，针对的是范围很广的产品，既没有指明产品的名称，也没有指出其功能或类别，而技术法规的特点就是要规定产品特性。专家组接着分析了《TBT 协定》的目的，指出该协定是为了通过促进国际标准的使用来改善市场准入。再看《TBT 协定》的上下文，它是《WTO 协定》附录一的一部分，即使《TBT 协定》不适用于《法令》，WTO 还有一系列其他协定规定了成员的权利义务，成员也无法规避其他义务。从技术法规的构成要件看，《法令》的禁止部分不构成技术法规。

关于《法令》的例外部分，欧共体提出，这些都是过渡性措施，因此不能算技术法规。专家组认为，措施的过渡性质不能作为排除其属于技术法规的理由。专家组注意到，《法令》本身并没有对享受例外的产品作出界定，但其第 2 条列举了法国相关政府部门的法令，其中清楚地指出了受益产品。同时，《法令》中允许销售的规定与产品的特性相关。因此，专家组认为《法令》的例外部分属于《TBT 协定》的适用范围。

三、涉及 GATT 条款的诉请

双方在提交的材料中大量引用了 WTO 专家组和上诉机构的报告，甚至还引用了 GATT 专家组报告。专家组在开始分析问题之前，首先引用了日本—酒税案（DS16、DS11）上诉机构报告中关于专家组和上诉机构报告以及未通过的 GATT 专家组报告之效力的观点。专家组指出，它将根据这些精神来分析以前专家组和上诉机构的报告。

专家组还提出了举证责任问题。WTO 已经形成关于举证责任的一般原则，即提出诉请的一方有义务证明其诉请，然后由反驳方提交反驳证据。如果双方都提交了证据,则专家组要从总体考虑。

争议双方对适用 GATT 第 3.4 条还是第 11 条有争议。加拿大认为,两个条款可以同时适用,但 GATT 关于第 3 条的注释不适用;欧共体则提出,对进口产品和国内品同时实施的规定,应当适用 GATT 第 3 条。专家组参考了关于 GATT 第 3 条的注释,认为 GATT 第 3.4 条适用于《法令》规定的禁止进口,不再讨论加拿大提出的适用 GATT 第 11 条的问题。

1. 同类产品的问题

加拿大提出,判断两种产品是否为同类产品,应当考虑其物理特性、最终用途、消费者的消费习惯和产品的性质,但并不是每个分析都要涉及这四个方面;同类不是相同,只要两种产品有足够的相同特性,就是同类产品。通过分析上述标准,加拿大认为,聚乙酸乙醇酯(PVA)、纤维素、玻璃纤维、温石棉纤维及纤维水泥、温石棉水泥是同类产品。欧共体则提出,石棉与含石棉制品及其替代产品不是同类产品。

要确定两种产品是否为同类产品,专家组首先遇到按什么标准比较的问题。专家组指出,《边境税调整工作组报告》中分析了这一问题,DS8、DS66、DS11 案上诉机构也曾讨论这一问题。此外,本案涉及产品较多,双方将聚乙酸乙醇酯(PVA)、纤维素、玻璃纤维等都称作"替代纤维",专家组决定逐一分析。在比较产品时,专家组把产品分成两大类:温石棉、玻璃纤维等各类纤维和各类纤维加入水泥后的纤维制品。

专家组指出,审查产品是否为同类产品的标准是从《边境税调整工作组报告》发展起来的,此后凡是遇到比较同类产品,专家组都沿用这一标准。在比较时,要分析四个因素:物理特性、最终用途、消费者的消费习惯和关税分类。在分析了第一个因素之后,专家组得出结论:温石棉与替代纤维是同类产品。欧共体提出,石棉纤维对人类健康有害,这也应当作为比较时的一个因素。但是,专家组认为,GATT 第 20(b)条已经规定了保护人类、动植物生命或健康的例外,如果在比较两种产品时引入健康风险,会使 GATT 第 20(b)条变得无效。在分析第二个因素时,专家组指出,我们已经确认温石棉与替代纤维至少有相同的最终用途,因此不需要再详细分析。这些产品的最终用途不都相同,但并不妨碍认定它们是同类产品。专家组认为,消费者的消费习惯难以确定,分析第三个因素不会产生清楚的结果,考虑到本案的具体情况,不对这个因素进行分析。石棉纤维与替代纤维在海关分类中属于不同类别,但专家组认为这反映了两种产品性质的不同,不影响确认它们是同类产品。专家组最后的结论是:石棉纤维与替代纤维是 GATT 第 3.4 条意义上的同类产品。

专家组根据同样的理由,在没有进行深入分析的情况下,就认定含石棉纤维的水泥和含替代纤维的水泥是同类产品。

2. 低于国民待遇

加拿大提出,《法令》改变了法国国产替代纤维制品与进口石棉纤维制品的竞争条件,给予进口产品的待遇低于给予国产同类产品的待遇。欧共体则称,GATT 第 3 条的目的是防止对国产品的保护,而不是防止歧视待遇;《法令》是为了保护人类健康,同时也没有区分进口产品与国产品,因此既没有法律上的歧视,也没有事实上的歧视。

专家组注意到,法国确实生产石棉及其纤维制品的替代产品。从字面上看,《法令》给予进口石棉及石棉制品的待遇低于国产替代纤维及替代纤维制品,因为《法令》禁止石棉及其制品的销售,但不禁止替代纤维及其制品的销售。欧共体没有提供任何证据证明《法令》在执行时不会造成歧视,因此不需要考虑《法令》是否造成事实上的歧视问题。

专家组的结论是:《法令》中的禁止销售部分违反 GATT 第 3.4 条。

3. GATT 第 20 条的例外

欧共体提出,石棉对人类健康的危害是有科学依据的,已得到国际组织的承认。《法令》的实行是为了保护人类生命或健康,符合 GATT 第 20(b)条规定的例外。禁止销售是可以阻止石棉危害的唯一可行途径。此外,它也没有在情况相同的国家之间造成任意的和不合理的歧视。加拿大则提出,虽然欧共体声称它有权决定对人类健康保护的水平,但在采取措施时,仍然要履行其在 WTO 下的义务。加拿大认为,石棉是否真的对人类健康有害还是一个需要证实的问题。

根据美国—汽油案(DS2、DS4)和美国—虾案(DS58)的上诉机构意见,专家组决定先分析《法令》的执行是否符合 GATT 第 20(b)条,然后再分析其是否符合第 20 条导言。

DS2、DS4 案专家组指出,一个成员要想援引 GATT 第 20(b)条,必须证明其采取的措施符合保护人类生命或健康的政策范围,而采取的措施是为了达到政策的目标所必需的。据此,专家组必须首先确认石棉及其制品是否对人类健康有害。专家组指出,它不是医学和技术方面的专家,不可能自己判断石棉的风险,其任务是根据双方的举证,以及本案中技术专家提供的信息,判断是否有足够证据证明石棉对人类健康有威胁,以及法国采取的措施是否为必需的。在审查所有证据的基础上,专家组认为,欧共体提供了初步证据证明石棉对人类健康构成威胁,而加拿大没有提供任何反驳证据。据此,专家组得出结论:法国采取的措施符合GATT 第 20(b)条的保护人类生命和健康的范围。

《法令》对石棉的禁止是全面的,不仅禁止开采、加工,还禁止将其用于其他行业。确定一项措施是不是必需的措施,要看是否存在其他合理可行的措施,可以达到相同的目的,同时也符合 GATT 的规定,或者偏离 GATT 规定的程度比法国采取的措施小。如果存在这样的措施,法国的措施就不是必需的;否则,就认定法国的措施是必需的。专家组首先确认,法国政府对石棉威胁的担心是真实的。法国政府采取措施的目的是阻断石棉对健康的威胁。之所以采取禁止的方法,是因为"有控制地使用"被证明在某些行业不能达到目的。专家组在审查各项证据之后确认,控制使用不是可以代替禁止石棉的可行措施。专家组的结论是:欧共体初步证明不存在可以代替禁令的合理措施,而加拿大没有提供任何反驳证据。

专家组接着分析了法国的措施是否符合 GATT 第 20 条导言。加拿大提出,它已经证明《法令》是歧视性的。专家组认为,根据第 20 条导言的要求,它先审查法律的实施是不是歧视性的,然后再看这种歧视是否任意和不合理。专家组援引 DS2、DS4 案的上诉机构意见,即 GATT"第 20 条导言所说的歧视不可能指与确认违反实体规定相同的标准"指出,不能以《法令》违反 GATT 第 3.4 条作为确认存在歧视的理由。因此,专家组要审查同类产品在不同供应商之间或者在不同国家之间是否存在歧视。从《法令》本身及其执行情况看,专家组认为,欧共体初步证明《法令》没有歧视,而加拿大没有提供任何反驳证据。

最后,专家组还要分析《法令》是否构成变相贸易限制。从《法令》的结构、目的看,它不是为了保护国内产品。证据同时表明,《法令》并没有使法国国内替代纤维产业得益。据此,专家组认为《法令》符合 GATT 第

20 条导言。

专家组最后的结论是:《法令》违反了 GATT 第 3.4 条,但符合第 20 条规定的例外。

四、利益丧失或减损之诉(GATT 第 23 条)

加拿大提出,欧共体的措施使其利益丧失或减损。根据 GATT 专家组的实践,提出这一诉请必须满足三个条件:经过谈判达成的关税减让;政府采取的措施改变了享受关税约束的进口产品和国产品之间的竞争条件;这一措施在关税谈判时不可预见。加拿大认为这三个条件都已满足。欧共体提出,这种非违规之诉的申诉方承担特别繁重的举证义务,而且只有在被指控的措施不属于 GATT 其他条款的管辖范围时,才可以援引第 23 条。此外,欧共体提出,加拿大未能证明禁止石棉的措施是在谈判时不可预见的:对于一个商业措施,可以在谈判时存在合法预期;而对于为了保护人类健康采取的措施,不可能提出任何合法预期。

专家组指出,DSU 第 26.1 条和 GATT 第 23.1(b)条都明确规定,"无论该措施与该协定是否产生抵触"。这表明,不管一项措施与协定有没有抵触,GATT 第 23 条都可以适用。专家组已经确认《法令》不符合 GATT 第 3.4 条,同时又确认其符合第 20(b)条规定的例外。符合第 20 条例外的措施是否仍然违反第 3.4 条,这个问题与第 23 条的适用没有关系。专家组驳回欧共体的第一个观点:不管是 GATT 第 23 条的条文还是 DSU 第 26 条的条文,都没有明确区分一项措施是商业措施还是保护人类健康的措施,从法律规定看,不支持欧共体的观点。

专家组指出,非违规之诉的举证责任在申诉方,加拿大负有证明其利益受损的义务。根据日本—胶卷案(DS44)的专家组意见,申诉方必须证明三点:存在一项由 WTO 成员采取的措施;存在某项协定下的利益;由于措施的实施而使利益丧失或减损。双方对第一点没有争议。专家组经过分析认为,在乌拉圭回合谈判结束时,加拿大应当可以预见法国对石棉及其制品采取更严厉措施的可能性。据此,专家组认为,加拿大未能证明其利益由于法国的措施而丧失或减损。

专家组的结论是:

(1)《法令》的禁止部分不属于《TBT 协定》范围,《法令》的例外部分属于《TBT协定》范围。然而,由于加拿大并未就《法令》的例外部分是否与《TBT协定》一致提出任何意见,专家组拒绝对后一问题作出任何结论。

(2) 温石棉纤维和替代纤维是GATT第3.4条意义上的同类产品,石棉水泥产品和替代纤维水泥产品也是GATT第3.4条意义上的同类产品。

(3) 鉴于有关产品已被认定为同类产品,《法令》违反了GATT第3.4条。

(4) 尽管《法令》对相关产品构成了歧视性待遇,但根据GATT第20(b)条及第20条导言,这样的规定及其实施是正当的。

(5) 加拿大未能证明其利益因法国实施的措施而丧失或减损。

既然已经认定《法令》受GATT第3.4条所规定的义务的约束,并与其不一致,专家组认为没有必要再审查加拿大依据GATT第11条所提出的诉请。

【上诉机构的分析和结论】

一、先决程序事项

在专家组程序中,五个非政府组织向专家组提交了书面材料,专家组决定考虑其中的两个。上诉机构意识到,在上诉审中也可能收到非本案争端双方或第三当事方(即"法庭之友")提交的材料,上诉机构请争端双方和第三当事方考虑并提交意见,是否应该引进一个"诚请允许"(request for leave)程序;需要一个什么样的程序,以确保争端双方和第三当事方可以有完全和充分的机会对收到的材料采取行动或发表意见;如果决定引入"诚请允许"程序,是否还应对其他观点加以考虑。

2000年11月7日,在上诉机构所有七名成员共同商议后,依据《工作程序》第16.1条,仅针对本上诉的目的,拟定了一个附加程序,用以处理并非争端双方和第三当事方所提出的书面材料(以下简称"附加程序")。

上诉机构从非政府组织收到了13份与本上诉相关的书面简要意见,

但它们没有遵循附加程序。在通过了附加程序后,这13份材料都被退回给提交人,上诉机构告知其附加程序。随后,仅有韩国石棉协会按附加程序提交了申请。依照附加程序,上诉机构收到了17份要求在本上诉中提交书面简要意见的申请。其中的6份是在附加程序第2条所确定的截止期限之后收到的,上诉机构拒绝了这6份申请,并通知了申请人。在附加程序第2条所确定的时间期限内,上诉机构收到了11份要求提交书面简要意见的申请。上诉机构依照附加程序仔细审查了每一份申请,发现没有一份申请能够完全符合附加程序第3条中所规定的条件。因此,上诉机构拒绝了这些申请,并通知了申请人。

上诉机构要解决四个问题:专家组认定《法令》中禁止石棉及含石棉产品进口的规定不构成"技术法规",是否错误;对同类产品的认定是否符合 GATT 第3.4条;认定有关措施符合 GATT 第20(b)条,是否错误;对 GATT 第23.1(b)条适用范围的解释,是否错误。

二、《TBT 协定》

本案的关键问题是,加拿大指控的有关措施是否属于"技术法规"?在分析这一关键性问题时,专家组审查了《法令》的性质和结构,以评价《TBT 协定》是否可能对其适用。专家组分两个阶段对《法令》进行了分析,先分析《法令》中"禁止石棉和含石棉产品营销"的规定,再分析《法令》中的"例外规定"。专家组得出的结论是:《法令》中包括禁止性规定的那一部分不属于"技术法规",因而《TBT 协定》对《法令》的这部分不适用;《法令》包括例外规定的部分构成"技术法规",因而《TBT 协定》对《法令》的这一部分适用。由于加拿大的诉请仅涉及《法令》中的禁止性规定,专家组决定不再对加拿大在《TBT 协定》下提出的诉请进行审查。

加拿大认为,专家组将《法令》中的禁止性规定与对禁止性规定的例外规定分别考虑是错误的,应当将《法令》视为单一的、统一的整体来审查。加拿大还认为专家组错误地解释了《TBT 协定》附录1.1中所定义的"技术法规"。

从加拿大建立专家组的请求可以看出,加拿大的主张涉及整个《法令》。上诉机构认为,应该从整体上审查争议涉及的措施,否则不能确认该项措施的法律性质。《法令》并不完全禁止石棉纤维产品,它允许在一定时间内,在特定情形下使用石棉。因此,简单地将《法令》定性为一般性禁止,并这样去分析它,就忽视了《法令》的复杂性。《法令》包括禁止性规定和允许性规定两个方面。此外,在禁止性规定不存在的情况下,《法令》中的例外性规定不具有独立的法律意义。上诉机构据此决定将《法令》作为一个整体进行审查。

上诉机构首先分析了《TBT 协定》对《法令》中的禁止性规定是否适用,然后再分析措施中的例外是否适用《TBT 协定》。《TBT 协定》附录1.1 定义了"技术法规",其核心是"文件"必须"规定""产品特性"。在定义"技术法规"时,《TBT 协定》给出了有关产品特性的若干例子,如术语、符号、包装、标志或标签要求。这些例子暗示"产品特性"不仅包括与产品本身密切相关的特征和品质,还包括诸如确定产品的方法、产品的交付和产品的外观等特性。《TBT 协定》附录1.1 中有关"技术法规"的定义还要求,必须以有约束力或强制的方式对产品的特性加以管理;对"产品特性"的规定既可以采取积极的方式,也可以采取消极的方式,即可以主动要求产品必须具备某些特性,或要求产品不得具有某种"特性"。

在对技术法规有了这样认识的基础上,上诉机构分析了争议涉及的措施是否属于"技术法规"。《法令》第1条第1款和第2款禁止石棉纤维,条文本身并没有对石棉纤维规定任何"特性",而是对处于自然状态中的石棉予以禁止。据此,如果该措施仅仅包括对石棉纤维的禁止,则不会构成"技术法规"。但是,措施中所包括的并不限于对石棉纤维的禁止,因为在原生矿物状态下石棉纤维不具有任何已知的用途,对石棉的管制只有通过对含石棉纤维的产品的管制方能实现。有关措施内在的和核心的一个方面是对"含石棉纤维产品"的管制,《法令》第1条第1款和第2款将其列为禁止对象。值得注意的是,《法令》规定禁止含石棉的产品进口,该措施有效地对相关产品规定了若干客观特征、性质或"特性"。措施所涉及的产品是可以确定的:所有产品必须不含石棉,禁止任何含石棉的产品;对禁令的遵守是强制性的,并在事实上可以通过刑罚来加以执行。

《法令》第2条、第3条和第4条包括对第1条中所涉及的禁止的例外。上诉机构注意到,通过这些例外,对具有某些客观"特性"的产品,该措施规定了"可适用的行政法规,其执行是强制性的"。上诉机构认为,将措施视为一个内在联系的整体,《法令》对所有可能含有石棉纤维的产品规定了"特性",并且对某些被排除在禁止性规定之外的含温石棉的产品规定了"可适用的行政法规"。因此,上诉机构认定该措施是一项"规定了产品特性……包括适用的行政法规,具备强制执行性的文件",构成《TBT协定》所指的"技术法规"。

据此,上诉机构推翻专家组在其报告中作出的相关结论:《TBT协定》并不对《法令》中与禁止石棉和含石棉产品进口相关的那部分规定适用,因为该部分不构成《TBT协定》附录1.1所指的"技术法规"。

既然上诉机构得出了与专家组不同的结论,它就应当分析加拿大针对《TBT协定》所提出的请求是否恰当。上诉机构一贯认为,只有在专家组的事实性认定和专家组记录中的无争议事实可以向其提供充分依据用以分析的情况下,它才能那样做;如果情况不是那样的,上诉机构就不能完成分析。

由于专家组决定不再审查加拿大根据《TBT协定》提出的四个请求,因此未就这些请求作出任何决定。同时,《TBT协定》中不同义务的含义在以前的专家组或上诉机构都没有解释过。上诉机构指出,加拿大根据《TBT协定》所提出的诉请并未被深入分析过;由于专家组没有审查这些诉请,所以不存在有关这些诉请的"法律问题"或"法律解释"。上诉机构认为,它不拥有可以正确审查加拿大依据《TBT协定》提出诉请的足够基础,因此对此不予分析。

三、GATT 第 3.4 条中的"同类产品"

在审查加拿大依据 GATT 第 3.4 条提出的诉请时,专家组审查了两类产品是否为"同类产品"。专家组首先分析了温石棉纤维是否与 PCG 纤维"同类",结论是:温石棉和 PCG 纤维都是 GATT 第 3.4 条所指的"同类产品"。专家组接着审查了含温石棉纤维的水泥制品与含某种 PCG 纤维的水泥制品是否"同类",同样得出结论:所有这些水泥产品都属"同类"。

欧共体在其上诉中认为,在解释和适用"同类产品"的概念时,专家组犯了错误,尤其是将与温石棉纤维有关的健康风险排除在其考虑之外。欧共体要求上诉机构撤销专家组认定的两类产品是 GATT 第 3.4 条所指"同类产品"的结论,并进而要求上诉机构撤销专家组有关《法令》与

GATT 第 3.4 条不一致的结论。

1. GATT 第 3.4 条中"同类产品"的含义

GATT 第 3.4 条相关部分规定:"任何缔约方领土的产品进口到任何其他缔约方领土时,在有关影响其国内销售、标价出售、购买、运输、分销或使用的所有法律、法规和规定方面,所享有的待遇不得低于同类国产品所享有的待遇。"

在这一点上,欧共体的上诉变成对 GATT 第 3.4 条中"同类产品"的"同类"一词应如何解释的问题,为上诉机构提供了对"同类"一词的含义进行分析的首次机会。事实上,"同类产品"一词出现在所涉及协定的许多不同的规定中。在使用"同类产品"这一术语的每一条规定中,该术语必须根据具体的环境,其目的和目标,所争议的规定,以及该术语出现在有关协定中的目的和目标来解释。

上诉机构认为,要从 GATT 第 3.4 条的有关背景出发来解决这些问题。解释第 3.4 条中"同类产品"这一术语时,首先应分析第 3.1 条中的"一般性原则"。同时,尽管第 3.2 条和第 3.4 条规定的义务都对"同类产品"适用,但该两条的规定在文字方面有一个重要的区别:第 3.2 条中包含两个不同的句子,每个句子都规定了不同的义务;相比之下,第 3.4 条仅涉及"同类产品",并不包括与第 3.2 条第 2 句相同的规定。上诉机构指出,专家组没有分析第 3.2 条和第 3.4 条之间这种文字规定方面所存在的差异。

上诉机构认为,GATT 第 3.2 条和第 3.4 条之间的这种文字差异对该两条规定中的"同类产品"这一术语的含义有着重大影响。第 3.2 条第 1 句中的"同类产品"这一术语的范围与第 2 句中的"直接竞争性产品或替代产品"这一术语的范围是相互影响的。在解释第 3.4 条时,并不需要考虑这样的情况。鉴于第 3.2 条和第 3.4 条在词句上的差异,第 3.4 条中的"同类性"与第 3.2 条中的"同类性"在"一致"的程度上是不同的。

尽管 GATT 第 3.1 条规定的"一般原则"并未在第 3.4 条中明确表示出来,但其中仍然"提及"那条规定。因此,对第 3.4 条的解释必须反映出确保"竞争条件的平等"之目的。

对国内产品实施更优惠的措施可能会影响在市场上处于竞争关系的产品,因此在分析 GATT 第 3.4 条中的"同类"一词时,应当考虑产品之间的竞争关系。确定第 3.4 条中的"同类性",从根本上说,是确定这些产品之间竞争关系的性质和广度。上诉机构指出,第 3.2 条和第 3.4 条的规定之间的关系是重要的,因为在第 3.2 条所涉及的财政法规与第 3.4 条所涉及的非财政法规之间没有显著的区别,而这两种形式的法规经常被用以实现相同的目的;如果由于这两种规定所涉及产品的显著区别而使得成员不能适用其中一种形式的法规保护特定产品的国内生产,却可能适用另一种形式的法规以实现那些目的,就可能会影响第 3.1 条中"一般原则"适用的一贯性。因此,上诉机构的结论是:第 3.4 条中"同类"的范围比第 3.2 条第 1 句中"同类"的范围要广。

2. GATT 第 3.4 条中产品的"同类性"的审查

《边境税调整工作组报告》勾勒了分析"同类性"的一种方法,此后好几个案件的专家组和上诉机构采用了这种方法,并对其加以发展。该方法要求,在分析时应对以下四个方面进行:第一,产品的结构、性质和品质;第二,产品的最终用途;第三,消费者的偏好和习惯;第四,产品的关税分类。上诉机构认为,这四个标准构成有关产品可能共同具有的四类特性。

(1) 温石棉纤维与 PCG 纤维

在评估产品的"同类性"时,应对什么类型的证据进行审查,显然有赖于有关产品的特性和法律规定。在分析了所有相关证据以后,专家组必须从整体上认定相关产品是否构成"同类产品"。专家组在评估时将温石棉纤维作为一种产品,将 PCG 纤维作为另一种产品,采用上文提到的方法,分析了四个一般标准,结论是:温石棉纤维与 PCG 纤维是 GATT 第 3.4 条所指的"同类产品"。专家组还审查了含温石棉的水泥产品是否与含 PCG 纤维的水泥产品"同类",仍采用在对纤维进行审查时所采用的推理方法,并注意到单一的水泥产品不管含有什么纤维,其关税分类都是相同的,结论是:依据 GATT 第 3.4 条,这些水泥产品仍然是"同类产品"。

上诉机构指出,既然采取以已确立的四个标准为基础的方法,在认定有关产品是否为"同类"时,专家组就应该审查与四个标准相关的证据,连同任何其他相关证据进行审查。然而,专家组在审查了第一个标准之后就得出了有关产品是"同类"的结论,未深入分析第二、三、四个标准就重复了这一结论。上诉机构认为,专家组在仅对其中的一个标准进行了审查之后就作出结论是不恰当的。上诉机构对专家组的总体分析是否可以得出正确结论表示怀疑。

上诉机构仔细考察了专家组是如何适用四个标准的。上诉机构认为,对产品物理特性的分析应单独进行,不应与对最终用途的审查混在一块儿。产品具有共同物理特性的程度可以是表示"同类性"的有用指标,还可以影响产品的用途、消费者对产品的偏好及关税分类。

欧共体提出对产品特性的审查必须考虑产品对人类健康构成的威胁,专家组则认为欧共体所提议的"风险"标准并不适当。专家组认为,如果那样做,GATT"第20(b)条项的效力将会在很大程度上被抵消"。上诉机构指出,不管是GATT第3.4条的规定还是以往专家组和上诉机构的实践,都没有在审查产品的"同类性"时把任何证据像这样排除在外。上诉机构认为,产品涉及的与健康风险相关的证据可能非常关键,与温石棉纤维相关的健康风险的证据并不一定需要采用另外的标准衡量,可以根据现有的标准进行衡量,如物理特性、消费者的偏好和习惯。

专家组对产品的物理特性必须予以完整的审查,尤其是那些有可能影响市场上产品之间竞争关系的产品。上诉机构指出,温石棉的微粒和细丝在摄入后对人体具有致癌性或毒性,构成温石棉纤维物理特性引人注目的一个方面。相比之下,证据表明,PCG纤维并不具有这些性质。上诉机构认为,这种显著的物理差别可以作为考虑产品物理特性的依据,从而帮助确定GATT第3.4条项下的"同类性"。

专家组认为在GATT第3.4条项下审查与产品健康风险相关的证据会抵消GATT第20(b)条的效力,上诉机构不同意这一观点。第20(b)条允许成员"采用和实施"保护人类生命或健康所必需的措施,即使该措施与GATT其他规定不一致。第3.4条和第20(b)条是GATT截然不同、彼此独立的条款,对每一条的解释应该独立进行。上诉机构指出,对这两个条款的分析是完全不同的。依据第3.4条,与产品健康风险相关的证据可能与评估"同类产品"在市场上的竞争关系有关;而根据第20(b)条,则可能是评估某个成员是否有足够的依据,以保护人类健康为理由,"采用或实施"一个与WTO规则不一致的措施。

上诉机构指出,专家组将与温石棉相关的健康风险排除在对该产品物理特性的评估之外,是错误的。最终用途与消费者的偏好和习惯这两个标准涉及产品在市场上的竞争关系,相关证据是根据 GATT 第 3.4 条评估这些产品的"同类性"时高度相关的证据。在与产品特性相关的证据可以证明与争议有关的产品在物理特性方面存在巨大差别的情况下,尤其是这样。在本案中,因为已知温石棉是具有致癌性的,加拿大就承担了极其沉重的责任,证明温石棉纤维和 PCG 纤维处于那种竞争关系。

专家组在分析时将"最终用途"与"物理特性"混淆起来,拒绝对消费者的偏好和习惯进行审查及发表任何意见,"因为这一标准不会提供明确的结果"。上诉机构表示难以理解专家组为什么可以作出结论。上诉机构认为,由于本案涉及的纤维在物理特性上的差别巨大,如果专家组未对与消费者的偏好和习惯相关的证据进行审查,则不能作出产品是"同类产品"的结论。

依据上述分析,上诉机构认为证据还不足以支持温石棉纤维与 PCG 纤维是"同类产品"这一结论。因此,上诉机构推翻专家组关于温石棉纤维与 PCG 纤维是 GATT 第 3.4 条意义上的"同类产品"的结论。

(2) 含温石棉纤维与含 PCG 纤维的水泥产品

在推翻专家组对温石棉纤维与 PCG 纤维的"同类性"所作的认定后,上诉机构审查了专家组在含温石棉纤维与含 PCG 纤维的水泥产品的"同类性"问题上所作的认定。专家组认为,就物理特性而言,这些产品之间唯一的差别在于所加入纤维的不同。但是,不管在产品中加入的纤维是什么,对任何一种涉及的水泥产品而言,它的关税分类都是相同的。专家组拒绝对欧共体提出的"风险"标准进行审查,并认为没有必要分析消费者的偏好和习惯。依据这样的分析,专家组得出结论:"温石棉纤维水泥产品和 PCG 纤维水泥产品是 GATT 第 3.4 条意义上的同类产品。"

上诉机构指出,含温石棉纤维与含 PCG 纤维的水泥产品之间首要的物理特性区别在于加入的纤维不同。这一区别是重要的,因为与产品相关的健康风险可能与认定"同类性"时对产品物理特性进行分析相关。因此,上诉机构推翻专家组认为健康风险与对水泥产品的"同类性"的审查无关的结论。

此外,即使有关的水泥产品在性能上可以相互替换,上诉机构认为,某种已知致癌物的存在也极有可能影响消费者的偏好和习惯;在未对消费者的偏好和习惯进行分析之前,专家组关于水泥产品的"同类性"的结论是没有依据的。

根据上述分析,上诉机构推翻专家组关于含温石棉纤维与含 PCG 纤维的水泥产品是 GATT 第 3.4 条意义上的"同类产品"的结论,也推翻专家组认为有关措施与 GATT 第 3.4 条不一致的结论。

由于上诉机构推翻专家组的两个结论,它就要依据专家组的事实认定和专家组记录中的无争议事实完成对相关产品的"同类性"分析。

上诉机构指出,就纤维的物理特性而言,证据表明温石棉纤维与 PCG 纤维存在很大差别。在这种情况下,为推翻有关产品所表现出来的不"同类",提出申诉的一方承担了沉重的证明责任,须证明尽管存在所知的物理特性差异,但产品之间存在着竞争关系,并将所有的证据综合在一起证明产品是 GATT 第 3.4 条所指的"同类"。

在分析温石棉纤维和 PCG 纤维的最终用途时,专家组仅仅指出了两种产品相同的"最终用途",而并未对其性质和特点作出详细的解释。上诉机构注意到,加拿大声称温石棉纤维大概有三千种商业用途,但就数量而言,法国进口的温石棉 90% 被用于水泥产品的生产。这表明,温石棉纤维和 PCG 纤维虽具有少量的共同用途,但从数量上衡量,这些相重叠的最终用途代表了温石棉纤维最终用途的重要部分。

上诉机构指出,产品具有多种最终用途,如果只有某些最终用途相同,在没有审查所有其他可能的最终用途的情况下,并不足以仅仅依靠这些证据就得出最终用途的结论。

由于在本案中有关纤维的物理特性存在极大的差异,对消费者的偏好和习惯的证据进行审查是不可或缺的。然而,加拿大没有就消费者对两种产品的偏好和习惯提出任何证据。

上诉机构还注意到,温石棉纤维和各种不同的 PCG 纤维都具有不同的关税分类。尽管这一因素本身并不具有决定性,但它的确倾向于表示温石棉纤维与 PCG 纤维并非"同类产品"。

总之,这些证据显然远不足以证明加拿大完成了证明温石棉与 PCG 纤维是同类产品的任务。事实上,这些证据似乎更表明,就 GATT 第 3.4 条而言,这些产品并非"同类产品"。

上诉机构接着审查含温石棉纤维与含 PCG 纤维的水泥产品是否为"同类"。就结构而言,不同的水泥产品的物理特性看起来都比较相似,但是这些产品之间仍然有重要的区别：一类水泥产品含有人们所知的致癌性纤维，而另一类则不含。专家组记录中没有可靠的证据表明使用不同纤维会对产品的物理特性造成影响，或影响某种水泥产品在某个特定最终用途方面的适用性。加拿大认为，涉及消费者对水泥产品的偏好和习惯的证据是无关的。上诉机构认为，某一产品含有已知的致癌物质将可能对消费者的偏好和习惯产生影响，在缺少对与消费者的偏好和习惯有关的证据进行分析的情况下，不能依据 GATT 第 3.4 条对水泥产品的"同类性"作出认定。在本案中，加拿大并未提交这样的证据。

上诉机构的结论是：加拿大没有能够证明两种水泥产品是 GATT 下的"同类产品"。由于加拿大既未能证明温石棉纤维与 PCG 纤维是"同类产品"，也未能证明两种水泥产品"同类"，上诉机构据此认为，加拿大未能证明争议涉及的措施与 GATT 第 3.4 条不一致。

四、GATT 第 20(b)条和 DSU 第 11 条

GATT 第 20(b)条规定："本协定的任何规定不得解释为阻止任何缔约方采取或实施以下措施，条件是关于此类措施的实施不得在情形相同的国家之间构成任意或不合理歧视的手段或构成对国际贸易的变相限制：……(b)为保护人类、动物或植物的生命或健康所必需的措施……"

1."为保护人类、动物或植物的生命或健康"

鉴于在温石棉的不同用途中接触温石棉可能产生的健康风险，专家组认定欧共体已经证明《法令》所采取的禁止温石棉的措施是用于保护人类生命或健康的措施。因此，专家组认为有关的措施属于 GATT 第 20(b)条调整的范围。

加拿大认为，专家组从七个方面推断出使用含温石棉纤维的水泥产品对人类生命或健康造成威胁，这种推断犯了法律上的错误。

上诉机构引用了美国—小麦面筋案（DS166）和韩国—含酒精饮料案（DS75、DS84）上诉机构的意见。在这两个案件中，上诉机构都指出，专家组对证据的审查和权衡原则上属于专家组在事实审中行使裁量权的范围，不属于上诉复审的范围。只有"认定专家组在审查证据时，逾越了其事实审的权限"时，上诉机构才会对专家组的审查进行干预。

本案中的情况也是这样，在评估证据价值和权衡证据重要性时，专家

组享有相应的裁量权,没有证据可以表明专家组超越了其法定权限。相反,专家组所咨询的四位科学专家都认为温石棉纤维和温石棉水泥产品对人类健康构成威胁,专家组在这个问题上的结论切实反映了四位科学家所表达的观点。

因此,上诉机构维持专家组的结论,即有关的措施是 GATT 第 20(b)条意义上的"保护人类、动物或植物的生命或健康"的措施。

2."必需"

专家组的结论是:欧共体已经初步证明不存在除禁止温石棉纤维和温石棉水泥产品之外其他合理的、可以采用的措施。加拿大认为,专家组在适用 GATT 第 20(b)条所指的"必需"性标准时犯了错误,并提出四点理由:首先,专家组错误地认为温石棉水泥产品对人体健康构成威胁。其次,专家组有义务将与温石棉水泥产品有关的风险加以量化,而不能仅仅"依靠"法国政府的"怀疑"。再次,专家组错误地假设《法令》所要达到的对健康的保护水平是防止与石棉有关的健康危险传播。最后,专家组错误地认为"控制性使用"不是可以替代《法令》的合理措施。

上诉机构指出,专家组认为温石棉水泥产品对人类生命或健康构成重大威胁的依据是非常充分的。至于加拿大提出的要对风险予以"量化"的主张,上诉机构认为,与《SPS 协定》有关的 GATT 第 20(b)条对风险没有量化的要求,专家组对温石棉水泥产品具有的风险性质和特点进行了分析。因此,上诉机构不同意加拿大的说法,即专家组仅仅是依靠法国政府对风险的"臆测"。

至于加拿大提出的保护水平问题,上诉机构认为,WTO 成员拥有决定在某个具体情形中应采取可以达到什么保护水平的措施来保护健康才合适的权利。法国决定其所要选择的健康保护水平是"停止"与石棉有关的健康危险的传播,专家组认可了这种选择。上诉机构认为,WTO 成员在禁止使用某一种具有高度危险产品的同时,允许另一种危险性更低的产品代替使用,是完全符合规则的。

在泰国—香烟进口限制和国内税收案(GATT 案件)中,专家组就评估一项措施是否属于 GATT 第 20(b)条所指的"必需"时可采用的标准发表了以下看法:泰国所采用的进口限制措施,只有在不存在与 GATT

一致的替代措施的情况下,才可能被认为是第 20(b)条所指的"必需"。韩国—牛肉案(DS161、DS169)的上诉机构指出,在权衡是否存在与 WTO 一致的替代措施可以合理采用时,需要考虑的一个方面是替代措施在多大程度上"可以有助于实现所希望达到的目标"。在本案中,采取措施的目标是,通过清除或降低广为人知的石棉纤维对生命、健康的威胁来保护人类的生命或健康。这些价值都是至关重要的。因此,剩下的问题是:是否存在影响比禁止进口小,但可以实现同样结果的措施?加拿大认为,"控制性使用"代表了一种"合理可行"的、可以实现同样目标的措施。专家组认为,整体而言,"控制性使用"的效果尚待证实;在"控制性使用"具有更大的确定性的情况下,科学性证据表明,在某些情况下,接触水平仍大得足以具有"显著的、导致与石棉有关的病症的居住风险"。考虑到专家组依据事实得出的这些结论,上诉机构认为,"控制性使用"并不能使法国达到其希望达到的健康保护水平。因此,"控制性使用"不应是可以实现目的的"替代措施"。

据此,上诉机构维持专家组的结论:欧共体已经初步证明不存在"合理可用的替代性措施"可以替代《法令》中的禁止性规定;《法令》符合 GATT 第 20(b)条的含义,是"为保护人类的生命或健康所必需的"。

3. DSU 第 11 条

加拿大还认为,专家组未按 DSU 第 11 条的要求对问题加以客观分析。加拿大在这一问题上提出的意见涉及专家组对不同证据进行认定的不同可靠性和分量,实质上是认为专家组对某些证据未予充分的重视,而对其他证据又过于重视。据此,加拿大对专家组在评价和权衡证据时所行使的裁量权提出质疑。上诉机构已经指出,"我们不能对专家组对证据价值的分析和对证据缺陷的后果所作的评价进行第二次审查",在本案中,专家组对证据的分析完全在事实审的裁量权范围内。

至于加拿大提出的某些专家不具备"控制性使用"方面的专长的问题,上诉机构注意到,专家的挑选程序是严格的,专家组咨询了这个领域有经验的五个机构,也咨询了争端双方的意见。在这种情况下,加拿大认为专家组采纳了没有专长的专家的意见,因而未对问题进行客观分析的观点,实在令人难以接受。

上诉机构驳回了加拿大就 DSU 第 11 条所提出的上诉。

五、GATT 第 23.1(b)条

在专家组程序中,加拿大根据 GATT 第 23.1(b)条提起"利益丧失或减损"之诉。欧共体提出了两点抗辩:第 23.1(b)条仅适用于那些除了适用本项规定外就不会适用 GATT 其他规定的措施;对符合 GATT 第 20(b)条的,用于保护人类生命或健康的措施不能提出"合法期望"的要求,这样的措施不属于第 23.1(b)条适用范围。专家组首先考察并驳回了欧共体提出的两项初步反对意见,并认为加拿大可以就措施提出关于第 23.1(b)条的诉请。欧共体对专家组这一结论提出了上诉。

这是上诉机构第一次分析 GATT 第 23.1(b)条的问题。依据第 23.1(b)条,并不需要证明有关措施与 GATT 的规定不一致或违反了 GATT 的规定。由于这一原因,第 23.1(b)条下的案件也被称作"非违规之诉"。上诉机构引用了日本—胶卷案(DS44)的专家组意见,认为第 23.1(b)条的救济"应慎重采用,应保持其例外性救济的特点"。

上诉机构指出,GATT 第 23.1(b)条的字面意思是,如果因采用任何措施,不管是否与本协定相冲突,而使一项"利益丧失或减损",则可以该条规定提出请求。这些文字清楚地表明,即使措施与 GATT 的某些实质性规定相冲突,依据第 23.1(b)条提出请求也可能成立。进一步而言,一项措施虽与 GATT 的规定不相符,却仍然可以提供依据第 23.1(b)条提出请求的诉因。因此,上诉机构驳回欧共体上诉的第一个理由。

依据 GATT 第 23.1(b)条的规定,一成员采取的任何措施都可能导致依据该条提出请求。"任何"一词的使用表明,所有类型的措施都可能导致提出这样一个请求。该条的文字规定与欧共体所称的某些种类的措施,即那些以健康为目标的措施被排除在第 23.1(b)条的适用范围之外的说法,是相抵触的。

欧共体所提出的理由的一个重要方面是,一个成员不能就某种已表明对人类的生命或健康构成严重威胁的产品在持续的市场准入方面抱有正当的期望。欧共体所提出的这个特别理由尽管重要,但却与那些关键性问题无关。

由于上述原因,上诉机构驳回欧共体就 GATT 第 23.1(b)条提出的上诉,并维持专家组的结论:第 23.1(b)条属于 GATT 其他规定适用范围内的,对于以实现健康为目标的措施也适用。

根据上述分析,上诉机构推翻专家组的下列结论,并作出自己的结论:

(1)《TBT 协定》不适用于《法令》中与禁止进口石棉及石棉制品有关的部分,因为那部分不构成《TBT 协定》附录 1.1 所指的"技术法规";上诉机构认定,有关的措施应视为一个整体,属于《TBT 协定》所指的"技术法规"。

(2)在审查温石棉纤维与 PCG 纤维及含有两种纤维的水泥产品的"同类性"时,考虑温石棉纤维有关的健康风险是不恰当的。

(3)温石棉纤维与 PCG 纤维是 GATT 第 3.4 条项下的"同类产品";加拿大未能证明这些纤维属于该条款项下的"同类产品"。

(4)含温石棉纤维与含 PCG 纤维的水泥产品是 GATT 第 3.4 条项下的"同类产品";加拿大未能承担起证明这些产品是 GATT 第 3.4 条项下的"同类产品"的责任。

(5)措施与 GATT 第 3.4 条不一致。

上诉机构维持专家组的下列结论:

(1)有关措施是保护人类的生命或健康所必需的,符合 GATT 第 20(b)条的要求;专家组在得出这一结论的过程中,遵守了 DSU 第 11 的规定。

(2)有关措施可能引起 GATT 第 23.1(b)条下的诉因。

加拿大没有成功地证明有关措施与欧共体在所适用协定下应承担的义务不相符。

二 《反倾销协定》

欧共体对巴西可锻铸铁管或套件最终反倾销税案

(WT/DS219)(简称:欧共体—管或套件案)

【案件基本情况】

　　申诉方(上诉方):巴西

　　被申诉方(被上诉方):欧共体

　　第三方(第三参与方):智利、日本、墨西哥、美国

　　本案涉及的相关协定条款和法律问题:《反倾销协定》第1条、第2条和第3条;GATT第6.2条;对"增长"因素中"隐含"的分析(《反倾销协定》第3.4条);证据及专家组的义务(《反倾销协定》第3.1条、第3.4条和第17.6(i)条);专家组职权范围。

　　2000年12月21日,巴西就欧共体对其可锻铸铁管或套件征收的最终反倾销税提出磋商。由于磋商未果,经巴西申请,专家组于2001年7月24日成立。2003年4月23日,专家组报告公布。欧共体提出上诉。7月22日,上诉机构报告公布。8月18日,DSB通过了上诉机构报告和专家组报告。

　　本案涉及欧共体对巴西可锻铸铁管或套件征收的最终反倾销税。1999年5月29日,欧共体相关机构根据申请决定对巴西、中国、克罗地亚、捷克、南斯拉夫、日本、韩国和泰国的可锻铸铁管或套件发起反倾销调查。其中,巴西受调查的企业只有Industria de Fundicao Tupy Ltda.(以下简称"Tupy")一家。倾销调查期间为1998年4月1日至1999年3月

31日,而分析损害趋势依据的是1995年1月1日至1999年3月31日的数据。1999年1月,巴西雷亚尔贬值42%。2000年2月28日,欧共体实施临时措施。8月11日,欧共体对从巴西进口的可锻铸铁管或套件实施34.8%的最终反倾销税。

【专家组的分析和结论】

一、关于向巴西提供建设性补救

《反倾销协定》第15条规定:"各方认识到,在考虑实施本协定项下的反倾销措施时,发达国家成员应对发展中国家成员的特殊情况给予特别注意。在实施会影响发展中国家成员根本利益的反倾销税之前,应探讨本协定规定的建设性补救的可能性。"巴西认为,欧共体没有给发展中国家以特别注意,没有探讨建设性补救的可能性,违反了《反倾销协定》第15条。欧共体指出,它曾经在三个不同场合建议巴西提出价格承诺,因此已经履行了第15条规定的义务。

专家组认为,《反倾销协定》第15条第1句规定了成员的一般义务,但没有规定发达国家成员应当用什么方式来履行这一义务;第2句提出了履行义务应当采取的具体行动,履行了第2句规定的义务就是履行了第1句规定的义务;第2句并没有包容第1句,它只是提出了履行第1句所规定义务的方式;双方都同意第2句规定的是强制性义务,但对于履行义务的时间以及补救措施的性质有不同看法。专家组对《反倾销协定》第15条第2句的术语逐一进行分析并指出,降低关税和接受价格承诺都属于第15条所说的"建设性补救措施","探讨"不等于"提议",但也不要求有任何特定的结果。那么,欧共体在实施反倾销税之前是否探讨过建设性补救的可能性?巴西承认其政府和企业都没有主动向欧共体提出价格承诺,它认为发达国家应当主动采取措施。欧共体则指出自己曾经建议巴西提出价格承诺,而巴西对此不感兴趣。双方都承认它们讨论过价格承诺问题。专家组据此认为欧共体探讨了建设性补救的可能性。巴西提出,《反倾销协定》第15条所指的"建设性补救"除了降低关税和价格承诺,还有其他方式,欧共体没有探讨采取所有方式的可能性,违反了第15

条的规定。专家组指出,除价格承诺之外的方式不是《反倾销协定》所预见的补救措施,因此第15条不要求采取价格承诺之外的其他补救方式。巴西的观点被驳回。

巴西认为,欧共体没有在采取临时措施之前提出价格承诺的可能性,违反了《反倾销协定》第15条的规定。专家组指出,《反倾销协定》中一直用"临时措施"来指最终反倾销税之前的各种临时措施。因此,第15条规定的义务是在实施最终反倾销税之前,探讨建设性补救的可能性。欧共体已经做到了这一点。因此,欧共体在这一问题上的做法符合第15条。

二、货币贬值的影响

在调查过程中,巴西货币出现贬值。巴西提出,由于货币贬值,其出口已经不存在倾销;欧共体实施反倾销措施,违反了《反倾销协定》第1条和GATT第6条;如果认为实施措施符合规定,那么继续维持措施不符合《反倾销协定》第11.1条和第11.2条。欧共体指出,它计算了开始调查前12个月的资料,没有义务考虑调查阶段之后发生的情况;至于货币贬值是否造成倾销幅度的消失,完全取决于出口商采取的定价策略。欧共体已经进行了一次复审,复审的调查期间是2001年1月1日至9月30日。但是,Tupy在复审中没有合作。

专家组指出,巴西货币贬值发生在调查期间的最后一个季度。这里涉及的问题是:根据《反倾销协定》第1条和GATT第6条,主管机关依据调查期间的数据确认了倾销和损害的存在之后,是否有义务在开始实施反倾销税之后立即重新评估其决定?专家组指出了两个因素:第一,调查期间与开始实施反倾销措施之前和之后的期间在时间上是有区别的。《反倾销协定》多处提出"调查期间":反倾销措施委员会的建议指出,关于倾销数据的调查期间一般为1年,至少不短于6个月,而且应尽量靠近开始调查的日期;关于损害的调查期间一般为3年,而且应当包括整个倾销调查期间。确定固定的调查期间是有实际意义的,调查期间应当截止于调查开始之前,这样就能保证调查对出口商和进口商行为的影响不会对调查产生影响。第二,确认倾销时所使用的方法。专家组认为,运用合理方法确认在调查期间存在倾销,就是确认了当前存在倾销。专家组引用《反倾销协定》第2.4.2条指出,该条提出的两种方法都要求比较整个调查期间的数据,而巴西要求只关注调查末尾阶段的数据,显然与条款的规定不符。专家组认为,《反倾销协定》第1条没有要求成员在知晓巴西国内的情况后立即重新审查自己的决定。巴西未能证明欧共体违反了《反倾销协定》的义务。

巴西提出,如果最初实施措施是正确的,那么在巴西货币贬值的情况下继续维持措施就违反了《反倾销协定》第11.1条和第11.2条。

《反倾销协定》第11.1条规定:"反倾销税应仅在抵消倾销造成损害所必需的时间和限度内实施。"第11.2条规定:"主管机关在有正当理由的情况下自行复审,或在最终反倾销税的征收已经过一段时间后,应提交证实复审必要性的肯定信息的任何利害关系方请求,复审继续征税的必要性。"巴西认为,货币贬值的影响是主管机关进行复审的"正当理由",欧共体知道巴西货币贬值的事实,因此巴西出口商不用再提供任何新的证据。专家组指出,情况的变化确实可能是主动复审的理由,但《反倾销协定》没有规定成员有这样的义务。情况的变化是否构成复审的充分理由,要根据个案不同的事实来确定。在本案中,即使假定货币贬值造成了正常价值和出口价格比较的变化,也不清楚在开始征收反倾销税时出现的情况是否会持续,而且货币贬值不一定就造成正常价值和出口价格的差距缩小。在美国—DRAM案(DS99)中,专家组就驳回了"一旦出口商被确认停止倾销,协定第11.2条要求主管机关应当立即撤销措施"的观点。巴西指控欧共体没有主动发起复审,而巴西政府和出口商都没有提出复审请求,专家组据此认为巴西没有证明欧共体违反了《反倾销协定》第11.1条和第11.2条。因此,专家组不审查《反倾销协定》第11.2条的这一部分。

三、计算正常价值

巴西指出,欧共体在计算正常价值时使用了销售量极小的数据,而《反倾销协定》第2.2.2条应结合第2.2条一起理解,要求计算销售、管理和一般费用及利润时应当使用有代表性的、赢利的销售数据。在根据第2.2条计算时排除的数据,根据第2.2.2条计算时也应当排除。此外,欧共体在根据《反倾销协定》第2.4条计算利润幅度时,没有对那些不可比的数据作出调整。欧共体承认使用了少量销售的数据,但认为协定第2.

2.2条只允许排除"非正常贸易过程"中的数据,且巴西在调查过程中并没有提出对这一数据作调整。欧共体要求专家组驳回这一诉请。

专家组注意到,欧共体在调查中将产品确认为"通过螺纹连接的可锻铸铁管或套件",巴西生产的类似产品只有4种,其中有两种出口到欧共体。欧共体确认巴西出口的产品型号有1375个,其中809个的正常价值是通过结构价格方式确定的。在分析少量销售是否应当计算在结构价格中的问题上,欧共体适用了《反倾销协定》第2.2条注释2的5%标准。对于国内销售量太小而不足以比较的,或者不属于"正常贸易过程"的销售,欧共体计算了结构价格。在计算结构价格时,欧共体使用了正常贸易过程中的利润和销售、管理及一般费用数据。问题在于:被认为国内销售量太小而不足以比较的交易中的利润和销售、管理及一般费用数据,在计算结构价格时是否可以使用?

《反倾销协定》第2.2条规定:"如在出口国国内市场的正常贸易过程中不存在同类产品的销售,或由于出口国国内市场的特殊市场情况或销售量较低,无法对此类销售进行比较,则倾销幅度应通过比较同类产品出口至适当第三国的可比价格确定,只要该价格具有代表性,或通过比较原产国的生产成本加合理金额的管理、销售和一般费用及利润确定。"根据《反倾销协定》第2.2.2条,应当排除非正常贸易过程中的数据。专家组认为,从《反倾销协定》第2.2.2条的措辞可以看出,在没有明确规定可以因其他情况排除数据的情况下,成员在计算时不得排除"非正常贸易过程"之外的其他数据。因此,欧共体在计算时使用了少量销售的数据,没有违反《反倾销协定》第2.2.2条。

四、结构正常价值

巴西提出,根据《反倾销协定》第2.2.2条(结合第2.6条),如果调查中有相同产品,在计算结构价格时就只允许使用那个产品的数据;只有不存在相同产品销售时,才允许使用类似产品的数据。巴西认为,欧共体在计算正常价值时使用了类似产品的数据,违反了第2.2.2条。欧共体则指出,它使用的是同类产品的销售数据,因此符合协定规定。专家组指出,《反倾销协定》第2.2.2条要求使用的是"同类产品"实际交易的数据,计算时要排除的只有"非正常贸易过程"之中的数据。主管机关一旦确定了同类产品的范围,在整个调查中就应当始终坚持这个范围。第2.2.2条要求使用同类产品交易的实际数据,并没有要求只使用同类产品中一部分产品的数据。据此,专家组认为巴西未能证明欧共体的做法不符合《反倾销协定》的规定。

五、涉及税收的"公平比较"

巴西提出,出口产品可以得到20%的退税,欧共体在计算正常价值时没有考虑退税的影响,因而没有对正常价值和出口价格进行公平比较,违反了GATT第6.1条和第6.4条以及《反倾销协定》第2.4条。欧共体指出,它确实没有考虑退税,因为Tupy未能证明退回的是GATT第6.4条所指的"在原产国供消费的同类产品所负担的税费"。

根据GATT第6.1条的规定,在确定倾销时,"应适当考虑在每种情况下销售条款和条件的差异、征税的差异以及影响价格可比性的其他差异"。GATT第6.4条规定:"在任何缔约方领土的产品进口至任何其他缔约方领土时,不得由于此类产品被免除在原产国或出口国供消费的同类产品所负担的税费或由于退还此类税费而征收反倾销税或反补贴税。"《反倾销协定》第2.4条规定了主管机关"公平比较"的义务,其中明确指出应考虑税收的影响,并且要求主管机关向相关方指明所需要的信息。这表明,主管机关至少应当考虑这些因素,以决定是否需要作出调整。双方都同意符合条件的税收应当调整,但对巴西的退税是否符合条件有不同看法。专家组仔细审查了案卷,发现欧共体在收到巴西的请求之后曾经要求巴西提供证明材料。Tupy在回信中指出,政府退还出口产品离岸价的20%作为退还间接税。欧共体表示将进一步调查。欧共体从Tupy提交的材料中发现其国内销售的产品并没有交纳据称出口退回的4种间接税.欧共体要求Tupy进一步提供证据,但Tupy没有提供。欧共体虽被告知巴西出口商得到20%的"退税补贴",但又不掌握任何税法规定,不了解具体退还的税种。在这种情况下,专家组认为《反倾销协定》第2.4条并不要求欧共体对此作出调整。专家组确认,欧共体决定不对20%的退税作出调整的做法不违反《反倾销协定》第2.4条或GATT第6条。

六、归零法

巴西指出,欧共体将倾销幅度为负数的产品作为零倾销对待(倾销幅度归零),不符合《反倾销协定》第2.4条和第2.4.2条。欧共体承认它使用了归零法,但认为本案中使用归零法得出的倾销幅度是34.82%,而不使用归零法得出的倾销幅度是32.09%,因此本案中使用归零法影响不大。

《反倾销协定》第2.4.2条规定:"在遵守第4款中公平比较规定的前提下,调查阶段的倾销幅度应在对加权平均正常价值与全部可比出口交易的加权平均价格进行比较的基础上确定。如果主管机关认为存在一种模式:出口价格在不同购买者、地区或时间之间差异很大,且如果就为何不能通过使用加权平均对加权平均、交易对交易进行比较而适当考虑此类差异作出说明,则在加权平均的基础上确定的正常价值可以与单笔出口交易的价格进行比较。"欧共体承认其使用了归零法。专家组引用了欧共体—床上用品案(DS141)上诉机构的意见指出,归零法不符合《反倾销协定》第2.4.2条。至于欧共体提出的归零法在本案中影响很小的抗辩,专家组认为归零法违反《反倾销协定》的性质与其影响大小无关。

七、进口量趋势和累积计算

巴西指出,欧共体没有考虑关于损害的证据就进行累积计算,不符合《反倾销协定》第3.1条和第3.2条,而且累积计算也不符合《反倾销协定》第3.3条。

巴西指出,欧共体将巴西、捷克、日本、中国和泰国进口的产品的影响累积计算,而这些产品从价格到进口量的区别都很大。巴西认为,对每个成员进口的考察都必须达到《反倾销协定》第3.2条的要求,才可以累积计算。巴西的进口在调查期间呈下降趋势,没有达到第3.2条所说的"进口大量增加",因此也就不能实行第3.3条所说的"累积计算"。欧共体则认为,只要满足了第3.3条的条件,就可以按照第3.2条对进口的影响进行累积计算,而不需要先根据第3.2条逐一确定各国进口的影响。可见,双方对第3.2条规定的义务,以及第3.2条与第3.3条的关系有不同看法。

专家组决定先分析《反倾销协定》第3.2条与第3.3条的关系。第3.3条规定的义务是解决两个条款关系的关键：如果关于计算的条件全部规定在第3.3条，那么欧共体就没有义务先单独分析各国的进口，根据累积计算结果确定进口量和价格的影响也就是正确的。根据第3.3条，实行累积计算有三个条件：被累积计算的各国倾销幅度都大于微量倾销；出口量不是可以忽略不计的；根据进口产品之间以及进口产品与国内同类产品之间的竞争关系，进行累积计算是适当的。巴西认为，第3.2条所要求的对进口数量和价格的分析对主管机关分析第三个条件是至关重要的，因此在累积计算前必须先分析各国进口的影响。专家组不同意巴西的观点。第3.3条提到进口量时，唯一的要求是进口量不能是可忽略不计的，不存在其他要求。巴西提出要累积计算的先决条件是对各国的进口价格及数量的影响作出单独评估，这一观点是没有依据的。专家组认为，欧共体没有确定单个成员是否达到第3.2条的条件就进行累积计算，并没有违反《反倾销协定》的相关规定。

接着，专家组分析了进行累积计算的第三个条件。巴西集中分析了竞争条件的四个方面：产品、进口量、价格和分销渠道。巴西认为，欧共体没有考虑竞争条件的不相似，把竞争条件的分析变成了对"同类产品"的分析，违反了《反倾销协定》第3.1条和第3.3条。

专家组指出，《反倾销协定》第2.6条对同类产品的定义适用于整个调查，欧共体主管机关在调查过程中必须坚持同一个"同类产品"的标准。巴西认为欧共体对竞争条件的分析是重复分析"同类产品"，是没有意义的同义反复，专家组认为这个理由不能成立。专家组同时确认欧共体在审查时分析了产品在市场中的情况。

关于进口量，巴西强调了各个成员进口绝对量和相对量变化趋势的不同，认为进口量和市场份额的不同表明进口产品之间没有竞争关系。专家组指出，《反倾销协定》第3.3条对如何分析"竞争条件"并没有具体要求，因此巴西的观点没有依据。进口量变化趋势不同的产品可能存在竞争关系。巴西在调查期间的进口量占总进口量的6.9%，欧共体认为巴西的进口是实质性的，"远非可忽略不计"。专家组注意到，欧共体审查了巴西的进口量与其他国家进口的关系，并确认累积计算是适当的。专家组认为，欧共体的做法没有违反《反倾销协定》第3.3条或第3.1条。

关于进口价格,巴西提出,其出口价格比中国同类产品高44%,比捷克同类产品高22%,累积计算巴西产品和这些国家的产品对价格的影响是不合理的;欧共体没有分析"价格敏感性",没有客观评价各国定价机制的区别。专家组又一次强调《反倾销协定》第3.3条没有规定具体条件,欧共体很准确地分析各国产品在调查期间的价格变化,并指出虽然巴西进口的产品对价格的影响与其他国家不同,但其差异还不足以导致单独评估。专家组认为,欧共体的做法没有违反《反倾销协定》第3.1条或3.3条。

关于销售渠道,巴西提出,欧共体在报告中称所有受调查国家的销售渠道基本相同。巴西认为这样的结论根本不符合事实。专家组指出,《反倾销协定》第3.3条没有提出具体要求,因此欧共体在确认倾销时的一些做法不一定在确定损害的累积评估中使用,这样做没有违反《反倾销协定》第3.1条或第3.2条。

综合上述分析,专家组得出结论:《反倾销协定》第3.3条没有对如何分析"竞争条件"提出具体要求,一个客观的、无偏见的主管机关可以认为累积评估是适当的。因此,欧共体没有违反《反倾销协定》第3.3条。

八、没有恰当考虑价格削减

巴西提出,欧共体没有恰当考虑巴西产品是否大大削减了欧共体市场上同类产品的价格,只选择了部分交易作比较,而没有考虑未造成削价后果的交易,因此违反了《反倾销协定》第3.2条。欧共体则提出,巴西的理解是不正确的:就算欧共体使用了归零法,在价格削减方面的影响也只是微不足道的0.01%。此外,《反倾销协定》第3条对主管机关如何评估削价影响并没有具体要求。

专家组指出,《反倾销协定》第3.2条中没有要求计算出单一的削价幅度,也没有要求把倾销涉及的每一笔交易都考虑在内。分析进口产品对价格削减的影响,目的之一是确定倾销进口产品是否造成了国内同类产品产业的损害。以压低的价格销售可能对国内产业造成影响,即使某些交易没有以压低的价格销售,也不能改变压低价格已经造成的影响。如果要求把压低的价格与没有压低的价格相抵消,有可能会造成这样的结果:实际上存在压低价格的销售,而结论是没有压低价格。对于巴西提出欧共体使用的方法会增加认定削价销售的可能性,专家组认为,如果没有削价的证据,欧共体的方法不会制造出削价,只会确认已经存在的削价现象,因此欧共体使用的方法没有违反《反倾销协定》的第3.2条。

九、损害

巴西指出,欧共体没有审查《反倾销协定》第3.4条列举的所有因素,也没有审查某些相关的但没有在《反倾销协定》条款中列出的因素。欧共体提出,它审查了其他所有因素,这从调查记录中可以找到。

专家组指出,此前的专家组和上诉机构报告都强调主管机关必须审查《反倾销协定》第3.4条列举的所有因素,本案专家组同意这一观点,本案双方对此并无异议。专家组首先要确定欧共体主管机关是否审查了《反倾销协定》第3.4条列举的所有因素。此时,专家组依据的不仅仅是公开的文件,也依据欧共体主管机关在作出决定时考虑过的、保密或没有披露的文件。但是,专家组特别指出一个事实:在调查过程中,上述保密资料的非保密摘要没有提供给利害关系方,从临时裁定和最终裁定中无法看出主管机关在作出决定时考虑过这些资料。这一点令专家组困惑不解。

在《反倾销协定》第3.4条列举的所有因素中,巴西认为欧共体没有审查的只有"增长"一个因素。专家组指出,第3.4条列举的因素必须审查,但条款没有要求必须以什么方式进行审查;材料显示,欧共体也已经审查了"增长"这一因素,因此它审查了第3.4条列举的所有因素;在这一点上,欧共体没有违反第3.4条。专家组同时指出,仅仅清单式列举这些因素是不够的;每一因素在具体调查中都是变化的,因此主管机关在每一调查中必须评价各个因素的作用、相关性和权重;如果认为某个因素不相关或无足轻重,主管机关不能简单地忽略它,而应当解释其不相关的理由;评估不应当仅仅是理论上的,还应当分析具体数据以及它们与各项因素的关系。

关于欧共体对各项因素的评估是否充分的问题,专家组指出,《反倾销协定》第3.4条并没有要求每个因素都表明损害的存在,它只要求对各项因素的总体评估显示损害的存在。专家组确认,欧共体审查了国内产业损害各项因素并认定调查期间存在国内产业的严重损害。专家组认为,欧共体的裁定没有违反《反倾销协定》第3.4条或第3.1条。

十、因果关系

巴西提出,欧共体没有充分审查造成损害的其他已知原因,也没有确认由倾销之外的其他因素造成的损害是否没有被归因于进口,违反了《反倾销协定》第3.1条和第3.5条。欧共体则提出,巴西提出的一些因素并非已知因素,且巴西提出的已知因素在另外一些因素中已经得到了充分的审查。

专家组指出,《反倾销协定》第3.5条要求主管机关在作因果关系分析时,首先应分析除倾销之外同时造成损害的所有已知其他因素,其次要保证由其他因素造成的损害不归因于倾销进口。专家组注意到,双方对哪些因素是已知的倾销之外的因素并无争议。专家组从《反倾销协定》第3.5条使用的措辞看,认为第3.5条列举的因素是建议性的,"已知因素"当然包括利害关系方在调查过程中提出的因素。专家组注意到,Tupy在调查过程中提出了两种芯管的市场和生产成本差异问题,欧共体也审查了这一问题,但结论是:两种管子的生产成本差异很小,对市场没有什么影响,不是造成损害的其他"已知因素"。专家组认为欧共体的认定没有错误。

专家组指出,根据《反倾销协定》第3.5条,主管机关必须恰当区分造成损害的其他因素,但《反倾销协定》并没有规定具体方法,因此WTO成员可以采取任何适当方法来区分由倾销造成的损害和由其他因素造成的损害。专家组注意到,欧共体列出了倾销之外造成损害的其他因素,并逐一作了分析,得出的结论是:其他因素都不足以打断倾销与损害之间的因果链。专家组认为,欧共体的方法已经达到《反倾销协定》第3.5条的要求。

专家组最终确认,欧共体对倾销幅度为负数的产品使用归零法不符合《反倾销协定》第2.4.2条;从欧共体报告中无法清楚看出它分析或解释了认为不重要的因素,不符合第12.2条和第12.2.2条。对于巴西提出的其他诉请,专家组确认欧共体没有违反其在《反倾销协定》下的义务。根据DSU第3.8条,如果发生违反《反倾销协定》所规定义务的情况,则视为初步构成利益丧失或减损案件。据此,在专家组确认欧共体违反《反倾销协定》所规定义务的范围内，欧共体造成巴西的利益丧失或减损。专家组建议 DSB 要求欧共体调整其措施以符合《反倾销协定》所规定义务。巴西请求专家组提出执行建议的具体方式，但专家组决定不提出具体建议。

【上诉机构的分析和结论】

一、巴西货币在调查期间贬值的相关问题：GATT 第 6.2 条和《反倾销协定》第 1 条

巴西提出，欧共体根据整个调查阶段的数据（包括巴西货币贬值前的数据）作出存在倾销的结论，违反了 GATT 第 6.2 条和《反倾销协定》第 1 条。

上诉机构指出，巴西实际上提出了两个观点：GATT 第 6.2 条和《反倾销协定》第 1 条要求，在进行《反倾销协定》第 2.4.2 条所说的比较时必须使用特定的方法；《反倾销协定》第 2.4.2 条允许根据调查期间的其中一段时间的数据比较正常价值和出口价格。上诉机构决定分析这两个观点。

欧共体确定的调查期间是 1998 年 4 月 1 日至 1999 年 3 月 31 日，而 1999 年 1 月巴西货币贬值了 42%。欧共体依据整个调查期间的数据，确定从巴西进口的产品存在倾销。巴西认为，尽管欧共体的做法从技术上说符合《反倾销协定》的要求，但其结果没有反映现实情况。专家组指出，《反倾销协定》第 2.4.2 条提出了两种方法：用加权平均值相比与用逐笔交易相比。专家组认为，不管使用何种方法，都要考虑整个调查期间的数据，主管机关不能只考虑其中一段时间的数据。巴西在上诉时提出了不同的理由：GATT 第 6.2 条规定反倾销措施的目的是"抵消或防止倾销"，欧共体选择的方法不符合这一目的。巴西认为，欧共体应当只使用货币贬值之后的价格数据，否则就违反了 GATT 第 6.2 条规定的义务。

上诉机构认为巴西的观点是站不住脚的。GATT 第 6.2 条规定的义务非常明确，就是征收的反倾销税不得超过确定的倾销幅度，从这一规定根本不可能得出巴西主张的观点。上诉机构指出，确定是否存在倾销以及倾销幅度的规定不是 GATT 第 6.2 条，而是《反倾销协定》第 2 条。

但是，无论是GATT第6.2条还是《反倾销协定》第2条，都没有规定成员方的主管机关以特定的方法比较正常价值和出口价格。按照巴西的逻辑，主管机关只能以很短时间内的数据为基础进行比较。如果贬值发生在调查期间之后，主管机关就必须不顾整个调查期间的数据而重新审查，这显然不是GATT所规定的义务。如果最后一个季度巴西的货币不是贬值而是升值，而调查期间前三季度的数据表明不存在倾销，主管机关应当根据升值后的数据确定存在倾销吗？上诉机构指出，虽然《反倾销协定》没有规定调查期间的具体长短，但收集整个调查期间的数据，并据此作出是否存在倾销的结论，可以保证主管机关以合理方式作出关于倾销的裁定。专家组的观点是正确的。

二、与销售、一般和管理费用及利润相关的问题：《反倾销协定》第2.2.2条

在确定正常价值时，欧共体认为某些产品在巴西国内销售量太小，因此决定采用结构价格；而在计算结构价格时，欧共体使用了少量销售的实际数据。专家组认为，《反倾销协定》第2.2条只允许主管机关排除不属于正常贸易的数据，少量销售也是正常贸易，所以必须包括在计算之内。巴西对专家组的这一解释提出上诉。巴西提出，欧共体在计算结构价格时使用了少量销售的实际数据，这样得出的数据肯定不具有代表性，不符合《反倾销协定》第2.2.2条的前言。欧共体则提出，在确定正常价值时不予考虑的少量销售，在计算结构价格时予以考虑，这并不会扭曲计算结果，因为在计算时它们的权重不同。

上诉机构首先列举了《反倾销协定》中与确定正常价值相关的条款，并注意到第2.2.2条规定，成员有义务在计算时使用"正常贸易过程中生产和销售同类产品的实际数据"，只有在不可能使用实际数据时，才允许使用第2.2.2条规定的其他三种方法。专家组注意到，《反倾销协定》第2.2条提到正常贸易和销售量较低的贸易，而第2.2.2条只提到正常贸易；在同一个条文中，第2.2.2条不提少量销售，只明确排除"正常贸易过程"之外的数据，可见少量销售数据不在排除之列。上诉机构认为专家组的理解是正确的，第2.2.2条没有排除少量销售，这显然是协定签订者的真实意图。上诉机构维持专家组的这一结论。

三、累积计算:《反倾销协定》第3.2条和第3.4条

巴西认为,欧共体在分析国内产业损害时将数个国家的进口累积考虑,而没有单独分析巴西产品的进口量和进口价格,违反了《反倾销协定》第3.2条和第3.3条。专家组在分析这一问题时确认,《反倾销协定》第3.3条规定的条件是主管机关在累积评估时唯一需要遵守的条件,第3.3条并没有"额外要求主管机关在进行累积评估前考虑各国的进口是否有大量增加"。

上诉机构指出,它要解决的问题是:作为累积评估的先决条件,一国的主管机关是否必须逐国分析进口量和进口价格?上诉机构引用了《反倾销协定》第3.3条,确认这一条要求的累积评估的三个条件,从条款中显然找不到巴西观点的依据。实际上,《反倾销协定》的起草者允许累积评估,就是为了解决这样一种情况:国内产业的损害是由多个国家的进口综合造成的,任何单一国家的进口可能都不足以独立造成损害。巴西却忽略了这个前提:必须保证对被累积计算的多个国家中的每一个国家都征收反倾销税。据此,上诉机构维持专家组的这一结论。

四、因果关系:《反倾销协定》第3.5条

巴西提出,在巴西和欧共体出售产品的生产成本差异是倾销之外造成损害的其他"已知因素",欧共体应当审查。上诉机构认为,要解决的问题是生产成本差异是否构成"同时造成损害的倾销之外的其他因素"。上诉机构指出,《反倾销协定》第3.5条要求主管机关"审查除倾销进口产品外的、同时正在损害国内产业的任何已知因素",这一点是确立倾销与损害因果关系的关键所在;符合第3.5条所列的因素应当是主管机关已知的因素,是倾销之外的因素,而且正在同时造成国内产业的损害;《反倾销协定》既没有提出哪些因素是主管机关应当"知道的",也没有规定利害关系方应当如何提出。上诉机构注意到,巴西的上诉依据是产品生产成本存在很大差异,而欧共体驳斥了巴西的这一说法。专家组在经过调查后接受了欧共体的说法,上诉机构则对专家组确认的事实不予复审。欧共体认为巴西的说法没有证据,它没有义务审查所谓的价格差异。上诉机构维持专家组的这一结论。

欧共体单独分析了每一项其他因素对损害的影响，认为这些因素都不足以造成损害，或不足以打断倾销与损害的因果联系。专家组认为，《反倾销协定》第3.5条并没有要求主管机关考虑其他因素综合造成的影响，因此欧共体的做法没有违反《反倾销协定》第3.5条。巴西对此提出上诉。欧共体指出，巴西在专家组审理时从未正式提出这一问题，专家组不应就这一问题作出结论，专家组的结论剥夺了欧共体为自己辩护的权利。因此，欧共体反对上诉机构分析这一问题，并要求上诉机构宣告专家组的这一结论没有法律效力。上诉机构不同意欧共体的说法。上诉机构认为，巴西在专家组审理时提出了上述问题，专家组有权作出结论。上诉机构指出，根据巴西的逻辑，主管机关必须审查其他因素对损害的综合影响，否则就不符合《反倾销协定》第3.5条。在美国—热轧钢案（DS184）中，上诉机构指出，为保证由其他因素造成的损害不被归因于倾销，必须恰当评估由其他因素造成的损害后果，首先要区分由倾销和由其他因素造成的损害，否则主管机关就没有依据确认是倾销造成了国内产业的损害。但是，上诉机构同时强调，《反倾销协定》并没有规定区分不同因素造成损害的具体方法。只要主管机关能保证不将其他因素造成的损害归因于倾销，上诉机构可以选择审查的具体方法。上诉机构指出，《反倾销协定》第3.5条没有要求在所有案件中都必须评估其他因素的综合影响，巴西的观点没有法律依据，是否要考虑其他因素的综合影响，要根据个案的情况决定。根据本案的具体情况，欧共体有理由认为它不必分析其他因素的综合影响。为此，上诉机构维持专家组的这一结论。

美国计算倾销幅度的法律、法规及方法案

(WT/DS294)(简称:美国—归零法案(欧共体诉))

【案件基本情况】

申诉方(被上诉方/上诉方):欧共体

被申诉方(上诉方/被上诉方):美国

第三方(第三参与方):阿根廷、巴西、中国、中国香港、印度、日本、韩国、墨西哥、挪威、中国台北、土耳其(没有参与上诉)

本案涉及的相关协定条款和法律问题:《反倾销协定》第9.3条、第2.4条和第2.4.2条,第17.6(ii)条,第11.1条和第11.2条;"措施"(一般(DSU 第3.3条)和《反倾销协定》项下);GATT 第6.2条;强制与授权的区别;DSU 第1.1条(专家组的义务);初步证据案件;司法节制(专家组);"标准归零程序";归零"实践"本身;不同意见(专家组)。

2003年6月和9月,欧共体两次要求与美国磋商,以解决美国计算倾销幅度的法律、法规及方法的问题。由于磋商未果,经欧共体请求,DSB 于 2004 年 3 月 19 日成立专家组。2005 年 10 月 31 日,专家组报告公布。欧共体和美国分别提出上诉。2006 年 4 月 18 日,上诉机构报告公布。5 月 9 日,DSB 通过了上诉机构报告和专家组报告。

本案涉及美国在反倾销程序中确定倾销幅度使用归零法的问题,具体包括:美国商务部(United States Department of Commerce,USDOC)在反倾销原始调查中将被调查产品按照产品型号及贸易环节等标准区分为进行比较的平均组。在计算倾销幅度时,先比较每一组产品的加权平均出口价格和加权平均正常价值(以下简称"W—W 比较法"),再将比较

结果累计计算总倾销幅度,将其中出口价格高于正常价格的倾销幅度负值归零(model zeroing,以下简称"型号归零法")。

在计算最终反倾销税时,USDOC将每个平均组的加权平均正常价值和单笔出口交易的价格进行比较(以下简称"W—T比较法"),再将比较结果相加。在确定被调查产品的总倾销幅度时,将所有倾销幅度为负值(也就是没有倾销)的归零。美国在所有的复审调查中,包括新出口商复审、情势变更复审和日落复审中,系统性地使用了这一方法(simple zeroing,以下简称"简单归零法")。

此外,欧共体对美国1930年《关税法》(修订后,以下简称《关税法》)的相关条款、美国商务部《反倾销条例》第351条、1997年《反倾销进口执行手册》、美国归零的惯例和方法的规定(as such)及其适用(as applied)提出指控。

【专家组的分析和结论】

一、关于原始调查阶段的型号归零法

欧共体提出,美国反倾销调查阶段适用的型号归零法不符合《反倾销协定》第1条、第2.4条、第2.4.2条、第9.3条、第11.1条、第11.2条、第18.4条,GATT第6.1条、第6.2条,以及《WTO协定》第16.4条。考虑到《反倾销协定》第2.4.2条更明确地涉及出口价格与正常价值比较问题,专家组首先分析欧共体关于《反倾销协定》第2.4.2条的诉求。

欧共体认为,《反倾销协定》第2.4.2条中的倾销幅度是指被调查产品作为一个整体(而不是某个型号、类型或分类)的倾销幅度,在以W—W比较法计算整个产品的倾销幅度时,出口价格高于正常价值的负幅度应一并计算。

专家组认为,欧共体的诉请涉及对《反倾销协定》第2.4.2条第1句规定的两种比较方法的解释,即某型号产品的出口价格和正常价值多次比较得出的无论正负的所有值,是否应完全反映在其倾销总幅度的计算中。欧共体—床上用品案(DS141)和美国—针叶木材III案(DS236)的专家组及上诉机构对相同问题发表过看法,都认为将比较得出的负值排除

在总倾销幅度计算之外的做法不符合 2.4.2 条的规定。在有关归零法问题上，本案争议与上述两案完全相同。尽管上诉机构的裁决对专家组没有严格的约束力，但对此后案件中的相关问题应具有明确的指导作用。因此，本案专家组认为，在归零法问题上背离专家组已有的结论是不适宜的。在调查阶段计算产品倾销幅度时，应将所有型号的多次比较结果进行累计，也包括出口价格高于正常价值的情况。本案中，USDOC 在调查阶段使用的型号归零法与《反倾销协定》2.4.2 条不符。

有了这个结论，专家组认为，欧共体关于《反倾销协定》2.4 条的诉求没有必要再展开；欧共体关于《反倾销协定》其他条款的 GATT 第 6.1 条、第 6.2 条，以及《WTO 协定》有关条款的诉求由于不具有独立性，也没有必要再展开。

二、关于"标准归零程序"及原始调查阶段关税法的某些规定

欧共体认为，USDOC 在原始调查阶段计算倾销幅度时运用归零法，美国的"标准归零程序"及《关税法》本身均违反《反倾销协定》第 2.4 条、第 2.4.2 条、第 5.8 条、第 9.3 条、第 18.4 条，GATT 第 6.1 条、第 6.2 条，以及《WTO 协定》第 16.4 条。

欧共体认为，美国《关税法》的相关规定在用语上违法，如第 771(35)(A)节仅规定了计算正常价值超过出口价格的量的方法，"数量"(amount)一词暗含了倾销幅度为正值，使用"dumping margin"而不是《反倾销协定》第 2.4.2 条中的"margins of dumping"，会干扰第 2.4.2 条的正确适用。欧共体认为，如果国内法对一系列违法措施的实施起到强有力的作用，说明问题的根源在于国内法；实践中，调查当局在解释及适用上态度一致，容忍违反《WTO 协定》的行为，这样的立法本身违法。

专家组认为，双方争议在于判断一项立法本身违反《WTO 协定》的实质性标准。根据美国—不锈钢日落复审案(DS244)，一项本身受违法质疑的措施，如果表面意思及内容清楚，应以此为基础分析其与 WTO 相关规定的一致性；如果意思及内容不明确，则需要进一步审查。大量 WTO 专家组报告对此的标准是：如果一项国内立法强制要求违反 WTO 规则，该项立法本身违法；如果仅授予行政机构自由实施的权力，则不能认为立法本身违法。因此，一项立法本身是否违法取决于立法的实体内

容而不是其中的一些用语。本案中,美国《关税法》相关规定的文本本身并未提到计算倾销幅度方法这一具体问题,也未提到归零法。同时,"amount"一词与 GATT 第 6 条中的"the price difference"一样,都是中性词。"dumping margin"的单复数使用不涉及是否将负倾销幅度并入计算总幅度的问题,该法律条文和《WTO 协定》用语的差异与本案争议无关。

在美国国内立法含义的解释问题上,法院对国内法律解释的影响力应大于行政机关对该法律的解释。专家组认为,虽然 USDOC 对《关税法》相关条款作出排除负倾销值的理解,但美国联邦巡回上诉法院在 2004 年和 2005 年两个案件的判决中认为,《关税法》并未要求也未排除 USDOC 使用归零法。一项立法要被视为本身违反 WTO 规则,至少要对有关问题有一定程度的具体性,而本案不存在这种具体性。美国《关税法》在本争议问题上没有强制性,因此不能认为其本身违反 WTO 规则。

"标准归零程序"是指原始调查阶段包括 USDOC 的归零计算法区别正、负倾销值的计算机程序。欧共体认为,任何成员方的行为及不行为,包括具体的法案以及意在设立具有普遍及可预测性意义的规则或规范,均可以成为 WTO 争端解决机制下可被质疑的措施。美国则认为,标准归零程序本身不是措施,也不具备强制性特点。

专家组指出,DS244 案中,上诉机构认为,任何可归属于一成员方的行为或不行为均可作为争端解决意义下该成员方的措施。GATT 和 WTO 的争端解决实践也表明,"措施"包括成员方任何意在确立具有普遍及可预期意义的规则或规范的文件。《反倾销协定》第 18.4 条提到的"法律、法规及行政程序"包括成员方采取的与反倾销程序有关的具有普遍适用性的规则、标准、模式的整体。美国—石油管日落复审案(DS268)的上诉机构就认为,该日落复审政策公告(SPB)尽管是不具有法律约束力的政策文件,没有通过正式书面文件形式公布,但它是可通过其他证据证实其存在的规则或规范。从逻辑上讲,意在设立具有普遍及可预期意义的规则或标准也完全可能被作为措施或规范受到质疑。可见,即使一项措施并非成员方的法律文件,对相关行政机关没有约束力,但因其"意在设立具有普遍及可预期意义的规则或规范",也构成可受自身违法质疑的措施。

DS244案上诉机构认为,GATT、WTO的规则及争端解决体制不仅意在保护现有贸易,也要确保将来贸易的安全及可预测性。如果成员方采取违背其义务的规则或规范可以不受到专家组的审查或质疑,则上述目的难以实现,并会引发大量诉讼。可见,允许对措施本身违法提出质疑,可从根本上杜绝违反WTO规则的行为,从而达到止讼的目的。仅仅因为机构有权变更规范就认为该规范不存在本身违法问题,是不合理的。

但是,本身违法审查涉及事前阻止成员方为某种行为,应非常慎重,要有充足的证据证明该规范内容的准确性及行为的可预测性。本案中,归零指示反映在某些计算机代码行中,并包含在USDOC使用的反倾销计算机程序内。尽管美国强调经常修改标准计算机程序,但从未否认"标准归零程序"是其计算倾销幅度使用的计算机程序的恒定特点,证据也显示归零行为已经持续了很长时间。因此,反映在"标准归零程序"中的归零法形成了为USDOC所遵循的确定且具完整定义的规范,具有内容上的准确性及可预测性,与DS268案的区别仅在于归零法未以书面形式公布。据此,专家组确认,美国的"标准归零程序"已构成一项本身违反《反倾销协定》第2.4.2条的规范。

三、关于某些行政复审

欧共体要求专家组判定美国在16种行政复审裁决中使用的简单归零法违反了《反倾销协定》第2.4条、第2.4.2条、第11.1条、第11.2条、第9.3条、第18.4条,GATT第6.1条、第6.2条,以及《WTO协定》第16.4条。

1. 关于《反倾销协定》第2.4.2条

双方的主要争议在于,欧共体认为第2.4.2条适用于《反倾销协定》下的任何程序,包括行政复审;而美国认为第2.4.2条仅适用于第5条意义下确立倾销的调查。

专家组反对欧共体对"调查"一词的词典解释,认为根据条约解释的原则,条约用语的解释应结合上下文,应将第2.4.2条项下的"调查阶段倾销幅度存在"这一用语作为一个整体来分析,不能单独考察"调查"一词。第2.4.2条的调查应仅限于原始调查阶段,原因如下:

第一,"调查阶段"的适用范围是确定第2.4.2条范围的关键因素。

"调查阶段"是《反倾销协定》的特定程序,解释的关键不是"调查"一词的抽象及一般含义,而是"调查阶段"是持续过程中的一个明确阶段。第 5 条是唯一用"调查"一词确定其适用范围的规定,因此该条对"调查"的解释在《反倾销协定》中最为具体,将第 2.4.2 条中的"调查阶段"解释为与第 5 条相对应的"调查"在文本上显得非常自然。第 5 条将《反倾销协定》下的"调查阶段"及其后续调查作了有意义的区分,第 2.4.2 条项下的"调查阶段"始于第 5 条所指的发起调查,直至其结束。

第二,《反倾销协定》第 2.4.2 条与第 5.1 条具有文本的相似性。第 5 条明确规定倾销的存在根据"调查"来确立,这与第 2.4.2 条的"调查阶段倾销幅度存在"在用语上相似。

第三,专家组通过审查《反倾销协定》第 1 条的注释及第 3 条、第 6 条、第 7 条、第 8 条、第 10 条、第 12 条项下的"调查"一词的含义认为,当"调查"用于指某一程序或程序的某一阶段时,其含义限于第 5.1 条项下确定倾销成立的调查。《反倾销协定》在采取反倾销措施后的有关程序中没有再使用"调查"一词,第 9 条、第 11 条的条文也没有任何信息说明其规定下的程序为"调查"。可见,《反倾销协定》没有区分"原始调查"和其他类型的调查,但区分了"调查"和其他程序。

第四,《反倾销协定》中"调查"被用于指某一程序或程序的某个阶段时,更容易接受。采取反倾销措施后的某些程序性规定包含对适用于调查的规定的交叉援引,但这样的相互援引只能解释为,适用于"调查"的规定不自动适用于其他类型的程序,如反倾销税的估算及复审程序。可见,"调查"的概念应仅限于特定程序。

第五,《反倾销协定》第 18 条在同一句话中将"调查"与"现有措施的审查"并列,表明协定起草人清楚地意识到两者的区别。

为证明《反倾销协定》第 2.4.2 条项下的"调查阶段倾销幅度存在"仅限于第 5 条意义下的调查,专家组援引了美国—碳钢案(DS213)和 DS141 案。此外,WTO 争端解决实践已明确,适用于调查的规定并不适用于征收反补贴税及反倾销税后的其他程序。上诉机构在 DS213 案和 DS244 案中都确认了这一点。因此,当反倾销及反补贴程序下的"调查"被用于指某一程序或程序的某个阶段时,与税收估算及复审是相区别的,是一个具有不同目的的独立阶段,《反倾销协定》和《SCM 协定》下"调查"

的概念不能适用于《SCM协定》第19条、第21条和《反倾销协定》第9条、第11条。

针对欧共体提出"调查阶段"(during the investigation phase)可理解为"调查期间"(during the investigation period)的解释，专家组认为，《反倾销协定》第2.2.1条、第2.2.1.1条及第2.4.1条的六个脚注均反复提到"调查期间"，它与仅在第2.4.2条中提到的"调查阶段"有显著的不同。两者在法语和西班牙语版本中两者有明显的区别。因此，欧共体关于"调查阶段"可理解为"调查期间"的观点在《反倾销协定》中缺乏文本支持。

欧共体认为，将《反倾销协定》第2.4.2条限于原始调查与第9.3条及其目的相违背。专家组认为，《反倾销协定》第5条项下的调查目的与反倾销程序后续阶段的目的存在性质上的不同：第5条项下的调查是确定倾销是否存在，以及征收倾销税的措施是否适当；第9.3条是将某一出口商的倾销程度转化成在具体进口交易中进口商应承担的反倾销税数量。确定倾销成立的规则与反倾销税的征收是不同且相互独立的。根据第9.3条的估算程序，倾销幅度必须与某些应承担税收义务的进口交易相连，这是第9.3条项下的程序与第5条项下的调查程序的重大区别。适用于调查阶段决定倾销是否存在的比较方法不能同样适用于确定最后应支付的反倾销税。调查阶段与反倾销税征收阶段性质的不同，也意味着行政复审不会"侵蚀"原始调查的结果。调查阶段的比较方法确立了反倾销税征收的法律基础，但不能取代最后确定征税数量的方法。

欧共体认为，不将《反倾销协定》第2.4.2条适用于第9.3条会引起预期估算和追溯性估算程序的不平等。专家组认为，由于预期估算中征收的反倾销税的数量并不必然限于原始调查中确认的倾销幅度，且第2.4.2条的适用限于第5条项下的调查阶段，根据第9.3.2条决定是否给予退还时，不要求成员方在预期估算时适用第2.4.2条。在预期税收体系中，超过实际倾销幅度的数量将在退还程序中得到补偿，但不可能低于实际倾销幅度；而在追溯体系中，则可能征收实际倾销幅度与已付保证金之间的差额。不管第2.4.2条是否适用于税收估算程序，预期估算与追溯性估算本身就具有差异。专家组不认为在反倾销征税数量上的这种"不平等"与对第2.4.2条的解释有任何法律关系。不同的因素决定了成员方选择适当的税收估算制度。

2. 关于《反倾销协定》第 2.4 条

关于《反倾销协定》第 2.4 条第 1 句中的"公平比较",专家组发表了下列看法:

第一,第 2.4 条的"公平比较"创设了一项独立义务。尽管该段第 1 句与其他部分有紧密联系,但第 2.4 条没有任何用语显示,"公平比较"要求因为该段其余部分关于确保价格可比性所要采取的步骤,就穷尽了其含义。将"公平比较"要求解读为对后面语句的重复,会使规定没有意义。

第二,作为独立义务的"公平比较"要求的适用范围不限于第 4 段。将"公平比较"要求的适用限于确保价格可比性的步骤,不符合第 2.4 条的结构。将调查阶段货币兑换及倾销幅度的确立置于第 2.4 条的款项内,说明这些规定及第 2.4 条的首句都是整体的一部分。第 2.4.2 条的目的不是确保价格可比性,且将第 2.4 条、第 2.4.1 条及第 2.4.2 条包括在同一规定内,都说明第 2.4 条的"公平比较"不限于价格比较。

第三,根据条约解释方法,条约的词意不能脱离上下文来解释。"公平"的含义必须在该规则运作的特定背景下判定。第 2.4 条涉及确定倾销的实体义务。《反倾销协定》应有一个适当的、清楚的标准确定某一方法是否公平。"公平比较"要求也意味着,专家组不能以主观、武断的判决或完全脱离上下文的方式来审查一项措施,计算倾销幅度的"公平"标准必须考虑确定倾销幅度的具体规则及定义,尤其是第 2.4.2 条,因为该条是确定倾销幅度方法的唯一规定。同时,对"公平"的解释还必须考虑估算反倾销税的第 9 条中涉及反倾销税征收的相关规则及概念。

《反倾销协定》第 2.4.2 条将 W—T 比较法设为例外,并禁止在第 1 句的情形下适用归零法,而第 2.4.2 条的适用限于第 5 条项下的调查。这说明,《反倾销协定》并未在所有情形下禁止 W—T 比较法,也表明归零法并不是在所有情况下均被禁止。在所有情况下禁止使用 W—T 比较法及归零法将减损第 2.4.2 条存在的基础,第 2.4 条本身也就不公正了。同时,《反倾销协定》第 9 条也明确允许使用涉及归零法的 W—T 比较法。根据条约规定不应相互矛盾的原则,第 2.4 条并未将归零法视为不公平方法,也未在所有情况下禁止以上方法,否则将违反条约有效解释原则。但是,将第 2.4 条的适用扩展到第 9 条,将使第 2.4.2 条的适用限于调查阶段的规定无效。WTO 争端解决实践也未确立归零法是第 2.4

条意义下的不公平方法的结论。实际上，上诉机构将 W—W 比较法之外的其他方法是否允许归零的问题视为一个开放的问题，并一再强调调查阶段与税收估算阶段有不同的目的及功能。

欧共体认为，USDOC 的归零法形成了对出口价格、正常价值及其他因素的一种补偿或调整，有效地减少了真实的出口价格，不符合《反倾销协定》第 2.4 条第 3—5 句。专家组认为，该观点不符合第 2.4.2 条不涉及在原始调查之外的归零问题，而且该条还允许在一定条件下适用 W—T 比较法。第 2.4 条项下的价格可比性因素是对出口市场及国内市场在贸易水平、税收、数量等方面的差异，以及出口市场上地区、购买者及不同期间存在价格上的差异的补偿和调整，归零本身与价格可比性无关，不是该条意义下的调整项目。

四、关于"标准归零程序"、《关税法》、USDOC 有关定期行政复审条例

欧共体认为，美国行政复审中使用"标准归零程序"及《关税法》相关条款和商务部相关条例本身违反《反倾销协定》第 9.3 条、第 11.1 条、第 11.2 条、第 1 条、第 18.4 条，GATT 第 6.1 条、第 6.2 条，以及《WTO 协定》第 16.4 条。由于专家组已确定美国的行为未违反《反倾销协定》第 2.4 条、第 2.4.2 条，基于以上分析，且《关税法》第 771(35)(A)(B) 节、第 731 节、第 777A(d) 节本身未涉及归零问题，因此该诉求不成立。

专家组最终确认：美国在调查阶段采用 W—W 比较法计算倾销幅度时的归零行为不符合《反倾销协定》第 2.4.2 条的规定；美国在原始调查中的"标准归零程序"形成了一项标准，本身违反《反倾销协定》第 2.4.2 条。欧共体指出的美国法律其他相关规定本身没有违反《反倾销协定》的相关规定；行政复审中使用 W—T 比较法及归零行为未违反《反倾销协定》第 2.4.2 条、第 2.4 条；美国在行政复审中的行为未违反《反倾销协定》第 1 条、第 9.3 条、第 11.1 条、第 11.2 条、第 18.4 条，GATT 第 6.1 条、第 6.2 条，以及《WTO 协定》第 16.4 条；美国在行政复审中使用"标准归零程序"，《关税法》第 771(35)(A)(B) 节、第 731 节、第 777A(d) 节、第 751(a)(2)(A)(i)(ii) 节，以及 USDOC 条例第 351.414(c)(2) 节，其本身也未违反以上条款。

【上诉机构的分析和结论】

一、关于美国法规"适用违法"

1.《反倾销协定》第9.3条和GATT第6.2条

本争议涉及美国在行政复审中的行为是否与《反倾销协定》第9.3条和GATT第6.2条一致。欧共体认为,倾销及倾销幅度是针对相关产品整体,倾销幅度必须建立在调查产品整体的基础上,在原始调查中被禁止的方法不应在行政复审中又被允许。归零法提高了反倾销税数量,违反了《反倾销协定》第9.3条和GATT第6.2条。美国则认为,《反倾销协定》第2.4.2条限于第5条项下的调查阶段,第5条项下的义务并不必然适用于第9条的估算程序。上诉机构认为:

首先,《反倾销协定》第9.3条规定,反倾销税的金额不得超过根据第2条确定的倾销幅度。可见,第2.1条也是第9.3条的背景条款。第2.1条提到"为了本协定的目的",说明该条的倾销定义贯穿整个协定。DS141案和DS236案的上诉机构均认为,根据《反倾销协定》及GATT第6条,倾销及倾销幅度应建立在受调查产品整体的基础上,调查当局在中期阶段可以采取多次比较或多次平均方式以确定倾销幅度,累计所有"中期价值"才能确定《反倾销协定》第2.4.2条项下整个受调查产品的倾销幅度,并不能忽视出口价格高于正常价值的结果。

其次,《反倾销协定》第6.10条为第9.3条和GATT第6.2条项下"倾销幅度"的解释提供了相关背景。第6.10条的第1句规定,必须为受调查产品的每一已知的出口商或外国生产商确定单独的倾销幅度。第6.10条未将其适用范围限于原始调查,因此它应该可以适用于第9.3条和GATT第6.2条项下的税收估算程序。墨西哥—大米反倾销措施案(DS295)和美国—热轧钢案(DS184)的上诉机构都认为,"倾销幅度"一般是指为某一产品的被调查出口商、生产商确定的各自的倾销幅度。根据《反倾销协定》第2.4.2条,"倾销幅度"是指出口商及外国生产商的倾销幅度。可见,倾销幅度是为出口商及外国生产商确立的。根据《反倾销协定》第9.3条和GATT第6.2条,调查当局应确保,对某一出口商的进口产品的反倾销税的征收总数量不超过为该出口商确立的倾销幅度。在计算方法上,《反倾销协定》第9.3条和GATT第6.2条均没有规定具体方法。由于征收的反倾销税总量不能超过出口商或外国生产商的倾销幅度,因此反倾销税责任不能在某一交易或具体进口商的基础上估算,而《反倾销协定》除第2.4条外,没有其他可以依据的条款来计算倾销幅度。

最后,USDOC采取的简单归零法,在行政复审中系统地将比较获得的出口价格高于正常价值的负倾销值归零,这导致估算的反倾销税数量超过外国生产商及出口商的倾销幅度。但是,《反倾销协定》第9.3条明确规定:"反倾销税的数额按第2条规定不得超过倾销幅度。"因此,USDOC在日落复审中适用的归零法与《反倾销协定》第9.3条和GATT第6.2条不一致。

2.《反倾销协定》第2.4条

上诉机构赞成专家组在以下几方面的结论:《反倾销协定》第2.4条第1句的"公平比较"形成了独立义务;此义务的适用范围不限于第4段,即不限于价格可比性;第2.4条项下"公平比较"的具体含义的标准是概括性、抽象性的,暗示这一要求也可适用于第9.3条的程序。

由于上诉机构已经作出USDOC在行政复审中适用归零法与《反倾销协定》第9.3条和GATT第6条不符的裁决,再审查其是否符合《反倾销协定》第2.4条的"公平比较"对解决争议已经没有必要。专家组关于归零法未违反第2.4条第1句的结论为未决事项,不具有法律效力。

上诉机构认为,上诉机构第2.4条第3句的列举说明,即该条所涵盖的不同因素主要是指销售条件、税收、贸易水平、数量和物理性能等能影响价格可比性的差异,均指向交易本身的特点,是对出口交易与国内交易间的价格差异进行的补偿或调整。影响出口与国内交易的价格可比性的因素应在比较之前而不是之后确定。因此,归零不是第2.4条第3—5句涵盖的补偿或调整。此外,关于《反倾销协定》第11.1条、第11.2条,上诉机构认为其与行政复审中反倾销税额的评估并无直接关联,归零并未违反这些规定。

二、归零法"本身违法"的问题

1. 归零法是不是可以受到本身违法质疑的措施

从"措施"的概念着手分析,DSU第3.3条规定,争端解决机制的存在是为了处理一成员方认为其按相关协定所获得的利益正在直接或间接地因另一成员方采取的措施而受损的情况。这就确定了"措施"与"成员方"之间的关系。上诉机构已在相关案例中确立了"措施"可以受WTO争端解决的约束。DS244案的上诉机构指出,原则上,WTO成员的任何行为或不行为均可成为争端解决下该成员的"措施"。受争端解决约束的措施不仅包括适用法律的行为,也包括意在确立具有普遍及可预期意义的规则或规范的行为。

《反倾销协定》第17.3条没有为争议措施的类型设定门槛,仅强调某成员方的一项措施,只有在另一成员方善意地认为其在《反倾销协定》下的利益因该措施遭受丧失或减损时,才可请求磋商。第18.4条要求,成员方的法律、法规和行政程序应在《WTO协定》实施前符合该协定的规定。这里的"法律、法规和行政程序"包括成员方采取的与反倾销程序关联的普遍适用的规则、规范及标准的整体,其范围应基于该项措施的内容和实质,而不只是依据其形式。因此,书面方式并不是确定一项规则是否受本身违法质疑的决定性因素。由于"本身违法"质疑的对象是法律、法规及成员方的其他方法,不仅适用于某一特定情况,也适用于将来情况,判定上必须慎重。尤其是针对一项非书面的"规则或规范"时,不能轻易认定其形成了具有普遍性及可预期性的措施。"措施"应符合以下要求:该"规则或规范"属于被申诉方;内容确定;具有普遍及可预期的适用性。只有满足这些要求,并提供了充分证据,才能对受质疑"规则或规范"的"本身违法"问题进行论证。

上诉机构认为,尽管专家组的推理存在一定不足,但本案情况及证据已基本符合上述标准,美国在原始调查阶段使用W—W比较法计算倾销幅度时的归零法可以受到本身违法的质疑。

2. 欧共体关于归零法的其他诉求

专家组关于美国在行政复审中使用的归零法本身未与《反倾销协定》相关条款、GATT第6.1条和第6.2条、《WTO协定》第16.4条不一致的结论,是专家组基于《反倾销协定》第2.4条、第2.4.2条未禁止在行政复审中适用归零法的后续性结论。上诉机构已经推翻专家组关于《反倾销协定》第9.3条和GATT第6.2条的结论,宣告专家组关于《反倾销协定》第2.4条的结论未决,没有法律效力,并拒绝对《反倾销协定》第2.4

2条作出裁决。因此,上诉机构宣告本争议事项为未决事项,专家组的有关结论没有法律效力。此外,关于能否确定日落复审中的归零法是否本身违法,由于判定"本身违法"应特别慎重,在缺乏专家组事实结论的情况下,上诉机构拒绝对上述问题作出裁决。

三、USDOC 条例第 351.414(c)(2)节

USDOC 条例第 351.414(c)(2)节规定,在复审中可以适用 W—T 比较法。上诉机构认为,第 351.414(c)(2)节没有涉及归零问题,专家组的判断是基于《反倾销协定》第 2.4.2 条不适用于行政复审、新出口商复审、情势变更复审和日落复审,未禁止简单归零法的结论。由于上诉机构已拒绝基于《反倾销协定》第 2.4.2 条的有条件上诉,因此专家组关于 USDOC 条例第 351.414(c)(2)节未与《反倾销协定》第 1 条、第 2.4 条、第 2.4.2 条、第 9.3 条、第 9.5 条、第 11.1 条、第 11.2 条、第 18.4 条,GATT 第 6.1 条、第 6.2 条,以及《WTO 协定》第 16.4 条不一致的结论为未决事项,不具法律效力。由于欧共体的相关证据及论据有限,专家组也没有有关的事实结论,上诉机构拒绝对此争议问题作出裁决。

上诉机构的结论是:

第一,关于行政复审:

(1) 推翻专家组关于美国的行为未与《反倾销协定》第 9.3 条和 GATT 第 6.2 条不一致的结论;

(2) 没有必要裁决美国的行为是否与《反倾销协定》第 2.4 条第 1 句涵盖的义务不一致;

(3) 维持专家组关于归零不是《反倾销协定》第 2.4 条第 3—5 句所规定的不被允许的补偿或调整的结论;

(4) 拒绝对欧共体基于《反倾销协定》第 2.4.2 条提起的有条件上诉进行裁决;

(5) 维持专家组关于美国的行为不违反《反倾销协定》第 11.1 条、第 11.2 条的结论。

第二,维持专家组关于使用 W—W 比较法计算倾销幅度的原始调查中的归零法本身违反《反倾销协定》第 2.4.2 条的结论。

第三,关于行政复审中的归零法:宣告专家组关于行政复审中的归零

法本身未违反《反倾销协定》相关条款以及《WTO协定》第16.4条的结论为未决事项;不能完成分析,以确定行政复审中的归零法是否违反以上条款。

第四,裁决"标准归零程序"不是可以受到本身违法质疑的一项措施,并宣告专家组关于"标准归零程序"本身未违反《反倾销协定》相关规定、GATT第6.1条和第6.2条、《WTO协定》第16.4条的结论为未决事项。

第五,拒绝对欧共体关于美国归零"惯例"的有条件上诉作出裁决。

第六,宣告专家组关于《关税法》第351.414(c)(2)节本身未违反《反倾销协定》相关条款、GATT第6.1条和第6.2条、《WTO协定》第16.4条的结论为未决事项;拒绝完成分析,以决定《关税法》第351.414(c)(2)节是否与以上条款不一致。

美国涉及归零法与日落复审的措施案

(WT/DS322)(简称:美国—归零法案(日本诉))

【案件基本情况】

申诉方(上诉方/被上诉方):日本

被申诉方(被上诉方/上诉方):美国

第三方(第三参与方):阿根廷、中国、欧共体、中国香港、印度、韩国、墨西哥、新西兰、挪威、泰国

本案涉及的相关协定条款和法律问题:《反倾销协定》第 2 条、第 9 条和第 11 条;标准归零代码行(措施)(standard zeroing line);GATT 第 6 条;DSU 第 11 条;初步证据;司法节制。

2004 年 11 月 24 日,日本要求就包括所谓"归零法"在内的某些法律、方法和措施同美国进行磋商。由于双方磋商未能取得满意的结果,经日本请求,2005 年 2 月 28 日,专家组成立。2006 年 9 月 20 日,专家组做出最终报告。日本、美国分别提出上诉。2007 年 1 月 9 日,上诉机构做出报告。2007 年 1 月 23 日,DSB 通过了上诉机构和专家组报告。

本案涉及美国商务部(USDOC)在计算进口倾销幅度时所采用的归零法(日本将其称为"归零程序"(zeroing procedure)或"标准归零方法")。美国在采用这一方法确定进口产品的整体倾销幅度时,忽略某些交易的进口价格高于其正常价值的部分。日本针对归零法本身及其在初始调查阶段、定期复审阶段和日落复审阶段适用的合法性提出申诉。

【专家组的分析和结论】

一、初始调查阶段的归零程序

1. 初始调查阶段的归零程序本身

专家组首先要确定归零程序本身是否属于 DSU 和《反倾销协定》争端解决程序的适用范围。在 GATT 和 WTO 争端解决机制框架下,任何成员可就另一成员的某项"措施"本身(与具体情况下"措施"的适用相对应)诉诸 DSU 和《反倾销协定》项下的争端解决机制。本案专家组认为,"普遍和前溯性适用(general and prospective application)的规则或规范"这一概念构成了一项法案或文件本身是否构成上述"措施"的必要条件。在美国—归零法(欧共体)案(DS294)中,上诉机构指出,对"规则或规范"本身提出质疑,申诉方必须至少证明以下要件:(1) 所提出的"规则或规范"可归因于被诉方;(2)"规则或规范"的准确内容;(3) 该"规则或规范"是普遍和前溯性适用的。

就本案而言,专家组认为,应解决以下两个问题:(1) 一项程序未出现在法律、法规或其他形式的书面文件中,是否亦构成 WTO 争端解决机制项下可被质疑的"措施"?(2) 日本为争端解决的目的而创造"归零程序"这一术语,美国却未在反倾销立法和实践中使用过这一术语,这是否对本案的解决有任何影响?

对于第一个问题,专家组认为有充分的证据证明:USDOC 在进行反倾销幅度或反倾销税率的计算时,存在规定适用归零法的规则或规范。理由如下:

首先,在相当一段时间内,适用归零法是 USDOC 在计算倾销幅度时的持续特征。USDOC 在计算反倾销幅度或反倾销税率时,在大部分计算机程序中使用了被日本称为"标准归零代码行"的计算机编程代码行。即使未使用该代码行,USDOC 也采用了其他方法,以将出口价格高于正常价值的部分从加权平均倾销幅度的分子中剔除。因此,USDOC 一直在采用归零法是不争的事实。

其次,适用归零法并不限于特定个案,而是反映了 USDOC 一贯、有意的政策。USDOC 反复声称,其"做法"(practice)或"方法"(methodology)不允许"以高于正常价值的出口销售价格去抵消其他出口销售中的倾销幅度"。

最后,专家组认为,"归零法"这样的提法未必包含在法律或法规中,而一项措施必须以相关的国内法框架为基础,才有可能在 WTO 争端解决机制中被质疑。但是,就本案而言,确实存在这样的国内法基础。专家组注意到,美国联邦巡回上诉法院曾裁定允许基于 1930 年《关税法》第771(35)节适用归零法。

对于第二个问题,专家组认为,由于其就 USDOC 在计算倾销幅度时如何对待出口价格高于正常价值的部分的规则或规范进行了准确的辨析,因此"归零程序"一词是否在美国反倾销立法或实践中使用,与本案无关。

专家组由此得出结论:日本所称的"归零程序"本身构成可被质疑的"措施"。

2.《反倾销协定》和/或 GATT 是否禁止在初始调查阶段适用归零法

日本认为,在初始调查阶段采用型号归零法和简单归零程序与《反倾销协定》第 2.1 条、第 2.4.2 条和 GATT 第 6.1 条、第 6.2 条不一致,这些条款要求在计算倾销幅度时应将产品视为一个"整体"。在美国—针叶木材 V 案(DS264)中,上诉机构已经认定,在初始调查阶段确定是否存在倾销时使用型号归零法为《反倾销协定》第 2.4.2 条所禁止,故本案专家组主要分析了简单归零程序问题。

日本认为,《反倾销协定》第 2.1 条和 GATT 第 6 条中所称倾销"产品"是指"作为整体的产品",因而排除了将"倾销"和"倾销幅度"适用于"类型"(type)、"型号"(model)、"分类"(category)、"次产品组"(subgroup)和"交易"(transaction)等概念。日本还基于《反倾销协定》第 6.10 条主张,应将产品作为一个整体确定倾销及倾销幅度。

专家组认为,"作为整体的产品"一词并未出现在《反倾销协定》第 2.1 条和 GATT 第 6 条中。专家组指出,日本的主张无非是基于这样的考虑,即就"产品"一词的定义而言,"倾销"这一概念不能适用于单个交易,所以在确定倾销时就有必要对出口交易进行"累加审查"(exam at an aggregate level),同时考虑出口价格高于和低于正常价值的部分。日本并未解释为何从"产品"一词的通常含义中就能自然得出必须适用"累加审查"的结论。专家组不支持日本的观点。专家组认为,《反倾销协定》第6.10条并未要求调查机构在确定倾销及倾销幅度时必须进行"累加分析"(aggregate analysis),第6.10条未对计算倾销幅度的准确方法提供任何指导;即使第6.10条的提法隐含着要基于所有出口交易的分析为每个已知的出口商或生产商确定倾销幅度的义务,也并不必然意味着调查机构必须对出口价格高于和低于正常价值的交易给予同等程度的关注。

专家组基于上述分析得出结论:《反倾销协定》第2.1条和GATT第6.1条、第6.2条中的"倾销"和"倾销幅度"这两个术语可以适用于单个交易,且并不要求调查机构必须对出口价格高于和低于正常价值的交易给予同等程度的关注。

专家组从条款的内部协调性、使用的措辞、逻辑关系及对条款的解释逐一分析,以确认《反倾销协定》第2.4.2条是否可以被解释为禁止采用逐笔交易比较法(以下简称"T—T比较法")、加权平均对加权平均比较法(W—W比较法)或加权平均对单笔交易比较法(W—T比较法)中的任何一种,适用归零法来确定倾销幅度。在进行各项分析之后,专家组指出,虽然确认第2.4.2条只禁止W—W比较法下适用归零法在逻辑上有点问题,但相比之下,在三种比较方法中都禁止归零法问题更大。

综合上述分析,专家组认为,"倾销"和"倾销幅度"这两个术语不必然要求调查机关对出口进行累加审查;《反倾销协定》第2.4.2条并不支持将《反倾销协定》和GATT第6条解释为普遍禁止归零法。鉴于上述考虑,专家组裁定USDOC在初始调查阶段适用简单归零程序并不违反《反倾销协定》第2.1条、第2.4.2条和GATT第6.1条、第6.2条。

日本主张简单归零不符合《反倾销协定》第2.4条第1句规定的"公平比较"。专家组认为,"公平比较"是一项独立的法律义务,但并未被第2.4条项下的具体条款解释穷尽,其适用范围也不限于对价格的调整。"公平"本身具有多义性,所以"公平"与否不应进行主观的抽象解释,而应依事实背景进行解释。正如专家组在分析第2.4.2条时所指出的那样,"公平比较"不能解释为全面禁止归零法,因为这将使得W—T比较法与前两种比较方法变得不可区分,并导致其与第2.4.2条相冲突。因此,专家组得出结论:USDOC 在初始调查阶段适用简单归零程序不违反《反倾销协定》第 2.4 条。

由于对归零法是否违反《反倾销协定》第 3.1 条至第 3.5 条、第 5.8 条、第 18.4 条和《WTO 协定》第 16.4 条的认定与《反倾销协定》第 2.4.2 条有关,而专家组已认定初始调查阶段适用简单归零程序并不违反《反倾销协定》第 2.4.2 条,故专家组依司法节制原则,裁决 USDOC 在初始调查阶段适用简单归零程序不违反《反倾销协定》第 3.1 条至第 3.5 条、第 5.8 条、第 18.4 条和《WTO 协定》第 16.4 条。同时,专家组认为没有必要对日本提出的初始调查阶段对来自该国的特定长度碳钢产品适用归零程序是否违反《反倾销协定》第 1 条、第 3.1 条至第 3.5 条作出裁决。

二、新出口商复审和定期复审阶段的归零程序

1.《反倾销协定》第 2.1 条、第 2.4.2 条和 GATT 第 6.1 条、第 6.2 条

日本认为,美国在新出口商复审和定期复审阶段的归零程序本身违反《反倾销协定》第 2.1 条、第 2.4.2 条和 GATT 第 6.1 条、第 6.2 条,其理由与日本主张在初始调查阶段适用归零程序违反 WTO 相关规定的理由相同。

专家组认为,成员方在新出口商复审和定期复审阶段同样没有被普遍禁止归零的义务。根据《反倾销协定》第 9.3 条的规定,支付反倾销税的义务与特定的进口商有关。"进口商"而非"出口商"支付反倾销税这一特征在解释"倾销幅度"一词的含义时必须予以考虑。在实行"回溯征税"时,如果采用普遍禁止归零的解释,则在某一时间点低于正常价值的某一出口交易将同另一时间点高于正常价值的另一出口交易相抵消,从而无法追溯征收反倾销税。因此,专家组认为日本关于"累加审查"的观点与"进口商"支付反倾销税的特征相违背。

日本认为,"反倾销税的数额"与"倾销幅度"是两个不同的概念,海关在对单个交易征收反倾销税时,并未基于《反倾销协定》第 2 条确定倾销幅度,因为实际的倾销幅度必须根据《反倾销协定》第 9.3.2 条在复审中予以确定。但是,专家组认为,将"反倾销税的数额"与"倾销幅度"的关系割裂是不符合逻辑的,因为第 9.3 条明确规定了两者的关系,即征收反倾

销税的数额不应超过基于第2条确定的倾销幅度。另外,日本认为,实际的倾销幅度必须根据第9.3.2条在复审中予以确定的观点与"预估征税制"的性质也不符。根据《反倾销协定》第9.4(ii)条,支付反倾销税的责任是基于对今后正常价值的估算。事实上,在这一制度下,支付反倾销税的责任在产品进口时就已最终确定,且只有在单笔出口交易的价格低于正常价值时才发生。因此,专家组认为,《反倾销协定》并未要求在计算倾销幅度时必须对高于正常价值和低于正常价值的出口价格给予同样的关注。既然以"预估正常价值"为基础时可以只就估算低于正常价值的部分征税,专家组认为,在"回溯征税制"下倾销幅度的计算也可运用类似的方法。

基于上述分析,专家组得出结论:美国在新出口商复审和定期复审阶段适用简单归零程序不违反《反倾销协定》第2.1条、第2.4.2条和GATT第6.1条、第6.2条。

2.《反倾销协定》第2.4条、第9.1条至第9.3条和第9.5条及归零程序适用于定期复审

日本提出,简单归零程序不符合《反倾销协定》第2.1条、第2.4条和第2.4.2条,就当然不符合第9.1条至第9.3条和第9.5条。由于之前专家组已经确认简单归零法不违反第2.1条、第2.4条和第2.4.2条,所以专家组拒绝了日本的这一诉请,同时驳回其关于USDOC在11项定期复审中适用归零程序违反《反倾销协定》第1条、第2.1条、第2.4.2条、第2.4条、第9.1条至第9.3条和GATT第6.1条、第6.2条的请求。

三、情势变更复审和日落复审阶段的归零程序

1. 情势变更复审和日落复审阶段的归零程序本身

参照上诉机构在美国—不锈钢日落复审案(DS244)中的观点,如果在根据《反倾销协定》第11.2条进行的情势变更复审和参照第11.3条进行的日落复审中,调查机构选择"依赖"(rely on)某一倾销幅度,则该倾销幅度必须符合《反倾销协定》第2.4条、第2.1条和第2.4.2条关于对产品整体确定倾销及倾销幅度的要求。日本据此认为,在进行情势变更复审和日落复审中,USDOC依赖在初始调查或定期复审中运用归零法所确定的倾销幅度,违反了《反倾销协定》第2.1条、第2.4.2条、第2.4条、

第11.2条和第11.3条。

专家组认为,日本所提质疑的关键问题在于,这种"依赖"是否构成一项可被质疑的措施,日本没有充分证据证明这一点。首先,就情势变更复审而言,日本仅引用USDOC前雇员、电脑程序专家Valerie Owenby的陈述不足以证明存在一项普遍和前溯性适用的规则或规范。其次,就日落复审而言,日本在不同的意义上使用了"依赖"一词。据此,专家组认为,日本未能提供足够的证据证明USDOC的上述"依赖"构成一项普遍和前溯性适用的规则或规范。但是,专家组特别强调其并未就USDOC有没有依赖上述倾销幅度作出事实上的裁决,只是确认根据日本提供的证据无法裁决USDOC依赖了上述倾销幅度。

基于上述分析,专家组认为,日本未能提供初步证据证明USDOC依赖在初始调查或定期复审中运用归零法所确定的倾销幅度,所以美国并未违反《反倾销协定》第2条和第11条。

2. 归零程序适用于上述两项复审

日本主张,USDOC和美国国际贸易委员会(United States International Trade Commission,USITC)在两项日落复审中使用先前程序中运用归零法计算得出的倾销幅度,违反了《反倾销协定》第2条和第11条。为证明其观点,日本提供了USITC名为《决定和观点》的摘要。但是,专家组认为,这些摘要中都未提到USITC是否以及如何依赖这些倾销幅度以支持其撤销反倾销措施可能导致实质损害继续或再次发生的观点。就日落复审而言,专家组注意到,《决定和观点》中有一位委员提出了支持日本的观点。但是,仅一位委员这样认为是不够的,并不能表明USITC的其他委员也持同样的观点。与USITC相反,USDOC的确依赖倾销幅度以决定是否撤销反倾销决定。但是,此处USDOC依赖的并非初始调查阶段计算的幅度,而是在定期复审阶段计算的幅度,而专家组已裁定在复审阶段并不禁止归零法,所以USDOC的做法并不违法。

综上,专家组得出结论:USDOC和USITC在两项日落复审中使用先前程序中运用归零法计算得出的倾销幅度并未违反《反倾销协定》第2条和第11条。

【上诉机构的分析和结论】

一、归零法本身在初始调查、定期复审和新出口商复审中的合法性

上诉机构确认:(1)"倾销"和"倾销幅度"的概念与某一产品和某一出口商或外国生产商有关;(2)"倾销"和"倾销幅度"必须在每个已知的受调查的出口商或外国生产商的基础上确定;(3)只有在倾销产品对生产同类产品的国内产业造成实质损害或损害威胁时,才能征收反倾销税;(4)反倾销税征收的数额不得超过为该出口商或外国生产商确定的倾销幅度。这些概念互相关联,且不因确定倾销方法的不同而改变。

调查机构可以定义受调查的产品,但是不能仅针对调查机构定义的产品来确定"倾销"和"倾销幅度",即不能基于某一产品的种类、型号或者分类来确定"倾销"和"倾销幅度"。因此,当某一调查机构基于多重比较计算倾销幅度时,比较的中间结果本身并非倾销幅度,而只是最终累加确定受调查产品的倾销幅度的原始数据。

1. 在初始调查中基于 T—T 比较法确定倾销幅度

首先,上诉机构认为,如果在初始调查中,某一产品是依 T—T 比较法来确定倾销幅度的,则适用归零法必然违反《反倾销协定》第 2.4.2 条。T—T 比较法下的归零法甚至比 W—W 比较法下的标准归零更容易夸大倾销幅度,因为在 W—W 比较法下的标准归零仅仅针对累加过程中的次产品组,而 T—T 比较法下的归零法则忽略了所有出口价格高于正常价值的比较结果。同时,虽然 T—T 比较法的上下文中并没有"所有可比较的出口交易"这一措辞,但这并不意味着在这种比较方法下允许使用归零法。因为在 W—W 比较法下,所有的交易被划分成组,"所有可比较的出口交易"这一措辞要求每一组仅包括可比较的交易,而且在决定倾销幅度时没有遗漏出口交易。另外,W—W 比较法包含对加权平均出口价格的计算,而在 T—T 比较法下所有的出口交易都是逐个考虑的,"所有可比较的出口交易"这一措辞与 T—T 比较法无关。因此,并不能从 T—T 比较法上下文中没有这一措辞而得出任何推论。

其次,W—W 比较法和 T—T 比较法有所区别,并可能有不同的比较

结果。同时,正如美国—针叶木材 V 案(DS264)执行情况审查中上诉机构所述,这两种方法具有相同的功能,在确定倾销幅度方面具有替换性。但是,如果在 W—W 比较法下禁止归零,而在 T—T 比较法下允许归零,则 T—T 比较法的结果将系统性地不同于 W—W 比较法的结果。另外,因为完全忽略了出口价格高于正常价值的比较结果,归零法将无法按照《反倾销协定》第 2.4.2 条的要求对受调查产品确定适当的倾销幅度。

最后,《反倾销协定》要求对每一个已知的出口商或外国生产商逐个确定倾销幅度。但是,如果允许对每笔交易单独确定倾销幅度,其结果将是对每一个已知的出口商或外国生产商可能有多个倾销幅度;出口交易次数越多,针对每个出口商的单笔交易倾销幅度的数量就越多。如此,将导致在初始调查和后续反倾销程序的各个阶段作出裁定的不确定性,继而引起偏差。

美国认为,《反倾销协定》第 2.4.2 条并未规定基于具体交易比较结果的累加问题,但是如果进行了累加,则出口价格高于正常价值的比较结果就可以忽略不计,因为这些交易并不构成倾销。对此,上诉机构认为,《反倾销协定》只规范产生损害的倾销行为,倾销进口产品的数量是确定是否损害的重要因素。根据上诉机构的理解,依美国法,如果出口商被认定存在倾销行为,那么 USITC 可以在进行损害认定时将该出口商所有的出口产品一并计入。如此,美国在确定倾销是否存在时不予考虑的交易,在确定损害时却予以考虑,即美国可以为不同的目的将同一笔交易认定为倾销或者非倾销,这显然违背反倾销调查中对同一产品一致对待的要求。

基于上述理由,上诉机构不同意专家组的以下观点:(1) 倾销可以在逐笔交易的基础上确定;(2) 多重比较的结果本身即是倾销;(3) "产品"(product)和"各种产品"(products)这两个术语可以应用于单个交易,并不要求对出口交易进行累加审查;(4) 成员方可以认为出口价格低于正常价值的交易比出口价格高于正常价值的交易更具相关性。由此,上诉机构不同意专家组的以下裁决:在《反倾销协定》第 2.4.2 条第 1 句所指的 T—T 比较法的背景下,"倾销幅度"一词可以理解为特定交易的出口价格低于正常价值的总额。

上诉机构认为,《反倾销协定》第 2.4.2 条第 1 句规定了调查机构在正常情况下应当采用前两种比较法来确定倾销,而第2.4.2条第2句则规定在目标倾销的情况下,调查机构可以有条件地采用第三种非对称的比较方法。也就是说,第2.4.2条第2句并没有否定在目标倾销的情况下,适用前两种比较法的可能性。专家组认为,要协调普遍禁止归零法与第2.4.2条第2句明确规定W—T比较法存在逻辑上的不可能。因为如果在三种比较法下均禁止归零法,适用第2.4.2条第2句的数学结果将与W—W比较法相等,从而导致第2.4.2条失去意义。在DS264案执行情况审查中,上诉机构认为:"如果某一条款之一部分规定了某种比较方法,而在特别情况下采用该种方法所得的比较结果与依该条款之另一部分所规定的另一比较方法产生的结果相同,则该条款之一部分不会仅仅因此而无效。"

关于T—T比较法与W—T比较法的关系,专家组的推理似乎认为,适用这两种比较法的出口交易都是一样的。这两种比较法之所以不同,仅仅是因为,在W—T比较法下,正常价值是基于加权平均获得的;而在T—T比较法下,正常价值是基于单笔交易获得的。由此,专家组认为,如果在W—T比较法下允许使用归零法,则在T—T比较法下也应该允许使用归零法。上诉机构不同意专家组的推理,认为:《反倾销协定》第2.4.2条第2句强调的是一种在不同购买者、地区或者时间段显著不同的出口价格模式,该句中"单笔出口交易"一词应特指属于上述相互不同的出口价格的交易,这一出口交易的总体远小于采用第1句规定的对称比较法的出口交易总体;为了揭露目标倾销,调查机构可以将W—T比较法的运用限于上述出口价格模式。

基于上述理由,上诉机构不同意专家组的观点:《反倾销协定》第2.4.2条第2句为在T—T比较法下允许使用归零法提供了上下文支持。上诉机构指出,在T—T比较法下确定倾销幅度时,调查机构必须累加所有基于单笔交易比较的结果,并且不得忽略那些出口价格高于正常价值的比较结果。据此,上诉机构推翻了专家组的结论,认为美国在初始调查中采用T—T比较法时适用归零程序违反第2.4.2条。

关于在初始调查程序中适用简单归零程序是否违反《反倾销协定》第2.1条和GATT第6.1条、第6.2条的问题,由于专家组的裁决是基于其对《反倾销协定》第2.4.2条之分析,故上诉机构同样推翻了专家组关于在初始调查程序中适用简单归零程序不违反《反倾销协定》第2.1条和GATT第6.1条、第6.2条的裁决。

日本主张，专家组认为《反倾销协定》第2.4条的解释要受到更为具体的第2.4.2条的制约是错误的。上诉机构同意日本的观点。专家组似将第2.4.2条视为特别法，这与第2.4.2条在一开始就规定的"在遵守第2.4条公平比较的前提下"相矛盾。

日本进一步主张，在归零程序下，美国在初始比较阶段对所有可比的出口价格进行了比较，但在累加阶段，却仅将比较结果为正数的考虑在内，忽略了比较结果为负数（即不存在倾销）的部分。这种部分比较的方法具有潜在的歧视性，并违反《反倾销协定》第2.4条的公平比较要求。在DS264案执行情况的审查中，上诉机构已经确认，基于T—T比较法下的归零程序扭曲了某些出口交易的价格，因为这些交易的价格被人为地降低了。据此，本案上诉机构推翻了专家组的裁决，认为在初始调查程序中适用T—T比较法时采用归零法违反《反倾销协定》第2.4条的公平比较要求。

2. 归零法本身在定期复审和新出口商复审中的合法性

上诉机构认为，《反倾销协定》第9.3条设定了关于反倾销税数额的要求，即为某一出口商确定的倾销幅度是征收反倾销税的上限。因此，在第9.3.1条的复审程序中，调查机构必须保证对倾销产品的所有进口商征收的反倾销税总额不超过倾销总额，而该倾销总额是根据倾销幅度得出的。至于倾销幅度，则应在不采用归零法的基础上进行计算。同样，在第9.3.2条规定的复审程序中，也应当遵守第9.3条所规定的征收反倾销税的上限。

上诉机构认为，在任何征税体制下，根据《反倾销协定》第2条所确定的倾销幅度都是征收反倾销税的上限。由于反倾销税由进口商支付，故其有权要求返还超过上限部分的反倾销税。同样，在回溯征税制下，美国可以基于个别交易估算征收反倾销税的数额，但其征税总额不得超过出口商的倾销总额。上诉机构指出，《反倾销协定》对于不同的征税体制而言是中立的，它仅仅规定了征收反倾销税数额的上限，并规定了超额征税的返还机制。因此，不能说《反倾销协定》更青睐某种征税制，或者将另一种征税制置于不利地位。

如上所述,在《反倾销协定》项下,倾销的确定与出口商有关;"倾销"和"倾销幅度"的概念与出口商的定价行为有关;在计算倾销幅度时,负数结果不应被忽略。基于上述理由,上诉机构认为,在为新出口商确定单个倾销幅度时,采用归零法违反了《反倾销协定》第 9.5 条。因此,上诉机构推翻了专家组的裁决,确认美国在定期复审和新出口商复审中适用归零程序违反了《反倾销协定》第 9.3 条、第 9.5 条和 GATT 第 6.2 条。

如果反倾销税的评估是基于对出口价格和正常价值进行比较而得出的,且根据这种方法评估的反倾销税额超过了倾销幅度,那么该种方法就不能称为《反倾销协定》第 2.4 条所要求的公平比较,并会导致实际收取的税额超过依第 2 条所确立的倾销幅度。因此,上诉机构推翻了专家组的裁决,确认定期复审和新出口商复审中的归零法违反《反倾销协定》第 2.4 条。

专家组认为,美国采用归零法不违反《反倾销协定》第 2.1 条、第 9.1 条、第 9.2 条和 GATT 第 6.1 条。由于这一结论是建立在对《反倾销协定》第 2.4 条、第 2.4.2 条、第 9.3 条和 GATT 第 6.2 条进行分析的基础上,而上诉机构已经推翻了专家组的这一结论,故上诉机构认为,美国采用归零法违反《反倾销协定》第 2.1 条、第 9.1 条、第 9.2 条和 GATT 第 6.1 条。

二、在定期复审中采用归零法的合法性

在本案诉争的定期复审中,USDOC 是采用 W—T 比较法评估反倾销税的:对每一个进口商的单笔交易的价格与同期的平均正常价值进行比较,并将这些多重比较结果累加,以计算出每个进口商应当支付的反倾销税;对某一特定进口交易而言,如果出口价格超过同期的平均正常价值,则在累加阶段不考虑该超过部分,由于这部分比较结果被彻底忽略,在诉争定期复审中所征收的反倾销税数额超过了进口商的倾销幅度。

因此,上诉机构推翻了专家组的裁决,确认美国在 11 项定期复审中采用归零法违反《反倾销协定》第 2.4 条、第 9.3 条和 GATT 第 6.2 条。

三、日落复审中的倾销幅度

日本认为,专家组裁决 USDOC 在日落复审中没有违反《反倾销协

定》第2条和第11条有误,这一裁决的唯一理由是归零法在第9.3条项下的定期复审中是被允许的,而USDOC正是依赖在定期复审中确定的倾销幅度来决定倾销是否会继续或再度发生的。

在DS244案中,上诉机构指出,如果调查机构选择依赖倾销幅度来决定倾销是否会继续或再度发生,倾销幅度的计算必须符合《反倾销协定》第2.4条的规定。如果因倾销幅度有瑕疵而不符合第2.4条,则可能导致同时违反第2.4条和第11.3条。在这种情况下,倾销是否会继续或再度发生无法构成根据第11.3条继续征收反倾销税的理由。

本案中,专家组确认了这样的事实:在决定倾销是否会继续或再度发生的过程中,USDOC依赖于先前程序确定的倾销幅度,而这些倾销幅度是在定期复审中基于简单归零法计算得出的。上诉机构已经在之前得出结论:与定期复审有关的归零法违反《反倾销协定》第2.4条和第9.3条。由于在日落复审中确定倾销是否会继续或再度发生的程序依赖违反《反倾销协定》计算得出的倾销幅度,故这些程序也违反《反倾销协定》第11.3条。

基于上述理由,上诉机构推翻了专家组的裁决,认为美国在日落复审中依靠在先前程序中计算的倾销幅度违反《反倾销协定》第11.3条。

欧共体对中国钢铁紧固件的最终反倾销措施案

(WT/DS397)(简称：欧共体—紧固件案(中国诉))

【案件基本情况】

申诉方(被上诉方/上诉方)：中国

被申诉方(上诉方/被上诉方)：欧共体

第三方(第三参与方)：巴西、加拿大、智利、哥伦比亚、印度、日本、挪威、中国台北、泰国、土耳其、美国

本案涉及的相关协定条款和法律问题：《反倾销协定》第2.4条、第3.1条、第4.1条、第6.2条、第6.4条、第6.5条、第6.10条、第9.2条；《中国加入世界贸易组织议定书》；上诉机构审理范围(DSU第17.6条)；上诉机构工作程序(对另一上诉的通知是否充分)；成立专家组请求的条件(DSU第6.2条)。

2009年7月31日，中国要求与欧共体磋商，解决欧共体根据欧洲理事会第91/2009号规则对中国的钢铁紧固件实施最终反倾销措施的问题。由于双方磋商未果，经中国请求，成立了专家组。2010年12月3日，专家组做出报告。中国和欧共体分别提出上诉。2011年7月15日，上诉机构做出报告。7月28日，DSB通过了上诉机构报告和专家组报告。

本案涉及的是欧洲理事会第384/96号条例第9(5)条和2009年1月29日欧洲理事会第91/2009号条例对中国出口的钢铁紧固件实施的反倾销措施。

【专家组的分析和结论】

一、对法规本身的指控

专家组成立后,欧共体废止了理事会第 384/96 号条例,代之以理事会第 1221/2009 号条例(以下简称"1221 号条例")。欧共体对专家组职权范围提出异议。中国在申请成立专家组的文件中提出的是理事会第 384/96 号条例及其修订版,在提交的书面陈述中提到 1221 号条例。欧共体提出,理事会第 384/96 号条例已经被废止,1221 号条例不是第 384/96 号条例的修订版,因此不属于专家组的职权范围。专家组注意到,1221 号条例第 9(5)条与第 384/96 号条例相关条款的规定几乎一模一样,其差别可以忽略不计。欧共体称其并没有修订第 384/96 号条例,而是废止了该条例,代之以新的条例。专家组拒绝对"修订"二字作机械的解释,确认 1221 号条例属于专家组职权范围。

1. 1221 号条例第 9(5)条是否违反《反倾销协定》相关条款

1221 号条例第 9(5)条要求"针对每一供应商确定反倾销税额",但同时规定,在可以适用第 2(7)条的情况下,要确定的是相关国家的统一税率,除非受调查企业能够证明应当对其适用单独税率。根据这一条规定,对于来自非市场经济国家的受调查产品,如果企业能证明其可以享受市场经济待遇,则该企业提供的信息将被用于计算正常价值和出口价格。不能享受上述待遇的企业可以申请享受"单独处理"(individual treatment),而要享受单独处理,受调查企业须证明其资金和利润可以自由汇出(仅针对独资或合资企业);出口价格、数量、条件由企业确定;汇率由市场决定;股权大多数为私人所有,董事会中政府官员是少数,或不受政府干预;如果可以得到单独处理的税率待遇,国家干预不会造成规避的现象。可以享受单独处理的企业,其产品的正常价值是按照替代国的资料计算的,但其出口价格可以按照企业提供的信息。不能享受上述两种待遇的企业,其产品将适用统一税率。欧共体根据受调查企业的"合作程度"来决定出口价格。"合作程度"指受调查企业作出回复的比例。如果几乎所有受调查的企业都作出回复,合作程度几乎为 100%,则这些企业产品出口价格的加权平均值会作为出口价格。对于合作程度较低的受调查企业,欧共体将根据其具体程度决定采用"可得事实"来补充缺失的信息,包括出口数量的信息。1221号条例第9(5)条对非市场经济国家不同类型企业在反倾销调查中的处理标准见下表:

企业类型	正常价值	出口价格	反倾销税率
企业符合市场经济标准	与其他市场经济国家调查作相同处理,即使用企业提供数据		企业单独税率
企业符合单独处理标准	用替代国	用企业提供数据	企业单独税率
不符合上述两类标准的其余所有企业	用替代国	根据企业合作程度用加权平均价格或可得事实	出口国统一税率

(根据专家组报告对欧共体措施的描述整理)

欧共体提出,1221号条例第9(5)条只适用于计算反倾销税额;而中国认为,它同样适用于计算倾销幅度。专家组认为,这是个事实问题,虽然欧共体没有提交证据,但从文字表面看,第9(5)条确实适用于反倾销税的计算,而反倾销税的计算离不开倾销幅度的确定。欧共体称其对"单独处理"的企业不计算倾销幅度。但是,根据已有的证据,专家组不接受这一说法。专家组确认,第9(5)条不仅适用于计算反倾销税额,也同样适用于计算倾销幅度。

中国认为,1221号条例第9(5)条违反了《反倾销协定》第6.10条、第9.2条、第9.3条和第9.4条。第6.10条规定,应该对每一个已知的出口商或生产者确定单独的倾销幅度,如果出口商太多,允许调查机构抽样,但须征得出口商同意,且不得阻止未被抽样的出口商自愿参加调查。为每一个出口商和生产者确定单独的倾销幅度,这是第6.10条规定的原则。双方对"抽样"是不是第6条允许的唯一例外有不同看法。欧共体列举了一些情况,认为在这些情况下,不可能对每一个出口商都实行单独税率,也不会采用抽样的方法,所以抽样不是唯一的例外。但是,专家组不接受欧共体的观点,指出欧共体所列举的情况在《反倾销协定》其他条款中有相应规定,因此不能算是例外。专家组认为,第6.10条的结构表明抽样是计算单独倾销幅度的唯一例外。证据表明,"单独处理"是一项独立的标准。专家组确认,1221号条例第9(5)条对非市场经济国家的生产者适用单独倾销幅度以满足其"单独处理"标准为条件,这不符合第6.10条。

《反倾销协定》第9.2条要求按照单独税率征收反倾销税,这样才能保证所征收的反倾销税数额合适。专家组根据第9.2条中一些关键术语的含义分析,确认其要求在征收反倾销税时指明每一个进口商和生产者,除非出口商和生产者数量太多而不可能一一指明,调查机构才可以仅指明出口国家。第9.2条的规定与第6.10条有关联。1221号条例第9(5)条对非市场经济国家的出口商和生产者适用统一税率,除非它们能够符合"单独处理"标准,这不符合《反倾销协定》第9.2条。据此,专家组还确认,1221号条例第9(5)条不符合GATT第16.4条和《反倾销协定》第18.4条。

2. 1221号条例第9(5)条是否违反GATT第1.1条

根据欧共体的做法,同样受到反倾销调查的产品,来自不同国家的待遇可能不同。专家组认为这显然违反GATT第1.1条的最惠国待遇原则。欧共体认为,在反倾销调查中,来自市场经济国家和非市场经济国家的产品本身就有不同性质。专家组认为,《反倾销协定》中没有任何规定支持欧共体的说法。专家组确认,1221号条例第9(5)条违反GATT第1.1条。

二、对法规实施及结果的指控

第一,中国认为,欧共体对1221号条例第9(5)条的实施也违反《反倾销协定》第6.10条和第9.2条。在调查中,有110个企业应诉,欧共体抽样了9个企业。这9个企业都要求市场经济地位待遇和单独处理,其中4个企业因提交虚假信息而遭到拒绝;其余5个企业因达不到条件而没有获得市场经济待遇,但都被批准了单独处理。欧共体认为中国质疑的措施根本不存在,因为5个企业都获得了单独处理。但是,专家组认为,即使5个企业都获得了单独处理,也不能排除专家组对欧共体法律实施的审查。专家组已经确认1221号条例第9(5)条违反《反倾销协定》第6.10条和第9.2条,如果本身违反《反倾销协定》的规定,它的实施却符合《反倾销协定》的规定,这是难以想象的。既然专家组已经有了上述结论,出于同样的理由,专家组确认1221号条例第9(5)条的实施也违反《反倾销协定》第6.10条和第9.2条。

第二,在确定国内产业的问题上,中国认为,欧共体在调查中排除欧共体内部反对调查的生产者,因此违反《反倾销协定》第4.1条。专家组同意中国的观点,即"国内产业是同类产品国内生产者的全部,或总产量构成国内总产量主要部分的国内生产者",只有"与进口商有关联的或本身既是生产者也是进口商"的生产者才可以排除。但是,专家组审查了欧共体的实际做法后,认为中国并未能证明其说法。中国还提出,欧共体依据占总产量27%的生产者的数据作出结论,不符合第4.1条所要求的产量"占国内总产量主要部分"。专家组指出,《反倾销协定》没有规定具体的百分比,也没有规定确定国内产业的具体方法。双方都承认,《反倾销协定》第4.1条中要求的产量构成国内总产量"主要部分"可以低于50%。专家组注意到,支持调查的企业总产量占欧共体总产量37%,而不是27%。专家组认为,中国未能证明27%的产量为何不能构成总产量主要部分;既然第4.1条没有具体规定,欧共体的实践就没有违反第4.1条。

第三,在确定倾销的问题上,中国认为,《反倾销协定》第2.1条和第2.6条结合,构成了调查机构的义务,即受调查的每一项产品必须"同类",而中国受调查的产品包括标准和特殊紧固件,因此不符合第2.6条关于产品需"同类"的要求。专家组不支持中国的这一说法,认为第2.1条并没有谈到"同类产品"的问题;第2.6条是对整个《反倾销协定》中"同类产品"的定义,并没有规定反倾销调查中如何认定"同类产品"。此前的专家组多次分析这一问题,并驳回了相似的观点,中国并没有提出新的证据或观点。专家组确认,中国未能证明在同类产品问题上欧共体违反《反倾销协定》第2.6条。

中国还认为,欧共体在比较正常价值和出口价格时没有比较所有产品控制号(product control number, PCN)下的产品,也没有对不同产品进行价格调整,违反《反倾销协定》第2.4条。PCN是欧共体获取资料和对资料进行统计时使用的一种给产品编码的方法。专家组指出,价格比较必须根据《反倾销协定》第2.4条的要求,而不是根据调查机构获得信息的程序来判断。中国认为,欧共体没有考虑所有PCN下的产品,违反《反倾销协定》第2.4条;同时,欧共体在比较价格时,没有针对中国与印度产品的质量差异加以调整。专家组发现,中国提出的欧共体指令的具体段落涉及中国和欧共体产品的比较,中国认为由于它们质量不同,不能算是"同类产品",但这不是用于确定倾销存在的,甚至没有提到印度产品。专家组认为中国没有证明其诉请,因此拒绝中国的指控。

第四,在确定损害问题上,中国提出,欧共体在确定进口产品是否大幅压低价格时,没有比较所有 PCN 下的产品,违反《反倾销协定》第 3.1 条和第 3.2 条。专家组注意到,第 3.2 条没有要求考虑影响价格的因素,既然已经驳回了中国关于第 2.4 条的诉请,根据同样的理由,也不支持中国的这一诉请。

在审查进口数量时,欧共体抽样的 9 家公司占配合调查的公司出口量的 61%,占总出口量的 39%。其中,4 家公司因提供虚假信息,被作为不配合对待;另外 5 家公司主动参加调查,要求单独处理,4 家获准,其中 1 家因被查出提供虚假信息而被视为不配合。抽样的公司中,有 5 家被确认存在倾销;3 家主动应诉的公司中,1 家被确认存在倾销,另外 2 家确认没有倾销。然而,在确定损害时,欧共体把 2 家被确认没有倾销的公司的出口量也包括在倾销进口量之内,又把未抽样的公司(不管其是否能得到单独处理)的产量都作为"倾销进口"。中国认为,这违反《反倾销协定》第 3.1 条、第 3.2 条、第 3.4 条和第 3.5 条。欧共体承认其考虑的"倾销进口量"包括 2 家主动应诉且被确认不存在倾销的公司的出口量,但指出这 2 家公司的出口量很小,因此该做法总体上不影响其调查的客观性。专家组指出,DSB 已经不是第一次处理这个问题。根据《反倾销协定》第 3 条,调查机构只能考虑倾销幅度超过微小量的进口,欧共体自己的调查已经确认 2 家公司没有倾销,在考虑倾销进口量时却包括这 2 家公司,这显然不符合《反倾销协定》第 3.1 条和第 3.2 条。至于把未抽样、未审查的企业的产量都作为"倾销进口",专家组指出,调查机构没有义务审查未抽样、未审查的企业的情况,虽然关于抽样产品倾销的结论可以作为对未抽样、未审查企业征收反倾销税的基础,但同样的结论不能作为未抽样、未审查的企业存在倾销的证据,这既不符合逻辑,也是自相矛盾的。2 家未抽样但得到单独处理的企业被确认不存在倾销,这一事实并不能排除调查机构依据证据把未抽样、未审查的所有企业的出口作为倾销。在这一点上,欧共体没有违反《反倾销协定》第 3.1 条和第 3.2 条。专家组认为没有必要再分析涉及《反倾销协定》第 3.4 条和第 3.5 条的诉请。

双方确认,在确定倾销进口造成的损害时,《反倾销协定》第3.4条列举的所有因素都考虑到了,但部分因素考虑的是46个企业的数据,部分因素考虑的是7家抽样企业的数据。中国认为:(1)欧共体对各个因素的调查对象不同;(2)无视调查期间企业赢利能力好转,认为4.4%的赢利能力很低;(3)所有因素中只有市场份额呈下降趋势;(4)欧共体错误地确认进口产品在部分市场取代了欧共体产品。以上这些都违反了《反倾销协定》第3.1条和第3.4条。关于第一点,专家组指出,从理论上看,只要抽样是恰当的,调查机构就可以依据抽样数据作出最终结论;中国并没有质疑抽样,也没有提供证据证明欧共体的实际做法是错误的。关于第二点,专家组注意到,欧共体审查了赢利能力这个因素,也看到在调查期间赢利能力好转的情况,而且对这一情况给出了解释。关于第三点,专家组指出,它并不对欧共体调查机构的调查重新调查,况且《反倾销协定》第3.4条要求审查的因素不是穷竭性的,调查机构还可以审查其他因素;专家组分析了1221号条例中的各项因素,确认欧共体的结论没有错误。关于第四点,欧共体提出其并没有根据部分市场的情况作出最终决定。专家组审查了1221号条例中的相关部分,认为中国没有提供证明,驳回中国的四点指控。

第五,在确定因果关系问题上,中国认为,欧共体关于中国进口产品造成欧共体同类产品产业损害的结论违反《反倾销协定》第3.1条和第3.5条,主要是因为欧共体没有将造成损害的其他因素区别开来。专家组注意到,欧共体审查了造成损害的其他因素,中国对此并无异议,问题是欧共体是否客观审查了所有证据。专家组认为,《反倾销协定》并不要求对所有证据的审查都支持调查机构的结论,有些证据可能不支持结论,只要调查机构作出合理的解释,也有证据支持,其审查就是客观的。专家组审查了欧共体对各项因素的分析,发现欧共体在审查除了进口之外造成产业损害的其他因素——欧共体国内产业的出口表现时,其结论所依据的生产者信息比欧共体成员国国内产业的生产者范围更广。在这一点上,专家组确认欧共体未能对因果关系作出客观审查,违反《反倾销协定》第3.1条和第3.5条。

第六,针对欧共体调查程序,中国共提出八个问题:没有披露欧共体成员国国内产业的身份;没有披露确定正常价值中的一些因素;对问卷答复中非保密信息的处理;没有披露欧共体紧固件生产者的数据;确定欧共体国内产业的程序;对单独处理的决定程序;披露了某些保密信息;没有提供答复的充足时间。中国认为,欧共体的做法违反《反倾销协定》第6条和第12条的相关规定。专家组对中国与欧共体的磋商和中国成立专家组的请求进行了分析,确认关于《反倾销协定》第6.9条的诉请不属于其职权范围。除了以下论及的两个问题外,专家组认为中国对其余问题都没有提供充分的证明。

专家组认为,在对问卷答复中非保密信息的处理和披露保密信息方面,欧共体存在违反《反倾销协定》的情况。中国认为,有两个欧共体生产商的问卷答复涉及保密信息,他们所做的非保密摘要不够充分,不足以使人了解其实质,这违反《反倾销协定》第6.5条、第6.4条和第6.2条。中国第一次提交的材料中涉及印度企业的问题讲得不清楚,通过专家组提问和中国的回答,问题逐步清晰,欧共体对此提出质疑。但是,最终专家组认为这没有影响欧共体的答辩权利。专家组注意到,第6.5.1条的目的是在信息保密和透明度之间寻求平衡。在欧共体提供的欧共体和印度生产商的资料中,有3家企业就损害情况提供了保密信息,但只提供了其中部分损害因素的非保密概要,企业给出的理由是"无法在不披露保密信息的情况下做概要"。《反倾销协定》第6.5条要求调查机构确保受调查者在这种情况下给出的理由是恰当的,但没有证据显示欧共体考虑过这个问题。据此,专家组认为欧共体的做法不符合《反倾销协定》第6.5条。有了这一结论,专家组认为没有必要再分析关于《反倾销协定》第6.2条和第6.4条的诉请。欧共体抽样调查选了9家中国企业,这9家企业都要求市场经济地位,结果都被拒绝。其中,3家企业提供的材料在封面标明了"限制"(limited),并在材料中注明保密要求。欧共体承认,写有"限制"的材料就是要求按保密信息对待。但是,欧共体把所有材料合成一本《对9家要求市场经济地位企业的评估》,并提供给中国政府、9家企业及包括申诉方在内的利害关系方,其中包括标有"限制"字样的全部资料。专家组认为,欧共体既没有确认这些材料不应作为保密材料,也没有获得这些企业的同意,就原封不动地把材料公布出去,这显然违反《反倾销协定》第6.5条。

专家组对其他问题行使了司法节制。

【上诉机构的分析和结论】

欧共体和中国都提出了上诉,上诉机构将其概括,逐一分析,作出结论。

一、关于 1221 号条例第 9(5)条本身及其实施不符合《反倾销协定》相关规定的问题

欧共体在上诉中提出,《中国加入世界贸易组织议定书》(以下简称《议定书》)第 15 条允许进口国调查机构对反倾销规则灵活适用。《议定书》第 15(a)条规定,如受调查的生产者能够明确证明生产该同类产品的产业在制造、生产和销售该产品方面具备市场经济条件,则该 WTO 进口成员在确定价格可比性时,应使用受调查产业的中国价格或成本;如受调查的生产者不能明确证明生产该同类产品的产业在制造、生产和销售该产品方面具备市场经济条件,则该 WTO 进口成员可以使用不依据与中国国内价格或成本进行严格比较的方法。欧共体认为,符合市场经济条件的证明责任显然在受调查企业。上诉机构认为,从《议定书》的措辞可以看出,上述规定适用于确定正常价值,但不适用于确定出口价格。《议定书》第 15 条"不允许 WTO 成员为其他目的,例如确定出口价格或单独还是统一倾销幅度和倾销税,对中国有不同待遇"。

专家组认为,1221 号条例第 9(5)条不仅涉及反倾销税,也涉及倾销幅度的计算。欧共体认为这一结论是错误的。上诉机构指出,只有计算了倾销幅度,才可能征收反倾销税,而 1221 号条例的其他条款都没有规定单独处理和统一税率的问题。据此,上诉机构支持专家组的结论。

关于 1221 号条例第 9(5)条违反《反倾销协定》第 6.10 和第 9.2 条,上诉机构认为,虽然第 6.10 条规定了对受调查企业各自确定单独税率的义务,但此义务不是绝对的,允许在特殊情况下偏离。上诉机构注意到,第 6.10 条和第 6.10.2 条都规定了可以不适用"单独税率"的情况。但是,从《反倾销协定》各条之间的关系出发,上诉机构确认,为每个受调查企业确定单独税率是调查机构的义务,只有在《反倾销协定》其他条款有明确规定的情况下,调查机构才可以偏离。欧共体认为,抽样不是《反倾销协定》允许偏离上述义务的唯一例外,并提出五种不同的情况,认为这些情况都允许不适用单独税率。上诉机构认为,这些情况有的没有偏离单独税率的义务,有的《反倾销协定》第6.10条或其他条款已有规定。上诉机构的结论是:《反倾销协定》允许的例外不仅是第6.10条规定的情况,也包括其他条款规定的情况。上诉机构进一步分析了《反倾销协定》第9.2条的第1句和第2句,认为这两句规定了调查机构要指明供应商并明确各供应商的单独税率;这一条的第3句却允许在特定情况下适用统一税率。上诉机构认为,它要决定的问题是:根据1221号条例第9(5)条,欧共体把非市场经济国家不符合单独处理的企业都按统一税率处理,这是不是符合第9.2条所规定的例外,也就是要看为这样的企业确定单独税率是不是"不切实际"。上诉机构经过分析认为,《反倾销协定》第9.2条没有允许欧共体这样做,1221号条例第9(5)条不符合《反倾销协定》第9.2条;根据《反倾销协定》第9.2条,调查机构有义务证明某些企业之间的关系足以作为一个整体对待,1221号条例却要求受调查企业证明其符合单独处理的条件,否则就被作为一个整体对待,这显然与《反倾销协定》的规定相悖。上诉机构已经确认,《议定书》第15条不能作为欧共体在确定出口价格时偏离《反倾销协定》义务的依据。从欧共体提交的证据看,其实践也不符合《反倾销协定》第6.10条和第9.2条。那么,《反倾销协定》第6.10条和第9.2条是否允许反倾销调查机构把国家和企业看成一个整体呢?上诉机构认为,这些规定本身并没有禁止反倾销调查机构把国家和企业看成一个整体,但具体审查欧共体单独处理的五个案件可以发现,其中仅有一个涉及国家与企业的关系,其余四个都涉及政府对经济活动的干预程度。据此,上诉机构确认,该单独处理标准无法用以确定《反倾销协定》第6.10条和第9.2条所说的"国家和某些企业是否可以被视为一个整体"。欧共体将不能适用单独处理的企业都作为一个整体,不论其是否配合调查,这显然是错误的。

　　关于1221号条例第9(5)条违反GATT第1条,上诉机构认为专家组疏漏了一个步骤,即如果一个成员的反倾销法规不符合《反倾销协定》,在什么情况下才不审查该法规与GATT第6条的相符性而审查其是符合GATT第1.1条。上诉机构注意到,中国并没有提出关于GATT第6条的诉请。据此,上诉机构认为没有必要对这一点予以分析。专家组的这一结论没有实际意义。

专家组还确认 1221 号条例第 9(5) 条不符合 GATT 第 16.4 条和《反倾销协定》第 18.4 条。欧共体对此提出上诉。上诉机构既然已维持专家组关于 1221 号条例第 9(5) 条不符合《反倾销协定》第 6.10 条和第 9.2 条的结论,也同样维持专家组的这一结论。

专家组认为,"本身违反《反倾销协定》的法规,其实施却符合协定的规定,这是难以想象的",并据此确认欧共体 1221 号条例第 9(5) 条的实施也违反《反倾销协定》的相关规定。欧共体提出上诉。上诉机构同意专家组的看法。欧共体提出,它对符合条件的企业都给予了单独处理,因此该实施不违反《反倾销协定》的规定。上诉机构指出,给予符合条件的企业单独处理,也许比一概否认单独税率要好一些,但仍然不符合《反倾销协定》第 6.10 条和第 9.2 条的要求。上诉机构维持专家组的结论。

二、关于中国未能证明 1221 号条例违反《反倾销协定》第 4.1 条和第 3.1 条的问题

专家组认为,中国未能证明欧共体在确定国内产业问题上违反《反倾销协定》第 4.1 条和第 3.1 条。中国对此提出上诉。上诉机构首先分析了《反倾销协定》第 4.1 条和第 3.1 条的含义,认为这些条款虽然没有规定构成国内产业"主要部分"的具体比例,但不等于说任何比例都可以称为"主要部分"。第 3 条和第 4 条要确定国内产业的目的很清楚,就是作为确定损害的基础。那么,产量占国内总产量 27% 的企业可以构成国内产业"主要部分"吗?上诉机构注意到,1221 号条例第 4.1 条和第 5.4 条规定产量占国内总产量 25% 的企业就可以构成国内产业"主要部分",而欧共体认为 27% 可以构成国内产业"主要部分"的理由就是其达到了 1221 号条例规定的 25% 的标准。中国没有对 25% 这一标准本身提出质疑,而是对这一标准在中国案件中的具体适用提出质疑。上诉机构提出,《反倾销协定》第 5.4 条的 25% 是决定申请人资格而不是确定第 4.1 条的国内产业"主要部分",由于欧共体适用了与确定国内产业"主要部分"无关的标准,它在中国钢铁紧固件调查中确定的国内产业只占实际产业的一小部分,严重影响收集资料的范围。此外,上诉机构发现,欧共体所称的"国内产业"包括配合调查的企业。上诉机构认为,把企业是否愿意合

作作为是否将该企业包括在"国内产业"之中的依据是没有理由的。在实际操作中,欧共体向317家企业发出通知,70家企业愿意合作,欧共体又以各种理由排除了其中25家(其中一个理由是有些企业不愿意作为样本),再从余下的45家中选出6家,采用它们的信息作为损害的"微观样本",在分析损害时使用的却是45家企业的信息。上诉机构认为,欧共体这样做缩小了作为分析损害基础的信息覆盖面,产生扭曲损害决定的重大风险。据此,上诉机构认为,专家组关于中国没有证明欧共体违反《反倾销协定》第4.1条和第3.1条的结论是错误的。

在调查过程中,欧共体曾经发布信息文件,其中的数据与最终报告中的数据有出入。专家组接受了欧共体的解释,确认这不是最终文件,并认定欧共体在确定国内产业时排除不支持调查的企业这一做法没有违反《反倾销协定》。中国提出上诉,认为专家组违反了DSU第11条"对审议事项作出客观评估"的义务。上诉机构指出,并不是专家组的每一个错误都违反DSU第11条的义务,它将在这个前提下审查中国的上诉。上诉机构注意到,专家组针对信息文件提出了问题,它并没有完全不顾中国提供的证据,虽然在分析过程中有一些前后矛盾的地方,但其结论没有错。上诉机构认为,专家组没有超越DSU第11条给予的裁量权,没有违反第11条。

三、关于欧共体在确定倾销时是否违反《反倾销协定》第6.4条、第6.2条和第2.4条的问题

在确定倾销时,欧共体提出的PCN有六个因素。但是,由于作为替代国印度的企业Pooja Forge无法按PCN提供产品信息,欧共体调查机构在确定倾销时仅用其中两个要素就构成"产品类型",且对正常价值和出口价格的比较就是按产品类型进行的。欧共体在调查阶段的最后才公布这一情况,两家中国企业要求了解欧共体确定的产品类型与PCN的区别,欧共体没有给予解释;中国企业再次指出Pooja Forge的信息不是按PCN提供的,并要求知道欧共体确定的产品,欧共体直到调查期截止前一天才给予答复。在仔细梳理了上述事实之后,上诉机构指出,根据《反倾销协定》第2.4条最后1句,"主管机关应向所涉各方指明为保证进行公平比较所必需的信息"。上诉机构审查了欧共体的上诉,支持专家组的

观点,确认欧共体的做法违反《反倾销协定》第6.4条和第6.2条。

专家组认为中国未能证明欧共体违反《反倾销协定》第2.4条,中国提出上诉,认为专家组没有分析中国关于第2.4条最后1句的观点。上诉机构注意到,专家组拒绝分析第2.4条最后1句,虽然没有达到违反DSU第11条的程度,但专家组应该分析中国的观点并作出结论。上诉机构认为,欧共体没有及时披露产品类型的信息,违反《反倾销协定》第2.4条。

四、关于保密信息处理的问题

专家组认为欧共体对中国企业提供的保密信息的处理违反《反倾销协定》第6.5条,欧共体提出上诉。上诉机构指出,《反倾销协定》第6.5条规定的保密信息有两类,一类是由信息的性质决定的,另一类是提供者在保密基础上提供的,两种类型可能重叠。上诉机构认为,《反倾销协定》第6.5.1条要求调查机构确保保密信息有非保密的摘要,如果被调查方不能提供摘要,则必须作出合理解释。欧共体认为,第6.5.1条的后面几句并没有规定调查机构的义务,只是要求调查机构尽量做到。上诉机构不同意欧共体的观点,指出欧共体确实没有审查那两个企业提出的理由是否存在,却又公布了企业提供的保密信息。因此,上诉机构支持专家组关于欧共体违反《反倾销协定》第6.5.1条的结论。

作为替代国印度的企业Pooja Forge提供的大量信息都标示为保密,但既没有解释,也没有给出理由。专家组认为,至少在产品类型方面的信息不能算保密信息,欧共体允许Pooja Forge在保密的基础上提供,却没有要求其给出理由,违反《反倾销协定》第6.5条。欧共体提出上诉,认为中国的诉请未包括这一问题,专家组不应当审理。中国则提出,欧共体在专家组阶段对此没有提出异议。上诉机构认为,欧共体在专家组阶段没有提出异议,并不意味着它在上诉阶段不能提出这一问题。上诉机构注意到,中国的诉请在这个问题上包括两点:欧共体未能确保其国内生产者就保密信息提供非保密的概要;欧共体错误地把信息作为保密信息处理。由于涉及印度企业提供的信息,第一点显然不能涵盖,但第二点的范围很宽,足以涵盖欧共体对Pooja Forge信息的处理。欧共体还提出,中国在这一问题上本来没有提出观点,其观点是在专家组的提问中逐步形成的。

上诉机构指出,如果申诉方没有对其诉请提出法律上的论点,专家组不应该通过其提问的权力来补充申诉方的观点,但这绝不是说专家组不可以对申诉方已经提出的观点仔细审查。上诉机构审查了专家组的审理记录,确认中国只提出了违反《反倾销协定》第6.5条的诉请,而没有提出相应的论点。因此,上诉机构推翻专家组与此相关的结论。

欧共体把依中国国内程序的申请企业及支持调查的企业身份信息作为保密信息处理,这些企业给出的理由是害怕遭到报复。专家组认为理由成立,欧共体没有违反《反倾销协定》第6.5条。中国提出上诉。上诉机构审查了专家组的理由,认为专家组的说法没有错误,维持专家组的结论。

专家组认为,市场经济、单独处理申请不是《反倾销协定》第6.1.1条规定的问卷,因此不受这一规定中"调查机构应该给使用问卷的生产商30天时间答复"的限制。中国对此提出上诉。上诉机构在分析之后确认,专家组的解释没有错误,维持专家组的结论。

综合来看,上诉机构确认欧共体1221号条例第9(5)条违反《反倾销协定》相关条款的有以下几点:1221号条例第9(5)条对非市场经济国家的进口产品以符合单独处理标准作为确定单独税率的条件,其本身和实施都违反了《反倾销协定》第6.10条和第9.2条,也违反了GATT第16.4条;欧共体没有给予中国企业合理机会了解产品类型信息,违反了《反倾销协定》第6.4条;欧共体在调查截止期前一天才提供产品类型信息,使中国企业在调查中无法保护自己的利益,违反了《反倾销协定》第6.2条;欧共体没有及时公布产品类型信息,违反了《反倾销协定》第2.4条;欧共体未对没有确保保密信息应有非保密摘要提出恰当理由,违反了《反倾销协定》第6.5条。

美国对韩国大型家用洗衣机的反倾销反补贴措施案

(WT/DS464)(简称:美国—洗衣机案)*

【案件基本情况】

申诉方(被上诉方、上诉方):韩国

被申诉方(上诉方、被上诉方):美国

第三方(第三参与方):巴西、加拿大、中国、欧盟、印度、挪威、沙特、泰国、土耳其、越南

本案涉及的相关协定条款和法律问题:《反倾销协定》第2条、第9条;GATT第6条;《SCM协定》第2条、第19条。

2013年8月29日,韩国提出与美国磋商,解决美国对韩国进口的大型家用洗衣机(以下简称"洗衣机")征收反倾销反补贴税的问题。由于磋商未果,应韩国的请求,DSB于2014年1月22日决定成立专家组。6月20日,专家组经WTO总干事指定成立。2015年11月13日,专家组向双方分发了报告。2016年3月11日,专家组公布报告。美国和韩国都提出上诉。9月7日,上诉机构做出报告。9月26日,DSB通过了上诉机构报告和专家组报告。

本案涉及美国对从韩国进口的洗衣机征收反倾销反补贴税。韩国认为,美国调查机构进行价格比较的方法违反《反倾销协定》第2.4.2条;美

---

* 感谢南开大学法学院胡建国教授提供了本案上诉机构报告和专家组报告中涉及《反倾销协定》部分的中文翻译。

国调查机构确认两项税收抵免项目为专向性的决定以及 USDOC 计算的补贴额不符合《SCM 协定》。

【专家组的分析和结论】

一、价格比较方法

《反倾销协定》第 2.4.2 条规定了调查机构确定倾销幅度的方法,第 1 句规定一般情况下适用的两种方法,第 2 句规定特殊情况下可以适用的方法。第 2 句分为三个部分,分别规定了允许适用加权平均对单笔交易比较法(W—T 比较法);只有交易"在不同地区、购买者和时间段的出口价格差异显著",构成一种模式,才允许适用 W—T 比较法;调查机构要解释不能适用加权平均对加权平均比较法(W—W 比较法)或单笔交易对单笔交易比较法(T—T 比较法)的理由。专家组把这三个部分分别称为"方法条款""模式条款"和"解释条款"。

韩国认为 W—T 比较法只能适用于特定的交易,美国则提出 W—T 比较法可以适用于所有交易。专家组认为,前述第一部分所称的"单笔交易"应该是指第二部分所说的价格差异显著的交易,第三部分也支持这种理解。专家组又从上下文、目的和宗旨出发,并引用此前上诉机构的分析论证其解释的正确性。专家组认为,美国提出 W—T 比较法可以适用于所有交易的观点不能成立。根据上述分析,专家组裁定,W—T 比较法仅应适用于"出口价格在不同地区、购买者和时间段有显著差异"的构成模式的交易。在洗衣机反倾销调查中,USDOC 将 W—T 比较法适用于所有交易,包括并未构成 USDOC 认定存在的模式的出口交易,违反《反倾销协定》第 2.4.2 条第 2 句。

双方同意,"模式"是指"从某些行为或情形中可以识别出来的一种有规律且易懂的形式或序列"。双方还同意,随机的价格变化并不构成一种"模式"。专家组对此也表示认同。专家组认为,该种定义符合《反倾销协定》第 2.4.2 条第 2 句使用的"模式"一词的通常含义。双方的分歧在于,如果不解释价格差异的原因,是否可以识别出一种价格差异"模式"。专家组注意到,第 2.4.2 条的文本并没有要求考虑此类原因。此外,可以通过简单审查相关价格的数值识别出下列事实:价格差异采取了一种有规律且容易识别的形式。韩国提出,美国调查机构在确认存在价格差异显著的模式时,只考虑了数量,没有考虑质的不同。韩国提出,模式的存在必须对构成"目标倾销"有意义。专家组不同意此种观点:如果可以识别出针对一个特定购买者、地区或时段的形式或序列的规律性,价格差异的形式或序列就是容易识别的;尽管"intelligible"一词排除了随机的价格变化,但该词并不要求考虑价格变化的目的。专家组认为,认定价格差异是否"显著"时,调查机构没有必要审查价格差异的原因;不论价格差异的原因是什么,如果从纯粹数字角度看,某些价格显著高于其他价格,调查机构可以恰当地认定这些价格"显著"不同。在某些情况下,价格差异的大小或程度可能需要根据事实背景进行评估:两种较高价格之间相对微小的数字差异可能不是"显著"的,但两种较低价格之间同样的数字差异很可能是"显著"的,而竞争性价格市场上的微小价格差异都可能是"显著"的。然而,"显著"仅与相关价格的差异有关,与相关价格为什么存在差异无关。基于前述理由,专家组拒绝韩国的这一诉求:USDOC 在洗衣机反倾销调查中认定存在模式交易,但没有对相关价格差异的原因进行定性评估,违反《反倾销协定》第 2.4.2 条第 2 句。

《反倾销协定》第 2.4.2 条第 2 句第三部分要求调查机构解释"运用 W—W 比较法或 T—T 比较法为什么不能适当地考虑显著价格差异模式"。韩国提出,美国在洗衣机反倾销调查中没有遵守这一解释条款。专家组要解决两个问题:美国认定不能适用 W—W 比较法的理由是否符合第 2.4.2 条? 美国是否还需要解释为什么不能适用 T—T 比较法? 美国调查机构提出,不能适用 W—W 比较法的理由是:加权平均隐藏了价格差异;适用 W—W 比较法计算的倾销幅度"实质性地"或者"有意义地"低于运用 W—T 比较法计算的倾销幅度。关于认定适当性,第 2 句的文本没有提供任何指导。在解释"适当地"一词的通常含义时,专家组注意到,双方都引用了上诉机构在美国—反倾销反补贴案(DS379)中的表述,"适当地"不是自证或绝对的标准,必须参照其他事物作出评估。专家组指出,《反倾销协定》第 2.4.2 条第 2 句并未明确指出评估适当性的任何参照点,因此参照第 2 句的目的和宗旨是合理的。

正如本报告其他地方已经解释过的,《反倾销协定》第 2.4.2 条第 2

句的目的和宗旨涉及揭示目标倾销。参照美国—归零法（日本诉）案（DS322）中的上诉机构裁决，专家组指出，不同购买者、地区或时期之间有着显著差异的出口价格模式表明可能构成目标倾销。由于 W—W 比较法或 T—T 比较法的适用可能会隐藏目标倾销，调查机构适用 W—T 比较法以避免隐藏目标倾销是适当的。然而，这并不意味着，仅仅因为存在不同购买者、地区或时段之间有着显著差异的出口价格模式，就可以适用 W—T 比较法，否则第 2.4.2 条第 2 句就没有必要包括解释条款。专家组认为，目标倾销之外的因素也可能造成不同购买者、地区或时段之间有着显著差异的出口价格，因此需要加以解释。通常情况下，使用"常规"比较方法就能够适当地考虑目标倾销之外的因素造成的价格差异，W—T 比较法应当仅用于需要揭露构成目标倾销的特殊情况。不同购买者、地区或时段之间有着显著差异的出口价格模式仅仅是目标倾销指标物，并非决定性的。因此，即使在认定存在一种模式之后，调查机构仍然必须分析主要的事实背景，以便确定目标倾销之外的因素是不是这些价格差异的原因。USDOC 对不适用 W—W 比较法的解释是，这种方法会掩盖价格差异。专家组承认 W—W 比较法有这种效果，但是指出，尽管 W—W 比较法有内在的掩饰效果，而且存在出口价格的差异，第 2.4.2 条第 1 句还是要求通常情况下应该适用 W—W 比较法，因此内在掩饰效果本身并不能作为 W—W 比较法无法使用的解释。USDOC 还提出，使用两种不同比较方法计算出来的倾销幅度不同，因此可以适用 W—T 比较法。专家组不同意这种说法。专家组举例指出，即使价格差异与目标倾销完全无关，适用 W—T 比较法也会得到更高的倾销幅度。专家组认为，解释条款规定的适当性标准要求调查机构审查事实背景，以避免在与目标倾销无关的事实背景下适用第 2 句。在洗衣机反倾销调查中，USDOC 没有考虑相关价格差异背后是否存在目标倾销之外的因素，而是依赖两种比较方法计算出来的倾销幅度的差异。基于前述分析，专家组裁定，USDOC 没有考虑存在目标倾销之外因素的可能性，这与解释条款的各项要求不符。

韩国提出，USDOC 仅仅解释了不能适用 W—W 比较法的理由，没有解释不能适用 T—T 比较法的理由。专家组指出，《反倾销协定》第 2.4.2 条使用了单数词和转折词"or"，这表明，在 W—W 比较法和 T—T 比较法中,只需要解释一种方法就可以了。专家组据此驳回了韩国的主张。

二、USDOC 的差异定价法(differentiating pricing methodology,DPM)

韩国提出,USDOC 使用的 DPM 本身及其适用都违反了《反倾销协定》第 2.4.2 条。

1. DPM 本身是否可以被诉

专家组首先要解决的问题是:DPM 本身是不是构成一项可诉的措施?韩国认为 PDM 是一系列书面文件所描述的、普遍适用的规范,但没有指出具体文件。专家组注意到,上诉机构在美国—归零法案(欧盟诉)(DS294)中提出,如果一项被指控的规范没有明确的书面文件,这样的"规范"是否存在就不确定,不应当轻易地推定其存在。此后的多个专家组都运用了这样的标准。

专家组决定分析下列问题:DPM 是不是美国使用的方法? DPM 的内容有哪些? DPM 是不是普遍适用? 对于第一个问题,双方没有争议。关于 DPM 的内容,它由三个标准构成:科恩标准(Cohen's test)、比例标准(ratio test)和有意义的差异标准(meaningful difference test)。其中,科恩标准用来确定不同的购买者、地区和时段的价格差异是不是显著,通过产品分类将样品组和比较组价格进行比较,计算出系数,然后确定价格差异的大、中、小,系数超过 0.8 为大。比例标准则对所有交易的价格差异程度进行评估,以确定是不是可以使用替代方法:如果价格差异大的销售价值占销售总价值的 66% 或以上,就支持对所有产品适用 W—T 比较法;如果价格差异大的销售价值占销售总价值的比率高于 33% 但低于 66%,就支持对已被识别存在价格显著差异模式的产品适用 W—T 比较法;如果价格差异大的销售价值占销售总价值不到 33%,就不支持适用 W—T 比较法。如果第一阶段的两种标准(也就是科恩标准和比例标准)证明存在着具有出口价格显著差异的模式,以至于应该考虑一种替代方法,那么在差别定价分析的第二阶段,USDOC 就会审查仅适用 W—W 比较法是否能够适当地考虑此类显著价格差异。USDOC 将考虑:相比仅仅适用 W—W 比较法得出的结果,使用替代方法是否会产生具有实际意义的不同的加权平均倾销幅度。如果两种计算结果之间的差异是有意义的,就表明采用替代方法是适当的;如果两种倾销幅度存在25%的相对变化,或者导致的加权平均倾销幅度超过微量门槛,就认为加权平均倾销幅度方面的差异是有意义的。专家组确认,在案证据可以证明存在着确定是否存在价格显著差异模式的DPM,而且这种方法得到普遍适用。韩国证明了DPM的具体内容,DPM是一项本身可诉的措施。

2. DPM本身是否符合《反倾销协定》

韩国提出,DPM从三种不同角度(购买者、地区和时段)分析所有特定的出口交易,以便识别USDOC认为符合科恩标准的六种可能的价格变化类型:(1)针对特定购买者的过高价格(即科恩系数高于0.8);(2)针对特定购买者的过低价格(即科恩系数低于0.8);(3)针对特定地区的过高价格;(4)针对特定地区的过低价格;(5)针对特定时段的过高价格;(6)针对特定时段的过低价格。在运用比例标准评估显著价格差异程度时,美国汇总了这六种不同类型的价格变化的价值,并根据出口销售总价值衡量该汇总价值。如果汇总价值高于出口销售总价值的33%,USDOC就认为存在一种模式。韩国主张,DPM仅仅衡量了价格变化的数据,没有识别"不同购买者、地区或时段之间存在着显著差异的出口价格模式"。

专家组注意到,根据《反倾销协定》第2.4.2条,适用W—T比较法的条件之一是确认存在价格显著差异的"模式"。专家组认为,"不同购买者、地区或时段之间"的措辞使用了"或者"一词,这是重要的,因为该词的通常含义表明,仅允许在不同购买者、地区或时段之间确认有着显著价格差异的"模式",排除了横跨三个范畴累积认定"模式"的可能性。专家组引用欧共体—床上用品案(DS141)上诉机构的论述来支持这一观点:"存在三种类型的'目标倾销',即针对某些购买者的倾销、针对某些地区的倾销或者针对某些时段的倾销。"专家组确认,美国通过汇总六类价格变化识别单一模式的方法,实际上横跨不同范畴(购买者、地区或时段)识别一种出口价格"模式",违反《反倾销协定》第2.4.2条第2句的要求。因此,DPM本身不符合《反倾销协定》第2.4.2条。

3. 系统性忽略

韩国提出,如果确定正常价值时使用了不同的比较方法,在综合不同方法得出数据时,美国调查机构会将用W—W比较法得出的负数(即不存在倾销)归零,这种做法违反《反倾销协定》第2.4.2条。专家组认为,《反倾销协定》第2.4.2条适用于特殊情况下的价格比较,即构成"显著价格差异模式"的目标倾销,而针对某个出口商的调查涉及其全部出口,如果调查时要求将模式交易和非模式交易分开,而计算时又要求把它们综合起来,那么区分交易模式就没有意义了;如果禁止"系统性忽略"的做法,将会导致计算上等同于直接对所有交易适用W—W比较法的结果。据此,专家组驳回了韩国的这一主张。根据上述分析,专家组也驳回了韩国关于"系统性忽略"的做法违反《反倾销协定》第2.4条的主张。

三、在W—T比较中使用归零法

韩国提出,美国在适用W—T比较法时使用了归零法,违反《反倾销协定》第2.4.2条。专家组认为,根据第2.4.2条的文本及先前涉及归零法的上诉机构裁决,第2.4.2条允许调查机构在确定某一出口商的倾销幅度时特别留意出口商在这些模式交易中的定价行为,但也必须考虑那一模式内的整个定价行为。因此,将单笔模式交易中可能高于正常价值的交易忽略或者归零,没有任何依据。专家组确认,美国在W—T比较法中使用归零法,违反《反倾销协定》第2.4.2条,也违反第2.4条、第9.3条和GATT第6.2条。

韩国还提出,USDOC在洗衣机反倾销调查的"后续相关阶段"(包括反倾销税令的所有行政复审)适用W—T比较法时使用归零法,违反《反倾销协定》第2.4.2条。专家组注意到,洗衣机反倾销税令的第一次行政复审初裁于2015年3月9日公布,终裁于9月8日公布。美国主张这些裁决不在专家组的权限范围之内,韩国则主张它们应该被包括进专家组的权限范围。专家组已经裁定,USDOC适用W—T比较法时使用归零法"本身"与第2.4.2条不一致。鉴于这一裁决,专家组认为没有必要处理韩国的此项请求。专家组也认为没有必要处理洗衣机反倾销税令第一次行政复审的初裁和终裁是否属于专家组的权限范围这一程序性问题。

四、关于《SCM协定》的诉请

韩国《限制特别税法》第10(1)(3)条规定对研发费用的税收抵免,第26条规定对企业资产投资的税收抵免。美国认为,前者使三星电子(以下简称"三星")得到不成比例的大量利益,构成事实上补贴,后者则仅限于位于某个特定地区的企业,构成地区专向性;USDOC 在计算补贴幅度时使用三星在韩国所有产品的销售额。韩国提出,美国调查机构确认韩国的税收抵免规定使三星得益,属于专向性补贴,这一结论不符合《SMC 协定》。韩国还对 USDOC 计算补贴额的方法提出质疑,认为应当依据三星数码产品的销售额计算。

1. 得到利益"不成比例"问题

《SCM 协定》第 2.1(c)条规定,某些补贴在适用《SCM 协定》第 1.1(a)(b)条仍然表现为非专向性时,调查机构可以考虑其他因素而确定补贴为专向性,这些因素中就包括给予某些企业不成比例的大量补贴。专家组引用了上诉机构在美国—碳钢案(印度诉)(DS436)中的分析:如果没有比较的基准,比如哪些机构可能获得补贴,获得补贴额与谁相比,调查机构或专家组都不可能评估补贴量是否不成比例。专家组同意美国的主张,即 USDOC 不必对三星应得补贴给出精确数据,但是认为 USDOC 应当分析三星得到的补贴与比较基准的关系,不管这一基准是量的还是质的,而 USDOC 并没有对三星应得补贴和实际得到的补贴进行比较,不符合《SCM 协定》第 2.1(c)条。

2. 第 2.1(c)条规定的两个因素

《SCM 协定》第 2.1(c)条要求调查机构在适用该条时,"应考虑授予机构管辖范围内经济活动的多样性程度,及已经实施补贴的持续时间"。专家组引用了此前的专家组报告指出,虽然这两个因素的分析不一定是明确的,但调查机构应当明确其进行过这样的分析。专家组审查了 USDOC 的报告,报告中只是提到了补贴开始的时间,并以韩国没有提供数据为由未对韩国经济活动的多样性进行分析。专家组确认,USDOC 并未对两个因素进行"积极和有意义的分析",因此不符合《SCM 协定》第 2.1(c)条。

3. 地区专向性问题

韩国认为,根据《限制特别税法》第 26 条,只要是位于韩国的符合条件的企业都可以得到补贴,唯一的限制是补贴不得被用于在拥挤地区的设施,所以限制的是设施所处的地区,而不是企业,企业应该仅指有法人地位的实体。专家组不同意韩国将企业和企业的设施加以区别的观点。

专家组指出,《SCM 协定》第 2.1 条的导言部分使用了"企业或产业、一组企业或产业"的措辞,很显然,韩国的理解过于狭窄了。即使接受韩国的解释,一个企业也可以"位于"不同的地区,包括其总部办公地、分支机构、制造设施所在地或者其投资的资产所在地等。专家组认为,一项补贴如果对其中任何一个地理区域加以限制,就属于《SCM 协定》第 2.2 条的范围。韩国还提出,《限制特别税法》第 26 条实际上是规划法,不应该对其适用《SCM 协定》。专家组不接受韩国的这一观点,指出《SCM 协定》第 2.2 条涉及补贴的专向性,而不是补贴的合法性;具有专向性的补贴不一定就是非法的;WTO 不干涉成员进行规划的权利,但如果成员通过补贴来实现规划,就必须遵守《SCM 协定》。

那么,《限制特别税法》第 26 条是不是指明了某个地区呢?韩国认为,"指明"必须是明确的,而不能通过推论或默认的方式。专家组审查了韩国《限制特别税法》及相关规定,确认韩国法律指明了位于什么地区的企业可以享受补贴。

韩国提出,即使《限制特别税法》第 26 条指明了地区限制,USDOC 也没有证明补贴是给予某个地区的部分企业。专家组指出,按照韩国的观点,要证明地区专向性,除了要指明地区,还必须指明补贴给予了该地区的部分企业。专家组认为,这样的理解使《SCM 协定》第 2.1(a)条与第 8.2(b)条变得重复。专家组引用了欧盟—大型民用飞机案(DS316)的上诉机构分析,以及 DS379 案的专家组分析,指出只要明确补贴是给予某个地区的,即使该地区所有的企业都可以得到补贴,也属于专向性补贴。

4. USDOC 是否应当确定税收抵免绑定特定产品

GATT 第 6.3 条和《SCM 协定》第 19.4 条都规定,对任何产品征收的反补贴税都不得超过认定存在的补贴额。韩国提出,美国用三星的全部产品得到的税收抵免除以全部产品的销售额来计算补贴幅度,这种做法违反 GATT 第 6.3 条和《SCM 协定》第 19.4 条。韩国提出,其补贴是研发补贴,税收抵免针对的是研发费用,因此计算补贴也应该针对研发活动所涉及的数码产品。专家组不接受韩国的观点。专家组认为,税收抵免虽然针对研发费用,但不是科研补贴;研发费用已经发生,税收抵免则放弃了本该征收的税收,三星可以把这笔钱用于任何开支。根据上述分析,专家组驳回了韩国的这一观点。

5. 是否应该根据三星的全球销售额计算补贴

USDOC 在计算补贴额时以三星在韩国生产的产品销售额作为分母,而分子包括全部补贴。韩国认为,补贴使三星的全部生产活动得益,分母应该包括三星的全球产品,如果要排除在海外生产的产品,则分子也应当作相应扣除。美国则提出,WTO 以往案件的专家组或上诉机构都支持这样的推定:国内生产从补贴中得益。专家组赞成美国的观点,并认为这一观点与 GATT 第 6.3 条和《SCM 协定》第 19.4 条并不相悖。专家组还指出,研发活动可能使三星全球生产得益,但并不表明税收抵免也会传递到全球产品。据此,专家组不支持韩国的这一诉请。

【上诉机构的分析和结论】

一、《反倾销协定》项下的上诉

第一,关于《反倾销协定》第 2.4.2 条所指的模式。上诉机构同意专家组关于模式的观点并指出,第 2.4.2 条所指的模式,包括向某一或某几个特定购买者提供的显著低于其他购买者的所有出口价格,或者在某一或某几个特定地区提供的显著低于其他地区的所有出口价格,或者在某一个或某几个特定时段提供的显著低于其他时段的所有出口价格。在这个问题上,上诉机构维持专家组的观点和结论。

第二,关于 W—T 比较法的适用范围。上诉机构认为,《反倾销协定》第 2.4.2 条通过比较加权平均正常价值和单笔交易,使调查机构能够确认目标倾销是否存在,因此 W—T 比较法只能适用于构成"模式"的交易。据此,上诉机构维持专家组认为美国的法律和实践都不符合《反倾销协定》第 2.4.2 条的结论。

上诉机构还指出,《反倾销协定》第 2.4.2 条要求调查机构确认价格差异"显著",这表明调查机构必须从性质和数量两个方面确认价格差异。专家组认为调查机构不必确认价格差异的原因,上诉机构对此表示赞同。但是,专家组认为调查机构在只有数量分析而没有质量分析的基础上就可以确认"模式"交易的存在,就此得出的涉及法规本身和法规实施的结论被上诉机构推翻。上诉机构指出,调查机构应该解释通常可以使用的

W—W比较法和T—T比较法为什么不能恰当地考虑价格显著差异。据此,上诉机构推翻了专家组确认韩国未能证明美国没有解释适用T—T比较法的理由违反了第2.4.2条这一结论。上诉机构指出,调查机构只能对构成"模式"的交易适用W—T比较法,并且要排除非模式交易;第2.4.2条既不允许联合使用不同方法,也不允许"系统性忽略"适用W—W比较法或T—T比较法产生的不利结果;在适用W—T比较法确认倾销幅度时排除非模式交易的做法,不符合第2.4条关于公平比较的要求。据此,上诉机构宣布专家组关于"系统性忽略"的结论无效。

第三,关于W—T比较法中使用归零法。上诉机构指出,W—T比较法允许用加权平均价格与构成模式交易的所有交易进行比较,而不论某个交易的价格是高于还是低于正常价值。归零法不符合《反倾销协定》第2.4.2条第2句对确定倾销和倾销幅度的规定,如果确定倾销幅度的做法不符合第2.4.2条,则据此确定的反倾销税也就不符合《反倾销协定》第9.3条和GATT第6.2条。

二、《SCM协定》项下的上诉

第一,关于地区专向性的问题。上诉机构同意专家组的观点:《SCM协定》第2.2条的"某些企业"不仅包括具有法人地位的企业,还包括其分支机构和进行制造活动的设施;而第2.2条的"指定"地理区域不一定是明确的地点,也可以通过排除或推断得出,只要这个区域可以经由补贴的文本、设计、结构和运作清楚地辨别出来。上诉机构还指出,第2.2条的"地理区域"不取决于补贴涉及区域的地理面积。据此,上诉机构维持专家组关于韩国的某些补贴具有地区专向性的结论。

第二,关于税收抵免是不是与三星的特定产品绑定的问题。上诉机构注意到,三星如果发生符合税收抵免条件的开支,它会将与该等开支相应的税收抵免计算出来并向税务机关申报;三星内部分成多个部门,其中不少部门有符合抵免条件的产品。在确认补贴额时,USDOC面临这样的问题:给予公司的补贴是否也给予了没有受到调查的产品?三星认为,大多数的补贴给予了不受调查的产品。三星还提交了相关部门的证据。USDOC认为,补贴有没有绑定具体产品,应该根据补贴设立时的目的而不是实施的结果来判断;同时,三星得到的补贴减轻了整个公司的税收负担。据此，USDOC 用三星得到的所有补贴除以三星在韩国生产的产品计算补贴额。专家组接受了美国的观点，也赞同 USDOC 排除三星提交的相关证据的做法。上诉机构认为这是错误的。上诉机构指出，《SCM 协定》第 19.4 条要求"对任何产品征收的反补贴税不得超过认定存在的补贴的金额。该金额以出口补贴产品的单位补贴计算"。GATT 第 6.3 条也有类似的要求。上诉机构指出，为了达到这一要求，调查机构必须首先计算出准确的补贴额；《SCM 协定》并没有规定计算时应该使用的具体方法，只要求反补贴税针对受补贴的产品，而且仅限于这些产品得到的补贴；得到补贴是在完成某一行为之前还是之后，与该项补贴是不是与具体产品绑定没有直接联系；此外，企业得到补贴的用途也与产品绑定无关。在没有分析韩国法规的设计、框架和实施的情况下，专家组依据三星在从事科研活动之后得到税收抵免与法规没有要求企业把补贴用于类似的科研活动两个事实，就接受了美国提出的"只有在提供补贴者明确补贴会被用于某一产品，才可以认为补贴与该产品绑定"的观点。上诉机构认为专家组的做法是错误的：USDOC 没有接受三星提交的许多证据，专家组对此做法予以肯定；USDOC 未能"客观和无偏见地评估所有证据"，专家组对美国的支持显然也是错误的。根据上述分析，上诉机构认为，USDOC 计算三星得到的补贴率时，没有保证反补贴税不超过认定存在的补贴。据此，上诉机构推翻了专家组关于 USDOC 的决定没有违反《SCM 协定》第 19.4 条和 GATT 第 6.3 条的结论，并确认美国的做法违反上述规定。

第三，关于 USDOC 在计算补贴额时以三星在韩国生产的产品销售额作为分母的问题。上诉机构指出，专家组错误地将《SCM 协定》第 1 条的"利益接受者"与第 19.4 条规定的计算补贴额时的"受到补贴的产品"两个概念合并了。在计算补贴额的过程中，三星提交了许多证据，USDOC 没有接受，也没有评估所有利害关系方提出的观点。专家组包容了美国的做法，是不恰当的。据此，上诉机构推翻了专家组认为美国的做法没有违反《SCM 协定》第 19.4 条和 GATT 第 6.3 条的结论，并确认美国的做法违反上述规定。

欧盟对阿根廷进口生物柴油采取反倾销措施案

(WT/DS473)(简称:欧盟—生物柴油案)

【案件基本情况】

申诉方(上诉方/被上诉方):阿根廷

被申诉方(上诉方/被上诉方):欧盟

第三方(第三参与方):澳大利亚、中国、哥伦比亚、印尼、马来西亚(非第三参与方)、墨西哥、挪威、俄罗斯、沙特阿拉伯王国、土耳其、美国

本案涉及的相关协定条款和法律问题:《反倾销协定》第 2.2 条、第 2.2.2 条、第 2.2.1.1 条、第 3.1 条、第 3.4 条、第 3.5 条、第 6.2 条、第 6.4 条、第 9.3 条和第 18.4 条;《WTO 协定》第 16.4 条;GATT 第 6.1(b)(ii)条;专家组的职权范围;客观评估(DSU 第 11 条)。

2013 年 12 月 19 日,阿根廷要求就第 1225/2009 号理事会条例(以下简称《基本条例》)第 2(5)条,以及对阿根廷进口生物柴油采取的反倾销措施,与欧盟进行磋商。2014 年 1 月 31 日,双方进行了磋商。由于磋商未果,经阿根廷请求,DSB 于 4 月 25 日决定成立专家组。6 月 23 日,专家组由 WTO 总干事指定成立。专家组报告于 2016 年 3 月 29 日公布。阿根廷和欧盟都提出上诉。上诉机构报告于 10 月 6 日公布。10 月 26 日,DSB 通过了上诉机构报告和专家组报告。

本案涉及欧盟的两项措施:《基本条例》第 2(5)条第 2 分段有关非欧盟成员国倾销进口的规定"本身"(as such),以及对阿根廷进口生物柴油采取的反倾销措施。2012 年 8 月 29 日,欧盟根据欧洲生物柴油局

(European Biodiesel Board,EBB)的申请,对自阿根廷和印尼进口的生物柴油发起调查,并分别于 2013 年 5 月 29 日和 11 月 27 日征收临时反倾销税和最终反倾销税。对于阿根廷生产商或出口商,欧盟计算出的倾销幅度为 41.9% 至 49.2%,最终根据计算出的损害程度适用 22.0% 至 25.7%的反倾销税。阿根廷认为,上述措施违反了《反倾销协定》第 2 条、第 3 条、第 9 条、第 18 条,GATT1994 第 6 条,以及《WTO 协定》第 16 条。

【专家组的分析和结论】

欧盟要求专家组对阿根廷的诉请范围予以先行裁决,欧盟认为诉请的第 2 段(B)(6)、(A)(1)和(A)(2)不属于专家组职权范围。专家组经过分析,认为这些诉请都在专家组的职权范围内。

一、《基本条例》第 2(5)条第 2 段"本身"是否违反《反倾销协定》、GATT 和《WTO 协定》

专家组认为,阿根廷诉请的本质内容如下:其一,如果欧盟调查机构认为被调查生产商记录中的成本由于"扭曲"而"异常低"或者"人为压低",则《基本条例》第 2(5)条第 2 分段要求欧盟调查机构认定被调查产品的生产和销售成本并未"合理反映"在生产商记录中,并因此在确定被调查生产商的生产和销售成本时拒绝使用或调整使用这些成本。阿根廷主张,这导致《基本条例》第 2(5)条第 2 分段与《反倾销协定》第 2.2.1.1 条、第 2.2 条以及 GATT 第 6.1(b)(ii)条不符。其二,如果作出前述认定,《基本条例》第 2(5)条第 2 分段进一步要求欧盟调查机构依据其他信息(包括原产国之外的成本)调整或者确定成本。阿根廷主张,这导致《基本条例》第 2(5)条第 2 分段与《反倾销协定》第 2.2 条和 GATT 第 6.1(b)(ii)条不符。

首先,关于第一项诉请,即涉及《基本条例》第 2(5)条第 2 分段的"本身"之诉,阿根廷认为,欧盟调查机构是根据第 2(5)条第 2 分段作出记录不能"合理反映"成本的决定,但欧盟确认一家生产商的记录是否合理反映产品的生产和销售成本的决定是根据第 2(5)条第 1 分段作出的。专家组注意到,《基本条例》第 2(5)条第 1 分段几乎复制了《反倾销协定》第

2.2.1.1条第1句的措辞,该条规定了推算生产商生产成本时倾向的数据来源(即生产商记录),但须符合两项条件:此类记录符合出口成员公认的会计准则并合理反映生产成本。第2(5)条第2分段起始即规定了一项条件:"如果与被调查产品生产和销售相联系的成本没有合理地反映在相关当事方的记录之中……""应当以同一国家其他生产商或出口商的成本为基础调整或确定此类成本,或者,如果无法获取或不能使用此类信息,以任何其他合理基础调整或确定此类成本,包括其他代表性市场上的信息。"第2(5)条第2分段文本强烈表明,这一条款适用的前提是根据第2(5)条第1分段认定一家生产商的记录没有合理反映与被调查产品生产和销售相联系的成本;"如果"一词则明确表明了第1分段的第二个条件。因此,专家组赞同欧盟的主张,相关认定根据第2(5)条第1分段作出,第2分段仅在根据第1分段作出记录并未合理反映与被调查产品生产和销售相联系的成本的认定后才适用。第2分段文本并不支持阿根廷关于该条款范围、含义和内容的指控。

得出上述初步结论后,专家组接着考虑了阿根廷提交的其他证据,包括与引入《基本条例》第2(5)条第2分段有关的立法史、欧盟调查机构的一贯实践以及解释涉案措施的欧盟普通法院判决。基于对阿根廷提交的证据的"整体评估",专家组裁定,《基本条例》第2(5)条第2分段并没有要求,如果一家生产商的记录所反映的价格被视为由于扭曲而人为压低或者异常低,欧盟调查机构必须认定这些记录没有合理反映与被调查产品生产和销售相联系的成本;第2分段适用于完全不同的问题,即如果欧盟调查机构已经根据第1分段认定一家生产商的记录并未合理反映生产成本,调查机构需要做些什么。由于阿根廷的该项诉请涉及《反倾销协定》第2.2条和GATT第6.1条,专家组裁定,阿根廷没有证明《基本条例》第2(5)条第2分段"本身"违反《反倾销协定》第2.2条和GATT第6.1条。

其次,关于不符合《反倾销协定》第2.2条和GATT第6.1(b)(ii)条的诉请,双方出现分歧的焦点是:如果欧盟调查机构已经认定一家生产商的记录没有合理反映受调查产品的生产成本,那么欧盟调查机构是否有寻求"其他代表性市场"上通行的信息以确定或调整正常价值的"裁量权"?《基本条例》第2(5)条第2分段规定,欧盟调查机构在认定生产商记录中的成本不能合理反映受调查产品生产成本后,可以使用多种替代基础,以确定或调整成本。其中,首要选择是使用原产国其他生产商或出口商的成本,当该信息不可获得或不能使用时,可寻求"任何其他合理基础",包括"其他代表性市场上的信息"。阿根廷认为该"任何其他合理基础"仅指原产国之外的成本。专家组不认同。专家组认为,原产国可能存在除受调查产品其他生产商或出口商成本之外的"基础"或信息来源,阿根廷的解释方法将导致"其他代表性市场上的信息"成为多余;同时,该分段提及可用于确定受调查生产商或出口商成本的信息来源(而不是成本本身),但并没有要求欧盟调查机构推算正常价值以反映其他国家通行的成本。更进一步,专家组认为,《基本条例》第2(5)条第2分段文本并不支持阿根廷关于该条款范围、含义和内容的主张,相反,该分段表明欧盟调查机构在推算正常价值时可以使用的信息方面,拥有广泛的选择权。

阿根廷还主张,由于《基本条例》第2(5)条第2分段与《反倾销协定》及GATT相关条款不符,从而也违反了《WTO协定》第16.4条和《反倾销协定》第18.4条。由于专家组已经驳回了阿根廷的主要诉请,因此也裁定《基本条例》第2(5)条与《WTO协定》第16.4条和《反倾销协定》第18.4条并无不符。

二、对阿根廷进口生物柴油采取的反倾销措施是否违反《反倾销协定》和GATT

1. 涉及《反倾销协定》第2.1条、第2.2条、第2.2.1.1条和GATT第6.1条、第6.1(b)(ii)条的诉请

阿根廷认为,欧盟未在生产商保持的记录基础上计算生物柴油的生产成本,违反了《反倾销协定》第2.2.1.1条、第2.2条和GATT第6.1(b)(ii)条。特别是,欧盟错误地认定,生产生物柴油的主要原材料的成本没有合理地反映在阿根廷受调查生产商记录中,这些成本由于阿根廷出口税制度造成的扭曲而人为地低于国际价格。

专家组首先阐明了其对《反倾销协定》第2.2.1.1条的理解。该条规定了调查机构可以不在生产商记录的基础上计算成本的两种情形。本案中,调查机构明显依据的是第二种情形,即记录不能合理反映与被调查产品有关的生产和销售成本。专家组审查了"只要该记录……合理反映与

被调查产品有关的生产和销售成本"的通常含义,根据该半句话及第2.2.1.1条的上下文(包括脚注6),以及《反倾销协定》的目的与宗旨,认为该半句话的适当解释是,要求评估生产商记录中的成本是否以一种准确且可靠的方式反映了生产商或出口商负担的所有实际成本。这要求比较记录的成本与该生产商实际负担的成本。比较的目的是确定记录是否合理地反映出实际负担的成本,而不是记录是否合理地反映了在不同条件或情形下可能会发生的、在调查机构看来比实际发生的成本更为"合理"的某些假设成本。欧盟调查机构拒绝使用阿根廷生产商的大豆成本,理由是阿根廷出口税制度造成其国内大豆价格扭曲而人为地低于国际价格。专家组认为这不能构成《反倾销协定》第2.2.1.1条所指的生产商记录未合理反映生产和销售相关的成本,不能成为欧盟拒绝使用阿根廷生产商成本的理由。据此,专家组裁定欧盟违反了《反倾销协定》第2.2.1.1条,阿根廷的其他诉请以前一个诉请为基础。专家组认为没有必要继续对《反倾销协定》第2.2条和GATT第6.1(b)(ii)条下的诉请作出裁决。

阿根廷提出,欧盟没有以原产国生产成本为基础推算正常价值,违反了《反倾销协定》第2.2条和GATT第6.1(b)(ii)条。由于该两条都提到"原产国生产成本",专家组面临的问题是:欧盟调查机构使用的大豆成本是否可被理解为"原产国"阿根廷的成本?专家组认为,欧盟调查机构以阿根廷出口税制度造成大豆价格人为地低于国际价格为由,使用阿根廷农业部公布的调查期内大豆出口平均基准价格(FOB,扣除装船费用)替代调查期内反映在生产商记录中的大豆实际平均购买价格,该基准价格并非"原产国"阿根廷通行的成本。因此,专家组裁定欧盟违反了《反倾销协定》第2.2条和GATT第6.1(b)(ii)条。

基于上述两项裁定,专家组认为其无须对阿根廷根据《反倾销协定》第2.2.1.1条提出的其他诉请(欧盟在计算生产成本时囊括了与生物柴油生产和销售无关的成本)作出裁定。

2.《反倾销协定》第2.4条:正常价值与出口价格的公平比较

阿根廷指控,欧盟没有对影响价格可比性的差异(包括税收差异)加以适当调整,因此没有公平比较出口价格和正常价值,违反了《反倾销协定》第2.4条。在比较正常价值和出口价格时,正常价值采用了阿根廷农业部公布的大豆平均基准价格(扣除装船费用),出口价格采用了大豆国内实际价格。这样的比较不是第 2.4 条项下的"公平比较"。专家组认为其面临的问题是,正常价值与出口价格之间此种差异是否是"影响价格可比性"的差异,以至于为确保根据第 2.4 条进行"公平比较",需对此进行适当调整。

专家组根据《反倾销协定》第 2.4 条文本和上下文,并参照以往专家组和上诉机构的相关报告,对第 2.4 条作出解释。第 2.4 条列举了可能影响价格可比性的多种差异:销售条件和条款、税收、贸易水平、数量、物理特征,该等列举均涉及交易特征。据此,专家组认为,第 2.4 条的"价格可比性",是指对交易价格有影响或者可能有影响的那些被比较交易在交易特征上的差异。本案中,阿根廷主张的影响正常价值与出口价格之间"价格可比性"的"差异"产生于欧盟调查机构确定正常价值时使用的方法,即使用欧盟认为的不受扭曲的主要原材料投入物价格推算正常价值,该价格相当于国内价格加上出口税。但是,出口税并不是第 2.4 条列举的交易特征。专家组认为,阿根廷主张的差异同进行比较的(实际或理论)国内交易与出口交易的差异无关,因而此种差异并非第 2.4 条意义上需要加以适当调整的差异。以往专家组和上诉机构的相关报告也支持上述结论。在此基础上,专家组裁定,阿根廷未能证明欧盟未对正常价值与出口价格进行"公平比较"违反了《反倾销协定》第 2.4 条。

3.《反倾销协定》第 2.2 条和第 2.2.2(iii)条:未能根据"合理方法"确定利润额

阿根廷指控,欧盟确定的用于推算正常价值的利润额(营业额的 15%)并非基于《反倾销协定》第 2.2.2(iii)条的"合理方法",因此不具有第 2.2 条要求的"合理性"。专家组注意到,第 2.2 条规定推算正常价值时,应包括"合理"金额的管理、销售和一般费用及利润;第 2.2.2 条导言及其(i)(ii)段列明了调查机构可用于确定此类金额的特定方法,而(iii)段则允许使用"任何其他合理方法",只要如此确定的利润额不超过其他出口商在原产国国内市场中销售同一大类产品通常实现的利润额。专家组认为,第 2.2.2(iii)条中的"任何其他合理方法"要求调查机构认定利润额时应合乎逻辑地考量案卷证据,并合理作出趋近于出口国正常贸易过程中销售被调查产品通常实现的利润率的估值。接着,专家组审查了欧盟调查机构适用的营业额15％的利润率是否满足该项要求。专家组指出,欧盟调查机构确定15％的利润率,是考虑了生物柴油行业的"新兴""创新"和"资本密集"特征,并借鉴了最近类似调查的数据；不仅如此,欧盟调查机构还比较了阿根廷短期和中期借款利率、调查期内阿根廷生产商实现的利润,最终才确定15％的利润率。据此,专家组认为,欧盟调查机构对利润率的确定是合乎逻辑地考量证据的结果。

专家组接下来考察了该方法是否合理。根据《反倾销协定》第2.2.2(iii)条,如果无法获得可靠的出口商数据,在最初阶段,一个无偏见和客观的调查机构可合理认为,在以往调查中确定的处于类似发展阶段和同一产业的其他生产商利润率,能为嗣后调查中确定生产商利润率提供参照。由于该15％来自不同生产商和不同时间点,调查机构通过可获得的相关基准对其进行测试并确定是适当的。本调查中,欧盟调查机构考虑了阿根廷短期和中期借款利率、世界银行指标、阿根廷生物柴油生产商实际利润率等四种基准。专家组认为这些基准是合理的。据此,专家组认为,选择和测试15％的利润率是基于合乎逻辑的分析,且合理趋近于阿根廷生产商在国内市场正常贸易过程中销售同类产品通常实现的利润率；在实际生产商及其产品数据均不可用的情形下,欧盟调查机构初步选择该数字以及后来的测试均基于合乎逻辑的推理。因此,专家组裁定阿根廷未能证明欧盟违反了《反倾销协定》第2.2.2(iii)条和第2.2条。

4.《反倾销协定》第9.3条和GATT1994第6.2条:超过倾销幅度征收反倾销税

阿根廷指出,欧盟征收的反倾销税超过了根据《反倾销协定》第2条规定的倾销幅度,违反了《反倾销协定》第9.3条和GATT1994第6.2条。专家组认为,《反倾销协定》第9.3条中"根据第2条确定的倾销幅度"指的是调查机构以遵守第2条的方式确定的幅度,而非调查机构实际确定的倾销幅度。从第9.3条的字面含义看,该条规定了可以征收的反倾销税的最高水平,即"根据第2条确定的倾销幅度"。专家组认为,就倾销上限而言,根据第2条计算倾销幅度存在错误或不符,并不必然导致违反第9.3条,如可以低于根据第2条规定的倾销幅度征收反倾销税。专家组指出,它已经裁定欧盟调查机构在推算阿根廷生产商的正常价值时使用了替代价格,因而在确定倾销幅度方面违反了《反倾销协定》第

2.2.1.1条、第2.2条和GATT第6.1(b)(ii)条。在初裁阶段,调查机构使用了阿根廷生产商的实际价格,计算出的倾销幅度为6.8%至10.6%,而在使用替代价格的终裁中征收的税率为22.0%至25.7%。专家组表示,虽然不能得出根据《反倾销协定》第2条规定应征收的确切倾销幅度,但初裁中的倾销幅度提供了合理接近的估量。在上述两个阶段计算出的倾销幅度存在实质性的差异,表明终裁中征收的反倾销税超过了根据《反倾销协定》第2条规定的倾销幅度。据此,专家组裁定欧盟违反了《反倾销协定》第9.3条和GATT1994第6.2条。

5.《反倾销协定》第3.1条和第3.4条:生产能力和设备利用率评估

阿根廷指控,欧盟在作出裁定和评估生产能力及设备利用率时排除了闲置生产力,在评估生产和设备利用时接受了反倾销调查申请人提交的修改数据,违反了《反倾销协定》第3.1条和第3.4条。

专家组首先审查了第二项指控。在终裁中,欧盟调查机构根据反倾销调查申请人在2013年9月提交的修改数据,修改了生产能力数据,在总生产能力中排除了"闲置生产力",并相应修改了设备利用数据。专家组认为,一个无偏见和客观的调查机构应当特别谨慎地分辨修改后数据的准确性和可靠性,以确保最终采用的数据的可靠性。但是,没有记录表明欧盟调查机构是这么操作的。专家组强调其不对修改后数据的正确性给出结论。但是,在国内产业和阿根廷生产商或出口商对生产能力和生产力过剩有激烈争论的情况下,欧盟没有谨慎地评估修改后数据的准确性和可靠性,就接受了一方提供的修改后的数据,违反了《反倾销协定》第3.1条要求的根据"肯定性证据"进行"客观审查"。据此,专家组确认,欧盟违反了第3.1条和第3.4条,并认为没有必要再对第一项指控作出裁定。

6.《反倾销协定》第3.1条和第3.5条:非归因

阿根廷指控,欧盟调查机构未能适当评估"其他因素"造成的损害,没有区分"其他因素"造成的损害与倾销进口造成的损害,违反了《反倾销协定》第3.1条和第3.5条。阿根廷提出质疑的"其他因素"包括下列四项:欧盟国内产业的生产力过剩;欧盟国内产业对受调查产品的进口;欧盟国内产业缺乏纵向一体化并缺乏原材料;某些欧盟成员国的双重计算体制。专家组逐一予以分析,并全部驳回。专家组认为,阿根廷未能证明欧盟的非归因分析不符合《反倾销协定》第 3.1 条和第 3.5 条。

最终,专家组根据 DSU 第 19.1 条,建议欧盟使其措施符合在《反倾销协定》和 GATT1994 下的义务。

【上诉机构的分析和结论】

阿根廷和欧盟均提起上诉。

一、与欧盟对阿根廷生物柴油进口采取反倾销措施有关的诉请

1. 倾销的确定

第一,关于生产成本。欧盟指出,专家组错误地认为《反倾销协定》第 2.2.1.1 条第 1 句中的第二个条件要求评估受调查的具体生产商或出口商的实际成本。在欧盟看来,该第二个条件允许审查记录的成本本身是否合理。上诉机构考察了第 2.2.1.1 条及其上下文,以及《反倾销协定》的目的与宗旨,认为该第二个条件即"此类记录……合理反映与被调查的产品有关的生产和销售成本",是指生产商或出口商保持的记录是否适当和充分地相当于或再现了受调查生产商或出口商负担的、与受调查具体产品生产和销售存在真正联系的那些成本。继而,上诉机构考虑了专家组在解释与适用该条款方面是否存在错误。欧盟主要提出了两点:其一,专家组错误地认定该条件中的成本指受调查的具体生产商或出口商的实际成本。但是,上诉机构认可专家组对此的解释,即该条件涉及记录中成本是否以一种准确和可靠的方式对应了实际成本。其二,专家组错误地认为第 2.2.1.1 条不包含"合理性"一般标准。欧盟认为,第 2.2.1.1 条中的"成本"指的是管理、销售和一般费用,适用第 2.2 条"合理性"标准。但是,上诉机构认为,"合理"一词修饰的是"反映",而非"成本";其他条款中提及"合理"并不表明调查机构享有不受约束的裁量权,可以主观界定评估某一生产商或出口商记录中成本的"合理性"标准。基于此,上诉机构驳回了欧盟的上诉,维持专家组的裁决。

第二,关于原产国的生产成本。欧盟和阿根廷均对专家组有关《反倾销协定》第 2.2 条和 GATT 第 6.1(b)(ii) 条的解释与适用提起上诉。阿根廷提出,专家组认为上述两条款没有限制可用于确定生产成本的信息

来源,也不禁止调查机构寻求原产国生产商成本之外的其他信息来源,但的确要求调查机构确定的生产成本反映原产国当前的条件,错误地解释了上述两条款;特别是,这些条款不允许使用原产国生产商成本之外的其他信息。上诉机构没有接受阿根廷的观点。上诉机构认为,根据这些条款的文本,"原产国的生产成本"一词可被理解为在原产国为生产某物而支付或需支付的价格,但是这些条款没有规定必须使用的证据类型,也没有限制信息或证据只能来源于原产国。使用"原产国的"一词,是指不管用于确定"生产成本"的信息或证据为何,必须易于或能够得出原产国的生产成本;另一方面,源自原产国之外的信息或证据需加以调整,以确保适宜于确定原产国的"生产成本"。据此,上诉机构驳回了阿根廷的上诉。

欧盟认为,专家组错误地以其在推算生物柴油正常价值时没有使用阿根廷生产成本为由,认定其做法违反《反倾销协定》第 2.2 条。欧盟提出两点论据:一是专家组的认定是基于对第 2.2.1.1 条的错误解释。前文上诉机构已经维持了专家组对第 2.2.1.1 条的解释和适用。二是专家组未能认识到欧盟调查机构使用的大豆替代价格是阿根廷未受扭曲的大豆价格的合理指标,应构成第 2.2 条项下的"原产国的生产成本"。上诉机构认为,当依赖原产国之外的信息确定第 2.2 条项下的"原产国的生产成本"时,调查机构需要对信息作出调整。本案中,除扣除装运费用外,欧盟并没有主张调查机构已经对其使用的指导价格作出或考虑作出调整,以确保反映阿根廷的生产成本。因此,上诉机构赞同专家组的结论,驳回欧盟此方面的上诉请求。

此外,阿根廷还就专家组关于欧盟并未违反《反倾销协定》第 2.4 条的裁定提起上诉。第 2.4 条要求对影响价格可比性的差异进行适当考虑。上诉机构认为其已经裁定欧盟违反第 2.2.1.1 条和第 2.2 条,就本案而言,没有必要再审查欧盟在比较推算正常价值和出口价格时是否未能进行"公平比较",从而违反了第 2.4 条。

2.《反倾销协定》第 9.3 条和 GATT 第 6.2 条:反倾销税的征收

欧盟认为,专家组在下述两个方面错误地解释和适用了《反倾销协定》第 9.3 条:

其一,专家组认为第 9.3 条要求比较反倾销税与根据第 2 条规定的倾销幅度,而违反第 2 条则自动导致违反第 9.3 条。上诉机构认同专家组的观点,即第9.3条中的倾销幅度是指以符合第2条的方式确定的幅度。如果倾销幅度本身不符合《反倾销协定》,第9.3条就失去了作为基准的功能。同时,上诉机构澄清了专家组的观点,专家组并没有认定违反第2条就自动导致违反第9.3条。专家组的观点是,只有当征收的反倾销税率高于根据第2条规定的倾销幅度时,才构成违反第9.3条。

其二,欧盟认为,专家组在将第9.3条适用于本案事实时,依赖临时决定中的倾销幅度,暗示该幅度是本应确定的倾销幅度,超越了其在DSU和《反倾销协定》第17.6(i)条特殊或附加规则下的职权。上诉机构认为专家组并没有得出该结论,专家组认为临时决定中的倾销幅度可作为规定的倾销幅度的"合理近似值"。考虑到本案的情况,专家组依赖临时决定中计算的倾销幅度是适当的。在最终决定中,欧盟调查机构用替代价格替代了在临时决定中用于计算的大豆实际购买价格。与欧盟调查机构的临时决定相比,这个变化大幅增加了对阿根廷生产商确定的生产成本、正常价值和倾销幅度。尽管最终决定中适用了更低税率,实际适用的税率仍然实质性地高于临时决定在符合第2条规定的推算正常价值基础上的倾销幅度。上诉机构还认为,上述对第9.3条诉请的分析和评估在细节上加以必要修改后,还可适用于阿根廷根据GATT1994第6.2条提出的诉请。因此,上诉机构维持了专家组的相关裁决。

3.《反倾销协定》第3.1条和第3.5条:因果关系确定中的非归因分析

专家组裁定阿根廷未能证明欧盟违反《反倾销协定》第3.1条和第3.5条。阿根廷提起上诉。阿根廷认为,专家组错误地考虑生产能力修改数据是否在欧盟调查机构关于生产力过剩的非归因分析中起到了重大作用;在"肯定性"证据基础上进行"客观评估",作出损害决定的义务是一项"绝对"义务。阿根廷援引了欧共体—床上用品案(DS141,执行情况审查)上诉机构报告支撑其观点。但是,上诉机构认为阿根廷错误地理解了该案中上诉机构的观点。在DS141案中,上诉机构认为"这些义务是绝对的",指的是第3.1条和第3.2条中的义务具有根本重要性,调查机构在作出每一个损害裁决时都应当遵守该义务;该案上诉机构没有提出某些证据在损害裁定中起作用的程度具有相关性。就本案而言,上诉机构认为,专家组只是认定欧盟调查机构的非归因分析并不基于修改后的数据或受其影响。

阿根廷特别提出,欧盟调查机构在分析欧盟产业生产能力过剩是否导致欧盟产业遭受损害时,在最终决定第165段和第170段援引了修改数据,这证明欧盟调查机构使用了该修改数据。上诉机构认同专家组的观点,第165段援引修改数据是为了回应利害关系方关于即便没有进口产品,设备利用率也会比较低的观点,是一个次要论点;同时,阿根廷也没有说明,为何仅仅第170段援引了修改数据,就认为非归因分析是基于修改数据。

阿根廷还提出,专家组未能区分设备利用率和生产能力过剩,以及未能发现欧盟调查机构结论中的不一致之处,也被上诉机构一一驳回。基于上述分析,上诉机构维持了专家组关于阿根廷未能证明欧盟非归因分析不符合《反倾销协定》第3.1条和第3.5条的裁定。

二、关于《基本条例》第2(5)条第2分段的诉请

1.《反倾销协定》第2.2.1.1条和DSU第11条

阿根廷关于《反倾销协定》第2.2.1.1条的上诉涉及专家组对《基本条例》第2(5)条第2分段的评估,即该分段是否仅涉及欧盟调查机构已根据第1分段确定生产商记录不能合理反映生产成本之后该如何行为。上诉机构审查了《基本条例》第2(5)条,认为第1分段的很大一部分复制了《反倾销协定》第2.2.1.1条第1句的文本,规定在计算成本时,只要满足两项条件即出口国公认会计原则、合理反映与被调查的产品有关的生产和销售成本,就应优先使用受调查方记录中的数据。第2(5)条第2分段则没有直接对应任何《WTO协定》条款,"如果"涉案方记录没有合理反映与受调查产品的生产和销售有关的成本,则应在同一国家其他生产商或出口商成本的基础上,或当无法获得或无法使用该等信息时,在任何其他合理基础上调整或确定,包括其他代表性市场的信息。上诉机构认为,第2分段中的"如果",以及重复提及记录中合理反映的成本,表明该分段涉及第1分段中第二个条件未能满足的情形。因此,上诉机构赞同专家组的观点,即第2(5)条前两分段的语言和措辞表明,仅当已经适用第1分段作出某一生产商的记录不能合理反映与受调查产品的生产和销售有关的成本的裁定后,才适用第2分段。欧盟调查机构适用第2(5)条

第 1 分段,而不是第 2 分段,确定记录是否合理反映了与受调查产品的生产和销售有关的成本。因此,上诉机构维持了专家组关于阿根廷未能证明《基本条例》第 2(5)条第 2 分段"本身"不符合《反倾销协定》第 2.2.1.1 条的裁定,并驳回了阿根廷关于专家组违反 DSU 第 11 条的指控。

2.《反倾销协定》第 2.2 条、GATT 第 6.1(b)(ii)条和 DSU 第 11 条

专家组认为阿根廷未能证明《基本条例》第 2(5)条第 2 分段违反《反倾销协定》第 2.2 条和 GATT 第 6.1(b)(ii)条,阿根廷就此提起上诉。阿根廷提出,专家组错误地理解了《基本条例》第 2(5)条第 2 分段的意思,认为即便使用来自其他代表性市场的信息,第 2 分段也不要求欧盟调查机构确定反映其他国家成本的生产成本。对此,双方对第 2 分段"来自其他代表性市场上的信息"一词是否必然指有关原产国之外的成本的信息有分歧。上诉机构认为,第 2 分段的文本表明,"任何其他合理基础……包括来自其他代表性市场上的信息"是指除"同一国家其他生产商或出口商成本"之外的信息。然而,并不明确的是,"来自其他代表性市场上的信息"一词是否必须狭义地理解为指原产国产品的生产成本。上诉机构赞同专家组的初步结论,即表面上,第 2 分段并不要求以另一国家的成本取代生产商记录的成本。同时,第 2 分段也不排除欧盟调查机构以"来自其他代表性市场上的信息"为基础,在不进行调整以反映原产国生产成本的情形下,得出生产成本。在对相关立法历史、欧盟一贯实践和法院判决等进行整体评估后,上诉机构认为,阿根廷未能证明当不能使用同一国家其他国内生产商或出口商的成本时,第 2 分段要求欧盟调查机构使用来自其他代表性市场、不反映原产国生产成本的信息。

阿根廷还提出,专家组错误地认定阿根廷需要证明无法以与 WTO 相符的方式适用《基本条例》第 2(5)条第 2 分段,才能证明第 2 分段本身违反《反倾销协定》第 2.2 条和 GATT 第 6.1(b)(ii)条。上诉机构认为,一项措施的自由裁量性质并不构成"本身"违反相关规定之诉的障碍,带有某些裁量性的措施可能违反某些 WTO 义务;如何证明一项措施"本身"不符合相关规定,根据每起案件的具体情况而有所不同,包括涉案措施和 WTO 义务的性质。就本案而言,上诉机构认为,阿根廷没有证明《基本条例》第 2(5)条第 2 分段实质性地限制欧盟调查机构以符合《反倾

销协定》第2.2条和GATT第6.1(b)(ii)条规定的方式推算生产成本的裁量权。

据此,上诉机构维持专家组的裁定,并裁定专家组并未违反DSU第11条。

3.《WTO协定》第16.4条和《反倾销协定》第18.4条

由于上诉机构维持专家组关于阿根廷未能证明《基本条例》第2(5)条第2分段本身违反《反倾销协定》第2.2条、第2.2.1.1条以及GATT第6.1(b)(ii)条的结论,阿根廷关于欧盟违反《WTO协定》第16.4条和《反倾销协定》第18.4条的主张已失去基础,故上诉机构也维持了专家组关于阿根廷未能证明《基本条例》第2(5)条第2分段违反《WTO协定》第16.4条和《反倾销协定》第18.4条的结论。

三 《补贴与反补贴协定》

美国陆地棉补贴案

(WT/DS267)(简称:美国—陆地棉案)

【案件基本情况】

申诉方(被上诉方/上诉方):巴西

被申诉方(上诉方/被上诉方):美国

第三方(第三参与方):阿根廷、澳大利亚、贝宁、加拿大、乍得、中国、欧盟、印度、新西兰、巴基斯坦、巴拉圭、中国台北、委内瑞拉

本案涉及的相关协定条款和法律问题:《农业协定》第3.3条、第8条、第9.1(a)条、第10条;《SCM协定》第3条、第4.2条、第5(c)条、第6.3(c)条、解释清单(j)项;DSU第1条、第12.7条和第17.5条;职权范围(到期的措施,磋商);举证责任;司法节制;上诉机构审查范围(法律 v. 事实);上诉通知的充分性(《上诉机构工作程序》第20.2条);GATT第16条。

2002年9月27日,巴西要求与美国磋商,解决美国对陆地棉生产者、使用者和出口商提供的一系列补贴。由于磋商未果,经巴西请求,2003年3月18日,DSB决定成立专家组。2004年9月8日,专家组做出最终报告。美国和巴西提出上诉。2005年3月3日,上诉机构做出报告。3月21日,DSB通过了上诉机构报告和专家组报告。

本争议涉及美国各种国内支持措施以及被巴西指控为出口补贴的其

他措施,包括:

(1) 销售贷款项目(marketing loan program,MLP)。美国通过该项目向棉花生产者提供无追索贷款,以棉花预期收获为抵押。这种贷款可弥补生产者的生产成本,使生产者不必在收获时低价出售农产品。在贷款到期时,偿还价格是"经调整的世界市场价格"与"原贷款价格加利息"中较低者。

(2) 使用者销售支付(Step2)。该支付的基本功能是,补贴较高国内市场价格和较低国际市场价格之间的差价,使美国产棉花在国际市场上有竞争力,也可为国内市场所接受。根据 FSRI,美国产棉花的国内使用者和出口商凭购买记录,在美国销售至北欧棉花报价连续 4 周超过北欧价格,而经调整的世界价格不超过销售贷款价格 134% 时,可获得差价补贴。

(3) 生产灵活性合同支付(product flexibility contract payments,PFC)。1996 年至 2002 年,生产者可基于 7 种农产品(包括棉花)的基期种植面积和产量获得补贴。生产者在基期种植面积上可选择种植任何农作物,如果种植水果和蔬菜,补贴将全部或部分取消。除此之外,该支付与种植的作物和产量无关。

(4) 直接支付(direct payments,DP)。2002 年至 2007 年,生产者可基于 9 种农产品(生产灵活性合同支付下的 7 种加上大豆和油菜籽)的基期种植面积和产量获得补贴。补贴额与农产品的价格无关。直接支付是生产灵活性合同支付的延续,但允许生产者选择计算基期种植面积的方式,其他限制条件不变。

(5) 市场损失资助支付(market loss assistance payments,MLA)。1998 年至 2001 年,美国根据单独立法向生产者提供临时紧急和辅助补贴,以弥补价格下跌造成的损失。该支付只适用于根据生产灵活性合同支付接受补贴者。

(6) 反周期支付(counter-cyclical payments,CCP)。该支付根据 2002 年 FSRI 设立,获得补贴的种植要求与直接支付相同。补贴额为"有效价格"与每磅 72.4 美分"目标价格"之间的差额。市场价格与目标价格的差价由直接支付、反周期支付和贷款价格来弥补。

(7) 作物保险支付(crop insurance payments,CIP)。美国政府根据

《联邦作物保险法案》,为农产品生产者因自然灾害和市场波动造成的收入损失支付保险。在一般保险范围内,生产者无须支付保险费。但是,生产者亦可支付部分保险费以提高保险范围。保险费的差额由联邦作物保险公司补足。部分保险费由联邦作物保险公司支付。《2000 年农业风险保护法》(ARP 法案)提高了联邦作物保险公司支付的保险费比例。

(8) 棉籽支付(cottonseed payments,CP)。该支付适用于美国产棉花籽的首次加工商,由其与棉花籽生产者分享,其法律根据是 ARP 法案。

(9) 出口信贷担保项目(export credit guarantee programs,ECG)。美国农业部通过政府所有的农产品信贷公司提供出口信贷担保,以增加农产品出口。目前,有 3 种担保项目:一是一般销售管理 102 项目(GSM102),适用于 90 天至 3 年的出口信贷;二是一般销售管理 103 项目(GSM103),适用于 3—10 年的出口信贷;三是供应商信贷担保项目(SCGP),适用于不超过 180 天的出口信贷。农产品信贷公司每个财政年度可提供不超过 55 亿美元的信贷担保。当出口销售合同确定后,出口商应在实际出口前向农产品信贷公司申请收款担保。农产品信贷公司不提供融资,仅为外国银行开立的信用证或进口商提供的本票提供收款担保。

(10)《2000 年国外销售公司法案废除和域外收入排除法案》(ETI 法案)下的出口补贴。根据 ETI 法案,美国向棉花出口商提供出口补贴。在之前的争端解决案件中,该法案已被认定违反了出口补贴义务。

巴西认为,美国的补贴违反了《农业协定》《SCM 协定》和 GATT 的相关规定。

【专家组的分析和结论】

一、国内支持措施

《农业协定》第 13 条规定,农产品国内支持措施和出口补贴,如满足特定条件,可免于根据 WTO 相关规定所采取的行动。第 13 条的实施期截至 2003 年 12 月 31 日。本案专家组设立时,还在实施期内,因此第 13 条适用于本争议。巴西和美国对本案涉及的国内支持措施是否符合《农业协定》第 13(a)条或第 13(b)(ii)条发生争议。第 13(a)条是关于完全符合《农业协定》附件2规定的国内支持措施;第13(b)条是关于完全符合《农业协定》第6条规定的国内支持措施。

关于《农业协定》第13(a)条的条件,属于第13(b)条涵盖的非绿箱措施,争端双方对生产灵活性合同支付和直接支付是否完全符合附件2,从而满足第13(a)条的条件有争议。这两个计划虽然没有要求生产任何特定的产品,但事实上在承诺基期之后,生产者在参与计划的面积上被限制生产某些种类的产品。为此,专家组认为,生产灵活性合同支付和直接支付不完全与附件2第6(b)段一致,不符合第13(a)条的条件,从而属于第13(b)条涵盖的非绿箱措施。

关于《农业协定》第13(b)条,关键是美国国内支持措施给予特定商品的支持是否超过了根据1992销售年度确定的支持水平。由于尚处于第13条实施期内,专家组将这种比较称为"实施期支持"与"1992销售年度基准"的比较。对于"超过"一词,专家组认为不需要对超过的数量作出精确的计算,只要有适当的证据表明明显存在某种程度的超过即可。争端各方同意,美国陆地棉的销售年度始于8月1日,1992销售年度从1992年8月1日起,至1993年7月31日止。专家组在对国内支持总量(aggregated measurement of support,AMS)进行适当修正后,将之用于衡量"1992销售年度基准"和"实施期支持"。专家组采用预算支出的方法对两者的支持水平进行了列表比较,结果表明实施期内任何一年的支持水平都超过了1992销售年度。销售年度中确定的支持水平,不能免于根据GATT第16.1条或《SCM协定》第5条和第6条所采取的措施。

二、出口补贴

对于农产品的出口补贴指控,专家组认为,在依据《SCM协定》或GATT第16条审查某一措施前,应先依据《农业协定》审查该措施。在《农业协定》中,涉及出口补贴的规定是第9条和第10条。根据《农业协定》第3.3条和第8条,禁止对成员减让表未列明的产品提供第9.1条列举的出口补贴,或超过减让表规定的削减承诺水平对减让表列明的农产品提供此类补贴。对减让表列明或未列明的产品提供其他出口补贴,还受第10.1条反规避规定的约束。陆地棉属于《农业协定》的产品范围,但减让表没有列明美国对陆地棉的承诺,因此禁止对陆地棉提供《农业协定》第9.1条列举的出口补贴。

（一）提供给出口商的使用者销售支付（Step2）

巴西指控,美国根据FSRI第1207(a)节提供给出口商的使用者销售支付本身构成《农业协定》第9.1(a)条列明的出口补贴,与《农业协定》第3.3条和/或第8条不符,也与《SCM协定》第3.1条和第3.2条不符。使用者销售支付是美国农业部商品信贷公司提供的,支付采用现金赠款(或商品证书)的形式,不向政府支付对价。该措施的实施条例明文规定出口支付的接受者是"合格的出口商",包括"生产者和合作销售协会"。因此,专家组认为,该支付构成"政府……向公司、行业、农产品生产者、此类生产者的合作社或其他协会或销售局提供的直接补贴"。关键问题是：补贴是否满足《农业协定》第9.1(a)条规定的"视出口实绩为条件"？美国认为,涉案法规和规则将"国内使用者"和"出口商"指定为陆地棉善意使用者全体。两类接受者之间唯一的差别是对使用的证明：国内使用者在打开包装时得到支付,而出口商在出口时得到支付。因此,使用者销售支付并非以出口为条件。专家组不接受美国的观点,认为不应当将所有的接受者视为一个单一的合格"使用者"。措施本身明确区分了两类不同的情况,涉及两类不同的合格接受者,一类是支付给合格出口商,一类是支付给合格国内使用者。出口商获得使用者销售额的唯一方式就是出口。出口实绩是这一类合格接受者获得支付的条件。同时,FSRI第1207(a)(1)节规定,一旦出口商满足了特定的条件,美国当局必须给予补贴。因此,专家组认定,提供给出口商的使用者销售支付构成《农业协定》第9.1条列举的出口补贴,违反了《农业协定》第3.3条、第8条和《SCM协定》第3.1条、第3.2条。

（二）出口信贷担保项目（ECG）

巴西认为,美国的出口信贷担保违反了《农业协定》第10.1条和第8条,同时也违反了《SCM协定》第3.1(a)条和第3.2条。巴西的指控包括这些计划本身和这些计划的实施。

专家组认为,《农业协定》第10.1条和第1(e)条表明,第10.1条涵盖第9.1条没有列举的、视出口实绩而提供的所有补贴。争端各方均认为,如果信贷担保计划符合《SCM协定》附件1"出口补贴例示清单"(j)项的要素,则其本身就构成出口补贴。根据(j)项,专家组依次分析了多项要素,如出口信贷担保计划、保险费率、美国出口信贷担保计划以前的业绩以及计划的结构、设计和运作等,认为这些要素表明,保险费率与弥补长期营业成本和亏损不成比例,或者不能反映长期营业成本和亏损。最终弥补成本的是美国政府的资金。专家组认为,巴西已经证明了美国出口信贷担保计划满足(j)项的要素。因此,专家组认定,美国 GSM102、GSM103 和 SCGP 项下的出口信贷担保计划本身构成《SCM 协定》附件 1 出口补贴例示清单(j)项的出口补贴。对于接受出口信贷担保计划支持的列表内产品的出口,由于美国未证明其没有对超过数量的出口大米提供与 WTO 不一致的出口补贴,专家组认定,美国的出口信贷担保计划构成《农业协定》第 10.1 条的出口补贴,并导致规避对该特定产品的出口补贴承诺。对于大米之外的列表产品和未受计划支持的非列表产品,专家组认为,出口信贷担保可能导致规避出口补贴承诺,但还不足以构成第 10.1 条意义上的"威胁"。根据美国出口信贷担保计划的法律和管理框架,商品信贷公司不一定被要求向任何其他未列表农产品或大米之外的列表农产品签发担保,从而导致规避出口补贴承诺的威胁。因此,鉴于举证责任的分配,专家组拒绝认定出口信贷担保计划适用于大米之外的列表农产品和其他未列表农产品(未受担保计划支持),将导致规避美国出口补贴承诺。

美国认为,《农业协定》第 10.2 条表明,成员出口信贷担保计划的有关纪律延缓执行,不属于《农业协定》下的出口补贴,也不受该协定下出口补贴纪律的约束。专家组不同意美国的观点。专家组认为,第 10.2 条没有修改第 10.1 条的适用范围。假如根据第 10.2 条,目前没有执行关于农业出口信贷担保的纪律,那么 WTO 成员可以以任何保险费率、任何条件,或者根本无条件,提供任何期限和任何金额的农产品出口信贷担保。如果成员可以以出口信贷担保的形式,使用被第 3.3 条和第 9.1 条禁止的出口激励,则可能会规避在这两条项下的承诺。这显然不是《农业协定》起草者想要看到的结果。专家组认为,如果农产品出口信贷担保满足第 10.1 条"出口补贴"的定义,就应受该条款反规避规定的约束。

三、进口替代补贴

巴西有关进口替代补贴的请求涉及 FSRI 第 1207(a)节,该节对国内使用者提供了使用者销售支付。专家组认为,在《农业协定》第 6.3 条国内支持削减承诺和《SCM 协定》第 3.1(b)条禁止进口替代补贴之间,不存在固有的冲突。《农业协定》第 6.3 条不排除依据《SCM 协定》第 3.1(b)条应当承担的义务。也就是说,要同时符合两个协定规定的义务。关于以使用国产品而非进口产品为条件,美国承认要获得使用者销售支付,国内使用者必须打开国内生产的已打包棉花,实际上是承认该支付构成进口替代补贴。国内生产者只有提供证据证明消费了合格的(即国内生产而非进口的)陆地棉,才能获得使用者销售支付。因此,专家组认为,提供给国内使用者的使用者销售支付,构成《SCM 协定》第 3.1(b)条的进口替代补贴。同时,如果国内使用者满足了特定条件,美国当局必须支付,因此该措施具有强制性。基于以上原因,专家组认定,美国对国内使用者提供使用者销售支付,与《SCM 协定》第 3.1(b)条和第 3.2 条不一致。由于专家组已经根据《SCM 协定》第 3.1(b)条和第 3.2 条作出裁定,专家组认为没有必要审查巴西根据 GATT 第 3.4 条对同一措施提出的诉请。

1. 《SCM 协定》第 5(c)条和第 6.3(c)条

专家组认定,提供给国内使用者和出口商的销售贷款项目、使用者销售支付、生产灵活性合同支付、市场损失资助支付、直接支付、反周期支付、作物保险支付和棉籽支付构成《SCM 协定》第 1.1(a)(b)条的"补贴",并具有第 2.1(a)条和/或第 2.3 条所指的"专向性"。专家组接下来审查了巴西根据《SCM 协定》第 5(c)条和第 6.3(c)条提出的诉请,即美国提供的补贴导致第 6.3(c)条所指的"大幅价格抑制",已经对其利益造成了第 5(c)条所指的严重侵害。

由于本案各项补贴之间存在充分的联系,专家组将这些补贴视为一项"补贴",作为一个整体考虑其影响。关于《SCM 协定》第 6.3(c)条所指的"同一市场",巴西将下列市场界定为第 6.3(c)条请求下的相关市场:陆地棉世界市场、巴西市场、美国市场和 40 个接受巴西棉花出口、市场上既有美国棉花也有巴西棉花的第三国。但是,美国认为,相关市场是"某成员的特定国内市场",而且不能是"世界市场"。专家组认为,市场指的是买卖双方聚集在一起,以及供需影响价格发生作用的经济活动的地理范围。尽管市场有地理含义,但第 6.3(c)条的市场,其内涵没有地理或概念上的限制。这说明第 6.3(c)条的市场是个未指定的地理范围,包括世界市场,而且陆地棉的世界市场的确存在。专家组还认为,在证明世界市场存在价格抑制的情形下,没有必要再审查其他可能的市场是否存在价格抑制。

专家组接下来审查了补贴是否在同一世界市场造成了价格抑制。专家组采纳了巴西的建议,依据指数 A 分析是否存在价格抑制。专家组认为,"价格抑制"是指妨碍或阻止价格上涨(如本来应当上涨,但没有上涨),或实际上涨的幅度低于本来应当上涨的幅度。专家组认为,下列三项要素对于审查同一"世界市场"是否存在"价格抑制"具有相关性:(1)陆地棉世界市场上美国生产和出口的相对重要程度;(2)一般价格趋势;(3)补贴的性质,尤其是这些补贴的性质是否具有可辨别的价格压低影响。专家组经过审查后认为,这些补贴的结构、设计和操作强烈证明存在价格抑制,尤其是以价格为条件的补贴。在 1999—2002 销售年度,与平均水平相比,指数 A 下降了将近 30%。基于上述考虑,专家组认定在《SCM 协定》第 6.3(c)条所指的同一世界市场内存在价格抑制。鉴于美国生产和出口的相对重要性、世界市场的整体价格趋势、补贴的性质等,专家组认为补贴造成了同一世界市场的"大幅"价格抑制。

《SCM 协定》第 5(c)条和第 6.3(c)条的条文要求证明在补贴和大幅价格抑制之间存在因果联系,即大幅价格抑制必须是第 6.3(c)条"补贴的影响"。基于下列四项原因,专家组认定在补贴和大幅价格抑制之间存在因果联系:首先,美国对世界陆地棉市场有实质性的影响。其次,某些补贴措施直接与陆地棉世界市场价格相连,并使美国生产者不受较低价格的影响。再次,在被抑制的世界市场价格和以价格为条件的补贴之间,存在可以辨认的时间上的一致性。最后,有可靠证据证明,自 1997 年以来,在美国,生产者总生产成本和陆地棉销售收入之间存在差距。专家组接下来审查了有因果联系的其他因素,包括陆地棉的世界需求量、美元的坚挺和 1999—2001 年中国投放的政府陆地棉库存。专家组依次审查并最终认定,在美国提出的其他因素中,虽然有的因素的确有价格抑制影响,但没有割裂美国强制性补贴和大幅价格抑制之间真实的、实质性的联系。

专家组认定,在 1999—2002 销售年度,强制性、以价格为条件的补贴,包括销售贷款项目、使用者销售支付、市场损失资助支付和反周期支付,对陆地棉同一世界市场造成了《SCM 协定》第 6.3(c)条和第 5(c)条所指的大幅价格抑制。

2.《SCM 协定》第 6.3(d)条和第 5(c)条下的诉请

争端各方对《SCM 协定》第 6.3(d)条的"世界市场份额"有不同理解。巴西认为,第 6.3(d)条的"世界市场份额"指一成员出口世界市场份额;而美国认为,它是指特定产品的所有消费,不仅指出口世界市场份额,还包括该成员自身的消费。专家组最终认定,"世界市场"的一般含义是指使买方、卖方走到一起的经济活动和供需力量影响价格的全球地理范围。对"世界市场份额"的理解应当考虑生产和出口两个方面。巴西的有关证据和论据均建立在对"世界市场份额"不正确的法律解释上。因此,专家组认为,巴西没有提出初步证据证明美国违反了《SCM 协定》第 6.3(d)条和第 5(c)条。

巴西还指控,美国将在 2003—2007 销售年度提供的补贴会对巴西的利益造成严重侵害威胁。巴西诉请的"当前"严重侵害指的是 1999—2002 年度有效的措施和提供的补贴,严重侵害"威胁"指的是 2003—2007 销售年度将要采取的有效的措施或提供的补贴。专家组认为,由于已经作出当前严重侵害认定和禁止性补贴认定,因此没有必要再根据《SCM 协定》第 5(c)条和第 6.3(c)条审查巴西的严重侵害威胁诉请。对于巴西根据《SCM 协定》第 5(c)条和第 6.3(d)条提出的严重侵害威胁诉请,专家组同样认为巴西没有提供初步证据。

专家组最终确认的事项包括:(1)《农业协定》第 13 条不是积极性抗辩。(2)生产灵活性合同支付、直接支付和直接支付计划的立法和管理性规定没有满足《农业协定》第 13(a)条规定的条件。(3)国内支持措施对特定产品的支持超过了 1992 销售年度的水平,因此不满足《农业协定》第 13(b)条规定的条件,不能免于根据《SCM 协定》第 5 条和第 6 条、GATT 第 16.1 条提起的行动。(4)对于受出口信贷担保项目支持的陆地棉、其他未列表农产品及大米的出口,出口信贷担保项目是出口补贴,其实施的方式导致美国规避出口补贴承诺,并且与《农业协定》第 8 条不一致;由于它们不完全符合《农业协定》第五部分的规定,因而不满足第 13(c)条的条件,不能免于根据 GATT 第 16 条和《SCM 协定》第 3、5、6 条提起的行动;美国提供上述出口信贷担保的保险费率不足以弥补

《SCM 协定》附件 1(j)项所指的长期营业成本和亏损,因此"本身"构成《SCM 协定》第 3.1(a)条和第 3.2 条禁止的出口补贴。(5)对于未受出口信贷担保项目支持的非列表农产品的出口和其他列表内农产品,美国已经证明出口信贷担保项目的实施方式既没有导致,也没有威胁导致规避美国出口补贴承诺,因此并未与《农业协定》第 8 条不一致;同时,巴西没有对这些项目不完全符合《农业协定》第五部分提出初步证据,这些项目可免于根据《SCM 协定》第 3 条和 GATT 第 16 条提起的行动。(6)对陆地棉出口商提供的使用者销售支付,构成《农业协定》第 9.1(a)条列举的对陆地棉和未列表产品提供的出口补贴,不符合美国在《农业协定》第 3.3 条和第 8 条项下承担的义务,违反了《SCM 协定》第 3.1(a)条和第 3.2 条;同时,由于不完全符合《农业协定》第五部分,不满足《农业协定》第 13(c)条的条件,因此不能免于根据 GATT 第 16 条和《SCM 协定》第 3、5、6 条提起的行动。(7)销售贷款项目、使用者销售支付、市场损失资助支付和反周期支付,造成了《SCM 协定》第 6.3(c)条所指的同一世界市场大幅价格抑制,对巴西的利益构成严重侵害;但是,巴西没有证明生产灵活性合同支付、直接支付和作物保险支付造成《SCM 协定》第 6.3(c)条所指的同一世界市场大幅价格抑制,或者造成美国世界市场份额增加,对巴西的利益构成严重侵害。(8)巴西没有证明 ETI 法案和根据该法案提供的出口补贴与《农业协定》第 10.1 条和第 8 条不一致,没有证明对于陆地棉而言,未能完全满足《农业协定》第五部分的条件,因此这些措施免于根据 GATT 第 16 条和《SCM 协定》第 3 条提起的行动。

专家组的结论是:美国采取了不符合涵盖协定的措施,使巴西在这些协定下获得的利益丧失或减损。根据上述结论,专家组建议:第一,美国应采取行动使上述第(4)项和第(6)项列举的措施符合《农业协定》。第二,美国应毫不迟延地撤回上述第(4)项、第(6)项和第(7)项列举的禁止性补贴;在任何情况下,都应当在 DSB 通过专家组报告之后 6 个月内或 2005 年 7 月 1 日之前撤回,以在先者为准。第三,关于上述第(8)项列举的补贴,在本报告通过之后,美国有义务采取适当步骤消除不利影响或撤销该补贴。

【上诉机构的分析和结论】

美国和巴西都提出上诉,上诉机构主要分析了如下问题:

一、国内支持

专家组认定,直接支付、生产灵活性合同支付,以及提供和维持直接支付的立法和管理性规定,不属于可受《农业协定》第13(a)条庇护的绿箱措施。美国对这一认定提起上诉。

根据《农业协定》附件2第6(b)段的规定,不挂钩的收入支持指支付的金额不得与生产者在基期后任何一年从事的生产的类型或产量"有关"(be related to)。美国认为,第6(b)段使用的措辞"有关"应作狭义解释,即只包括"支付金额和生产类型"之间的肯定性联系,而生产灵活性合同支付和直接支付与第6(b)段规定的生产类型并不相关。上诉机构认为,"有关"一词包括支付金额和生产类型之间的肯定性联系和否定性联系。将某些作物排除在可获得支付的范围之外,潜在地将生产引向可获得支付的作物,与完全禁止生产相比,这种引导作用会对可获得支付的作物生产产生积极影响。种植灵活性限制"极大地"制约了生产灵活性合同支付和直接支付接受者的生产选择。上诉机构维持了专家组的认定,即生产灵活性合同支付和直接支付以符合特定产物的种植灵活性限制为条件,与生产其他一些作物的灵活性相挂钩,意味着在这些措施下,支付的金额与生产者在基期后从事的生产类型有关,即《农业协定》附件2第6(b)段所述的情形。因此,生产灵活性合同支付和直接支付不属于第6段所指的"不挂钩的收入支持",不属于根据附件2可免除削减承诺的绿箱措施,不能根据第13(a)条免于采取行动。

上诉机构接着讨论了《农业协定》第13(b)条的适用问题。美国的上诉涉及以下两个方面:其一,专家组对第13(b)(ii)条"特定商品的支持"的解释及其对四项国内支持措施的适用;其二,专家组采用预算支付法衡量支持措施的价值。上诉机构认为,第13(b)(ii)条的措辞表明,在"此类措施"和被给予支持的特定商品之间必须存在可辨认的联系,某一商品凑巧受益于支持,或者支持最终因偶然因素流向该商品,不能算第

13(b)(ii)条所说的"措施"。专家组在这个问题上的分析没有错误。上诉机构接着讨论了第13(b)(ii)条对争议措施的适用,即生产灵活性合同支付、市场损失资助支付、直接支付和反周期支付,这些措施是"以基础种植面积为条件的支付"。专家组根据每一措施下与陆地棉基础种植面积有关的总预算支出,计算以基期种植面积为条件的支付。美国认为,以基期种植面积为条件的措施也没有明确地将陆地棉指定为接受支持的商品。不管生产者是否种植陆地棉,种植多少,也不管他们是否种植任何作物,都可根据以基期种植面积为条件的措施获得支付。专家组使用的计算方法把给予不种植陆地棉的生产者的支付也包括在给予陆地棉的支持之内。上诉机构认为,针对历史性陆地棉基期种植面积给予陆地棉之外商品的支付,或给予根本不生产任何商品的生产者的支付,不能被视为第13(b)(ii)条意义上的给予陆地棉的支持。第13(b)(ii)条的评估必须只限于给予陆地棉的支持。但是,上诉机构指出,专家组注意到了各项支付的实际作用,而且也采取了其他如"棉花对棉花"计算方法。美国还提出,有关措施以陆地棉的历史生产为基础,不足以认定当前该措施给予陆地棉支持。上诉机构认为,虽然所有以基期种植面积为条件的措施都没有明确将支持与陆地棉的继续生产挂钩,但在立法中没有明确提及继续生产陆地棉,不一定意味着支付没有对陆地棉给予支持。从有关措施的特征、结构和运行情况来看,在有争议的四项措施与陆地棉的继续生产之间存在着可以辨认的联系。基于上述原因,上诉机构认为,四项措施给予当前陆地棉生产者与陆地棉基期种植面积有关的支付,属于《农业协定》第13(b)(ii)条所指的给予特定陆地棉商品的支持。美国没有对提供给国内生产者的使用者销售支付、作物保险支付和棉籽支付提起上诉。对于差额补贴和销售信贷支付的价值应按照美国主张的价差方法计算,还是按照专家组实际采用的预算支出方法计算,上诉机构的结论是:不管采用何种计算方法,美国在实施期内给予特定商品的支持都超过了1992销售年度的支持水平。因此,上诉机构认为没有必要确定到底采用何种方法。

因此,上诉机构认为,美国的国内支持措施对陆地棉的支持超过了1992销售年度确定的支持水平,《农业协定》第13(b)(ii)条的限制性条件未获满足,维持专家组的裁定。

二、严重侵害

专家组认定,销售贷款项目、使用者销售支付、市场损失资助支付和反周期支付,造成《SCM协定》第6.3(c)条的大幅价格抑制和第5(c)条的严重侵害。美国对此提出上诉。

首先,关于"同一市场",美国认为,专家组将"同一市场"解释为包括"世界市场"是错误的。上诉机构认为,《SCM协定》第6.3(c)条的"同一市场",是指接受补贴的美国陆地棉和巴西陆地棉进行实际或潜在竞争的市场。只要两个产品参与实际或潜在竞争,就是处于"同一市场",而不一定要在同一地点和同一时间销售。第6.3(c)条本身没有对地理范围作出限制,可以是国内市场、国际市场或任何其他市场。上诉机构赞同专家组的解释,即第6.3(c)条的"同一市场"包括"世界市场"。

其次,关于《SCM协定》第6.3(c)条之相关"价格"的界定,美国认为,专家组没有审查世界市场上巴西的陆地棉价格,对第6.3(c)条大幅价格抑制的分析存在错误。上诉机构认为其要处理的问题是:专家组是否只需要分析世界市场上陆地棉的价格,或专家组是否也应分析世界市场上巴西陆地棉的价格,并由此认定存在大幅的价格抑制。上诉机构认为,专家组总体分析了世界市场上陆地棉的价格已经足够。专家组的依据是指数A。专家组认为,指数A充分反映了世界市场上陆地棉的价格,由于世界价格的性质、世界陆地棉市场的性质以及美国和巴西所占有的相对市场份额,不管巴西和美国的陆地棉在哪里展开竞争,"陆地棉世界价格的发展将不可避免地影响到它们的价格"。在这些情形下,专家组没有必要再单独分析世界市场上巴西的陆地棉价格。基于上述原因,上诉机构驳回了美国的上诉。

关于大幅价格抑制,美国在上诉中指出,专家组在分析补贴的影响时,忽视或者没有考虑某些证据和论据;同时,专家组认定补贴和价格抑制之间存在因果关系的分析所依据的四项主要理由经不住仔细审查。上诉机构经过仔细审查后认为,尽管专家组的分析应当更为详细,但专家组有关因果关系的分析并无错误之处。

关于补贴的金额,美国认为,专家组应当对补贴产品被授予的"利益"进行量化。《SCM协定》第6.8条规定,"严重侵害的存在"应当根据提交专家组或专家组获得的信息确定,包括根据《SCM 协定》附件 5 提交的信息。上诉机构认为,附件 5 同时提到了补贴的金额和其他因素,这表明这些都与评估是否存在价格抑制有关。但是,上诉机构并不认为附件 5 要求在判断第 6.3(c)条影响的时候,对补贴进行精确量化。美国还提出,每年支付的补贴的影响只能针对实际进行支付的那一年,补贴不能在随后的任何一年中造成大幅价格抑制。上诉机构不同意这种观点,认为按年支付的补贴,其影响不一定在该年份结束时消失。基于以上原因,上诉机构维持了专家组的裁定,即销售贷款项目、使用者销售支付、市场损失资助支付和反周期支付导致《SCM 协定》第 6.3(c)条所指的大幅价格抑制。

巴西在上诉中还提出,专家组对《SCM 协定》第 6.3(d)条之"世界市场份额"的解释有误。由于该项上诉是以上诉机构推翻专家组对第 6.3(c)条之认定为条件的,而本案上诉机构并未推翻专家组有关第 6.3(c)条的裁定,故上诉机构没有分析"世界市场份额"的解释,也没有维持或推翻专家组对第 6.3(d)条之"世界市场份额"的解释。

1. 提供给国内使用者的使用者销售支付

专家组裁定,提供给国内使用者的使用者销售支付与《SCM 协定》第 3.1(b)条和第 3.2 条不一致。美国对此提起上诉。上诉机构认为,关键问题是《农业协定》是否与《SCM 协定》第 3.1(b)条针对同一事项作了特别规定。

《农业协定》附件 3 之第 7 段没有规定进口替代补贴豁免于《SCM 协定》第 3.1(b)条。WTO 成员可对农业生产者提供符合《农业协定》的、使基本农产品生产者受益的补贴,只要这些补贴不包含进口替代的因素。《SCM 协定》第 3.1(b)条禁止以使用国产货物而非进口货物为条件提供补贴。《农业协定》第 6.3 条并未授权成员提供以使用国产货物而非进口货物为条件的补贴,只是规定,如果 WTO 成员现行的综合支持总量没有超过该成员减让表中规定的年度或最终约束承诺水平,就应当视为符合国内支持的削减承诺。因此,上诉机构认为,《农业协定》第 6.3 条和附件 3 之第 7 段并没有对《SCM 协定》第 3.1(b)条规定的相同事项(即进口替代补贴)作出特别规定。上诉机构赞同专家组的观点,即《SCM 协定》第 3.1(b)条与《农业协定》有关国内支持的规定,可以协调一致的方式综合起来理解,并使所有的条款都具有含义。上诉机构认为,WTO成员可提供与《农业协定》削减承诺一致的国内支持。但是,在提供补贴时,WTO成员必须遵守 WTO 其他义务,包括《SCM 协定》第3.1(b)条有关禁止出口替代补贴的义务等。基于以上原因,上诉机构维持了专家组的裁定。

2. 提供给出口商的使用者销售支付

在上诉中,美国提出,陆地棉的国内生产者也可以获得使用者销售支付,支付以使用为条件,而非以出口实绩为条件。上诉机构认为,提供给出口商和国内使用者的销售支付根据的是同一个立法规定和同一个条例,但这些法令和条例明确区分了两种合格接受者,即出口商和国内使用者,而且两类接受者获得支付的条件也是不一样的。为了得到支付,出口商必须出具出口证明。这足以证明,销售支付以"出口实绩为条件"或"取决于出口实绩"。上诉机构赞同专家组的观点,即同时向陆地棉国内使用者提供补贴,并不会"消融"提供给出口商的使用者销售支付以出口为条件的性质。因此,上诉机构维持了专家组的裁定,即提供给陆地棉出口商的使用者销售支付是《农业协定》第 9.1(a)条所指的"以出口实绩为条件"的补贴。

3. 出口信贷担保项目

(1) 出口信贷担保项目是否可根据《农业协定》第 10.2 条豁免于出口补贴纪律

《农业协定》第 10.2 条没有明确规定"当前"适用于出口信贷、出口信贷担保和保险计划的纪律。美国认为,出口信贷担保项目不能被视为第 10.1 条所指的"出口补贴",除非 WTO 成员议定第 10.2 条所指的纪律,否则出口信贷担保、出口信贷和保险计划不受出口补贴纪律约束。上诉机构不接受这种解释,认为这种解释将削弱对《农业协定》来说至关重要的、防止规避出口补贴承诺的目标。上诉机构赞同专家组的观点,即第 10.2 条没有明确将出口信贷担保排除在《农业协定》第 10.1 条出口补贴纪律范围之外;如果协定起草人有意豁免,可以在第 10.2 条作出明确规定。从第 10.2 条的措辞来看,出口信贷担保、出口信贷和保险计划是受《农业协定》第 10.1 条管辖的,只是 WTO 成员还没有对这些计划议定具体的纪律。第 10.1 条的条文表明,只有第 9.1 条列明的补贴不在其规范范围之内。基于以上原因,上诉机构维持了专家组的裁定,即《农业协定》

第10.2条没有豁免出口信贷担保项目在第10.1条项下的出口补贴纪律。

（2）举证责任

美国提出，专家组在审查美国出口信贷担保项目时，错误地将《农业协定》第10.3条规定的特殊举证规则适用于未列入减让表的农产品。专家组认为，对于未列入减让表的产品，只需要证明被申诉方已经出口该产品，就满足了举证责任。一旦出口得到证实，被申诉方就要证明其没有提供出口补贴。上诉机构认为这种观点是极端的，这意味着，出口任何未列入减让表的产品都被推定接受了补贴。上诉机构认为，对于列入减让表的产品，如果出口数量超过了削减承诺，便可推定提供了补贴，这是因为WTO成员已经在减让表的期限内保留了对该产品提供出口补贴的权利。但是，对于未列入减让表的产品，这种推定就不适当。未列入减让表的农产品和工业产品的出口补贴分别为《农业协定》和《SCM协定》所禁止。专家组的解释可能会导致同一问题的举证责任在《农业协定》下应由被诉方承担，在《SCM协定》下却由申诉方承担的局面。尽管上诉机构不赞同专家组对《农业协定》第10.3条的解释，但由于专家组没有以其对第10.3条的解释作为裁定的依据，仍然让巴西承担举证责任，证明美国通过出口信贷担保向陆地棉和其他未列入减让表的产品提供出口补贴，故专家组的最终裁定没有发生错误。上诉机构驳回了美国关于专家组举证责任分配错误的上诉。

（3）出口补贴的规避

对于事实上的规避，巴西提出，专家组没有认定美国出口信贷担保项目"事实上"规避了有关2001年猪肉和禽肉的出口补贴承诺，没有按照DSU第11条的要求对事实作出客观评估。上诉机构注意到，专家组对美国承认规避了大米的出口补贴承诺感到满足，拒绝进一步审查巴西有关其他产品的诉求。为此，上诉机构推翻了专家组的认定，但认为没有必要裁定巴西根据DSU第11条提出的诉请。

对于规避的威胁，专家组认为，要使《农业协定》第10.1条的规避"威胁"成立，接受者应当拥有"无条件的法律权利"，接受相关出口补贴。上诉机构认为，从第10.1条措辞的通常含义出发，不存在这项要求。专家组还认为，如果出口信贷担保项目可能导致规避出口补贴承诺，就不足以构成第 10.1 条所谓的"威胁"。上诉机构认为,专家组似乎混淆了"威胁导致规避"与"规避一定发生"。因此,上诉机构修改了专家组对《农业协定》第 10.1 条"威胁导致规避"的解释。上诉机构认为,某些产品的出口可获得出口信贷担保不足以证明存在规避威胁,尤其是在没有证据证明该产品的出口曾经得到过出口信贷担保的"支持"时。《农业协定》第 10.1 条没有要求 WTO 成员采取积极、预防性的行动,保证不规避其出口补贴削减承诺。因此,上诉机构赞同专家组的观点,即巴西没有证明美国对除大米之外的减让表上的产品和未列入减让表的其他农产品的出口信贷担保项目威胁导致规避美国的出口补贴承诺。上诉机构以不同的理由维持了专家组的裁定。

上诉机构最终裁定:第一,修改专家组对《农业协定》第 13(b)(ii)条"特定商品的支持"的解释;第二,修改专家组对《农业协定》第 10.1 条"威胁导致规避"的解释;第三,推翻专家组关于巴西没有证明对禽肉和猪肉实际规避了出口补贴承诺的裁定。另外,上诉机构没有裁定下列上诉事由:第一,《SCM 协定》第 6.3(d)条"世界市场份额"和 GATT 第 16.3 条"增加出口的任何形式的补贴"的解释;第二,美国提出的"对于《农业协定》第 13(b)(ii)条的比较,只能用《农业协定》附件 3 第 10 段的价格差的方法衡量销售信贷项目和差额支付的价值";第三,巴西提出的上诉,要求上诉机构推翻专家组关于巴西未能对 ETI 法案与美国的 WTO 义务不一致提出初步证据的裁定;第四,巴西提出的附条件上诉。上诉机构维持了专家组的其他裁定。

欧共体及某些成员国影响大型民用飞机贸易的措施案

(WT/DS316)(简称:欧共体及某些成员国—大型飞机案)

【案件基本情况】

申诉方(被上诉方/上诉方):美国

被申诉方(上诉方/被上诉方):欧共体及某些成员国

第三方(第三参与方):澳大利亚、巴西、加拿大、中国、日本、韩国

本案涉及的相关协定条款和法律问题:《SCM协定》第1条、第2条、第3.1(a)条、第5(a)条、第5(c)条、第6.3条;通过部分私有化和其他交易消除以前的补贴;通过现金抽离撤销以前的补贴;以前的补贴向生产者传递;信息收集程序及不利推论(《SCM协定》附录五);增强的第三方权利(DSU第10条);专家组程序和上诉程序公开审理;未经磋商的事项;专家组成立时尚不存在的事项和未在成立专家组请求中指明的事项(DSU第6.2条);条约不溯及既往(VCLT第28条);其他国际法在解释和使用《WTO协定》时的作用(VCLT第31(3)(c)条);欧共体成员国作为被申诉方的地位;就法律应用的上诉;成员表述其诉请的自由;客观评估事实(DSU第11条)。

2004年10月6日,美国要求与欧共体磋商,以解决欧共体及某些成员国影响大型民用飞机贸易措施的问题。由于双方磋商未果,应美国的请求,2005年7月20日,DSB决定成立专家组。2010年6月30日,专家组做出最终报告。欧共体和美国分别提出上诉。2011年5月18日,上诉机构做出报告。6月1日,DSB通过了上诉机构报告和经过修改的专

家组报告。

在本案中,美国提出了欧共体及某些成员国跨越40年、超过300项单独的补贴,这些补贴提供给欧共体生产的大型飞机——空客(A300至A380)。美国认为,欧共体及其成员国为空客的开发、生产和销售提供了补贴,这些补贴违反了欧共体在《SCM协定》和GATT下的义务。美国指控的措施包括:(1)"启动援助"或"成员国融资"(LA/MSF);(2)欧洲投资银行的贷款;(3)基础设施及与基础设施相关的资助;(4)企业重组措施;(5)研究和技术开发经费。美国认为,以上争议措施已经造成并将继续造成美国所享有利益的丧失或减损。

20世纪70年代初,法国和德国的飞机制造公司组成了一个合伙组织——空客GIE。后来,西班牙的CASA公司和英国的BAE SYSTEMS公司先后加入。通过合伙形式,法、德、西、英各自生产空客大飞机的不同部分,然后在法国组装。空客GIE本身不进行任何生产,它负责协调空客的生产,分配收入和利润,并负责营销、销售、交付和客户服务。2000年,空客GIE将大飞机项目的经营并入欧洲航空防务和航天公司(European Aeronautic Defense and Space Company,EADS),每个合伙人将与空客的设计、工程、制造和生产相关的资产和业务(包括在空客GIE下的合伙人利益)并入新成立的EADS下的子公司,换取EADS的相应股份。2001年,BAE SYSTEMS将其与空客大飞机有关的业务投入英国空客有限公司,换取了20%的空客SAS股份。2001年,EADS和BAE SYSTEMS将与空客有关的资产和业务以及在GIE的合伙权利投入新成立的控股公司空客SAS。2006年,EADS购买了BAE SYSTEMS在空客SAS的20%利益,空客SAS成了EADS的全资子公司。这一个过程涉及法、德、西、英四国政府的投入以及公司合并、转移过程中所有权的变化。

【专家组的分析和结论】

专家组分析了美国指控的措施是否构成《SCM协定》第1条和第2条所称的"补贴",其中有一部分是不是出口补贴;对于其中被确认为专向性的补贴,是不是对美国造成了不利影响。

一、是否存在补贴和出口补贴

根据《SCM 协定》第 1.1 条,判断补贴的存在必须满足两个条件:(1)存在由政府或任何公共机构提供的财政资助,或 GATT 第 16 条意义上的任何形式的收入或价格支持;(2)该"财政资助"或"收入或价格支持""授予了利益"。

欧共体认为,美国未能证明空客 SAS 作为 2001 年以来对空客发展和生产负责的法律实体,从美国所指控的补贴中获益或者持续获益。首先,美国未能证明 2001 年前空客 SAS 以外的实体和附属机构获得的利益"传递"给了空客 SAS。其次,欧共体认为,涉及空客 SAS 伙伴公司、空客 SAS 母公司、EADS 和空客 SAS 的某些交易"消灭"了空客 SAS 及其附属公司接受补贴而获得的利益。最后,欧共体主张,两笔特别的交易"剥离"出相应的利益,因此"消灭"了空客 SAS 可享受的补贴。欧共体据此认为不存在《SCM 协定》第 1、2 条所称的"补贴"。

1."利益传递"分析

美国提出,在过去几十年的时间里,欧共体成员国政府给予空客大飞机项目的补贴使得此前的空客 GIE 及其合伙人得益。欧共体的逻辑是,美国必须证明这些利益已经传递给了空客 SAS,否则就是没有利益,也就不存在补贴。专家组指出,美国依据《SCM 协定》第 5、6 条提出申诉,即欧共体的补贴对美国同类产品的国内产业造成了不利影响,《SCM 协定》在确定这一点时并不要求作"利益传递"分析。另外,在财政资助的直接接受者就是补贴产品的生产者的情况下,"利益传递"分析也是没有必要的。专家组引用了美国—针叶木材 IV 案(DS257)说明这个问题。在 DS257 案中,上诉机构支持了专家组的观点:《SCM 协定》第 10 条及 GATT 第 6.3 条要求美国商务部进行"利益传递"分析,因为补贴的接受者是上游产品的生产者,而接受反补贴调查的进口产品是由不相关的生产者生产的下游产品。也就是说,在接受补贴的产品生产者与受到申诉的产品生产者是不相关的上下游产品生产者时,才有必要进行"利益传递"分析。专家组又引用了美国—陆地棉案(DS267)强调,《SCM 协定》第五部分要求分析的"利益传递"原则并不直接适用于专家组依据该协定第三部分对严重侵害的分析。在 DS267 案中,上诉机构认为,GATT 第

6.3条和《SCM协定》第19.4条要求对产品征收的反补贴税仅限于给予该产品的补贴。在依据《SCM协定》第三部分第6.3(c)条评估重大的价格抑制时,第五部分的"利益传递"分析并不那么重要。

据此,专家组认为,空客大型民用飞机(LCA)生产者的公司结构改变并不要求美国证明提供给空客SAS前身的财政资助产生的利益"传递"给了空客SAS。

2. 利益持续存在

欧共体认为,通过一系列的公平交易,涉案的补贴大多已经不存在。依据《SCM协定》第5条,利益目前仍存在是确认一成员国通过补贴对另一成员国利益造成不利影响的先决条件。专家组不同意这种观点。专家组认为,为了使主张成立,申诉方必须证明,一成员方通过使用《SCM协定》第1.1条和第1.2条规定的补贴(即同时存在两个构成要素:政府或公共机构给予财政资助的行为和给予利益)对另一成员方的利益造成了不利影响。在加拿大—飞机案(DS70)中,上诉机构阐明,调查存在"利益"的重点是财政资助是否使接受者处在了比没有财政资助更优势的位置。本案中,专家组认为,欧共体提出的"持续利益"概念与补贴效果的分析相关,是依据《SCM协定》第5条、第6条进行因果分析的一个方面,也是对补贴"效果"评估的一部分。欧共体的"持续利益"概念合并了"利益"和补贴"效果"的概念。在DS267案中,专家组指出了这种理解上的错误,认为依据《SCM协定》第1.1(b)条,"利益"的概念是补贴的一个定义因素,并不是"不利影响""严重侵害"的同义词。专家组认为,将补贴与特定产品链接起来以证明一成员方通过补贴对另一成员方的利益造成了不利影响是必要的。然而,这并不意味着申诉方必须证明"利益"是"现时的"或"持续存在的"。

专家组认为,如果美国依据SCM第1.1(a)(1)条、第1.1(b)条和第2条证明存在财政资助、利益和专向性,依据《SCM协定》第三部分可诉的该项补贴就被视为存在。如果美国能够证明欧共体及某些成员国通过补贴对美国的利益造成不利影响,美国就可以依据《SCM协定》第5条提出主张。《SCM协定》第5条并不要求美国额外地证明全部或者部分"利益"持续存在或者现时存在。因此,专家组驳回了欧共体的主张,认为欧共体提出的某些涉案补贴由于一系列的公平市场交易已经消失的观点是站不住脚的。

专家组假设欧共体的观点可以成立,然后分析空客合伙组织、EADS和空客SAS所有权的几次变化是不是"消灭"了原先的补贴给予空客SAS及其子公司之外其他接受者的利益。欧共体提出,此前的案件中确立了一条原则:只要所有权转变是按市场价格进行的公平交易,原先的利益就不复存在。专家组仔细回顾了欧共体所引用的美国—铅铋钢II案(DS138)、美国—对欧共体产品的反补贴措施案(DS212),认为并不存在所谓的原则。利益是不是继续存在,要根据具体事实分析和决定。经过分析,专家组认为,没有证据证明欧共体此前给予其他公司的利益被"消灭"或减少。

3. 利益的剥离和补贴的撤销

欧共体指出,至少在组建EADS的两笔交易中剥离了德国和西班牙政府补贴所给予的利益。欧共体所说的"两笔交易"是指这样的安排:为了使德国和西班牙公司股东在EADS的所有权比例符合达成的协议,DASA和SEPI分别作为德国和西班牙公司的股东拿到了现金和现金等值物。欧共体似乎是说,由于现金的"抽出",以前的利益就不存在了,专家组认为这又回到了前面说的"持续利益"。专家组已经驳回了这个观点。为了法律上的完整性,专家组决定分析这个问题,即现金的"抽出"是不是会"消灭"以前补贴给予的利益。

欧共体也承认,在有些情况下,现金的抽出并不一定移除补贴给予的利益,因为在没有补贴的情况下资金也要流动。专家组理解欧共体的观点,即要确认偿还资金会减少先前财政资助给予公司的利益,需要满足:(1)现金的"抽出"与补贴有某种因果关系;(2)现金必须"抽出"到"公司—股东单位"之外。专家组很难同意欧共体的这一观点,退一步说,即使承认满足欧共体所述情形的现金"抽出"可以减少或者消除先前财政资助给予的利益,DASA和CASA的现金"抽出"也不符合上述情形:欧共体没有证明抽出的现金就是补贴的部分,而不是其他来源的现金,而DASA和SEPI得到的现金也没有"抽出"到"公司—股东单位"之外。根据上述分析,专家组驳回了欧共体的主张。专家组认为没有必要再去分析欧共体更一般的主张,即现金"抽出"是否可被视为减少或者消除利益。

欧共体认为,DASA和SEPI"抽出"的现金等同于撤销补贴。专家组注意到,资金及资金等价物仍由 DASA 持有,并没有转移给德国政府。欧共体认为,在一些情况下,补贴的接受者向给予补贴的政府之外的实体转移资金或者其他资产构成《SCM 协定》中的"撤销"补贴,其中包括之前接受补贴的公司将资金分配给它的所有者,这种转移构成移除"给予补贴接受者的增加价值"。美国认为,"撤销"补贴要求提供补贴的成员方积极行动,移除或者拿走补贴。美国注意到,专家组在澳大利亚—车用皮革 II 案(DS126)执行情况审查中认为,接受者偿还补贴是"补贴成员方取消补贴"的一种方式,这种"偿还"是还给给予补贴的政府,政府无须提供对价。美国同时注意到,依据《SCM 协定》第 4.7 条和第 7.8 条所作的"撤销"不排除成员方采取符合《SCM 协定》的其他方式。例如,接受补贴的实体以公平市场价格出售实体的全部或者实质全部就能够导致补贴的终止,从而"排除成员方采取进一步行动遵守《SCM 协定》义务的需要"。

专家组认为,没有证据能够认定给予 DASA 和空客 Industrie"增加的价值"通过现金的"抽出"已经移除。欧共体提出,如果补贴当局提供了等价的东西以换取补贴接受者的资金或者其他财产,或者补贴当局拥有补贴实体且没有脱离"公司—股东单位",则补贴接受者转移给补贴当局的资金不应被视为"偿还"或者撤销补贴。专家组认为,事实表明,所谓的现金"抽出"显然属于欧共体自己指出的不导致撤销补贴的两种情形。首先,SEPI 从 CASA"抽出"3.4 亿欧元,西班牙政府提供了"等价的东西",即减少在其附属公司 CASA 的资产以交换 CASA 的资金。其次,基于法国、德国、西班牙组成的空客合伙组织在 EADS 下的合并,SEPI 通过合伙关系继续对 EDAS 进行控制,就像其此前通过合伙人关系控制空客 GIE 一样,专家组并不认为在经济意义上"抽出"的现金脱离了"公司—股东单位"。

专家组的结论是:美国根据《SCM 协定》第 5、6 条提出的诉请不需要证明"利益传递",也不需要证明存在"持续利益";驳回欧共体关于公平交易"消灭"了此前的补贴给予的利益,现金的"抽出"等于撤销补贴的观点。

二、对具体补贴项目的审查

1. 应该根据《SCM协定》还是东京回合反补贴守则来评估欧共体的措施

专家组遇到的第一个问题是：应该按照哪个协定来审查LA/MSF问题？欧共体认为，根据国际法的跨时空性规则，A320、A330、A340的LA/MSF合同不应依据《SCM协定》进行评估，而应该根据东京回合反补贴守则进行评估，因为东京回合反补贴守则是涉案措施被采取时有效的国际法律框架；LA/MSF合同缔结时完全符合欧共体及相关成员国的义务。美国则认为，DSU明确规定，专家组只能根据WTO涵盖协定的规定来衡量涉案措施的相符性，东京回合反补贴守则不是WTO涵盖协定，依据东京回合反补贴守则的规定评估LA/MSF措施的相符性没有法律依据。

专家组认为，国际常设仲裁院1928年仲裁的Island of Palmas案确立的国际法的跨时空性规则有两个要素：(1)行为应依据其发生时的法律进行判断；(2)如果权利没有根据国际法的变化得到维持，根据产生时的法律有效获得的权利可能丢失。虽然第二个要素作为国际法原则的地位受到质疑，但第一个要素被广泛接受。然而，就本案来说，专家组认为欧共体对于第一个要素的依赖是误导性的。

专家组之前已经确认，《SCM协定》第5条施加给成员方的义务是不通过使用补贴对其他成员方的利益产生不利影响。因此，专家组驳回了欧共体的观点，即《SCM协定》第5条不适用于1995年1月1日以前给予的补贴。第5条强调不得用补贴给其他成员造成不利影响，这种补贴也包括1995年1月1日以前给予的补贴。因此，欧共体的措施属于《SCM协定》的范围，应根据该协定的规定进行评估。

欧共体认为，东京回合反补贴守则与评估美国的主张有关，即使它不属于WTO涵盖协定，也属于DSU第7.2条所指的"协定"的范围。专家组否定了这种观点：首先，东京回合反补贴守则在《SCM协定》生效一年后就终止了；其次，DSU第7.2条的措辞表明，这个"协定"不指向WTO不包含的国际协定；最后，DSU第7.2条并未授予专家组决定非涵盖协定缔约方权利和义务的管辖权。

2. 对具体补贴项目的评估

专家组一一分析了各种不同的项目是不是补贴,其中一部分是不是应予禁止的补贴,这些项目包括:(1) LA/MSF;(2) 欧洲投资银行的贷款;(3) 成员国政府对基础设施及与基础设施相关的资助;(4) 德国和法国政府的资助;(5) 研究和技术开发经费。

美国指控的 LA/MSF 并没有成文的规定,经过对美国所提供证据的认真审查,专家组认为美国未能证明存在 LA/MSF 补贴项目。尽管空客大飞机项目中四国政府确实有过资助,但是补贴国家的政府是分别在不同的时间推出不同的项目,因此专家组的结论是:综合考虑美国的证据,美国未能证明存在 LA/MSF 补贴项目。至于在所谓的 LA/MSF 补贴项目下对 A380、A340-500/600 和 A330-200 的补贴,专家组确认,德国、西班牙和英国的空客 A380 合同事实上取决于出口,是《SCM 协定》第 3.1 条所称的禁止的补贴,美国未能证明其他合同事实上取决于出口。专家组还确认,美国也未能证明具体的补贴是法律上取决于出口的补贴。

美国提出,欧洲投资银行对空客大飞机项目的 12 个贷款构成专向性补贴。专家组在审查了证据之后确认,美国未能就此主张提供充分的证据。

美国还指控,德、法、西、英四国政府对基础设施及与基础设施相关的投入是专向性补贴。专家组审查了所有证据,确认米尔博格湖工业区项目,不莱梅机场跑道延伸项目,ZAC 航空星城和 EIG 设施,德国政府在诺登哈姆提供的地区援助,西班牙政府在塞维利亚、拉林科纳达、托莱多和王港市提供的地区援助构成对空客的专向性补贴;而法国政府对道路设施的改进,西班牙安达卢西亚当局 2001 年 7 月对圣玛利亚港空客的援助以及对英国空客在威尔士布劳顿的 1950 万英镑的赠款不是专向性补贴。

关于德国政府提供的援助,专家组确认:(1) 1989 年,德国政府通过复兴开发银行获得德国空客 20% 的股权,构成对空客的补贴。根据《SCM 协定》第 1.1(a)(1)(i)条,这是直接的资金转移,其投资决策与德国市场上私人投资者的决策考虑不符,因此构成财政资助,给予了德国空客利益。这一补贴也是专向性的。(2) 1992 年,德国政府通过复兴开发银行将其在德国空客的 20% 股权转让给 MBB 公司,构成对空客的补贴。根据《SCM 协定》第 1.1(a)(1)(i)条,这是直接的资金转移,转让的对价低于股份在市场的价值,因此构成财政资助,给予了 MBB 公司利益。这一补贴也是专向性的。(3) 1998 年,德国政府接受德国空客以 17.5 亿马克结清对德国政府的所有还款义务,是以"直接资金转移"的形式给予财政资助。但是,专家组不认为这笔交易给予了德国空客利益,因此驳回了美国对这笔交易是专向性补贴的主张。

关于法国政府提供的援助,1998 年,法国政府向航天航空公司转让其在达索航空 45.76% 的股权,以换取后者向法国政府发售股票。这相当于资产注入形式的"直接资金转移",其投资决策与法国市场上私人投资者的决策考虑不符,因此构成《SCM 协定》第 1.1(a)(1)(i) 条意义上的财政资助,给予了航天航空公司利益。这一补贴也是专向性的。

关于研究和技术开发经费,专家组确认下列项目构成专向性补贴:第 2—6 次欧共体框架项目下的资助;西班牙 PROFIT 项目给予空客的贷款;法国政府给空客的资助;德国政府给空客的资助;德国一些州政府给空客的资助;西班牙 PTA 项目给予空客的贷款;英国 CARAD 项目给空客的资助。但是,英国技术项目的资助不构成专向性补贴。

三、补贴造成的不利影响

美国认为,欧共体及其四个成员国的补贴造成了下列不利影响:对美国大飞机制造业造成严重损害;取代或阻碍了美国大飞机向欧共体及第三方出口;在同一个市场造成美国大飞机的价格削减、价格抑制和销售减少。

专家组首先确定,本案涉及的产品是空客大飞机和波音大飞机,不管其型号有什么区别,都是同类产品。在这个问题上,专家组首先考虑了大飞机的市场竞争情况。大飞机的设计、测试、批准、生产、销售和售后服务非常复杂和昂贵,据称在一个项目的新机型售出 600 架之前,不可能收回投资。这一产业需要的规模效应也造成了其初始投资非常巨大,进入这一市场很难。目前市场上的大飞机制造商只有空客和波音两家,美国的洛克希德和麦道公司已经先后于 1981 年、1997 年退出了大飞机市场。美国认为,在只有两个卖家的市场上,两者之间的竞争是"零和"——你多卖一架,我就少卖一架。但是,欧共体提出,客户购买哪家的飞机有许多考虑因素。

在考察了2001年至2006年的数据之后,专家组得出结论:美国已经证明,如果不是欧共体及其四个成员国提供的专向性补贴,空客大飞机不可能像今天这样进入市场,取代了美国大飞机向欧共体以及澳大利亚、中国、巴西、中国台北、韩国、墨西哥和新加坡等第三方的出口,并造成取代美国大飞机向印度出口的威胁,也造成美国大飞机的销售减少。据此,专家组认为,欧共体及其四个成员国的补贴对美国的利益造成不利影响。但是,专家组认为,美国未能证明欧共体及其四个成员国的补贴阻碍了美国大飞机向欧共体及第三方出口,也未能证明在同一个市场造成美国大飞机的价格削减或价格抑制。

至于对美国大飞机制造业的损害,基于对美国波音公司经营状况的分析,专家组认为并不存在严重损害的情况,在调查阶段的后期,数据还显示其经营状况的上升,而且相信这一趋势还会延续。同时,没有证据表明空客近期向美国的出口会增加。据此,专家组认为,美国也没有证明存在损害威胁。

【上诉机构的分析和结论】

欧共体和美国都提出了上诉。上诉涉及专家组报告几乎所有法律结论,包括对专家组管辖范围等程序问题的上诉。除下列问题外,上诉机构维持了专家组的许多结论,其中有些修改了理由。

一、LA/MSF项目下授予利益的问题

专家组认为,综合考虑美国的证据,美国未能证明存在LA/MSF补贴项目。美国对此提出上诉。上诉机构分析了美国成立专家组的请求,认为美国的请求中并不包括对LA/MSF补贴项目整体的诉请,因此这个问题不属于专家组的职权范围。专家组的这一结论没有法律效力。

1. 1992年美欧协议的相关性

专家组确认LA/MSF项目下的具体措施给予了利益。欧共体就此提出上诉。专家组在分析中曾经将这些项目确认为"贷款",双方对这一说法没有提出异议。上诉机构指出,如果接受者得到的是比其可以从市场上贷款更加优越的条件,那就存在利益。作为投资者,其投资决策是根

据投资时可以得到的信息作出判断,因此要根据当时的情况判断投资决策是否合理,而不应当根据项目后来的实施情况。欧共体提出,在确认涉案措施是不是给予了利益时,美国和欧共体之间签订的1992年协议可以作为参考,因为该协议第4条规定了政府支持的最高数额和最低利率。这一观点在专家组阶段没有被接受。欧共体对这一点也提出了上诉。上诉机构认为,1992年协议的客体与本争议中的问题密切相关,该协议因美欧在大飞机支持问题上的不同做法而引发,经过双方谈判,试图规范双方政府在大飞机方面的支持。比较1992年协议第4条和《SCM协定》就可以发现:第4条要限制政府可以资助的最高额,而《SCM协定》并不限制政府给予财政资助的数量,只规范使接受者"得益"的财政资助;第4条还规定了最低利率和最长还款期,但它并不区分可以使接受者处于更优势地位的政府支持与接受者可以从市场获得相似条件的政府支持。因此,1992年协议第4条规定的政府可以提供的最大发展支持、最低利率和偿还的最长时限,不能够解释《SCM协定》第1.1(b)条关于"利益"的概念和第14(b)条市场基准。上诉机构认为,1992年协议第4条与依据《SCM协定》第1.1条衡量利益是否存在没有关系。

2. 确定利益的存在

美国和欧共体各自提出了用以衡量是不是存在利益的"市场标尺"——一个投资回报率公式,如果政府的贷款得到的回报低于市场的一般回报率,可以认为接受者得到了比市场优惠的贷款,换句话说,接受者得到了利益。美国的公式是:市场期待的回报率＝政府借款利率＋一般商业风险(公司债券利率与政府借款利率之差)＋与项目相关的风险。根据这一公式,美国专家计算出的市场回报率是16.7%—57.5%。欧共体的专家对公式本身没有意见,但对于其中第三个因素的计算有不同意见。专家组认为双方对项目风险的评估都未反映风险的实际情况,欧共体低估了项目风险,而美国则高估了项目风险。此外,双方都使用了固定的比率,而专家组认为变量更合适。欧共体对第三个因素本身没有异议,但指出专家组计算第三因素有错误:专家组虽然认为每一个项目的风险是变量,但在计算时只是把项目分成三组,每一组都使用同一个风险系数;专家组虽然注意到影响项目风险的因素,但在计算时没有将此考虑在内;专家组在评估不同项目时考虑的因素不同;A330-200和A340-500/600的开发费用低于 A320、A330、A340,但专家组使用了相同的风险水平;专家组对 A300、A310 和 A380 使用了美国提出的项目风险费率,尽管明知美国的数据是根据风险投资计算的。上诉机构注意到,专家组将空客大飞机分成了三组:A300-310 为第一组,A380 为第三组,其余是第二组。上诉机构认为专家组这样做没有问题。但是,专家组在指出了美国提出的风险费率有诸多问题的情况下,却把美国计算的费率当作"边界":第一组作为下限,第二、三组作为上限。美国提交的材料中有另一位专家提出了不同的算法,专家组完全未予考虑。总之,专家组的分析逻辑有问题,上诉机构认为这有悖于专家组在 DSU 第 11 条下的义务,也据此推翻了专家组计算的"市场标准"。但是,上诉机构肯定了专家组对欧共体提出数据的结论,即欧共体的数据低估了项目风险。上诉机构注意到,专家组裁决中曾经用欧共体提供的数据计算,也确认存在利益。因此,尽管上诉机构认为专家组违背了 DSU 第 11 条下的义务,但还是维持了专家组关于欧共体的具体补贴项目给予了利益的结论。

二、所有权转移导致的利益消灭问题

欧共体坚持在专家组阶段的观点:此前的案件已经确立了一条原则,即只要所有权转移是按市场价格进行的公平交易,原先的利益就不复存在。欧共体认为,在空客发展过程中,数次涉及股份销售的交易是公平交易,并且遵循了公平市场价值,因此已全部或者部分"消灭"存在的涉案补贴。上诉机构指出,在美国—铅铋钢 II 案(DS138)和美国—对欧共体产品的反补贴措施案(DS212)中,两案上诉机构明确指出,通过公平交易和公平市场价格将国有公司所有权和控制权完全转移给私人,调查机构可以认为提供给国有公司的利益终止了,因此没有传递给新的私人所有者。但是,不可以认为在所有私有化案件中,私有化当然地消灭了私有化前的财政资助给予的利益。上诉机构认为需要进行个案分析。本案并不存在国有公司完全私有化的情形,本争议是私人实体间的股权交易和部分私有化背景下的销售。在部分私有化以及私人间交易中,并不都存在完全私有化的所有因素。因此,为了确定先前的补贴是否已经终止,围绕所有权变化情形的事实调查是必要的。

根据上诉机构在此前的私有化案中的分析思路,专家组认为,受补贴

的生产者所有权的改变引起一个可反驳的推定,因为只有在来自一次性财政资助的利益,给予国有企业,随后发生公平交易和公平市场价值交易的私有化,政府转移全部或者实质全部的财产,并且不再对私有化了的生产者享有控制利益的情况下,先前补贴给予的利益才"消灭"。专家组认为,欧共体并未争辩交易满足了所有这些标准,本争议中的交易没有"消灭"先前的利益。上诉机构不认同专家组采取的方法。上诉机构认为:首先,与专家组的陈述不同,欧共体事实上主张其每一笔交易都是公平交易,其中一些交易还是公平市场价值交易。其次,在认定某些交易,即"EAD 股份的股票交易"是公平交易时,专家组未能解释或者提供足够的引证证明哪些交易是股票交易。因此,哪些交易是公平交易、是否按公平市场价值交易是不明确的。最后,专家组没有充分审查部分私有化和私人间交易在法律上的影响。为了恰当分析交易的相关性以评估美国依据《SCM 协定》第 5 条提出的不利影响主张,专家组本应评估每一笔交易是否为公平交易和公平市场价值交易,以及它在多大程度上转移所有权和控制权给新的所有者。因此,上诉机构推翻了专家组就该问题的推理和认定。

上诉机构认为,专家组没有就本争议中所有的交易是否为公平交易和公平市场价值交易作出足够的事实认定,也没有就所有权的变化和改变控制利益作出足够的认定。在这种情况下,考虑到部分私有化和私人间交易的复杂性,上诉机构不对销售交易是否或者在多大程度上"消灭"了空客公司部分过去补贴,以及这与依据《SCM 协定》第 3 部分评估不利影响如何相关作进一步分析。基于上述理由,上诉机构推翻了专家组关于这些交易没有部分消除过去补贴的认定。因为专家组没有进行足够的事实认定,专家组记录中没有足够无争议的事实,上诉机构也没有就这些交易是否"消灭"了部分过去补贴予以法律分析。

三、补贴的不利影响——严重侵害

在补贴造成的严重侵害方面,专家组的结论是:欧共体的补贴使空客大飞机取代了美国大飞机向欧共体以及澳大利亚、中国、巴西、中国台北、韩国、墨西哥和新加坡等第三方的出口,并造成取代美国大飞机向印度出口的威胁,也造成美国大飞机的销售减少。但是,美国未能证明补贴阻碍了美国大飞机向欧共体之外的第三方出口,也未能证明价格削减或价格抑制。

欧共体主张专家组在单一产品和单一市场基础上评估不利影响是错误的,并要求上诉机构推翻空客和波音在单一市场上竞争的认定。上诉机构指出,《SCM 协定》第 6.3(c)条列举了严重侵害的各种表现,从中可以看出,市场是与同类产品密切相关的。为了分析一个市场上某一产品是否取代了另一产品,必须分析产品之间的竞争关系。因此,"市场"也是一个需要根据具体事实和个案决定的问题。上诉机构认为,专家组认为自己无权决定"涉案的受补贴产品",因此接受了美国对"受补贴产品"的定义并据此决定了"类似产品",这是错误的;关于补贴产品的范围,申诉方可以按照其认为最符合自己需要的方式组织,但专家组有义务确定相关产品市场或者申诉方和被申诉方产品竞争的市场。分析补贴产品和类似产品的定义,是专家组客观评估严重侵害特定主张的义务和依据《SCM 协定》第 6.3(a)条、第 6.3(b)条评估相关市场的义务的一部分。

上诉机构认为,专家组对于《SCM 协定》第 6.3(a)条、第 6.3(b)条中"市场"的理解错误,其行为不符合 DSU 第 11 条的规定。专家组未能客观评估"相关涵盖协定的可适用性和符合性",特别是认定其没有义务"就'补贴产品'作出独立评估",并依赖申诉方的产品定义。基于上述理由,上诉机构推翻了专家组对"单一产品""单一市场"的认定,并据此推翻了专家组关于空客取代了美国波音的结论。

根据专家组程序记录中双方没有异议的事实,上诉机构确认:在 2001 年至 2006 年期间,空客取代美国单通道大飞机向澳大利亚的出口,取代美国单通道和双通道大飞机向中国和韩国的出口;没有取代美国大飞机向巴西、墨西哥和新加坡的出口,也没有威胁要取代美国大飞机向印度的出口。

四、对基础设施的补贴措施

《SCM 协定》第 1.1(a)(1)(iii)条规定,如果政府提供了不是一般基础设施的商品或者服务,就存在财政资助。欧共体认为专家组忽视了其主张,即"应当区分基础设施的建设和将基础设施提供给接受者"。欧共体认为,专家组错误地理解和适用了第 1.1(a)(1)(iii)条,没有认识到相关交易是以基础设施的形式向德国空客和法国空客提供服务,而不是建设基础设施。上诉机构认同欧共体的观点,如果商品或者服务不是由政府提供的,就不构成第 1.1(a)(1)(iii)条的财政资助。然而,上诉机构不认为强调政府提供商品或者服务必然排除建设行为。建设基础设施是提供基础设施的前提,是必要的。因此,上诉机构认为,第 1.1(a)(1)(iii)条中使用"提供"的措辞,不能排除这样的可能性:建设基础设施情况与正确描述提供的标的有关。在这种理解的基础上,上诉机构不同意专家组对于财政资助的描述,比如将米尔博格湖工业区的租赁说成建立和提供工业区。上诉机构修正了专家组对于构成财政资助的基础设施措施的描述。

上诉机构认为,有关当局的投资成本不足以证明销售或者租赁基础设施的市场价值,专家组只依赖成本证明利益存在和数量是错误的。专家组认为利益存在,因为政府没有收回提供基础设施的成本。这种方法不符合判断"利益"是否存在的标准,即财政资助是否以比市场更有利的条件提供给接受者。因此,上诉机构推翻专家组关于基础措施构成给予空客利益的认定。上诉机构认为,满足特定商业消费者特定需求的土地租赁,在一般的市场条件下,比该区域其他土地的租赁成本更高。上诉机构认为,租赁给空客的价格应该反映汉堡可比较的工业用地出租的市场价值和因为邻近、提供给空客的特制化服务的额外价值。上诉机构认为,在米尔博格湖工业区提供的土地租赁构成给予空客依据《SCM 协定》第 1.1(b)条的利益。因为专家组记录中没有足够的依据来比较特别目的设施的市场价值和实际支付的数额,该设施的租赁是否构成给予空客利益,上诉机构不能完成分析。

就空客使用不莱梅机场跑道延伸段的权利,根据欧共体的主张和提供的证据,专家组认为,没有事实基础可以得出结论:空客为使用跑道延伸段比其他使用者支付了更高的费用。在专家组认定空客没有为使用跑道延伸段支付额外费用的基础上,上诉机构认为,空客对于跑道延伸段享有排他使用权且没有支付额外的费用,因此政府提供机场跑道延伸段的排他使用权构成《SCM 协定》第 1.1(b)条的利益。

就航空星城项目来看,专家组认为,空客购买土地和租用 EIG 设施支付的数额显然并不"为法国政府投资该地点包括 EIG 设施提供市场投资回报率"。然而,因为欧共体并不质疑空客支付的数额不够让法国政府收回开发该地点的投资,专家组没有就支付的数额进行认定。上诉机构否定了专家组裁定的依赖政府投资成本和回报决定利益的存在。但是,由于专家组记录中没有足够的依据可用以比较空客的支付与购买土地和租赁设施的市场价格,上诉机构无法对航空星城项目提供给空客的基础设施完成分析。

美国对来自中国的产品反倾销税和反补贴税案

(WT/DS379)(简称:美国—反倾销与反补贴措施案(中国诉))

【案件基本情况】

申诉方(上诉方):中国

被申诉方(被上诉方):美国

第三方(第三参与方):阿根廷、澳大利亚、巴林、巴西、加拿大、欧盟、印度、日本、科威特、墨西哥、挪威、沙特阿拉伯、中国台北、土耳其

本案涉及的相关协定条款和法律问题:《SCM协定》第1.1条、第2.1条、第2.2条、第10条、第12条、第14条、第19.3条、第19.4条、第32条;GATT第6.3条;国有商业银行利率问题;利益传递与确认国有企业生产的投入产品存在利益及利益量;使用"可得信息";要求给利害关系方至少30天回答问卷;对当局要求提供的信息给予通知,并告知利害关系方"正在考虑的关键事实";对同一情况避免双重计算的最惠国待遇问题;DSU第11条;专家组职权范围(磋商请求与成立专家组的一致性)。

2008年9月19日,中国提出与美国就其对中国产品征收最终反倾销税和反补贴税的问题进行磋商。由于磋商未果,中国请求成立专家组。专家组于2009年3月4日组成。专家组报告于2010年10月22日公布。中国提出上诉,上诉机构报告于2011年3月11日公布。3月25日,DSB通过了上诉机构报告和专家组报告。双方协商执行期为11个月,截至2012年2月25日。

本案争议涉及美国商务部对从中国进口的产品征收反倾销税和反补贴税。2007年7月、8月,美国商务部对标准钢管(CWP)、矩形钢管

(LWR)、复合编织袋(LWS)、非道路用轮胎(OTR)四种产品分别展开反倾销和反补贴调查。在四起反倾销调查中,美国商务部把中国作为非市场经济国家来计算倾销幅度。针对上述涉案产品,美国商务部在同一天发布了反倾销和反补贴终裁裁决,决定征收反倾销税和反补贴税。

【专家组的分析和结论】

中国共提出了 14 项诉请,专家组将其概括为:美国商务部在反补贴调查中对"公共机构"的确定、对补贴专向性的确定、衡量利益的基准、抵消未受到补贴的出口、通过私人企业提供的国有企业产品的问题、"双重救济"问题、"双反"调查中的程序缺陷。

一、美国商务部在反补贴调查中对"公共机构"的确定

中国认为,美国商务部将一些国有企业及国有商业银行认定为公共机构,而公共机构应该是得到政府授权、行使政府职能的机构。美国的认定不符合《SCM 协定》第 10 条、第 32.1 条和 GATT 第 6 条。专家组指出,根据《SCM 协定》第 1.1 条,有三种类型的实体可以提供财政资助:政府、公共机构和私人机构。

专家组从词典含义开始分析"政府"和"公共机构",参考了《SCM 协定》的法语和西班牙语文本,并从上下文和条约的宗旨来分析。《SCM 协定》第 1.1 条在"政府"和"任何公共机构"之间用了"或"这个连接词,表明"政府"和"任何公共机构"是两个概念,而不是一个概念或同义词;在公共机构的前面用了"任何",表明其范围很广。专家组又提出,《SCM 协定》第 1.1 条规定了私人机构也可以是给予财政资助的实体,这表明《SCM 协定》没有排除任何实体可能属于《SCM 协定》适用范围的可能性。专家组还将《SCM 协定》1.1(a)条列举的公共机构可以实施的行为作为决定公共机构含义的上下文。至于《SCM 协定》的宗旨,上诉机构早在美国—针叶木材 IV 案(DS257)中就指出,它是要"在承认成员有权在一定条件下实施补贴和反补贴措施的同时,加强和改善 GATT 在补贴和反补贴方面的纪律"。专家组指出,上诉机构和很多专家组都强调要避免对《SCM 协定》作过于狭义的解释,以免成员利用漏洞逃避义务。专家组认为,对

《SCM协定》第1.1条的解释不能将一整类由政府控制的实体实施的政府的非商业行为完全排除在《SCM协定》的纪律约束之外。经过分析,专家组不同意中国提出的公共机构是政府机构或行使政府职能的机构的观点,认为把"任何公共机构"解释为由政府控制的任何实体最符合《SCM协定》的目的和宗旨,这样的解释可以保证不管实体采取什么形式,控制这些实体的政府对其与《SCM协定》相关的行为直接负责;而按中国的理解会严重损害《SCM协定》的作用,也不符合协定的目的和宗旨。

中国认为,美国商务部没有分析相关数据,就推定国有企业为公共机构是错误的;中国提到了商务部在以往调查中对五个要素的分析。专家组注意到,这并不是《SCM协定》的要求,专家组要审查美国的分析是否有依据。专家组审查了美国商务部的调查资料后认为,美国并没有简单地按国有所有权确定公共机构,而是审查和分析了许多数据和事实。专家组得出结论:中国未能证明美国在确定公共机构问题上的做法不符合《SCM协定》。

二、对补贴专向性的确定

在 OTR 调查方面,中国认为,美国把商业银行对轮胎企业的贷款认定为具有法律上专向性,不符合《SCM协定》第2.1条。专家组认为,这个问题实际上涉及法律上的专向性需要证明哪些要素的存在:如果补贴获得者的范围是受到限制的,补贴就是专向性的;如果补贴的获得是自动的,其标准是经济条件方面的、中性的,那就不是专向性的;专向性的补贴可以是法律上的,也可以是事实上的。中国认为,专向性应为补贴只授予某些企业,美国商务部引用的中国法规鼓励的范围太宽,不足以认定专向性。专家组认为,《SCM协定》并没有要求接受补贴的企业之间有同质性,以及补贴接受者经济活动的多样性,这一点本身不足以否定补贴的专向性。由于《SCM协定》没有具体规定,这个问题需要根据个案决定。美国商务部在调查过程中审查了中国中央和地方政府的各种文件,包括"十一五"规划,认为从这些文件可以得出"轮胎产业是受鼓励或支持的产业"的结论。专家组审查了这些文件后确认,一个合理和客观的调查机构根据已有的证据能够认定中国中央和地方政府的各种文件明确地指出了"某些企业"是受鼓励或支持的。美国商务部在轮胎调查中的结论没有错误。据此,专家组确认,中国未能证明美国商务部的结论违反了《SCM 协定》第 2.1(a)条。

美国商务部在对 LWS 的调查中,将给予新世纪产业园内艾福迪公司的土地使用权确认为具有区域专向性。中国认为这违反《SCM 协定》第 2 条。中国认为,第 2.2 条所说的区域专向性是指给予某个地区的某些企业,且区域应该指一定的行政区划或者有经济同质性,中国的依据是《SCM 协定》第 8.2 条。专家组注意到两个条款的措辞不同,而且第 8 条是关于不可诉补贴的。专家组确认,特定区域可以指任何区域。专家组注意到,中国土地都是公有的,农用地转为工业用地需得到政府批准;涉案的工业园是由农用地转化的,后来得到省政府的批准,艾福迪公司支付了土地使用费。对此,双方并无异议。专家组不同意美国商务部确认区域专向性的理由之一,即允许艾福迪公司使用的土地在一个特定区域,因此就具有区域专向性。专家组认为这是循环证明,因为土地本身就是区域。中国的土地最终都是国有的,按照美国的理论,在中国任何地方给予土地使用权都满足区域专向性的要求。从证据看,中国除了将农用地转为工业园,并未给这块土地特别的政策,而且要求艾福迪公司遵守工业用地的规定。美国并没有提供任何证据证明工业园的土地使用与园区外有任何区别,所以无法证明中国政府给予了财政资助。专家组确认,在确认中国政府提供土地使用权问题上,美国的做法不符《SCM 协定》第 2 条。

三、衡量利益的基准

美国以中国政府对经济的介入程度为由,拒绝采用中国提供的数据(包括私有企业销售价格和银行利率)作为衡量利益存在与否及利益额的基准,而采用了其他数据。中国认为这违反了《SCM 协定》第 14(d)条。专家组注意到,这个问题第一次提出是在美国—针叶木材 IV 案(DS257)中,该案专家组认为《SCM 协定》第 14(d)条不允许调查机构拒绝使用私人价格作为衡量利益额的基准。美国提出上诉后,上诉机构推翻了这一认定:《SCM 协定》第 14(d)条并没有要求在任何情况下都必须使用私人价格作为比较基准,而是要求使用的基准必须与受调查国市场主导条件"有关联";只有证明私人价格受到扭曲,才可以使用其他国家的价格;如果政府是某个产品唯一的供应者,可以使用其他国家的价格。但是,这一问题需要个案分析,使用其他基准,必须保证与受调查国市场主导条件有关。

那么,仅凭政府对经济的控制这一因素是否足以认定市场扭曲?专家组拒绝给出抽象的结论,而要审查美国的调查结论。中国认为美国是推定市场扭曲。专家组注意到,美国不采用私人价格和进口价格,其理由是中国热轧钢96.1%由国有企业生产,且进口量很小。在对LWS和OTR的调查中,美国拒绝使用中国提供的土地使用价格。专家组指出,在DS257案中,上诉机构曾经提出,如果政府作为某种产品的唯一供应商,调查机构就可以使用外部价格。何况本案中美国并没有简单地以此作为拒绝的唯一理由,还分析了中国的市场情况。因此,专家组认为中国没有证明美国的做法违反了《SCM协定》第14(d)条。

在对CWP、LWS和OTR的调查中,美国拒绝使用中国的银行利率,理由是中国的贷款利率严重扭曲。中国认为这违反了《SCM协定》第14(b)条。专家组认为,作为衡量的基准,应该是商业的、可比的、借款人从市场上可得的利率。如果由于政府的介入导致某个市场上不存在可比的商业利率,那么《SCM协定》第14(b)条并没有禁止使用其他利率作为基准。美国的主要理由是铜版纸调查时作结论的理由,即中国的银行系统仍然受政府控制;银行根据政府的发展规划运行;政府管理利率;外国银行受到同样的限制且其贷款所占份额很小。在本次调查中,美国认为受调查方没有证明情况发生了变化,因此仍然依据原来的结论。专家组审查了美国调查的证据,并听取了中国的意见,认为美国政府的结论没有问题,确认中国没有证明美国的做法违反了《SCM协定》第14(b)条。在选择替代贷款利率作为基准时,中国并没有提出应该作哪些调整。美国选择替代基准的方法是合理的。因此,专家组认为中国未能证明美国选择替代基准的做法违反了《SCM协定》第14(b)条。但是,在确定贵州轮胎公司的美元贷款是否存在利益时,美国用LIBOR作为基准。虽然双方对基准的选择并无异议,但专家组认为,在一年的时间内伦敦同业拆借利率(Lodon Inter-Bank Offered Rate,LIBOR)是变化的,美国没有根据实际贷款日期进行相应的调整,未能充分保证受调查利率与基准利率的可比性,不符合《SCM协定》第14(b)条。

美国在调查中实际使用了泰国曼谷及周边省份的土地使用价格作为衡量基准。中国提出，土地没有跨境交易，不能用他国的信息代替。专家组不同意这种说法。首先，《SCM 协定》第 14(d)条并没有禁止此类替代；其次，按照中国的逻辑，只要涉及土地使用费，就不可能用替代信息，这显然与第 14(d)条的规定不一致。中国还认为，第 14(d)条要求对替代数据作调整，不调整就不符合这一条的规定。专家组指出，第 14(d)条的关键是数据的可比性，而可比性可以通过调整或选择合适的替代基准做到。专家组审查了美国的做法，认为一个合理的调查机构可能得出同样的结论。据此，专家组认为中国未能证明美国选择替代基准的做法违反了《SCM 协定》第 14(d)条。

四、抵消未受到补贴的出口

在计算轮胎企业的利益时，美国用从国有企业购买各种橡胶的价格与该月的基准价相比，基准价是同一个生产商购买进口产品或私有企业产品的价格。如果前者低于后者，就有利益，反之则无利益。将所有的利益相加，忽略无利益的结果，得到总的利益。中国认为应当在内部计算时先行抵消，否则不符合《SCM 协定》第 14(d)条的要求。专家组认为第 14(d)条没有要求对整个调查期间的结果先行抵消。虽然专家组也承认数据需要调整，但认为美国的做法没有超越可以允许的灵活度。专家组的结论是：中国未能证明美国的做法违反了《SCM 协定》第 14(d)条。

五、通过私人企业提供的国有企业产品的问题

中国提出，受调查企业是通过私人企业购买国有企业的产品，美国在确认存在补贴时没有证明私人企业受到政府指示，违反了《SCM 协定》的规定；美国是推定而没有确认存在利益传递，这也不符合《SCM 协定》的规定。专家组认为中国的这一诉求不清楚，没有指出违反了哪些条款。但是，专家组还是决定进行分析。在所有的调查中，如果涉及私人企业从国有企业处购得产品，然后销售给受调查企业，美国商务部就确定对该产品的补贴全部或部分转移到了受调查企业。专家组认为，利益存在与企业受政府指令是两个问题，《SCM 协定》并没有要求在确定存在利益时必须证明存在政府指令。专家组据此认为，中国未能证明美国的做法违反

了《SCM 协定》第 1.1 条。

至于利益传递的问题,专家组注意到,受调查企业提供了详细的供货商名单及生产企业名单。从实际情况看,私人企业作为供应商,起了中介的作用,但美国在调查中对这一点没有予以提及或分析。专家组认为,美国应该对此加以详细分析,以确保在计算利益时不超过政府给予国有企业的利益。美国既没有提出这方面的问题,也没有得出这方面的结论。据此,专家组认为美国在这一点上的做法不符合《SCM 协定》第 1.1 条和第 14 条。

六、"双重救济"问题

对来自非市场经济国家的产品,美国在反倾销调查时使用替代国的生产要素成本计算正常价值。中国指出,美国的做法使得补贴受到两次抵消:一次是征收反补贴税;另一次是在计算倾销幅度时使用替代国的方法计算,其中已经包括补贴的利益,再征收反倾销税,就是重复计算。中国政府和受调查企业在美国国内调查中曾经提出这个问题,但美国相关机构以法律没有规定、国会没有授权等理由拒绝予以调整。中国针对美国的法律本身及法律的实施提出诉请,认为美国违反了《SCM 协定》第 10 条、第 19 条和第 32 条。根据美国的请求,专家组确认,中国在成立专家组的请求中没有明确提出对法律本身的诉请,因此这一诉请不属于专家组的职权范围,专家组仅就法律的实施作出分析和结论。

专家组首先讨论了这个问题:按照美国适用于非市场经济国家的产品的计算方法,同时征收反倾销税和反补贴税是否有可能造成"双重救济"?专家组认为,美国对非市场经济国家进口产品适用的计算方法从理论上说有可能造成一次补贴被双重征税;由于使用了替代国的数据,倾销幅度不仅反映了受调查企业国内市场和出口市场的价格差,而且反映了市场扭曲对生产者在生产成本方面的影响,具体来说,给予国内生产者的补贴是扭曲因素之一。专家组接着审查了中国依据的具体条款,即《SCM 协定》第 19.4 条规定反补贴税不得超过认定存在的补贴额。专家组认为,以非市场经济方法计算的税额已经抵消了补贴,这一问题与第 19.4 条中存在的补贴额没有关系。在分析了第 19.4 条的上下文之后,专家组得出结论:中国未能证明美国适用非市场经济的计算方法同时征收反倾销税和反补贴税违反了《SCM 协定》第 19.4 条。专家组认为第 19.3 条同样与"双重救济"无关。

专家组以几乎同样的论证思路认定,中国未能证明美国双重征税违反了 GATT 第 6.3 条、《SCM 协定》第 12.1 条和第 12.8 条。

中国还提出,美国没有要求中国提供存在"双重救济"的信息,而在对市场经济国家的调查中却要求提供这样的信息,违反了 GATT 第 1.1 条的最惠国待遇。中国提供了一些案例作为证据。专家组在审查了中国提交的证据之后指出,中国援引的美国案例都不能说明美国在对市场经济国家的调查中采取一切步骤避免双重征税。据此,专家组确认中国未能证明美国违反了 GATT 第 1.1 条。

七、"双反"调查中的程序缺陷

中国提出,美国对补充问卷和新指控问卷没有给予 30 天答复期,违反了《SCM 协定》第 12.1 条。专家组注意到,双方提到了三种问卷:(1)初始问卷,指调查发起后调查机构发出的全面问卷;(2)补充问卷,指针对初始问卷的答复提出追加问题的问卷;(3)新指控问卷,指对调查过程中提出的新的补贴项目发出的第一份全面问卷。《SCM 协定》第 12 条是关于证据的规定,其中第 12.1.1 条要求给予收到调查中所使用问卷的出口商、外国生产商和利害关系方至少 30 天的时间答复。中国认为这一规定适用于各种问卷,而美国认为只适用于初始问卷。专家组从"问卷"的普通含义、第 12 条的上下文、《SCM 协定》的目的与宗旨进行了分析,认为第 12.1.1 条中使用的"问卷"一词仅指初始问卷。据此,专家组确认中国未能证明美国违反了《SCM 协定》第 12.1.1 条。

美国在调查中使用了"可得事实",中国认为这违反了《SCM 协定》第 12.1 条和第 12.7 条。美国辩称,这是由于受调查方直到调查末期才提供了一些相关信息,而第 12.7 条允许调查机构在受调查方"不允许使用或未在合理期间内提供必要的信息,或严重阻碍调查"时使用"可得事实"。专家组审查了美国的证据后发现,美国调查机构从来没有要求生产商提供某些证据,因此就不存在受调查方不配合或严重阻碍调查的问题。专家组指出,第 12.7 条限制了调查机构可以使用"可得事实"的情况,美国的做法不符合第 12.7 条。有了这一结论,专家组认为没有必要分析中国关于第12.1条的诉请。

综合以上分析,专家组认定美国的做法不符合《SCM 协定》的下列几点:在 LWR 调查中确定土地使用权补贴的专向性,不符合第 2 条;在 OTR 调查中确定利益的存在和利益额时,未能确保计算的补贴不超过政府提供的补贴,不符合第 1.1 条和第 14 条;对贵州轮胎公司的美元贷款用 LIBOR 年平均利率作为替代基准计算利益,不符合第 14(b)条;在 LWR 和 LWS 调查中使用"可得事实",违反了第 12.7 条。对于中国的其他诉请,专家组均认为中国未能证明。

【上诉机构的分析和结论】

中国就专家组报告对公共机构和专向性的认定、确定利益时对衡量基准的选择、对"双重救济"的认定提出上诉。上诉机构一一作出分析和结论。

一、《SCM 协定》第 1.1(a)(1)条中"公共机构"的含义及美国商务部的相关裁定

美国商务部在针对不同产品的反补贴调查中认定,中国国有企业和国有商业银行为公共机构,这一结论主要是基于中国政府拥有国有企业多数股权的事实。专家组把《SCM 协定》第 1.1(a)(1)条中的"公共机构"解读为"任何被政府控制的实体",认为政府所有权是与政府控制高度相关并具有潜在决定性意义的证据。在此基础上,专家组认为中国未能证明其主张,并支持美国商务部在调查中作出的国有企业和国有商业银行构成公共机构的裁定。中国对此提起上诉。

上诉机构注意到,《SCM 协定》第 1.1 条提出了补贴的两个主要要素——财政资助和利益。关于第一个要素,第 1.1(a)(1)条既列出了相关的行为,又指出了实施行为的实体。该条区分了两个主要类别的实体:具有"政府性质"的实体和"私营机构"。如果一个实体具有政府性质,且其行为属于第 1.1(a)(1) (i)—(iii)或(iv)条第 1 句的范围,那么便存在财政资助;而当实体是私营机构且其行为落入第 1.1(a)(1) (i)—(iii)条的范围时,只有在政府和该行为之间存在委托或指示的必要联系时才存

在财政资助。

专家组把集合词"政府"看作"仅仅是方便条约行文的工具"。上诉机构注意到,《SCM协定》第1.1(a)(1)条把狭义的"政府"与"公共机构"统称为"政府",而第1条则明确列出了"政府"(包括"公共机构")和"私营机构"两个概念。上诉机构认为,把"政府"与"私营机构"并列的同时,又在《SCM协定》第1.1(a)(1)条下把狭义"政府"与"公共机构"统称为"政府",意味着两者具有某种程度的共性或其核心特性有重叠,即涉案实体可被恰当地认定为具有政府性质。因此,上诉机构不赞成专家组关于使用集合词"政府"仅为行文方便而无其他意义的说法。

一个实体需要具备哪些与狭义政府共有的核心特点才能被称为"公共机构",进而成为广义政府的一部分?上诉机构注意到,政府的核心是有权通过实施法律授予的权力调节、控制、监督个体或限制其行为,这包括政府要有职能及实施这些职能的权力。这些要素可协助解释"公共机构"的含义,即"行使政府职能或被授权行使政府职能"是政府和公共机构之间的核心共同点。

这引出了一个问题:在《SCM协定》项下,一个实体需要实施或被授予什么样的权力才能算是公共机构?上诉机构认为,在任何情况下,哪类实体更经常使用某种特定的财政资助手段,与《SCM协定》第1.1(a)(1)条上下文中的"公共机构"的构成要素既无直接关系也无推定关系。相反,放弃或不收取政府财政收入则构成天然的行使政府权力的行为。

根据《SCM协定》第1.1(a)(1)条,被授权并行使授权以行使政府职能是"公共机构"的一个核心特点。在确定某些行为是否属于公共机构的行为时,专家组或调查机构只有对相关实体的核心特点及其与狭义政府的关系进行恰当评估后才能回答这个问题。专家组并未考察各方所依赖的标准之外是否存在可能与该问题相关的其他标准。鉴于上述原因,上诉机构认为专家组对"公共机构"的解读缺乏恰当的法律基础,因此推翻了专家组的相关结论。

上诉机构已认定专家组对《SCM协定》第1.1(a)(1)条中"公共机构"的解读是错误的。专家组关于中国未能证明美国商务部的行为与美国在《SCM协定》下的义务不一致的认定是基于前述错误解读达致的结果。因此,上诉机构必须推翻这一认定。

涉案国有企业并非狭义政府,那么它们是公共机构还是私营机构?上诉机构指出,要判断特定行为是不是公共机构的行为,必须评估该实体的核心特点及其与狭义政府的关系,还要关注该实体是否被授予或行使政府职权。美国商务部"主要"依赖了所有权的相关信息。上诉机构认为,政府所有权本身不足以证明政府对实体的有意义控制,也无法证明该实体被授权行使政府职能。因此,美国商务部的方法不符合对"公共机构"的恰当理解,其在调查中关于国有企业的裁定也不符合《SCM协定》第1.1(a)(1)条。

上诉机构注意到,虽然美国商务部在调查中关于国有商业银行构成公共机构的分析主要基于早期铜版纸调查中的详细阐述,但其分析比对国有企业的分析更广泛。上诉机构考察美国商务部是否对认定国有商业银行为公共机构的裁决提供了合理和充分的解释,以确认美国商务部基于国有商业银行代表中国政府行使政府职能的证据作出国有商业银行构成公共机构的裁决是有据可依的。上诉机构认为,中国未能证明美国商务部在调查中有关国有商业银行构成公共机构的裁定与《SCM协定》第1.1(a)(1)条不一致。

二、《SCM协定》第14条:利益的计算

美国商务部在CWP和LWR调查中拒绝以中国国内市场价格作为基准计算被调查公司获得的利益;拒绝使用中国国内利率作为基准,而使用外部替代基准确定国有商业银行人民币贷款是否授予了《SCM协定》第14(b)条下利益。专家组认为,中国未能证明美国商务部的做法与其在《SCM协定》第14条(d)项和(b)项下的义务不一致。中国对这些结论提出上诉,要求上诉机构完成对中国附带主张的分析并认定涉案措施与《SCM协定》第10条和第32.1条不一致。

上诉机构首先认为专家组的解释没有错误。第14(d)条要求逐案分析国内市场价格是否扭曲,进而导致其不能作为衡量基准,分析时需要考虑其他相关因素,即使政府是市场主导供货商时亦是如此;第14(b)条本身就具有充分的灵活度,以允许在被调查国家没有可比"商业"基准时使用替代基准。上诉机构认为专家组的解释不存在法律错误,法律适用也没有问题。据此,上诉机构维持专家组的结论,同时认为没有必要对中国

的附带主张进行分析。

在对 CWP、LWS 和 OTR 的调查中,美国商务部还参考纳入铜版纸调查中的部分认定,以构造替代基准来计算与国有商业银行人民币贷款相关的利益。这一替代基准是美国商务部基于收入水平与贷款利率之间"广泛的反比关系",对 33 个低到中等收入国家通货膨胀调整后的利率数据进行回归分析后得出的。专家组认为,美国商务部在调查中实际使用的替代基准是《SCM 协定》第 14(b)条项下的"公司可实际从市场上获得的可比商业贷款"。中国认为认定有误。中国还认为,在评估美国商务部替代基准与《SCM 协定》第 14(b)条的一致性时,专家组未能客观评估涉案问题,其行为与 DSU 第 11 条的规定不一致。

上诉机构首先审查了中国关于 DSU 第 11 条的主张。上诉机构在以往的案件中已多次指出,在审查某个国家调查机构的认定时,专家组不得进行重新审查,也不得仅听从这些机构的结论。相反,应在考虑证据和其他合理替代的解释的基础上审查调查机构的结论是否合理充分。本案专家组认为,在评估美国商务部实际使用的替代基准时,"恰当的方法是考虑美国商务部所使用的方法是不是一个合理客观的调查机构基于调查的事实可能采用的方法"。但是,专家组随后认为其审查美国商务部替代基准的任务限于"评估所使用方法的内部逻辑及美国商务部使用替代基准时所依赖的数据是否可靠和恰当"。上诉机构认为,专家组不能认为仅仅"评估所使用方法的内部逻辑及美国商务部使用替代基准时所依赖的数据"的可靠性和恰当性就履行了其在 DSU 第 11 条项下的义务。相反,为客观评估涉案问题,专家组还应审查美国商务部所使用的方法是否合理,包括考虑合理的其他替代解释。专家组还应核实美国商务部是否根据《SCM 协定》第 14(b)条合理解释了替代基准是如何与"公司可实际从市场上获得的可比商业贷款"近似的。

上诉机构在两方面不同意专家组的陈述:第一,专家组应在考虑了其他可能性的条件下全面审查美国商务部的理由是否构成其选择的基准利率的正当理由。即使由于中国缺乏可以使用的基准利率,导致在案证据中没有参照点可用于判断,该标准仍旧适用。例如,专家组可按中国向美国商务部所主张的,根据国民储蓄率而非国民总收入或根据第三方、替代国家利率基准来考察美国商务部使用的替代基准。第二,专家组报告本身多次提到了中国对美国商务部具体做法的异议,但却认定中国"未主张美国商务部方法中存在可以且应被纠正的具体缺陷"。上诉机构认为,中国在专家组程序中提出的这些主张足以要求专家组就美国商务部回归模型与《SCM协定》第14(b)条的一致性进行认真的审查。专家组似乎接受了美国商务部的认定和相关支持性证据而未开展严谨彻底的分析,或在考虑其他可能性的基础上考察美国商务部结论的适当性和合理性。因此,上诉机构认为,专家组未就美国商务部确立的替代基准开展足够严格的审查,被动接受了美国商务部就其裁决提出的理由,而未开展严谨彻底的分析,也未根据其他可能的替代解释考虑美国商务部的结论。基于上述情况,上诉机构认定专家组未能根据DSU第11条客观评估所审议问题。因此,上诉机构推翻专家组的下列结论:中国未证明美国商务部在调查中计算国有商业银行人民币贷款利率所实际使用的基准与《SCM协定》第14(b)条不一致。

专家组未就美国商务部替代基准作出相关事实认定;同时,对专家组记录的分析显示,中国不仅质疑了使用外部基准的合法性,还质疑了美国商务部确立替代基准的特定要素。因此,上诉机构认定,专家组对事实的认定不足以帮助上诉机构完成法律分析并确定美国商务部的替代基准是否符合《SCM协定》第14(b)条。

三、关于"双重救济"

中国就美国在四起涉案调查中对同一产品同时征收反补贴税和按非市场经济方法计算的反倾销税而导致"双重救济",提出了"本身"和"适用"之诉。专家组裁定:中国未能证明美国商务部的做法与《SCM协定》第10条、第19.3条、第19.4条、第32.1条及GATT第6.3条规定的义务不一致。中国对该认定提起上诉。

在讨论具体上诉事宜之前,上诉机构认为有必要厘清"双重救济"的概念。"双重救济"并非简单地指对同一产品同时征收反补贴税和反倾销税。"双重救济"或"重复计算"是指对同一产品同时征收反补贴税和反倾销税时,至少在一定程度上两次抵消了同一补贴。使用非市场经济方法计算倾销幅度时有可能发生"双重救济"。如专家组所解释的,按照非市场经济方法计算的倾销幅度"不仅反映了被调查生产商国内和出口市场间的价格差（倾销）"，也反映了"影响生产者生产成本的经济扭曲"，包括对某产品的具体补贴。因此，按非市场经济方法计算的反倾销税可能"救济"或"抵消"国内补贴，其额度相当于该补贴导致的出口价格下降额。换句话说，补贴已被计算在整体倾销幅度中。当对同一进口产品征收反补贴税时，同一国内补贴在计算补贴率时又被"算"入其中，由此得出的反补贴税便第二次抵消了同一补贴。因此，同时征收反补贴税和按非市场经济方法计算的反倾销税可能导致同一补贴被抵消不止一次，这就造成了"双重救济"。

中国指出，专家组推理称，由于《SCM协定》和GATT的相关条款未明确禁止成员通过征收两种不同的税抵消同一国内补贴，因此起草者的意图是授权这种行为。上诉机构首先分析了《SCM协定》第19.3条。该条规定，如对任何产品征收反补贴税，则应对已被认定接受补贴和造成损害的所有来源的此种进口产品根,据每一案件的情况，在非歧视基础上收取适当金额的反补贴税。上诉机构解释了《SCM协定》第19.3条中"每一案件的适当金额"的含义，分析了在该条款定义范围内，征收导致或可能导致"双重救济"的反补贴税是不是适当。

《SCM协定》第19.3条第1句要求根据每一案件的情况征收适当金额的反补贴税，同时应在非歧视基础上收取反补贴税。上诉机构认为这两项要求彼此呼应。同样，征收"适当金额"反补贴税的要求包含根据情况调整金额的意思，不应以过于形式或死板的方式解读非歧视征收反补贴税的要求。专家组裁定，如果反补贴税"不超过认定存在的补贴金额"，就是"适当金额"。该裁定援引第19.4条作为确定"适当金额"的主要依据。上诉机构同意专家组将第19.4条作为解释第19.3条的上下文，但是无法认同专家组关于仅依靠第19.4条就足以定义反补贴税"适当金额"的观点。事实上，如果任何不超过补贴金额的反补贴税都构成第19.3条项下的"适当金额"，那么第19.3条的规定就成为多余，因为第19.4条已经规定了不得征收超过认定存在的补贴金额的反补贴税。对此，上诉机构认为《SCM协定》第19.2条更为相关。该条明确规定应由进口成员的调查机构决定征收的反补贴税应等于或小于补贴全额，但同时表示"如反补贴税小于补贴全额即足以消除对国内产业的损害"，则"宜收取该小于补贴全额的反补贴税"。可见，第19.2条鼓励调查机构将实际征收的反补贴税与需要消除的损害相联系。

上诉机构继续考察《SCM 协定》其他条款。《SCM 协定》第 10 条规定,各成员应采取所有必要步骤以保证征收反补贴税符合 GATT 第 6 条和本协定的规定。上诉机构认为,《SCM 协定》第 10 条中主要有三点与上诉机构需要解释的内容相关:(1) 第 10 条规定,《SCM 协定》第五部分与 GATT 第 6 条的适用相关,反补贴税必须符合 GATT 第 6 条和《SCM 协定》的规定;(2) 脚注 35 规定,针对补贴影响"仅可采取一种形式的补救",明确了至少在《SCM 协定》范围内不能对同一补贴使用"双重救济";(3) 脚注 36 将"反补贴税"定义为"为'抵消'补贴而征收的特别税"。上诉机构认为,《SCM 协定》第 10 条、第 19.1 条、第 19.2 条、第 19.4 条、第 21.1 条和第 32.1 条都为第 19.3 条的解释提供了有关背景。上述条款明确了禁止进口成员对同一补贴采取两种救济措施的两种情况:进口成员必须在接受价格承诺或征收反补贴税中作出选择,必须在根据《SCM 协定》第二部分、第三部分采取反制措施或根据《SCM 协定》第五部分采取反补贴措施中作出选择。上述条款还表明,反补贴税的宗旨包括抵消损害性补贴及消除对国内产业造成的损害。此外,GATT 第 6 条也为《SCM 协定》第 19.3 条提供了相关背景:第 6.3 条明确,征收反补贴税是"为抵消任何津贴或补贴";第 6.5 条规定,在任何缔约方领土的产品进口至任何其他缔约方领土时,不得同时征收反倾销税和反补贴税以补偿倾销或出口补贴所造成的相同情况。因此,要恰当理解《SCM 协定》第 19.3 条中反补贴税的"适当金额",就必须充分考虑《反倾销协定》的相关条款,并了解这两个协定项下的法律机制及其授权成员使用的救济是如何运作的。在使用"双重救济"时,只是孤立地看待这些条款,才会说这些条款各自关于征税的规定得到了遵守。相反,将这两个协定联系起来解读表明,使用"双重救济"会规避两个协定对不同救济分别规定的恰当性标准。如果认可两个协定分别规定了可征收的反倾销税和反补贴税金额,却认为可以征收加起来为不适当或超过认定存在的倾销和补贴总额的全额反倾销税和反补贴税,这是违反常规的。

上诉机构随后指出,《SCM 协定》的目标和宗旨在很大程度上将反补贴税的适用与其目的——抵消损害性补贴——联系起来,这支持了对第 19.3 条的如下解释:如果同时征收反补贴税和反倾销税超过了补贴的全部金额,那么这是"不适当"的。

综上所述,上诉机构认为专家组错误地解释了《SCM 协定》第 19.3 条。根据《SCM 协定》第 19.3 条,认定反补贴税的适当金额必须考虑为抵消同一补贴对同一产品征收的反倾销税。如果反补贴税体现了补贴的全部金额,同时为消除对国内产业造成的同一损害,又征收了在一定程度上基于同一补贴计算的反倾销税,在这种情况下,反补贴税的金额不可能"适当"。据此,上诉机构推翻专家组对第 19.3 条的解释,并认定:通过同时征收反补贴税和基于非市场经济方法计算的反倾销税,两次抵消同一补贴的"双重救济"与《SCM 协定》第 19.3 条不一致。

专家组认定,《SCM 协定》第 19.4 条中未讨论"双重救济"的情况,中国未证明美国适用非市场经济的计算方法同时征收反倾销税和反补贴税违反了《SCM 协定》第 19.4 条,也未证明美国在涉案调查中征收超过"认定存在"的补贴的税额与 GATT 第 6.3 条不一致。中国对此提出上诉。由于已认定使用"双重救济"与《SCM 协定》第 19.3 条不一致,上诉机构认为无须再分析中国的这一上诉。

在推翻上述裁定后,上诉机构必须考察中国提出的完成分析的请求,并考察美国商务部的做法是否与《SCM 协定》第 19.3 条不一致。上诉机构注意到,专家组对中国是否"切实证明在涉案调查中由于同时征收反补贴税和按非市场经济方法计算的反倾销税导致双重救济"未予认定。基于相同原因,专家组拒绝"审查中国提交的来自这些调查的具体实例"。上诉机构在以往争端中表示,如果专家组的事实裁定和专家组记录中无争议的事实为上诉机构自身的分析提供了充分的基础,上诉机构可以从促进纠纷解决的角度出发完成分析。

中国主张,推翻了专家组对《SCM 协定》第 19.3 条的解释必然作出涉案措施的不一致性认定。上诉机构对此并不认同。上诉机构已经表明,就法律问题而言,该条款禁止"双重救济"。但是,上诉机构不认为所有同时征收的情况必然导致"双重救济",这取决于国内补贴是否及在何种程度上降低了产品的出口价格,以及调查机构是否采取了必要的调整。中国在上诉中主张,"调查机构有义务进行调查,并确定自己是否两次抵消了同一补贴";而美国主张,"应由中国负责证明存在双重救济"。

上诉机构注意到,由于调查机构负有确定补贴准确金额的义务,也负有根据《SCM协定》第19.3条确立适当金额的义务。该义务包括对相关事实进行充分尽职的"调查",并收集相关事实,以明确证据作为认定的基础。如前所述,"美国商务部将利害关系方在涉案调查中提出的'双重救济'主张均予驳回,在按照各被调查生产者被认定获得的补贴的全部金额征收反补贴税时未考虑对同一产品征收的反倾销税",各方对这一事实没有异议。上诉机构注意到,在涉案调查中,美国商务部驳回中国关于"双重救济"的主张,理由之一是其没有法定权力在反补贴调查的情况下作出调整。可见,美国商务部未审查在涉案四起调查中是否会发生"双重救济",并完全拒绝考虑该问题及与该问题相关的主张。上诉机构认为,这违反了《SCM协定》第19.3条要求认定反补贴税"适当金额"的义务。据此,上诉机构认定,在涉案四起反倾销和反补贴调查中,美国商务部对同一产品同时征收反补贴税和基于非市场经济方法计算的反倾销税,却未评估同时征收是否会导致"双重救济"的行为,与《SCM协定》第19.3条规定的义务不一致。

中国提请上诉机构认定,美国对涉案四起调查中的同一进口产品征收反补贴税和基于非市场经济方法计算的反倾销税的行为与《SCM协定》第10条和第32.1条不一致。上诉机构已指出,当成员的措施不能满足《SCM协定》相关条款中规定的征收反补贴税的明确条件时,没有征收反补贴税的权利,因此这些措施也不符合《SCM协定》第10条和第32.1条。由此,上诉机构认为,中国无须提供更多证据附带证明美国违反第10条和第32.1条的行为。由于上诉机构已认定美国在涉案四起反补贴调查中对同一产品同时征收反补贴税和基于非市场经济方法计算的反倾销税的行为不符合《SCM协定》第19.3条,因此该行为同样不符合《SCM协定》第10条和第32.1条。

上诉机构的结论可综合如下:

第一,专家组将《SCM协定》第1.1(a)(1)条中的"公共机构"解释为"由一政府控制的任何实体",上诉机构推翻这一认定;推翻专家组关于中国未能证明美国在涉案调查中将国有企业和国有商业银行认定为"公共机构"的做法违反了美国所应履行的义务的认定;美国商务部在涉案四起反补贴税调查中就国有企业原材料供货商构成"公共机构"的裁定与《SCM协定》第1.1(a)(1)条不一致,与美国在《SCM协定》第10条和第

32.1条项下所应履行的义务不一致。上诉机构同时认定,中国未能证明美国商务部在 OTR 调查中就国有商业银行构成"公共机构"的裁定与《SCM 协定》第 1.1(a)(1)条不一致。

第二,维持专家组关于"专向性"的认定。

第三,维持专家组关于中国未能证明美国商务部在计算利益时所使用的基准违反其义务的结论;同时认定,在评估美国商务部依据《SCM 协定》第 14(b)条所使用的替代基准的一致性问题时,专家组没能按照 DSU 第 11 条的要求对其所审议的事项作出客观评估,因此推翻专家组关于中国未能证明美国商务部在调查中拒绝使用中国国内利率作为计算国有商业银行所提供的人民币贷款的基准的做法与美国义务不一致的认定。但是,上诉机构无法完成对中国根据《SCM 协定》第 14(b)条所提出诉请的法律分析。

第四,通过同时征收按照非市场经济方法计算的反倾销税和反补贴税,进而对同一补贴行为进行了"双重救济"的做法与《SCM 协定》第 19.3 条不一致;推翻专家组关于中国未能证明美国商务部的做法与《SCM 协定》第 19.3 条不一致的结论,并认定美国的这种做法与其在《SCM 协定》第 19.3 条项下所应履行的义务不一致,进而也与其在第 10 条和第 32.1 条项下所应履行的义务不一致。

中国对来自美国的取向电工钢的
反倾销反补贴税案

(WT/DS414)(简称:中国—取向电工钢案)

【案件基本情况】

申诉方(被上诉方):美国

被申诉方(上诉方):中国

第三方(第三参与方):阿根廷、欧盟、洪都拉斯、印度、日本、韩国、沙特阿拉伯、越南

本案涉及的相关协定条款和法律问题:GATT 第 6.2 条;《反倾销协定》第 1 条、第 3.1 条、第 3.2 条、第 3.5 条、第 6.5.1 条、第 6.8 条、第 6.9 条、第 12.2 条、第 12.2.2 条、附录 II;《SCM 协定》第 10 条、第 11.2 条、第 11.3 条、第 12.4.1 条、第 12.7 条、第 12.8 条、第 15.1 条、第 15.2 条、第 15.5 条、第 22.3 条、第 22.5 条。

2010 年 9 月 15 日,美国要求与中国磋商,解决中国对从美国进口的电工钢征收反补贴税和反倾销税的问题。由于双方磋商未果,经美国请求,2011 年 3 月 25 日,DSB 成立了专家组。2012 年 6 月 15 日,专家组做出最终报告。中国提出上诉。10 月 18 日,上诉机构做出报告。11 月 16 日,DSB 通过了上诉机构报告和专家组报告。

2009 年 4 月 29 日,武汉钢铁集团公司和宝钢集团(以下简称"申请人")申请发起反补贴和反倾销调查。6 月 1 日,中国商务部决定发起"双反"调查。12 月 10 日,中国商务部公布初裁结论:AK 钢铁公司的补贴率为 11.7%,ATI 公司的补贴率为 12%,其他涉案公司的补贴率为 12%;

AK钢铁公司的倾销幅度为10.7%,ATI公司的倾销幅度为19.9%,其他涉案公司的倾销幅度为25%。2010年4月10日,中国商务部公布终裁结果:AK钢铁公司的补贴率为11.7%,ATI公司的补贴率为12%,其他涉案公司的补贴率为44.6%;AK钢铁公司的倾销幅度为7.8%,ATI公司的倾销幅度为19.9%,其他涉案公司的倾销幅度为64.8%。

美国认为,中国调查机关的做法和措施违反了《SCM协定》和《反倾销协定》的相关条款。

【专家组的分析和结论】

一、中国发起反补贴调查,是否违反了《SCM协定》第11.2条和第11.3条

中国针对美国的一系列法规及项目展开了反补贴调查,这些法规包括:2003年《处方药医保、改进和现代化法》、1981年《经济恢复税法》、1986年《税制改革法》、1984年《钢铁进口稳定法》;印第安纳州钢铁资讯服务;对达到《清洁空气法》标准的宽限期;为钢铁工业提供低价电、燃气、煤;2003年《宾夕法尼亚经济刺激计划》,以及宾夕法尼亚替代能源资助项目。美国认为,中国发起对11个项目的反补贴调查,违反了《SCM协定》第11.2条和第11.3条。

《SCM协定》第11条规定了发起反补贴调查的条件,其中规定调查机关必须确认有充分的证据支持发起调查。双方对证据须证明的事项没有异议,即证据应当证明存在政府提供的、使接受者得益的财政资助。但是,双方对多少证据可以算"充分证据"有不同意见。专家组分析后认为,证据是否充分与要证明的事项没有关系。不管要证明的是存在补贴、存在利益还是补贴的专向性,证据是否充分的标准是相同的。专家组接着审查了中国对11个项目的调查。通过详细审查中国发布的文件,专家组认为,一个无偏见和客观的调查机构不会认为存在充分证据支持发起该案调查的决定。据此,专家组认为,中国发起反补贴调查违反了《SCM协定》第11.3条。

二、中国商务部没有要求申请人提供保密材料充分的概要,是否违反了《SCM 协定》第 12.4.1 条和《反倾销协定》第 6.5.1 条

申请人申请将某些信息进行保密处理,得到中国商务部批准,于是公布的文件中许多信息缺失。美国认为申请人没有就其提交的保密信息提供充分的非保密概要。双方的分歧在于申请人提交的非保密概要是不是符合《SCM 协定》第 12.4.1 条和《反倾销协定》第 6.5.1 条。两个协定的相关条款都规定,如果申请人提交了保密材料,必须提供这些材料的非保密概要;如果不能提供,则必须说明理由。双方争议的第一个问题是:非保密概要是什么时候产生的?中国提出,申请人的非保密概要可以由调查机构在后来的决定中予以补充,也可以由双方在其辩论中予以完善。专家组不同意这个说法。专家组指出,在调查机构决定调查时,就应当存在非保密概要了,不可能等到调查机构在启动调查后再来补充。双方争议的第二个问题是:受调查方是不是必须在调查程序中对此问题提出异议?中国称美国在接受调查时并没有对这个问题提出强烈反对。专家组指出,受调查方在国内程序中是不是提出过异议,不影响调查机构提供非保密概要的义务,也不影响衡量非保密概要是否充分的标准。也就是说,在中国国内调查程序中,受调查方是不是提出过这个问题不影响专家组对这个问题的审查。由于中国没有提出特殊情况,不允许提供非保密概要的抗辩,专家组只审查中国提供的非保密概要是不是符合协定的相关标准。

专家组审查了申请人申请材料的第二部分,标题是"非保密概要"。但是,这一部分只是介绍了哪些材料作保密处理,并没有提供任何实际信息。因此,专家组确认,根据《SCM 协定》第 12.4.1 条和《反倾销协定》第 6.5.1 条,中国提供的非保密概要是不充分的。中国提出,只要从申请人申请材料的第一部分可以总结出保密材料中要提供的那些信息,就符合两个协定的相关规定。专家组不同意中国的这种说法。专家组选择了几个因素的材料作了审查,包括申请人的产量、中国相关产品的总产量、表面消费量、对中国国内产业的影响、美国进口产品的倾销幅度,结论是:至少在这些问题上,中国提供的非保密概要达不到两个协定的要求。因此,中国的做法不符合《SCM 协定》第 12.4.1 条和《反倾销协定》第 6.5.1 条。

三、在计算补贴率时适用"可得事实",是否违反了《SCM 协定》第 12.7 条

中国商务部以两家受调查的美国企业不配合为由,在计算补贴率时对其适用了"可得事实"。专家组审查了两个方面的问题:中国是否要求受调查方提供国内销售的全部资料?中国确认美国受调查方不配合的决定是否正确?中国商务部起初的问卷仅要求受调查方提供向美国政府销售产品的资料,后来又发出补充问卷。专家组确认,综合考虑两次问卷,中国提出了提供全部销售资料的要求。两家受调查的美国企业中,ATI 公司没有提交任何补充材料;AK 钢铁公司虽然提交了补充资料,但是提交的时间很晚,是在对中国商务部的初裁决定的评论中,而不是在对补充问卷的答复中提交的。中国专家组认为,中国商务部据此确认美国两家企业不配合调查是正确的。

中国商务部提出,根据可得事实,受调查方 100% 的产品卖给了美国政府机构或跟政府有合同关系的企业。专家组指出,所谓依据可得事实作出决定,也不是没有限制的,首先要有"事实"可依。中国提出其最终决定中有 11 页解释了这个问题,但专家组在审阅了这些材料之后指出,他们看不出中国是如何依据这些因素得出结论的。利用可得事实得出结论,不是说可以在没有事实依据的情况下得出结论。其实,中国在裁决中也承认,取向电工钢使用在一些特殊的行业。既然如此,认为 100% 的产品卖给了政府或政府的合同对方,显然没有事实依据。专家组的最后结论是:中国有权利用可得事实得出结论,但其结论不符合《SCM 协定》第 12.7 条。

四、中国未披露确定倾销幅度的资料及其计算,是否违反了《反倾销协定》第 12.2.2 条

《反倾销协定》第 12.2.2 条要求调查机构在公告或单独报告中"包含决定实施最终措施的所有事实和法律问题"。中国商务部在公告中简单介绍了确定倾销时使用的计算方法,专家组要确定第 12 条是不是要求公告必须公布资料的计算过程。经过对条款的解读,专家组认为,第 12.2.1 条规定了要求公布的信息;根据第 12.2 条,调查机构没有义务公布所有资料和计算过程。据此,专家组驳回了美国的这一诉请。

五、中国在确定存在利益时没有充分披露信息,是否违反了《SCM 协定》第 22.3 条

美国关于政府采购的法律规定,竞争性投标时排除外国供应商的投标资格。中国据此认为,这样的中标价格不能作为衡量利益是否存在的"市场价格"。美国提出,中国没有对这一结论给出充分解释,违反了《SCM 协定》第 22.3 条。专家组指出,第 22.3 条要求调查机构就其初步或最终结果发布公开的通知或独立报告,内容包括调查机构认为对结果具有决定性影响的相关事实和法律。专家组认为,这只是一项程序上的规则,经过对条款的解读和对事实的查明,依照第 22.3 条的规定,中国商务部有权决定其应公开的信息的内容和标准。虽然美国对中国商务部的公开解释或对逻辑完整性存有异议,但是中国商务部在初裁和最后决定中对相关事实和法律的解释已经符合第 22.3 条的要求。

六、中国确定未知出口商的"其他幅度"的过程,是否违反了《反倾销协定》第 6 条和 12 条

美国提出,中国在对未知出口商确定"统一税率"的过程中违反了《反倾销协定》。专家组从三个方面对这个问题进行了审查:中国计算未知出口商的倾销幅度适用"可得事实"是否违反了《反倾销协定》第 6.8 条?中国是否依据《反倾销协定》第 6.9 条通知了所有利害关系方?中国就其最后决定发出的公告是否符合《反倾销协定》第 12 条的要求?

就第一个方面,专家组认为,中国适用"可得事实"的前提条件未得到满足:中国商务部的公告仅要求利益各方提供自 2008 年 3 月至 2009 年 2 月向中国出口产品的数量和价值,就已经不满足在公告中列明"详细信息"的要求。因此,专家组无法进一步判断利益各方是否拒绝提供或未及时提供相关信息,从而使中国调查机构可以利用"可得事实"。就第二个方面,专家组指出,《反倾销协定》第 6.9 条要求调查机构公开与其最后结果和反倾销税相关的事实和相关必要因素。在本案中,存在一个特殊事实,那就是美国仅有两家企业向中国出口电工钢,且这两家企业都已经向中国提供了相关信息,中国不能证明其他进口商拒绝提供信息或不及时提供信息。除此之外,即便有部分信息属于保密内容,中国商务部也应公开 AK 钢铁公司和 ATI 公司提供的非保密资料或非保密概要。就第三

个方面,专家组认定,中国商务部不仅没有就未知出口商(实际上不存在未知出口商)拒绝提供资料或阻碍调查提供足够的信息,而且就确定未知出口商64.8%的倾销幅度也未提供全部事实。

专家组最后的结论是:中国商务部在确定未知出口商倾销幅度的过程中,适用"可得事实"的前提条件未得到满足,且在最后报告中没有公开所有信息,违反了《反倾销协定》第6条和第12条的规定。

七、中国对未知出口商适用"统一税率",是否违反了《SCM协定》第12条和第22条

1. 中国适用"可得事实"是否违反了《SCM协定》第12.7条

专家组审查了两个方面的问题:计算未知出口商补贴率时适用"可得事实"的前提条件是否满足?"可得事实"的适用方式是否符合《SCM协定》第12.7条的规定?中国商务部在计算补贴率时通知利益各方的方式与反倾销调查中的方式是一样的。尽管《SCM协定》没有相关的附件予以补充规定,但是《SCM协定》第12.1条有关通知的内容与《反倾销协定》的要求是相似的。因此,专家组得出的结论与前面讨论的中国调查过程是否符合《反倾销协定》的结论相似,即适用"可得事实"的前提条件未得到满足。同时,中国适用"可得事实"的方式也与《SCM协定》第12.7条不符。基于上述理由,专家组认为,中国在计算补贴率时仅考量部分未提供补贴的项目而忽略已确证事实的行为,不符合《SCM协定》第12.7条。

2. 计算其他公司补贴率时,中国通知利益相关方的行为是否符合《SCM协定》第12.8条

美国提出,中国在初裁决定中裁定其他公司的补贴率为12%,在终裁中确定其他公司的补贴率为44.6%,中国对这二者之间的巨大差异给出的解释就是计算过程中的"可得事实"。中国商务部公开的信息不足以让美国和各利益相关方采取措施维护自己的利益。

专家组认为,中国商务部在知道仅存在两家出口企业的情况下,应公布适用"可得事实"的具体理由,同时鉴于初裁和最后公告中补贴率的巨大差异,后者计算过程中所适用的"可得事实"也应公布。因此,中国未公布计算其他公司补贴率的某些必要信息不符合《SCM协定》第12.8条。

八、价格影响分析

1. 价格影响的分析

美国对中国商务部最后决定中的大幅度压低价格、抑制价格、削减价格三方面内容提出异议,认为上述内容缺乏证据支撑,没有建立在对证据的客观审查和适用积极证据之上,不符合《反倾销协定》第 3.1 条、第 3.2 条和《SCM 协定》第 15.1 条、第 15.2 条。

专家组按照中国商务部最终裁定的内容,决定按照压低价格、抑制价格、削减价格的顺序审查价格影响部分的争议。

在压低价格方面,专家组肯定了中国有关 2009 年第一季度产品国内价格大幅度下降以及该大幅度下降与进口产品的大量进口相关性的判断。但是,专家组认为,中国有关进口产品价格使得国内相关产品价格大幅度压低的结论存在瑕疵。因为中国商务部适用不恰当的比较数据,包括没有比较不同成品价格,仅比较时间点而非时间段价格,在证据缺乏的情况下主张进口产品价格大幅度削减的存在,证据涉及的合同主要履行期都在 2009 年第一季度,且进口价格均高于国内价格等。一个客观和公正的调查机构基于中国商务部提供的材料无法得出进口产品的价格低于国内相关产品的结论。其次,尽管专家组注意到中国提出货物进口数量的大幅度增加才是支持大幅度压低价格的主要理由,但是由于中国的最后决定中是以"进口商品的价格"为子项,且没有其他证据显示中国商务部的决定更依赖对进口商品数量的分析,专家组最终认定,中国商务部作出的因相关产品进口造成大幅度压低价格的判断缺乏积极证据,未经客观审查。

关于抑制价格,尽管专家组认同中国采用成本差的计算方法来证明自 2008 年至 2009 年第一季度存在大幅度抑制价格的现象,但是不支持中国将大幅度抑制价格都归结于大量产品进口的分析。主要理由有两方面:一方面,中国没有将 2007 年宝钢集团和武汉钢铁集团扩张生产力的成本考虑进去;另一方面,中国没有考量生产力、全球供应和国内需求的关系,以僵化的成本差为基础来证明价格大幅度被抑制应归结于大量的产品进口。因此,专家组认定中国商务部作出的因相关产品进口造成大幅度抑制价格的判断缺乏积极证据,未经客观审查。

关于削减价格,尽管美国在申请中主张中国有关削减价格的内容不符合《反倾销协定》第3.2条和《SCM协定》第15.2条,但是专家组认为,中国的最终决定中并没有直接体现削减价格的内容,该主张缺乏证据。

基于对价格影响三方面的分析,专家组认定,中国商务部有关进口货物所产生的价格影响的分析不符合《反倾销协定》第3.1条、第3.2条和《SCM协定》第15.1条、第15.2条。

2. 分析价格影响的过程中未将足够的信息通知利益相关方

美国认为,在分析价格影响的过程中,中国没有充分披露必要信息。专家组认为,该问题的重点在于,中国是否将比较国产品和进口产品价格的信息通知了各利益相关方。中国以削减价格不是最后结论为由,否定披露比较价格的必要性。专家组认为,中国有关损害分析以价格比较为基础,而中国仅提出"低价"的存在,没有公布支持该存在的证据。中国商务部认为,其公开的文件中包含进口数量、价格政策及进口货物均价等内容,这些内容与证明"低价"的存在相关,并且在专家组审查过程中提供了部分非保密概要的文件。专家组肯定了中国披露的内容和提供非保密概要的能力,也因此认定中国商务部公开的"低价""费用"等内容涉及的证据,但认为未提供详细的非保密概要不符合《反倾销协定》第6.9条和《SCM协定》第12.8条。

九、因果关系分析

美国主张中国商务部分析的因果关系中存在三方面问题:证明进口与国内产业损害的因果关系不符合《反倾销协定》第3.1条、第3.5条和《SCM协定》第15.1、第15.2条;没有依《反倾销协定》第6.9条和《SCM协定》第12.8条披露有关因果关系的信息;没有依《反倾销协定》第12.2.2条和《SCM协定》第22.5条对因果分析进行公告。

针对第一个问题,专家组认为,上诉机构在此前的案件中指出,调查机关必须区分和辨别倾销之外的其他因素造成的损害。

专家组首先指出,中国商务部有关产品进口与国内产业实质性损害的因果联系分析存在不足。中国商务部在分析价格影响的问题上,不能合理地证明进口产品大幅度压低价格或抑制国内产品价格。鉴于价格影响是中国证明进口对国内产业造成重大损害的重要基础,专家组支持了美国的相关主张。

专家组认为,美国只有满足"初步证据"的要求,才能证明中国有关国内产能和产量与国内产业损害不存在因果联系的判断是错误的。中国在最后决定中明确指出:在2008年和2009年第一季度,相关产品进口的增长速度分别高于国内需求速度42.55%和11.11%,高于同类产品销售增长速度55.60%和8.74%,使得进口产品的市场份额增长了5.56%,国产品的库存不断增加。专家组认同这一分析,但是其他数据也显示,2008年度国内产品的库存数量超过了进口产品的增长量,且2007年到2008年国内产量与货物进口量存在一定的量差,这证明国内产业损害至少应部分归咎于国内产量的增加。2009年第一季库存量大于进口总量的事实也有助于证明,对2008年到2009年第一季度国内库存的积累,中国国内产量和产能的增加至少应承担部分责任。专家组认为,根据《反倾销协定》第3.5条和《SCM协定》第15.5条,期待受调查方提供有关公共信息是不合理的,而调查机构一旦知道其他因素的存在,就有义务客观审查该因素。基于上述审查,专家组认定,中国对产品进口与国内损害的因果关系判断不符合《反倾销协定》第3.1条、第3.5条和《SCM协定》第15.1条、第15.5条。

针对第二个和第三个问题,专家组的分析逻辑与前述"中国对计算未知出口商适用'统一税率',是否违反《SCM协定》第12条和第22条"相似,认定中国履行披露"因果关系分析"义务不符合《反倾销协定》第6.9条和《SCM协定》第12.8条;中国履行对"因果关系分析"的公告内容,也不符合《反倾销协定》第12.2.2条和《SCM协定》第22.5条。

综合上述分析,专家组认定:中国商务部没有足够的证据便发起对11个项目的反补贴调查,违反《SCM协定》第11.2条;没有要求申请人提供充分体现保密材料内容的非保密概要,违反《SCM协定》第12.4.1条和《反倾销协定》第6.5.1条;适用100%的产品利用率计算已知企业的补贴率,违反《SCM协定》第12.7条;适用可得事实计算"其他"未知出口商的倾销幅度和补贴率,且在披露、公告和解释必要事实方面存在瑕疵,违反《反倾销协定》第6.8条、第6.9条、第12.2条、第12.2.2条和附件1第1款,以及《SCM协定》第12.7条、第12.8条、第22.3条、第22.5条;对相关进口价格影响的分析,在披露、公告和解释必要事实方面存在瑕疵,违反《SCM 协定》第 12.8 条、第 15.1 条、第 15.2 条、第 22.5 条,以及《反倾销协定》第 3.1 条、第 3.2 条、第 6.9 条;在相关产品进口与国内产业损害的因果关系分析、披露、公告和解释必要事实方面存在瑕疵,违反《SCM 协定》第 15.1 条、第 15.5 条、第 12.8 条、第 22.5 条,以及《反倾销协定》第 3.1 条、第 3.2 条、第 6.9 条。基于上述理由,中国商务部违反《反倾销协定》第 1 条和《SCM 协定》第 10 条。

根据 DSU 第 3.8 条,专家组认定,中国不符合《反倾销协定》和《SCM 协定》的行为剥夺或损害了美国在这些协定下的利益,中国应修改其措施,使它们符合《反倾销协定》和《SCM 协定》的规定。

【上诉机构的分析和结论】

一、关于价格影响条款的解释

中国在上诉中提出,专家组错误地解释了《反倾销协定》第 3.2 条和《SCM 协定》第 15.2 条。因为上述规定仅要求调查机构"考虑"压低价格、抑制价格与倾销产品进口之间的因果关系,而专家组却认为调查机构负有"证明"责任。

首先,上诉机构对《反倾销协定》第 3 条和《SCM 协定》第 15 条的规范结构进行了分析。这两条规定作为"判断损害存在"的条款,规定了调查机构在倾销和补贴调查中的各方面责任。其中,《反倾销协定》第 3.1 条和《SCM 协定》第 15.1 条明确了调查机构调查的范围:倾销(补贴)进口的数量,倾销(补贴)进口数量对价格的影响,倾销(补贴)进口对国内生产商的影响;《反倾销协定》第 3.2 条和《SCM 协定》第 15.2 条对倾销(补贴)进口的数量,倾销(补贴)进口数量对价格的影响作出详细规定;《反倾销协定》第 3.4 条和《SCM 协定》第 15.4 条涉及倾销(补贴)进口对国内生产商的影响应考量的各种经济因素。上述条款构成一种严密的因果联系,是《反倾销协定》第 3.5 条和《SCM 协定》第 15.5 条中确定倾销(补贴)进口和国内产业损害之间因果关系分析的基础。因此,在解释《反倾销协定》第 3.2 条和《SCM 协定》第 15.2 条时,专家组应从具体条款在整个规则中的地位出发。

中国在上诉中提出,"考虑"的义务仅包含"审查、认真核实、仔细考量"价格影响的内容。上诉机构接受了中国的观点,认为"考虑"的义务是指调查机构为得出结论应参考某些特定因素,所以依照《反倾销协定》第3.2条和《SCM协定》第15.2条,调查机构无须对倾销(补贴)进口数量和价格影响作出一个明确的决定。但是,上诉机构也指出,即便是履行"考虑"的义务,也应建立在积极证据和客观审查的基础之上,并反映在最后决定等类似的相关文件之中。

接着,上诉机构从文义、语境、目的三方面对相关进口"影响"进行审查的义务作了深入解释,得出如下结论:从文义出发,"压低价格"和"抑制价格"在本意上都有某种价格因某种因素降低或得不到提升的内涵。因此,专家组提出的"两步论",即先考虑调查机构应确定压低价格或抑制价格的存在,再确定相关进口与其之间因果关系,不属于法律错误;从语境出发,认可专家组提出的调查机构应在积极证据和客观审查的基础之上分析相关进口和国产品价格变化之间的关系;从目的出发,《反倾销协定》第3.2条和《SCM协定》第15.2条的目的在于确立调查机构审查相关进口和国内价格因果关系的义务,确保分析过程和最后结果的可靠性。据此,上诉机构没有接受中国提出的"条约目的在于明确中国在价格影响方面享有自由裁量权"的主张。上诉机构明确提出,依《反倾销协定》第3.2条和《SCM协定》第15.2条,调查机构应着重对相关进口和国内产价格之间的因果关系进行审查,特别是引起重大压低价格和抑制价格的因果关系审查,而无须审查所有的可能性因素。

中国提出,专家组存在三方面的错误:用"证明"(demonstrate/show)义务替代"考虑"(consider)义务;错误理解判例,不当否定中国引用的判例;在压低价格和抑制价格方面认定中国没有适用积极证据和客观审查。

对第一个法律错误,上诉机构接受了中国的主张,但是也指出,专家组对调查机构依照条约应在积极证据和客观审查的基础上履行审查义务的解释是正确的。

对第二个法律错误,中国主张,欧盟—DRAMS反补贴案(DS299)的专家组报告明确指出:"调查机构在《SCM协定》第15.2条项下不承担审查所有可能因素的责任,那是《SCM协定》第15.5条的要求。"本案专家组却试图将二者混同,否定中国的主张。上诉机构指出,在该案中,专家组作出的解释仅针对国内市场存在价格削减的情况,着重于补贴进口对价格的影响;而在本案中,专家组无须对价格削减审查义务的范围和内容进行解释,而是要考虑在存在其他因素的情况下,相关进口引起压低和抑制国内价格时调查机构的审查义务。所以,专家组认为前述案件的解释在本案不适用是正确的。

针对第三个法律错误,中国主张"专家组认定中国应证明相关进口是价格抑制的唯一因素,属于错误解释条约,强加义务于中国"。上诉机构指出,在明确2008年中国宝钢产能增加的情况下,中国商务部应客观审查成本结构的变化,确保数据的可比性。因此,对中国商务部仅提出"价格与成本非同比例增长和非同比例增长的唯一因素是相关进口"的最终裁决,专家组认定其违反适用积极证据和客观审查的义务是正确的。

二、关于中国商务部对价格影响的审查

上诉机构将中国的上诉概括成两个问题:专家组错误理解中国的"低价"主张,认定中国适用"低价"而得出最后的审查结果;专家组错误适用《反倾销协定》第3.1条和《SCM协定》第15.1条,认定中国的审查结果没有建立在积极证据和客观审查的基础上。上诉机构对专家组报告从五个方面进行评估,并对中国的上诉请求作出综合判断。

中国提出,专家组错误地认定本案中的"低价"是相关进口价格低于国内产品价格的意思,且中国商务部以此为基础证明压低价格和抑制价格的存在。上诉机构对中国商务部的终裁和解释"低价"的补充说明进行审查后认为,中国在专家组审查阶段提交的证据和解释,特别是中国商务部"承认"在审查过程中适用了2006—2008年价格削减的证据,"注意到价格削减作为证据"支持大幅度压低价格和抑制价格的结论,都构成专家组作出判断的依据。在上诉阶段,中国对专家组适用依据提出异议,却没有进行解释。因此,上诉机构维持专家组报告中中国商务部适用"低价"支持终裁的主张。

中国提出,依照调查过程中的信息决定调查和审查内容属于调查机构的自由裁量权范围,专家组认为中国商务部没有对平均价值的问题进行反驳,且没有比较不同水平和关税分类下的产品价格是错误的。上诉机构接受了上述主张,同时指出,上述主张的重心是专家组是否依照

DSU 第 11 条履行审查义务,而不是专家组对中国商务部终裁的判断。

中国认为,专家组将"价格政策"和"削减价格"混为一谈,以 2009 年第一季进口价格高于国内产品价格为由,不适用中国有关价格政策的主张是错误的。上诉机构支持了中国的主张。因为旨在获取市场的"价格政策"的存在,与其最终是否产生削减价格、压低价格或抑制价格的结果是不同的概念。专家组仅认定"价格政策"没能造成削减价格,没有审查其是否造成压低价格和抑制价格的结果,是片面的。所以,专家组否定中国有关价格政策的主张是错误的。

中国提出,专家组仅讨论 2009 年第一季度相关进口价格降低,而没有讨论相关进口产品和国产品价格同期增长和下降的趋势作为"商务部决定的重要基础",是错误的。对于上述主张,上诉机构不认同。因为即便进口价格和国内价格的同期变化可以用来证明压低价格和抑制价格的存在,但在本案中,中国商务部没有为同期变化提供详细的数据支持,也没有详细解释该变化对最后决定的影响。更重要的是,无论是在专家组还是上诉阶段,除了重申该主张,中国没有进一步解释其之所以是"重要基础"的原因。因此,专家组没有认可两种价格同期变化在中国商务部审查过程中的重要性不存在错误。

中国提出,专家组否定中国商务部报告中"有关相关进口数量是造成压低价格和抑制价格的主要原因"的主张,是错误适用条约的表现。上诉机构不支持中国的上述主张。因为中国在终裁中仅披露了进口数量和进口价格的变化趋势,而没有解释二者如何对大幅度压低价格和抑制价格产生共同或独立影响。在调查机构没有对价格或数量的影响作出判断的情况下,专家组只能作出是或否的判断,因为分析具体的内容超越了专家组仅能审查调查机构最后决定的权力限制。

三、通知各方必要事实的义务

上诉机构指出,依照《反倾销协定》第 6.9 条和《SCM 协定》第 12.8 条,调查机关履行通知义务时应满足以下几个条件:(1) 通知的内容限于正在考虑中的事实,即以书面形式存在的,调查机构可能会用来支撑最后决定的事实,不包括法律和具体分析内容;(2) 通知必要事实,而"必要"的判断标准是,该事实是否构成调查机构最后采取具体措施或不采取具体措施决定的基础,该事实是否能保证利益各方为其利益进行辩护;(3)通知的时间必须在最后决定作出之前。基于上述解释,上诉机构认可了专家组提出的"为了确定是否对补贴和倾销采取最终措施,调查机构应该确定补贴或倾销、损害、因果联系三者的存在",指出调查机构就价格影响分析的必要事实,作为调查机构整个分析过程的一部分和利益方为自己辩论的重要依据,也肯定在通知的范围之列。

在上诉中,中国提出,在商务部的初裁和损害报告中,包含2006—2009年相关进口产品的加权平均价格、国产品价格和国产品成本差的比较,符合通知必要事实的义务内容,再进一步披露就会涉及具体的商业秘密。专家组认为,中国商务部没有披露2006—2008年待售总额、有关价格政策的细节信息,以及忽略相关进口价格大幅度降低和进口数量大幅度增加的披露内容都是错误的。

就中国的上诉内容,上诉机构首先认可了专家组提出的"低价"是中国商务部得出大幅度压低价格和抑制价格的基础。因此,对相关进口产品和国产品的平均价格进行比较的数据、与利益当事人相关的价格政策的事实以及上述事实中商业机密的非保密性摘要都属于通知的范围,仅通知"平均价格下降"与"成本的不同程度下降"的存在不符合"必要事实"的标准。上诉机构维持了专家组在通知必要事实这一方面的决定。

四、公告相关事实的义务

专家组认为,在本案中,相关进口产品的"低价"和保密材料的非保密摘要属于条约规定的"所有相关事实",而中国商务部的公告没有相关进口价格和国内价格进行比较的内容,缺少"低价"结论依据的相关事实,不符合《反倾销协定》第12.2.2条和《SCM协定》第22.5条。

上诉机构认为,《反倾销协定》第12.2.2条和《SCM协定》第22.5条要求调查机构披露的内容包括所有支撑最后结果的相关事实证据,且该披露义务属于后续义务,仅在确定最后义务后而非审查过程之中履行。"所有相关事实"的具体内容,体现在《反倾销协定》第3.1条、第3.2条、第3.4条、第3.5条、第12.2.1条和《SCM协定》第15.1条、第15.2条、第15.4条、第15.5条、第22.4条中,以事实、法律、逻辑分析的方式体现。条约中有关保护保密信息的规定,也暗示着针对保密信息的详细非保密摘要也在披露范围之内。专家组对条约的解释是,在倾销和补贴案件中,调查机构依《反倾销协定》第12.2.2条和《SCM协定》第22.5条公布的"所有相关事实"应包括得出最后结论所依据的有关价格审查的内容。上诉机构认为专家组的结论没有错误,维持了专家组在公告相关事实方面的决定。

美国对中国产品的反补贴措施案

(WT/DS437)(简称:美国—反补贴措施案(中国诉))

【案件基本情况】

申诉方(上诉方/被上诉方):中国

被申诉方(被上诉方/上诉方):美国

第三方(第三参与方):澳大利亚、巴西、加拿大、欧盟、印度、日本、韩国、挪威、俄罗斯、沙特阿拉伯、土耳其、越南

本案涉及的相关协定条款和法律问题:《SCM协定》第1.1条、第2.1条、第2.4条、第11条、第12.7条、第14(d)条;出口限制。

2012年5月22日,中国提出申诉,要求就美国对从中国进口的产品征收反补贴税进行磋商。6月25日和7月18日,双方分别进行了磋商。由于磋商未果,经中国请求,DSB于9月28日决定成立专家组。11月14日,专家组由WTO总干事指定组成。专家组报告于2014年7月14日公布。中国和美国都提出上诉。上诉机构报告于12月18日公布。2015年1月16日,DSB通过了上诉机构报告和专家组报告。

本案涉及2007年至2012年期间美国发起的17起反补贴税调查,以及32起调查启动或初步、最终裁决。调查针对的产品包括:热敏纸、压力管、管线管、柠檬酸、草坪修整机、厨房货架、石油专用管、钢丝钢绞线、镁砖、无缝管、打印图形、钻杆、铝合金型材、钢瓶、太阳能电池板、风塔、不锈钢盆等22类,累计涉案金额为72.86亿美元。中国认为,美国在对涉案产品的反补贴调查中,在公共机构、补贴专向性、补贴利益计算的认定,"可得事实"的适用,以及"中国出口限制措施构成补贴"的认定等方面存

在诸多与《SCM 协定》不符之处,且继续使用一些之前已被 WTO 专家组和上诉机构否定的错误做法,违反了《SCM 协定》第 1 条、第 2 条、第 11 条、第 12 条和第 14 条。中国还指出,美国推定中国的国有企业是公共机构的结论违反了《SCM 协定》。

【专家组的分析和结论】

专家组分析了中国成立专家组的诉请,首先确认美国对风塔和不锈钢盆的初裁结论不属于专家组职权范围,中国关于《SCM 协定》第 5.7 条的诉请属于专家组职权范围。

一、美国商务部认定中国国有企业是公共机构的结论是否违反《SCM 协定》第 1.1 条

在 17 起反补贴调查中,12 起被美国调查机构认定受调查方得到了某些资助,确认国有企业是美国关税法 771 节(5)(B)意义上的"当局"(authority)。中国认为,美国将国有企业确认为公共机构,不符合上诉机构在此前案件中对公共机构的解释,因此违反了《SCM 协定》第 1.1(a)(1)条。

专家组首先回顾了上诉机构在美国—反倾销与反补贴措施案(中国诉)(DS379)中对"公共机构"的解释。专家组认为,上诉机构提出的确认公共机构最关键的因素是"实施政府职能",因此调查机构应该分析涉案实体的核心特征及其与政府的关系,以确定其是否实施政府职能。中国提出,一个实体必须拥有规范、控制和管理的权力,才可以被看作公共机构。专家组不同意中国的观点,认为中国误读了上诉机构在加拿大—奶制品案(DS103、DS113)中的解释。专家组提出,按照中国的解释,公共机构将等同于政府,这不是 DS379 案中上诉机构的观点。专家组也注意到,上诉机构认为,所有权本身并不足以确认一个实体是不是公共机构,必须作进一步的分析。专家组特别指出,在 DS379 案中,上诉机构经过分析确认中国的国有银行是公共机构。专家组注意到,美国的决定主要依据企业的国有资产比例占多数,并没有分析上诉机构提出的其他因素。专家组据此认定,美国在该 12 起调查中作出的认定不符合《SCM 协定》

第 1.1(a)(1)条。

中国还提出,美国的规定本身也违反了相关规定。专家组首先分析了中国指控的对象是不是一项措施。专家组经过分析确认,中国指控的对象是美国反补贴调查中的一项"政策",涉及美国调查机构确认国有资产占多数的企业是否是公共机构的法律标准,因此构成了一项可以被质疑的措施。专家组首先审查了措施本身,确认该法规要求调查机构将所有权比例作为确认公共机构的充分依据,虽然其中也列举了其他一些因素,但利害关系方必须提供证据证明需要考虑这些因素。实际上,该法规阻止了调查机构主动考虑其他因素。根据上述分析,专家组确认,美国的法规本身也不符合《SCM 协定》第 1.1(a)(1)条。

二、美国发起反补贴调查是否违反《SCM 协定》第 11 条

中国提出,美国在 4 起调查中推定国有企业向下游生产者提供的生产投入构成补贴,没有充分的证据证明补贴的存在就发起调查,违反了《SCM 协定》第 11 条。

《SCM 协定》第 11 条的标题是"发起和随后的调查"。其中,第 11.2 条规定了发起反补贴调查的申请必须具备的条件,并列明了申请应当包括的具体内容;第 11.3 条要求调查机构审查申请中提供的证据的准确性和充分性,以确定是否有充分的证据支持发起调查。中国指出,美国发起调查时证据不足,适用了错误的"法律标准",把国有企业对下游生产者的投入作为补贴。如果专家组认为美国的标准不符合《SCM 协定》第 1.1 条,那么美国认为存在财政资助的依据就不存在了,也就没有证据可以发起调查。专家组指出,尽管所有制情况本身不足以确立国有企业是公共机构,但国有企业可以作为判断一个实体是不是公共机构的一项证据,而发起调查程序要求提供的证据与最终裁定的证据在量和质上都不同。中国提出,专家组如果假设美国调查机构使用了正确的标准,再来审查美国是不是有充分的证据发起调查,就等于取代美国的调查机构进行了"重新审查",而这是不恰当的。专家组不同意中国的说法。专家组认为,审查美国是不是有充分的证据发起调查,不是重新审查。专家组确认,中国未能证明美国发起调查违反了《SCM 协定》第 11 条。

三、美国确认国有企业对下游生产者的投入"低于适当报酬",这是否违反《SCM 协定》第 1.1(b)条和第 14(d)条

在 12 起调查中,美国使用了中国之外的银行信息作为衡量利益的基准,理由是政府拥有或控制的国有企业是公共机构。专家组仔细审查了这 12 起调查的资料,认为中国的说法没有事实依据:美国只在少数几起调查中将国有企业认定为公共机构,在多数调查中,调查机构还考虑了其他因素,并没有简单地把国有企业作为公共机构对待;有些认定是由于中国没有提供相关信息,导致美国使用了"可得不利信息"(adverse facts available,AFA)。

那么,根据《SCM 协定》第 14(d)条,在什么情况下可以使用其他国家的数据作为利益存在的基准呢?中国认为,根据上诉机构在美国—针叶木材案 IV(DS257)中的解释,只有在政府提供的资助达到扭曲市场价格程度的情况下,才可以使用外部基准。专家组不同意中国的说法,DS257 案专家组和上诉机构都没有提出一份封闭的清单,而中国也没有解释其对上诉机构的言论作出如此解读的理由。美国提出,除了提供财政资助,政府还可以以其他方式扭曲价格。专家组同意这种说法。

DS379 案中,上诉机构确认美国根据所有权比例推定国有企业是公共机构的做法不符合《SCM 协定》第 1.1(b)条,但维持了美国使用外部基准确定利益的做法。本案的情况与该案相似。因此,专家组遵循上诉机构在该案中的分析及结论,确认中国未能证明美国拒绝使用中国的私人价格的做法违反了《SCM 协定》第 1.1(b)条或第 14(d)条。

四、美国确认补贴专向性的结论是否违反《SCM 协定》第 2.1 条和第 2.4 条

在 12 起调查中,美国分别确定了对不同产品的投入存在事实上的专向性,如压力管道的不锈钢油、管线管和草坪修理机的热轧钢、石油专用管的钢弹、厨房货架的盘条等。中国认为,美国的决定未能对证据作出客观评估,违反了《SCM 协定》第 2.1 条和第 2.4 条。

专家组注意到,美国作出专向性决定的依据是投入的产品数量有限。中国提出了美国的四点不符之处,专家组逐一分析。

首先,适用《SCM 协定》第 2.1 条各项规定的问题。中国认为,美国

没有分析第 2.1 条(a)项和(b)项,而是直接分析第 2.1 条(c)项的要求,是错误的。专家组要决定的问题是,调查机构是不是必须先分析第 2.1 条(a)项和(b)项,然后再分析第 2.1 条(c)项。对于第 2.1 条三项规定的关系,虽然双方看法不同,但都提出了上诉机构在此前案件中的论断来支持自己的观点。中国提出,第 2.1 条(c)项规定"尽管因为适用(a)项和(b)项规定的原则而表现为非专向性补贴,但如果有理由认为补贴可能事实上属专向性补贴,则……"这样的措辞就表明,只有在分析了(a)项和(b)项列举的因素,且表现为非专向性时,才可以分析(c)项。专家组不同意中国的观点,认为第 2.1 条(c)项只是提出了可以分析的其他因素,而且第 2.1 条提出的是确定专向性的原则,而不是规则,更不是程序要求。据此,专家组认为,美国在确定专向性时只分析第 2.1 条(c)项列举的因素的做法没有违反第 2.1 条。

其次,中国提出,美国没有指明补贴项目,不符合《SCM 协定》第 2.1 条(c)项。第 2.1 条(c)项所列举的因素包括"有限数量的某些企业使用补贴项目"。中国和美国都同意,在分析专向性时,需要以某种形式指明补贴项目。但是,双方对什么是补贴项目以及如何指明并证明这些项目存在异议。中国认为必须要有书面的证据证明项目的存在,而美国则提出项目可以通过一系列的事实加以证明。专家组提出,《SCM 协定》第 2 条涉及的是补贴项目,而不是确认补贴本身,但协定对补贴项目没有定义,而第 2 条是在"事实上的补贴"中使用了"项目"一词,因此对"项目"应当作广义理解。美国虽然没有指出具体的书面文件,也没有明确指出给予补贴的机构,但指出国有企业系统性地以低于充分补偿的价格提供具体投入物,构成了补贴项目。专家组认为美国已经指明了补贴项目。

再次,中国还提出,美国没有指明给予补贴的当局。中国认为,对于确认补贴专向性来说,指明给予补贴的当局是至关重要的。美国则提出,在每一次调查中,它都指明了给予补贴的法域——中国。专家组认为,美国调查机构至少隐含地表达了给予补贴的当局是中国。

最后,中国提出,调查机构必须分析《SCM 协定》第 2.1 条(c)项最后一句话所列举的所有因素。第 2.1 条(c)项最后一句规定,调查机构"应当考虑授予补贴的机构管辖范围内经济活动的多样性程度,及已经实施补贴项目的持续时间"。专家组注意到,这一句用了"应当",表明这是调查机构的义务,而美国在调查中没有分析这两个因素。美国提出,是否分析这两个因素取决于调查中的利害关系方是否提出了相关问题,专家组不同意美国的说法。专家组据此认定,美国在这一点上违反了《SCM协定》第2.1条(c)项。

鉴于中国没有就美国违反《SCM协定》第2.4条提供实质证据,专家组认为其对第2.1条的结论已经足以解决这个问题。

五、美国使用"可得不利事实"是否违反《SCM协定》第12.7条

《SCM协定》第12条的标题是"证据",第12.7条规定,只有成员或利害关系方不允许使用或未在合理时间内提供必要信息,调查机构才可以使用可得信息,并在此基础上作出决定。中国认为美国使用"可得不利事实"的决定没有事实依据。专家组指出,此前案件的上诉机构提出,专家组要根据调查机构公布的决定中的证据和解释来确定决定是不是有充分理由。中国并没有质疑美国利用"可得不利事实"的做法本身,而是提出,美国并没有依据事实作出结论,只是作出了推论。专家组审查了中国提出的证据,认为中国只是抓住了报告结论中的一些说法,美国实际上依据了各种不同的事实;在中国提出的一起案件中,美国甚至并非按照"可得不利事实"作出结论。据此,专家组得出结论:中国未能证明美国的做法不符合《SCM协定》第12.7条。

六、美国关于区域专向性的结论是否不符合《SCM协定》第2.2条和第2.4条

美国在调查中将土地使用权转让作为区域专向性。在6起调查中,被调查的土地位于工业园区或开发区,处于土地使用权出让者的管辖范围内。中国认为,美国仅凭这两点就确认了区域专向性,也未能确认补贴只是给予少数企业,违反了《SCM协定》第2.2条和第2.4条。专家组同意中国的说法,仅凭土地位于开发区,不能证明专向性,只有证明了开发区内土地的提供与开发区外不同,在开发区内更加优惠,才算是证明了专向性。调查机构应该审查区内和区外的土地是否存在特殊的规定、不同的价格和其他因素。美国完全依据其在另一起调查中的结论,而那起调查已经被WTO专家组确认为违反了《SCM协定》的规定。据此,专家组

确认美国的做法违反《SCM协定》第2.2条,并认为这一结论已经可以解决双方在这一问题上的纠纷。

七、美国将中国对镁砖和无缝管的出口限制作为补贴是否违反《SCM协定》

美国根据中国对镁和焦炭的出口限制,开展了对镁砖和无缝管的反补贴调查,并决定采取反补贴措施。中国认为美国违反了《SCM协定》第11.2条和第11.3条。《SCM协定》第11.2条规定申请要有充分的证据,第11.3条规定调查机构要审查证据的充分性和准确性,以决定是否有足够证据证明发起调查是正当的。专家组提出,关于证据是否充分,以前的专家组有过论述,专家组要决定的是一个客观且没有偏见的调查机构是不是会认为手头的证据足以支持发起调查。反补贴调查申请人提出,中国政府针对镁的出口限制,造成中国国内镁价格的下降,国内生产者得到较低价格的原料,获得实质性利益。对无缝钢管的调查申请则针对中国政府对焦炭出口的限制,也认为中国的出口限制构成了财政上资助。专家组发现,美国发起调查的证据仅有一项:中国政府的出口限制规定。专家组要确定,一个调查机构根据外国政府的出口限制就发起调查,是不是违反《SCM协定》第11.2条和第11.3条。专家组回顾了美国—出口限制案(DS194)专家组的决定,认为出口限制不构成政府授权或指示企业提供产品。美国除了提出中国的出口限制,没有提交任何其他证据。据此,专家组认为,美国国内申请中的证据不足,在缺乏证据的情况下发起调查,违反了《SCM协定》第11.3条。

中国还要求专家组确认美国的最后裁定也不符合上述条款,专家组认为中国在这方面提出的证据太少,不足以作出上述认定。

既然已经确认美国违反了《SCM协定》第1条、第2条和第11条,专家组也据此确认美国违反了协定第10条和第32.1条。

【上诉机构的分析和结论】

美国和中国都提出上诉。上诉机构分析了下列问题:

一、《SCM 协定》第 14(d)条和第 1.1(b)条——利益

在国内调查中,美国拒绝将中国国内私人机构的价格作为衡量存在利益的基准,专家组认为中国未能证明美国拒绝使用该价格的做法违反《SCM 协定》第 1.1(b)条或第 14(d)条。中国对此提出上诉。

中国认为,在确定是否给予财政资助时需要确定"政府"或"公共机构",在确定是否给予利益时应该用同样的标准;如果国有企业提供产品的行为不足以使其构成"公共机构",那么在确定国有企业是不是给予利益时,提供产品的行为也不足以确定是政府行为。

上诉机构同意中国的观点,即在《SCM 协定》中确定"政府"只有一个法律标准,包括狭义的政府和"公共机构"。调查机构要确定存在财政资助,必须认定资助由"政府"或"公共机构"提供,而第 14(d)条要求调查机构确认由政府提供的产品有没有得到充分的补偿。但是,根据第 14(d)条确定衡量的基准时并不需要确定市场主体是不是政府,因而这不能回答私人企业或与政府关联的企业是不是可以被选作比较基准的问题。不管是《SCM 协定》第 1.1(b)条还是第 14(d)条,都涉及确定存在"利益"的问题。正因为如此,在第 14(d)条下才需要选择比较基准,以便与第 1.1(b)条下政府提供的货物作比较。上诉机构引用了此前的多个案件,指出"需要审查涉案产品或服务在市场交易的情况来确定恰当的基准"。如果调查机构确认了由政府提供的资助所给予的利益数量,则第 14 条的导言要求其对使用的方法作出充分解释。

由于涉案的产品、市场不同,调查机构需要审查的因素也会有所不同。有些时候,被调查产品的生产国市场价格不一定可以作为比较基准。政府作为主要供应商可能会扭曲市场价格,但是要确定国内价格是否扭曲,调查机构必须根据具体事实确定每一项反补贴调查都存在价格扭曲,政府主导与价格扭曲之间的关系必须根据证据来确定。中国认为,美国调查机构将国有企业等同于政府机构,并以此拒绝接受中国的国内价格作为比较基准,不符合《SCM 协定》的相关规定。上诉机构不接受中国的观点。上诉机构认为,美国是不是违反了《SCM 协定》第 14(d)条,取决于调查机构是不是分析了确定基准的各项因素以决定某个价格是不是可以用来作比较。在作分析的时候,不能排除国内价格,包括与政府相关的价

格,但不包括提供财政资助的实体的价格,且不必局限于分析狭义的政府或公共机构在市场中的作用。

在分析14起调查中美国的做法是不是违反《SCM 协定》时,专家组并没有根据第14(d)条审查美国作出结论的依据,而是提出,上诉机构在DS379案中面临的是同样的问题,其结论可以直接用于作出本案的结论:中国未能证明美国违反第14(d)条。上诉机构根据前文对《SCM 协定》第14(d)条的分析,指出专家组的分析和结论不足以支持其结论,推翻专家组的这一结论。

在推翻了专家组的结论之后,上诉机构决定完成法律分析。上诉机构指出:如果调查机构确认了由政府提供的资助给予的利益数额,《SCM 协定》第14条的导言要求其对使用的方法作出充分解释;作分析的时候,第14(d)条并没有预设排除国内价格,包括与政府相关的价格;在确定国内价格是不是可以作为比较基准时,调查机构需要分析诸多因素。审查本案涉及的反补贴调查,在12起调查中,美国根据政府占主导地位确认中国国有企业是公共机构,并据此认为存在公共机构提供的财政资助。专家组认为这不符合《SCM 协定》第1.1(a)(1)条,美国对此没有提出上诉。再来看看美国在4起调查中对"利益"问题的结论,美国在调查中并没有审查国有或国有控股企业的价格是不是由市场决定,而是先入为主地排除了这些企业的价格。根据前文的分析,上诉机构认为美国的做法违反了《SCM 协定》第14(d)条和第1.1(b)条。

二、《SCM 协定》第2.1条——专向性

专家组认为,美国在确定专向性时只分析《SCM 协定》第2.1条(c)项列举的因素,而没有先分析第2.1条(a)项和(b)项列举的因素,这样的做法没有违反第2.1条。中国对此提出上诉。

上诉机构要解决的问题是,调查机构是不是必须先分析《SCM 协定》第2.1条(a)项和(b)项列举的因素,然后才可以分析第2.1条(c)项列举的因素。上诉机构指出,关于确定一项补贴是否具有法律上的专向性,第2.1条(a)项和(b)项的措辞要求调查机构仔细审查各种因素。上诉机构对第2.1条(c)项的措辞分析指出,第2.1条(c)项要求调查机构在根据第2.1条(a)项和(b)项审查不能确定补贴专向性时,还需要审查第2.1

条(c)项列举的因素。中国的观点是：第2.1条(c)项的措辞表明这项审查的前提条件是根据第2.1条(a)项和(b)项审查不能确定专向性。上诉机构不支持中国的观点，认为专家组对《SCM协定》第2.1条(c)项的解释没有错误。

中国提出，美国没有指明具体的书面文件，也没有明确补贴机构。但是，美国认为，国有企业系统性地以低于充分补偿的价格提供投入物，构成了补贴项目。专家组认为，美国已经指明了"非书面措施"，并且至少隐含地表达了给予补贴的当局是中国。上诉机构指出，在某些情况下，不排除通过"非书面措施"提供补贴的可能，但是要确认法律上的补贴，给予补贴的机构必须是明确的，而且要明文限制可以得到补贴的企业；而事实上的补贴，则不会在法规中明确提出。中国并没有指出哪些因素可能构成法律上的补贴，如果是那样的话，调查机构必须分析《SCM协定》第2.1条(a)项和(b)项。这样看来，专家组认为可以仅审查第2.1条(c)项列举的因素并无错误。

上诉机构认为，如果确实存在系统性补贴行为，即使没有书面文件，也可以确认存在事实上的补贴。然而，专家组并没有具体分析"非书面措施"是如何实施的。专家组只用了一段话，概括其对美国调查机构实施调查的意见："在所有的调查中，申请人主张国有企业以低于充分补偿的价格提供具体的生产投入。在没有书面文件或明确公告的情况下，美国商务部认为国有企业以低于充分补偿的价格持续提供具体的生产投入构成补贴。"上诉机构认为专家组没有根据《SCM协定》第2.1条(c)项审查美国的实践。据此，上诉机构推翻专家组认为中国未能证明美国违反第2.1条的结论。

此外，专家组在没有具体分析的情况下，确认美国调查机构至少暗示提供补贴的机构"是中国"，并据此认为中国未能证明美国违反了《SCM协定》第2.1条。专家组也推翻了这一结论。

中国要求上诉机构完成法律分析作出结论。鉴于专家组对此问题没有进行分析，上诉机构缺乏完成法律分析的事实基础。但是，上诉机构指出，既然专家组已经确认美国违反了《SCM协定》第2.1条(c)项，对于解决纠纷来说，美国有没有明确指出提供补贴的机构，由上诉机构完成法律分析已经没有实际意义。

三、《SCM 协定》第 12.7 条——可得事实

中国认为,美国并没有依据事实作出结论,而是作出推论,违反了《SCM 协定》第 12.7 条。专家组审查了中国提出的证据,认为中国只是抓住了报告结论中的一些说法,实际上美国依据了各种不同的事实。据此,专家组得出结论:中国未能证明美国的做法不符合《SCM 协定》第 12.7 条。中国对此提出上诉。

上诉机构指出,在墨西哥—大米反倾销措施案(DS295)和美国—碳钢案(DS213)中已确认,《SCM 协定》第 12.7 条允许使用可得事实的唯一目的是取代可能缺失的信息,以作出补贴和损害的准确结论;在缺失的信息和使用的"可得事实"之间应当有联系,而且在最终报告的分析中应包括让专家组理解使用"可得事实"的理由和使用情况。上诉机构提出,专家组不是要审查美国的审查材料中是不是有资料可以支持其使用"可得事实",而应当审查美国是不是依据事实决定使用 42 项不利事实,专家组应当逐一分析。上诉机构发现,专家组只审查了中国提出的 42 项使用可得事实情况中的一部分,而且从专家组分析的措辞中可以得知,专家组分析的是中国有没有证明在 42 项审查中使用了同样的法律标准,并没有对中国提出的美国使用可得事实的情况进行逐一审查,却将注意力放在美国的结论中是不是使用了同一个术语。根据这些分析,上诉机构认为专家组的做法违反了 DSU 第 11 条关于"客观审查"的义务,因此推翻了专家组关于中国未能证明美国违反《SCM 协定》第 12.7 条的结论。一方面,上诉机构缺乏事实依据来完成对某些问题的分析。另一方面,上诉机构已经确认美国违反了《SCM 协定》的其他相关条款。为此,上诉机构不再对这个问题给予进一步的法律分析。

鉴于上诉机构确认美国违反了《SCM 协定》第 14 条(d)项和第 1.1 条(b)项,因此美国也违反了《SCM 协定》第 10 条和第 32.1 条。

四 《保障措施协定》

韩国进口奶制品最终保障措施案

(WT/DS98)(简称:韩国—奶制品案)

【案件基本情况】

申诉方(上诉方/被上诉方):欧共体

被申诉方(被上诉方/上诉方):韩国

第三方(第三参与方):美国

本案涉及的相关协定条款和法律问题:《保障措施协定》第2.1条、第4.2条、第5.1条、第12条;GATT第19.1条;证据问题;举证责任;提出诉请的资格;提交证据的期限;审查标准(关于成员的保障措施调查)。

1997年8月12日,欧共体提出要与韩国磋商,称韩国对奶制品的保障措施违反了《保障措施协定》第2条、第4条、第5条和第12条以及GATT第19条。由于双方未能达成一致意见,应欧共体请求,专家组于1998年7月22日成立。1999年6月21日,专家组做出报告。韩国提出上诉。12月14日,上诉机构做出报告。2000年1月12日,DSB通过了上诉机构报告和经过修改的专家组报告。

本案争议为,1996年5月韩国贸易委员会对从欧共体进口的脱脂奶粉对其国内产业的损害进行的调查,以及根据调查结果决定对进口奶制品采取的保障措施(数量限制)。欧共体认为,韩国的决定违反GATT第19.1条的规定;韩国没有审查"严重损害",违反《保障措施协定》第4条;

韩国没有调查进口产品增加的原因,违反《保障措施协定》第2.1条;韩国没有分析是否存在替代方法,也没有分析数量限制的水平是否能够纠正进口增加的后果,违反《保障措施协定》第5.1条第1句;韩国没有及时通知保障措施委员会,违反《保障措施协定》第12条。

【专家组的分析和结论】

一、关于 GATT 第 19 条

欧共体指出,韩国没有按 GATT 第 19.1(a)条的规定审查受调查产品的进口是否"因未预见的情况"。第 19.1(a)条规定:"如因未预见的情况和一缔约方承担本协定义务(包括关税减让义务)产生的影响,进口至该缔约方领土的产品数量增加如此之大且情况如此严重,以致对该领土内同类产品或直接竞争产品的国内生产者造成重大损害或严重损害威胁,则该缔约方有权在防止或补救此种损害所必需的限度和时间内,对上述产品全部或部分中止义务或撤销或修改减让。"该条中"因未预见的情况"这一提法,此后没有被写进《保障措施协定》。《保障措施协定》第 2.1 条规定:"一成员只有在根据下列规定,确定正在进口至其领土的一产品的数量与国内生产相比绝对或相对增加,且对生产同类或直接竞争产品的国内产业造成严重损害或严重损害威胁时,方可对该产品实施保障措施。"专家组认为,有必要先分析 GATT 第 19 条与《保障措施协定》的关系:两者是否有冲突?专家组应当如何解释两个法律文件中适用的不同术语?韩国认为,GATT 第 19 条与《保障措施协定》有冲突,其冲突之处应当根据《保障措施协定》解决;欧共体则认为两者没有冲突,GATT 第 19 条规定的义务应叠加在《保障措施协定》第 2 条之上。专家组指出:(1)《WTO 协定》是单一协定,其规定的所有义务是相互补充的,各成员应同时遵守各项义务,除非条文规定之间有正式冲突。(2) 根据条约解释的原则,GATT 第 19 条与《保障措施协定》之间没有冲突。(3) GATT 第 19 条的目的是允许缔约方暂时偏离第 2 条和第 11 条规定的义务,其前半句并没有规定缔约方的义务,而只是解释需要采取措施的原因;考虑到 GATT 订立的背景及其宗旨,更应当作此解释,而《保障措施协定》中没有这一规定也就很自然了。据此,专家组不支持欧共体关于韩国的调查违反 GATT 第 19.1 条的诉请。

二、关于《保障措施协定》第 2.1 条

欧共体指出,韩国没有审查进口情况,特别是没有审查进口产品的价格情况,违反了《保障措施协定》第 2.1 条。韩国则提出,《保障措施协定》并没有要求审查进口产品的价格情况,但韩国确实审查了进口数量和其他导致韩国国内产品损害的情况。专家组认为,价格因素是重要的,但《保障措施协定》并没有规定成员方必须审查进口产品的价格。

欧共体还提出,韩国没有充分证明存在严重损害及损害与进口之间的因果联系,违反了《保障措施协定》第 4 条,因此也就违反了第 2 条。专家组确认,对《保障措施协定》第 4.2 条或第 4.3 条的违反,将构成对第 2 条的违反。

三、关于《保障措施协定》第 4 条

欧共体指出,韩国在审查国内产业损害时,没有正确审查所有相关因素。专家组注意到,双方同意,就本案而言,国内产业包括牛奶生产者和奶粉生产者。《保障措施协定》第 4.2 条要求有关当局"评估与该产业状况有关的客观及可量化的所有相关因素,特别是,有关产品进口增长的绝对和相对比例和数量,进口增长在国内市场的份额,以及销售水平、产量、生产率、生产能力利用、利润和亏损及就业的变化"。这一款使用了"特别是"这一词汇,表明这些列举出的因素是必须分析的。

根据双方提供的证据,专家组发现,韩国贸易委员会的报告中没有分析《保障措施协定》第 4.2 条列举的某些项目,虽然韩国向专家组作了解释,但在报告中没有任何解释;国内产品包括两种不同产品,如果只选择其中一种分析各因素,应当说明理由。但是,韩国没有比较全部产品,也没有解释其理由;在分析某些因素时,韩国没有充分解释它选择使用其中部分数据的理由。具体而言,韩国贸易委员会的报告存在下列问题:在计算市场份额时排除了奶酪产品,但没有充分解释其理由;没有解释生产总量与国内产业遭受损害之间的关系;根本没有分析生产率和生产能力利用这两个因素;关于损益情况的分析,报告中有关牛奶的数据包括奶牛合

作社的资料,但这些合作社不仅是牛奶生产者,也是其他奶制品生产者,其损益数据是不准确的;在分析牛奶生产者的损益时,只选择了奶牛合作社中的一部分,没有解释这样做的理由;在分析奶粉生产商的数据时,只选择了两家合作社和四家公司,没有解释理由;没有充分解释库存增加与国内产业损害的关系;价格虽然不是第4.2条列出的因素,而且确定牛奶价格确实有困难,但韩国当局应当尽力确定价格,而不应当根本不予考虑;报告中分析的资产负债率和资本耗尽并非第4.2条规定的因素,但分析对象仅仅是合作社,而且没有解释理由;生产成本的分析也仅局限于合作社,没有充分解释这一因素与国内产业受损害的关系。根据上述分析,专家组认为,韩国贸易委员会对国内产业受到严重损害的分析不符合《保障措施协定》第4.2条,从而也违反了第2.1条。但是,欧共体在所提交材料中并没有关于《保障措施协定》第2.1条的具体诉请,也没有这方面的证据。专家组决定对韩国措施是否违反《保障措施协定》第2.1条不作结论。既然对这一问题已经有了明确的结论,专家组认为,没有必要再分析韩国是否审查了进口与损害之间的因果联系。

四、关于《保障措施协定》第5.1条

欧共体指出,韩国没有分析是否可以采取数量限制之外的方法纠正进口增加的后果,也没有分析数量限制的水平是否能够纠正进口增加的后果,违反了《保障措施协定》第5.1条第1句。专家组指出,《保障措施协定》第5条规定了采取保障措施的规则,但这是对成员方决定采取保障措施之后的要求,与成员方是否有权采取保障措施无关。《保障措施协定》第2.1条规定成员方有权采取保障措施的情形。专家组不认为《保障措施协定》第5.1条要求成员方进一步证明其采取措施的必要性。但是,专家组也指出,第5.1条规定了成员方的义务:"采取措施的水平应当是为了防止或纠正国内产业的损害。"第5.1条最后1句就表明了这个目的。专家组认为,一项措施可以分解为:涉及产品范围、形式、期限和程度等方面;要符合《保障措施协定》第5.1条的规定,其限制程度不应超过防止或纠正损害所必需的程度。专家组审查了韩国贸易委员会1996年12月3日关于补救措施的决定,发现决定中只列举了可能采取的其他方法,但没有解释选择保障措施的依据和理由。专家组确认,韩国违反了《保障

措施协定》第 5.1 条。

五、关于《保障措施协定》第 12 条

欧共体指出,韩国没有及时向保障措施委员会发出关于保障措施的通知,内容也不够详细,违反了《保障措施协定》第 12 条。专家组首先分析了第 12 条的规定,指出根据第 12 条的规定,共有五种措施应当通知委员会,其中第 12.1 条规定了三种:发起调查、确认严重损害、采取或延长保障措施;第 12.2 条和第 12.3 条规定了通知的内容和程序。综合第 12 条第 1、2、3 款的规定,一个成员方在采取保障措施之前,必须将与该措施有关的信息和事实依据立即通知委员会,并给贸易可能受到措施影响的成员方提供磋商的机会;即使是临时措施,也应当符合这些规定。专家组仔细检查了韩国发出每份通知的时间和内容,确认其内容符合《保障措施协定》第 12 条的要求,但通知的时间与实际作出决定之间相隔 14 天到 40 多天不等。虽然《保障措施协定》第 12 条没有规定具体的时间,但使用了"立即"一词,韩国的通知在时间上显然不符合《保障措施协定》第 12 条的规定。

欧共体还指出,韩国的通知内容不充分,也没有给欧共体提供充分的磋商机会。专家组指出,它已经确认韩国的通知内容符合《保障措施协定》的规定,即使通知的内容不充分,磋商仍然可以是充分的,因为磋商的目的之一就是要审查这些通知。双方在磋商中通常会继续交换信息,进行比较充分的讨论。本案中,双方各自提问并回答了对方的问题,欧共体对韩国的答复表示不满,这正是欧共体请求专家组解决问题的原因。如果通过磋商解决了问题,欧共体就不会向 DSB 申诉了。

专家组的结论是:(1) 韩国对损害的确定不符合《保障措施协定》第 4.2(a) 条;(2) 韩国对保障措施的选择不符合《保障措施协定》第 5 条;(3) 韩国没有及时向保障措施委员会发出通知,不符合《保障措施协定》第 12 条;(4) 驳回欧共体关于韩国的措施违反 GATT 第 19.1 条的诉请;(5) 驳回欧共体关于韩国的审查违反《保障措施协定》第 2.1 条的诉请;(6) 驳回欧共体关于韩国向保障措施委员会发出通知的内容不符合《保障措施协定》第 12 条的诉请;(7) 驳回欧共体关于韩国拒绝提出合适的和解条件违反《保障措施协定》第 12.3 条的诉请;(8) 根据 DSU 第 8.3

条认定,韩国剥夺或损害了欧共体根据《保障措施协定》享有的利益。

专家组建议 DSB 要求韩国修改措施以符合《WTO 协定》的规定。

【上诉机构的分析和结论】

本案的双方都提出了上诉。

一、关于 GATT 第 19 条

欧共体指出,专家组在分析 GATT 第 19 条时,认为"这一款的前半句并没有规定缔约方的义务,而只是解释需要采取措施的原因"。欧共体要求上诉机构确认这一解释是错误的,并确认韩国没有遵守第 19.1 条的要求。专家组在分析时曾经指出:"《WTO 协定》是单一协定,其规定的所有义务是相互补充的,各成员方应同时遵守各项义务,……"上诉机构同意专家组的这一观点,并指出 GATT 第 2.2 条规定附录一、二、三也是《保障措施协定》的一部分,同样具有约束力。上诉机构指出,GATT1994 已经成为《WTO 协定》的一部分,它包括《WTO 协定》生效前经过修改、增补的 GATT1947,根据 GATT1947 制定的其他法律文件,乌拉圭回合谈判对 GATT 条款的一系列解释,以及《马拉喀什议定书》。《保障措施协定》和 GATT1994 都是《WTO 协定》的一部分,《保障措施协定》第 1 条和第 11.1 条规定了 GATT 第 19 条与《保障措施协定》的关系。

专家组认为,GATT 第 19.1 条前半句"只是解释需要采取措施的原因"。上诉机构不同意这一意见。上诉机构认为,一个条约的所有规定都是有法律意义的,要确定第 19.1 条中"因未预见的情况"的含义,必须从其普通含义、上下文和它在第 19 条中的目的来分析。上诉机构认为,第 19.1 条前半句的含义是:要实施保障措施,必须证明出现了某些情况。据此,上诉机构推翻专家组的结论。但是,由于专家组没有对事实作出结论,双方对事实又有争议,上诉机构无法就韩国是否违反 GATT 第 19.1 条作出结论。

二、关于《保障措施协定》第 5.1 条和第 12.2 条

关于《保障措施协定》第 5.1 条,上诉机构认为专家组的分析是正确

的,而且这一义务应当与保障措施的具体形式无关。但是,第5.1条并没有规定相关方对数量限制以外的保障措施有上述义务,上诉机构不同意专家组作过宽的解释。韩国确定的进口限制水平是否低于连续三年的平均进口水平,是判断韩国措施是否违反《保障措施协定》第5.1条第2句的关键。专家组没有认定这方面的事实,双方对事实又有争议,上诉机构无法就此作出结论。

欧共体对专家组关于《保障措施协定》第12.2条的结论提出上诉。欧共体指出,专家组以"使磋商能进行的足够信息"代替了第12.2条要求的"所有有关资料"。《保障措施协定》第12.2条规定:"根据第1款(b)项和(c)项的要求发出通知时,要求采取或延长保障措施的成员方应向保障措施委员会提供所有有关资料,包括进口增加造成的严重损害或威胁的证据、有关产品的确切情况、希望采取的措施和日期以及逐步解除措施的期限与时间表。要求延长措施的,还应提供正在进行调整的产业的情况。货物贸易理事会或保障措施委员会可以要求希望采取或延长措施的成员方提供它们认为有必要提供的附加材料。"上诉机构指出,要理解"所有有关资料"的确切含义,应当结合第12条全文及其目的来分析。第12.2条先是要求提供所有有关资料,接着又列举了一些具体的资料,可见这些列举的材料是必须提交资料的最低要求。上诉机构认为,列举材料中"严重损害的证据"至少应包括根据《保障措施协定》第4.2(a)条规定的材料。也就是说,希望采取措施的成员方应当向保障措施委员会提交《保障措施协定》第12.2条和第4.2条规定的资料,这是一个客观标准。根据专家组报告中提到的情况,上诉机构认为韩国提供资料的内容没有满足第12.2条的规定。

三、关于 DSU 第 6.2 条

韩国提出,专家组错误地确认欧共体成立专家组的请求符合 DSU 第6.2条的要求。上诉机构注意到,专家组引用了其他两个案件上诉机构的意见,在没有作进一步分析的情况下,就作出结论。上诉机构指出,DSU 第6.2条规定,成立专家组的请求应当:(1)是书面的;(2)表明是否进行了磋商;(3)指出争议涉及事项;(4)简单陈述诉请的法律依据。虽然第四点只要求简单陈述,但是必须将问题清楚地表达出来,仅列举争

议涉及《保障措施协定》的条款并不能够达到 DSU 第 6.2 条的要求。据此,上诉机构不同意专家组关于列举涉及争议的《保障措施协定》条款就可以满足 DSU 第 6.2 条要求的观点。就本案的情况来看,欧共体的请求确实应该更加详细一些,但是韩国没有证明欧共体在请求中只列举有关的《保障措施协定》条款,以及给它的抗辩能力造成了哪些困难。据此,上诉机构驳回韩国的上诉。

四、韩国贸易委员会报告

韩国提出,专家组依据韩国贸易委员会的报告作出结论,而报告并不是正式提交的材料,只是想提供一些附加信息。上诉机构注意到,这份报告开始是作为韩国第一次提交材料的附件,而且只有朝鲜文文本。后来,专家组向韩国提出,如果想要使用报告中的材料,应当提交英文文本,韩国便提交了英文文本。不管韩国提交英文文本报告的动机如何,它显然认为这份报告对支持其观点是有用的,专家组当然也有权使用其中提供的资料。韩国似乎认为专家组只能依据申诉方提供的资料作出决定,这种主张显然是错误的。申诉方确实负有举证义务,但根据 DSU 第 11 条,专家组有义务审查所有证据,不只是申诉方提出的证据。韩国还指出,专家组不应当在第一次实质会晤后接受新的诉请。上诉机构认为,韩国的观点是正确的,但"诉请"不同于"证据"。在审查了专家组报告程序的全部记录后,上诉机构认为,专家组并没有接受过欧共体提出的新诉请。

五、举证责任

韩国提出,专家组在审理案件时没有首先确认欧共体是否尽到了举证责任。上诉机构指出,不管是 DSU 还是《保障措施协定》,都没有条文规定专家组必须首先确定申诉方是否尽到了举证责任。韩国指出,欧共体指责韩国违反了《保障措施协定》第 4 条,但并没有举证,是专家组推定欧共体履行了举证义务,这是错误的。上诉机构认为,从专家组向欧共体提出的问题和欧共体的答复看,专家组并没有代替欧共体履行举证义务,韩国的上诉是没有依据的。

上诉机构的最终结论是:

(1) 推翻专家组关于 GATT 第 19.1 条中"因未预见的情况"没有提

出额外要求的结论;

(2) 从专家组报告中的相关事实,对韩国是否违反 GATT 第 19 条无法得出结论;

(3) 维持专家组关于《保障措施协定》第 5.1 条要求成员方实施的措施不得超过防止或纠正损害所必需的程度的结论;

(4) 推翻专家组关于采取措施(即使不是数量限制措施)的成员方根据《保障措施协定》第 5.1 条必须解释其原因的过宽结论;

(5) 缺乏事实依据,无法得出韩国的措施是否符合《保障措施协定》第 5.1 条第 2 句的结论;

(6) 推翻专家组的结论,确认韩国的行为不符合《保障措施协定》第 12.2 条通知的义务;

(7) 驳回韩国关于欧共体成立专家组的请求不符合 DSU 第 6.2 条的诉请;

(8) 专家组确认韩国贸易委员会的报告不符合《保障措施协定》第 4.2 条没有错误;

(9) 在《保障措施协定》第 4 条的举证责任方面,专家组没有错误。

阿根廷对进口鞋类的保障措施案

(WT/DS121)(简称:阿根廷—鞋案(欧共体诉))

【案件基本情况】

申诉方(上诉方/被上诉方):欧共体

被上诉方(被上诉方/上诉方):阿根廷

第三方:巴西、印尼、巴拉圭、乌拉圭、美国

第三参与方:印尼、美国

本案涉及的相关协定条款和法律问题:《保障措施协定》第 2 条、第 4 条、第 12 条;GATT 第 19.1(a)条;职权范围(修改了的措施,DSU 第 6.2 条);被动观察员地位;职权范围(DSU 第 7 条);审查标准;专家组结论的基本理由(DSU 第 12.7 条)。

1998 年 4 月 3 日,欧共体提出与阿根廷磋商。欧共体指出,阿根廷对鞋类进口实施的临时和最终保障措施违反了《保障措施协定》第 2 条、第 4 条、第 5 条、第 6 条、第 12 条和 GATT 第 19 条。由于磋商未果,应欧共体的请求,1998 年 7 月 23 日,DSB 决定成立专家组。1999 年 6 月 4 日,专家组做出报告。阿根廷和欧共体都提出上诉。12 月 14 日,上诉机构做出报告。2000 年 1 月 12 日,DSB 通过上诉机构报告和经过修改的专家组报告。

本案的争议是阿根廷对欧共体出口的鞋类产品采取的保障措施。1997 年 2 月 14 日,阿根廷发起保障措施调查并作出 226/97 号决定,对进口鞋类产品采取临时保障措施,具体形式是征收最低专项税。9 月 12 日,阿根廷作出 987/97 号决议,自 1997 年 9 月 13 日起对某些进口鞋类

产品实施最终保障措施,即征收最低专项税。该措施自 1997 年 2 月 25 日起实施,有效期 3 年,并分别在 1998 年 5 月 1 日、12 月 1 日和 1999 年 8 月 1 日予以放宽。但是,该决议第 9 条规定,如果实施保障措施后一年内鞋类进口比上年增加 30% 以上,政府可以中止放宽计划,并将保障措施延长半年。此后,阿根廷几次发布决议,对 987/97 号决议进行了多处修改,其中有一些修改是在欧共体提出申诉之后。

欧共体指出,阿根廷违反了《保障措施协定》第 2 条、第 4 条、第 5 条、第 6 条、第 12 条和 GATT 第 19 条。

【专家组的分析和结论】

一、关于 GATT 第 19 条和"未预见的情况"

欧共体指出,阿根廷在调查中没有审查进口的增加是否因"未预见的情况"和"成员方履行 GATT 的义务,包括关税减让义务"造成。从 GATT 第 19 条的措辞看,"关税减让和其他义务"是与"未预见的情况"并存的因素,贸易自由化本身不能算是未预见的情况。由于阿根廷承担了南方共同市场(MERCOSUR)和 WTO 规定的贸易自由化义务,1990 年实行经济开放之后,进口就大幅度增加。可见,鞋类产品进口增加不是 GATT 第 19 条所指的"未预见的情况",阿根廷的做法不符合 GATT 第 19 条。阿根廷则提出,当 GATT 第 19 条与《WTO 协定》附录 1A 的注释有冲突时,后者应当具有更高效力。此外,阿根廷称其无法预见鞋类产品进口因经济开放而大量增加。

GATT 第 19.1(a)条规定:"如因未预见的情况和一缔约方承担本协定义务(包括关税减让义务)产生的影响,进口至该缔约方领土的产品数量增加如此之大且情况如此严重,以致对该领土内同类产品或直接竞争产品的国内生产者造成严重损害或严重损害威胁,则该缔约方有权在防止或补救此种损害所必需的限度和时间内,对上述产品全部或部分中止义务或撤销或修改减让。"《保障措施协定》第 2.1 条规定:"一成员只有在根据下列规定确定正在进口至其领土的一产品的数量与国内生产相比绝对或相对增加,且对生产同类或直接竞争产品的国内产业造成严重损害或严重损害威胁时,方可对该产品实施保障措施。"对比这两个法律文件可以看出,《保障措施协定》细化了 GATT 的原则规定,但 GATT 第 19.1(a)条中的条件没有被写进《保障措施协定》第 2 条。各方对这一情况有不同意见:这两个规定是相互补充,还是后者取代了前者?不过,各方都同意,自《保障措施协定》生效之后,不能再仅仅依据 GATT 第 19 条实施保障措施。从关于保障措施的规定看,如果要采取 GATT 第 19 条规定的保障措施,其实施必须符合《保障措施协定》的规定。也就是说,GATT 第 19 条的规定应当根据《保障措施协定》来理解,二者是相互补充、不可分割的,《保障措施协定》是对 GATT 第 19 条所规定的权利义务的定义和修订。专家组指出,20 世纪 50 年代初 GATT 处理的一个纠纷中曾经分析过 GATT 第 19 条所指的"未预见的情况",因此在谈判签订《保障措施协定》时,如果各国希望明确"未预见的情况"的含义,完全可以在《保障措施协定》中作详细规定,而不可能将其完全删去。从保障措施的导言来看,谈判者要制定的《保障措施协定》包含保障措施实施的各个方面,他们是有意删去了"未预见的情况"这一条件。专家组据此认为,《WTO 协定》生效之后开始的保障措施调查和实施的保障措施,只要符合《保障措施协定》的规定,就不违反 GATT 第 19 条。专家组认为,没有必要分别讨论欧共体关于 GATT 第 19 条的诉请和关于《保障措施协定》的诉请。

二、《保障措施协定》下的相关诉请

欧共体指出阿根廷的措施违反了《保障措施协定》第 2 条、第 4 条、第 5 条、第 6 条和第 12 条,专家组决定逐条分析。

欧共体指出,阿根廷的保障措施调查(包括进口和损害情况)是以总进口数据为依据的,其中包括 MERCOSUR 国家的数据,但仅对非 MERCOSUR 国家采取保障措施,这不符合《保障措施协定》第 2 条和第 4 条。阿根廷则认为,一个条约可能有多种解释,主权国家有权采取其中一种。这里的主要问题是:阿根廷作为关税同盟的成员,是否可以在分析进口和损害时将 MERCOSUR 国家的数据计算在内,而在决定采取保障措施时将这些国家排除在外?《保障措施协定》第 2 条规定了实施保障措施的两个基本条件:(1)进口至其领土的某类产品相对国内生产而言数量绝对或相对地大量增长,对生产同类或直接竞争产品的国内产业造成严重损害或损害威胁时,该成员方可对该产品采取保障措施。(2)对某一产品实施的保障措施与其来源无关。这一款的注释规定:"关税同盟应作为一个整体或代表一个成员适用保障条款。在关税同盟作为一个独立单位适用保障条款时,确定是否存在本协定规定的严重损害或严重损害威胁的所有条件,应当考虑这一关税同盟的整体情况。在代表某一成员适用保障措施时,确定损害或损害威胁的所有条件应当以该成员的现实情况为依据,而实行措施也仅限于该成员。本规定不损害对 GATT 第 19 条和第 24.8 条关系的解释。"专家组指出,根据本案实际情况,所有的调查应当依据"该成员的现实情况",这一规定没有要求阿根廷排除其他 MERCOSUR 国家向阿根廷的出口;"实行措施也仅限于该成员",指关税同盟实施保障措施只能代表进行调查的成员,而不能将调查结果适用于整个关税同盟。这几句话都只明确了谁可以实施保障措施,而没有明确可以对谁实施保障措施。根据条约解释的一般原则,《保障措施协定》第 2.1 条的注释没有回答保障措施是否可以只对从某一成员进口的产品实施的问题。根据第 2.2 条,保障措施应当无差别地实施。在《保障措施协定》中,凡是有例外条款的,起草者都写得非常明确。专家组指出,如果关税同盟以独立单位实施保障措施,措施只能针对同盟外的国家进口的产品,因为同盟成员被作为"国内";如果代表某一成员实施保障措施,且损害是由区内和区外产品进口共同造成的,根据《保障措施协定》第 2.2 条,没有理由只对区外进口产品却不对区内进口产品实施保障措施。《保障措施协定》的宗旨和目的之一是"澄清和加强 GATT 的原则","重建对保障条款的多边控制"。为此,需要对《保障措施协定》规定的原则严格解释和适用,否则就无法达到消灭"灰区"措施的目标。专家组的结论是:针对各国进口产品对一成员国内产业造成损害或损害威胁的综合调查结论,不能用来对其中某一成员进口产品实施保障措施。

阿根廷提出,如果它对 MERCOSUR 国家实施保障措施,不符合 GATT 第 24.8 条。专家组认为,尽管第 24.8 条所列条款不包括第 19 条,但第 24 条本身并没有禁止在关税同盟或自由贸易区成员国之间实施保障措施。第 24.8 条一方面没有被列入第 19 条,另一方面要求取消关税同盟内"实质上所有贸易"的关税或其他贸易限制,专家组认为,这意味着该条款没有回答是应当取消还是保留关税同盟成员国之间实施保障措施的可能性问题。专家组提出,第 24 条没有要求关税同盟立即达到一体化,一般都有 10 年的过渡期。换句话说,如果因成员国之间实施保障措施而导致 MERCOSUR 不能完全一体化,可以用"过渡阶段"作为理由。在 MERCOSUR 完全一体化之前,GATT 第 24 条不能迫使阿根廷只对某个第三国的产品实施保障措施。不管是 GATT 第 24 条还是《保障措施协定》,都允许关税同盟成员国订立协议,消除各自适用保障措施的可能性。即使如阿根廷所说,关税同盟成员国之间不能相互实施保障措施,阿根廷和 MERCOSUR 也不是无计可施的,因为 MERCOSUR 国家可以以一个独立单位实施保障措施。阿根廷认为 GATT 第 24.8 条使它无法对 MERCOSUR 其他成员国实施保障措施,专家组不同意这一观点。专家组认为,根据《保障措施协定》第 2 条和 GATT 第 24 条,在关税同盟内,不能根据来自区内和区外产品共同造成的损害或损害威胁,对区外某一国家进口的产品实施保障措施。

专家组指出,它要确定阿根廷实施的措施是否符合《保障措施协定》的规定,但没有权利也没有义务从头进行调查,其义务是确认阿根廷在作出采取保障措施的结论时是否遵守了《保障措施协定》的规定。专家组引用了 GATT 和 WTO 案件多个专家组的意见指出,实践中所有的专家组都避免从头审查各国政府审查过的证据。阿根廷提出,《保障措施协定》第 4.2(a)条只要求调查机构审查"所有相关因素",因此它只需要审查"相关"的因素,而没有义务审查所有因素;欧共体则提出,调查机构至少应当审查在第 4.2(a)条中列举的所有因素。专家组指出,《保障措施协定》第 4.2(a)条一方面要求审查"所有相关因素",另一方面又列举了一些具体的因素,且提出"其中任何一项……都不能作为决定性的主导因素"。根据《保障措施协定》的规定和以往的实践,专家组认为,应当逐一分析《保障措施协定》第 4.2(a)条列举的因素。专家组决定根据 DSU 第 11 条对下列问题作出客观判断:调查机构是否考虑了所有相关因素(包括《保障措施协定》第 4.2(a)条列举的因素)? 公布的调查报告是否解释了赖以作出结论的事实? 作出的决定是否符合阿根廷的义务? 阿根廷将其调查中审查的一万多页的材料全部交给了专家组。专家组指出,它要审查阿根廷政府公布的"对调查案件的详细分析",以及"提出结论和理由的报告",而不是重新审查调查记录。

《保障措施协定》第2.1条提出,只有在进口的绝对数量和相对数量都大大增加时,一成员方才可以实施保障措施。《保障措施协定》第4.2条规定了确定数量增加的具体要求。欧共体指出,不管是绝对数量还是相对数量,在阿根廷都不存在进口大大增加的情况。根据阿根廷提供的报告,从1991年到1995年,阿根廷鞋类进口的绝对数量、进口鞋与国产鞋数量之比如下:

年份	1991	1992	1993	1994	1995	1996
进口量(百万双)	8.86	16.63	21.78	19.84	15.07	13.47
进口鞋:国产鞋	12%	21.78%	33%	28%	25%	19%

阿根廷提出,之所以选择1991年,是因为这一年阿根廷决定开放市场。1991年与1995年的数据相比,鞋类进口的绝对数量和市场相对份额都有增加。从上表数据可以看出,从1991年到1993年,鞋类进口的绝对数量和相对数量都有增加,但此后都呈下降趋势。如果采用"两端相比"(end of point-to-end of point)方法,选择基准年份就变成决定结果的关键。专家组指出,如果进口大量增加,则不管采用两端相比的方法还是看持续趋势,结果应当是一样的,但本案的结果并非如此。为了判断进口是否大量增加,有必要观察一个阶段的趋势,如果这一阶段的进口情况有起伏,则要分析进口下降是否为暂时现象。专家组注意到,自1993年开始,阿根廷鞋类产品的进口量持续下降,进口产品占国内市场的份额也持续下降:1996年进口的绝对数量比1993年下降了38%,市场份额也从33%下降到19%。从下降的幅度和持续的时间来看,这种下降不能算是暂时的。考虑到整个调查期间(1991—1996年)的数据,不难对是否存在进口大量增加得出结论。专家组指出,从1991年到1993年,鞋类进口出现过增加的情况,随后就持续下降,阿根廷提出的鞋类产品进口大量增加的说法是没有依据的。欧共体提出阿根廷选择的5年调查期间过长,阿根廷则提出《保障措施协定》没有规定调查期间的具体长度。专家组指出,选择5年的数据确实更能说明问题。但是,专家组同时指出,阿根廷在作出决定时没有采用1996年的数据,实际上1996年的数据能更清楚地表明进口下降的趋势,说明下降不是暂时的。

阿根廷在调查中虽然收集了生产、销售、生产率、生产能力运用、盈亏情况、劳动力雇佣以及表明损害的其他情况（库存、成本、国内价格、投资、出口），但是生产率和生产能力运用的数据比较分散，在确定损害时也没有得到充分考虑，似乎该分析是专门为本案纠纷所作。阿根廷的调查结论是否有充分的证据支持，也存在问题。专家组特别关注阿根廷对1996年数据的处理，损害认定缺乏明确证据，以及使用两端对比方法。阿根廷调查机构虽然收集了1996年的数据，但在作出关于损害的结论时，完全没有使用1996年的数据。《保障措施协定》第4.2条要求审查"所有相关因素"，最近的数据应当是最相关的。专家组指出，它无意要求调查机构更新数据，但在调查时应该收集能够得到的最近数据，既然已经收集了1996年的数据，不应该完全不予考虑。关于损害认定，阿根廷当局显然注意到了1996年数据有好转的迹象，虽然这不一定表明不存在损害，但是调查机构至少需要作出特别解释，而阿根廷没有作出任何解释。阿根廷在确定损害时完全使用了两端对比方法，没有分析数据变化的趋势，这不符合《保障措施协定》第4.2(a)条的要求；如果用逐年相比的方法，可能得出完全不同的结论。专家组还注意到，阿根廷提供的数据有许多前后不一致之处，调查机构对此没有给出任何解释。

最后，专家组审查了阿根廷对进口增加与损害之间因果关系的确认是否符合《保障措施协定》的规定。根据《保障措施协定》第4.2条的规定，在审查进口增加与损害之间的因果关系时，要分析进口上升与国内产业产量下降在时间上是否吻合。虽然时间上的吻合本身并不能证明它们之间一定有因果联系，但如果缺乏这种吻合，它们之间是否存在因果联系就值得怀疑了。专家组认为，从市场份额的变动情况和1995年的数据，不能理解为什么在进口产品份额持续下降的情况下，阿根廷仍然在1995年确认进口产品对国产品造成严重损害。

欧共体提出，《保障措施协定》第2.1条规定："……这种情况（under such conditions）……对生产同类或直接竞争产品的国内产业造成严重损害或严重损害威胁……""这种情况"指价格水平。阿根廷没有对进口产品和国产品的价格进行单独的损害分析和因果关系分析，违反了《保障措施协定》第2.1条。专家组认为，《保障措施协定》第2.1条的"这种情况"并不要求对价格进行专门分析，第2.1条只是提出了适用保障措施的基本条件。但是,专家组相信,"这种情况"包括进口产品和国产品在进口国市场上竞争条件的比较,竞争条件有许多衡量因素,销售价格是其中之一。专家组注意到,在阿根廷提供的大量材料中,唯一将进口与损害相联系的是有关进口产品价格的认定,但从阿根廷提供的价格和市场份额数据可以看出,进口产品有往高价发展的倾向。

阿根廷进口产品虽然市场份额下降,但占销售总额的比例却在上升。进口产品市场份额如下表所示:

年份	1991	1992	1993	1994	1995	1996
按数量计	12%	18%	25%	23%	21%	16%
按售价计	10%	20%	26%	27%	27%	27%

专家组要求阿根廷解释进口产品价格和调查机构结论之间的联系。阿根廷提出,由于进口产品被征收特别进口税,因此不可能再廉价销售。专家组注意到,调查材料中根本没有对进口产品与国产品价格进行比较,虽然有一些具体数据,但调查机构没有加以分析,在没有作分析比较的情况下,阿根廷的结论是没有依据的。专家组确认,阿根廷既没有证明进口鞋比国产同类产品的价格低,也没有证明所谓的"低价销售"造成了国内产业的损害。

欧共体还提出,阿根廷没有分析造成国内产业损害的其他因素,如墨西哥比索的贬值、根据特殊工业计划的进口和从 MERCOSER 成员国的进口。专家组指出,如果存在造成国内产业损害的其他因素,必须分析这些因素造成的损害。专家组注意到,阿根廷在分析墨西哥比索贬值的影响时,提出鞋类产品宏观经济指数的下降比国民经济指数下降快。专家组认为这一分析不能说明任何问题。专家组也注意到,根据特殊工业计划的进口量很小,不足以影响对损害的因果关系分析;来自 MERCOSUR 成员国的进口在 1991 年到 1996 年期间持续增长(1995 年除外),而从其他 WTO 成员的进口自 1993 年起持续下降,到 1996 年,从 MERCOSUR 成员国的进口已经占总进口的 50%。

综合上述分析,专家组指出,阿根廷没有充分考虑 1994 年以来进口数量持续下降的情况;没有分析造成损害的所有相关因素;使用的两端对比方法不符合《保障措施协定》第 4.2(a)条的要求;没有对调查材料中数据不一致的情况作出解释,某些结论是没有充分事实依据的;对损害与进口因果关系的结论既缺乏事实依据,也没有充分理由。据此,专家组确认,阿根廷的调查和结论不符合《保障措施协定》第 2 条和第 4 条,阿根廷采取的措施是没有法律依据的。

欧共体指出,阿根廷以"假定取消特别进口税"可能出现的情况为依据确认损害威胁,而《保障措施协定》第 4.2(a)条要求调查依据"客观和可量化"的资料,因此阿根廷的做法不符合《保障措施协定》第 4.2 条的要求。阿根廷则提出,《保障措施协定》第 4.1 条(a)项和(b)项并不相互排斥。专家组指出,根据《保障措施协定》第 4.1(b)条,不管损害威胁是单独存在还是与损害共存,调查时都应该明确分析有关证据,如果只是进口数量可能增加,而不是进口数量实际增加,就不足以确认损害威胁。专家组确认,阿根廷对损害威胁的结论不符合《保障措施协定》第 2 条和第 4 条。

欧共体还有一项诉请:如果专家组确认阿根廷的决定符合《保障措施协定》,则阿根廷的措施违反了《保障措施协定》第 5.1 条,因为它没有证明采取的措施是"防止或救济严重损害所必需的"。专家组提出,既然它已经确认阿根廷的调查和决定不符合《保障措施协定》第 2 条和第 4 条,就没有必要对欧共体的这一诉请作出结论。

欧共体还指出,阿根廷的临时保障措施实际上是以进口可能增加为依据的,这违反了《保障措施协定》第 6 条。专家组指出,考虑到专家组对阿根廷最终保障措施性质的认定,没有必要再对这一问题作出结论。

欧共体提出,阿根廷没有将所有相关信息通知保障措施委员会,违反了《保障措施协定》第 12 条。《保障措施协定》第 12.1 条规定,在发起调查、作出结论和决定采取措施时都应当立即通知保障措施委员会。第 12.2 条规定了通知的内容。阿根廷没有将所有相关信息通知保障措施委员会,使其他成员方无从判断阿根廷是否遵守了《保障措施协定》第 2 条和第 4 条的规定。专家组指出,第 12 条关于通知的义务与第 2 条和第 4 条规定的义务是两种性质,第 12 条是为了增加透明度,这是程序上的要求;而第 2 条和第 4 条是实体上的要求。第 12.2 条和第 12.3 条的规定表明,成员方没有必要提供完全和详尽的资料。专家组认为,阿根廷在调查开始时向保障措施委员会提交的资料以及随后提供的有关资料已经满足了第 12 条的要求。

专家组的最终结论是：阿根廷的调查和结论不符合《保障措施协定》第 2 条和第 4 条，损害了欧共体的利益。建议 DSB 要求阿根廷修改其措施，使之符合《保障措施协定》的规定。

【上诉机构的分析和结论】

一、《保障措施协定》与 GATT 第 19 条的关系

专家组认为，《WTO 协定》生效后进行的保障措施调查和实施的保障措施，只要符合《保障措施协定》的规定就不违反 GATT 第 19 条，乌拉圭回合谈判者有意识地从《保障措施协定》第 2 条中删除了"因未预见的情况"。专家组据此拒绝了欧共体关于 GATT 第 19 条的诉请。欧共体提出上诉，要求上诉机构推翻专家组对 GATT 第 19 条的法律解释，并确认阿根廷的做法违反了 GATT 第 19 条。上诉机构注意到，专家组将 GATT 第 19 条和《保障措施协定》的关系解释为"不可分割的整体，其规定的权利义务必须综合分析"，第 19 条并不代表成员方全部的权利义务，《保障措施协定》反映了成员方在保障措施方面最新的权利义务，是对各成员方在保障措施方面权利义务的定义和澄清，在某些情况下是对其的修正；《保障措施协定》中有意删除了"因未预见的情况"肯定是有原因的。上诉机构不完全同意专家组的观点，决定先分析 GATT 第 19 条与《保障措施协定》的关系，然后再分析 GATT 第 19 条中"因未预见的情况"是否仍有法律意义。

《WTO 协定》第 2.2 条指出："凡包括在附录一、二、三中的协定及其相关法律文件，都是本协定不可分割的部分，对所有成员方有约束力。"这一条第 4 款规定："附录 1A 所指 1994 年《关税与贸易总协定》在法律上有别于 1947 年 10 月 30 日签订的《关税与贸易总协定》……"GATT 1994 与《保障措施协定》都是与货物贸易有关的协定，是《WTO 协定》的组成部分，它们的效力是同等的，对成员方都有约束力。专家组认为，GATT 第 19 条和《保障措施协定》是"不可分割的整体，其规定的权利义务必须综合分析"。这一结论是正确的，但专家组应当对两个协定中所有规定予

以同样的分析。《保障措施协定》第 1 条和第 11.1 条都提到了 GATT 第 19 条,从其措辞看,《WTO 协定》的起草者绝不想以《保障措施协定》取代第 19 条的规定。上诉机构的结论是:《WTO 协定》生效后实施的保障措施必须同时符合《保障措施协定》和 GATT 第 19 条的规定。

有了这一结论,上诉机构必须分析欧共体关于 GATT 第 19 条的诉请,特别是关于进口增加是否"因未预见的情况"的问题。上诉机构认为,虽然第 19.1(a)条的前半句不构成实施保障措施的独立条件,但在实施保障措施时必须证明出现了这样的事实,即由于履行 GATT 义务而出现的情况是不能预见的。专家组认为,《WTO 协定》生效之后采取的保障措施只要符合《保障措施协定》就不违反 GATT 第 19 条。上诉机构不同意这一结论。上诉机构提出,它在报告的后半部分确认阿根廷的措施不符合《保障措施协定》第 2 条和第 4 条,因此没有必要对欧共体关于 GATT 第 19 条的诉请作出决定。

二、关税同盟成员实施保障措施问题

关于对关税同盟成员实施保障措施的问题,专家组结合《保障措施协定》第 2.1 条和第 2.2 条得出结论:针对各成员进口产品对一国国内产业造成损害或损害威胁的综合调查结论,不能用来对其中某一成员进口产品实施保障措施。上诉机构指出,从注释所用词语的普通含义来看,它涉及的是一个关税同盟"作为一个整体,或者代表一个成员采取保障措施"的情况。但是,本案中采取保障措施的并不是 MERCOSUR,而是阿根廷政府。此外,阿根廷的措施也不是在缔结关税同盟的过程中采取的,因此与 GATT 第 24.8 条无关,专家组适用《保障措施协定》第 2.1 条的注释和第 24.8 条是不恰当的。根据本案事实,上诉机构指出,阿根廷在调查了所有国家进口结果的基础上,仅对非 MERCOSUR 国家采取保障措施,这是没有理由的。

三、《保障措施协定》第 2 条和第 4 条

阿根廷提出,专家组在审查阿根廷的措施是否符合《保障措施协定》第 2 条和第 4 条时,提出了协定条文中没有的要求。上诉机构审查了专家组报告,认为专家组的审查标准是正确的,但专家组在考察进口量增加

时提出考察进口增加趋势是必要的,这不是《保障措施协定》第2.1条的原意。这一款在提到"进口大量增加"时使用了现在时,表明需要分析的是当前某种产品进口增加的情况,而且进口增加应当是突然的,是"未预见的",其数量之大达到对国内产业造成损害或损害威胁。专家组认为,在分析严重损害时,成员方的政府机构至少应当分析《保障措施协定》第4.2条列举的所有因素。上诉机构同意这一观点。然而,仅仅分析了第4.2条列举的所有因素,还不一定能证明存在严重损害。上诉机构指出,第4.1(a)条规定了"严重损害"的定义:"'严重损害'须被理解为指对某一国内产业全面状况造成的重大损害。"专家组在分析时没有使用这一定义。

专家组确认不存在进口增加的情况,也不存在严重损害,但却分析了进口增加和严重损害的因果关系。上诉机构不理解专家组为什么这样做,尽管其分析并没有错误。

阿根廷提出,专家组的结论和建议没有理由,不符合DSU第12.7条。DSU第12.7条规定,专家组报告"应提出对事实的结论,有关条款的适用性以及专家组所作的结论与建议的基本理由"。上诉机构指出,本案专家组作了大量的事实和法律分析,其做法符合DSU第12.7条的要求。

上诉机构的最终结论是:

(1)专家组在分析中引用了《保障措施协定》第3条,没有超越权限;

(2)推翻专家组关于《WTO协定》生效后进行的保障措施调查和实施的保障措施,只要符合《保障措施协定》的措施就符合GATT第19条的结论,同时推翻专家组关于乌拉圭回合谈判者有意识地从《保障措施协定》第2条中删除"因未预见的情况"的结论;

(3)不对欧共体就GATT第19条提出的诉请作结论,但确认阿根廷采取的措施没有任何依据;

(4)推翻专家组对《保障措施协定》第2.1条注释和GATT第19条的结论,确认阿根廷不能依据从所有国家(包括MERCOSUR成员国)的进口造成之损害而只对非MERCOSUR国家进口采取保障措施;

(5)专家组根据DSU第11条行使的审查,标准是恰当的;

(6)维持专家组关于阿根廷的调查和采取的措施不符合《保障措施协定》第2条和第4条的结论;

(7)确认专家组的建议并非"没有依据"。

美国对韩国弧焊碳管的最终保障措施案

(WT/DS202)(简称:美国—碳管案)

【案件基本情况】

申诉方(被上诉方/上诉方):韩国

被申诉方(上诉方/被上诉方):美国

第三方(第三参与方):澳大利亚、加拿大、欧共体、日本、墨西哥

本案涉及的相关协定条款和法律问题:《保障措施协定》第 2 条、第 3 条、第 4 条、第 5 条、第 7 条、第 9 条、第 12.3 条和第 8.1 条;GATT 第 1 条、第 13 条、第 19 条和第 24 条的抗辩。

2000 年 6 月 15 日,韩国要求与美国磋商,解决关于美国对其弧焊碳管实施的最终保障措施。由于双方磋商未果,应韩国的请求,专家组于 2000 年 10 月 23 日成立。2001 年 10 月 29 日,专家组做出报告。美国提出上诉。2002 年 2 月 15 日,上诉机构做出报告。3 月 8 日,DSB 通过了上诉机构报告和专家组报告。

本案主要涉及美国对进口圆焊碳质条形管(以下简称"条形管")所采取的保障措施。该措施是根据美国国际贸易委员会(International Trade Commission,ITC)1999 年 8 月 4 日发起的一项调查所采取的。1999 年 10 月 28 日,ITC 委员们进行表决,六位委员中有三位认定"已经造成严重损害",二位认定构成"严重损害威胁",一位认为"无实质性损害或实质性损害威胁"。ITC 据此作出决定,条形管的大量进口造成对美国国内同类和直接竞争产品产业的严重损害。2000 年 2 月 11 日,时任美国总统克林顿宣布采取保障措施,增加征收关税 3 年零 1 天,具体如下:每年自

某一国家进口 9000 短吨以内的,关税可予免除;进口超过 9000 短吨的,第一年征收 19％的关税,第二年降至 15％,第三年则为 11％。墨西哥和加拿大不在该措施实施范围之内。

韩国根据 GATT 第 1 条、第 13 条和第 19 条,以及《保障措施协定》第 2 条、第 3 条、第 4 条、第 5 条、第 7 条、第 8 条、第 9 条和第 12 条的有关规定,对美国的措施提出异议。

【专家组的分析和结论】

一、先决问题

1. 向专家组披露保密信息

2001 年 1 月 1 日,韩国要求专家组向美国索取某些保密材料。美国提出,专家组索取这些资料既没有必要也不合适。2 月 8 日,专家组通知双方,韩国要求提供的保密信息范围太广,有些与韩国的诉请无关,因此专家组决定不要求美国提供 ITC 决定的全文。至于韩国要求提供的另一份文件,专家组认为目前无法评估是否需要,会随着案情的发展再予考虑。对于韩国要求提供的 ITC 委员 Crawford 的不同意见和进口产品数据,专家组决定要求美国提供。2 月 16 日,美国提供了这些证据。韩国提出了进一步要求,专家组为此特地与双方会谈,确定了需要提供的信息。经过几次交换意见,美国又提供了一些资料,专家组认为其掌握的证据可以作出客观的评估。

2. 未提交给 ITC 的证据是否可以接受,是否可用于分析保障措施决定作出之后的事件

美国指出,韩国提供的一部分资料不应当被接受,因为在美国进行保障措施调查时,ITC 不掌握这些证据。在双方第一次会谈时,专家组主席向双方宣布:专家组决定不因某些证据不能被接受而从专家组记录中删除任何证据;这一结论并不表明专家组是否会采纳这些证据,或者这些证据是否与本案有关。

二、与条形管保障措施有关的诉请

1. 措施的性质

韩国认为美国的措施是关税配额形式的数量限制;美国则认为其措施不是关税配额,而是关税附加税。专家组指出,美国认为关税配额是某种产品以较低关税进口一定数量之后,对超额进口部分征收较高的关税。专家组同意这一看法。但是,对美国认为关税配额的存在取决于对享受较低关税资格的全面限制这一观点,专家组不同意。如果一个国家用完它的配额,即使全球配额的数量还未达到,该国也必须开始缴纳较高关税。所以,全球配额的数量可能与某个具体国家是否能够享受较低关税没有关系。此外,即使不存在对关税的全面限制,也可能存在配额,GATT 第 13.2(a)条和第 13.5 条的规定表明专家组的解释是正确的。专家组指出,关税配额是对低关税施加的数量限制,一旦达到该限制,就开始实行较高的关税。根据这一分析,专家组认为美国的措施是关税配额。

2. 涉及 GATT 第 13 条的诉请

韩国认为,本案应当适用 GATT 第 13 条、第 19 条和《保障措施协定》第 5 条。美国则认为,GATT 第 13 条不适用于以关税配额实施的保障措施。

专家组指出,条形管保障措施是关税配额,而 GATT 第 13 条明确规定其适用于关税配额。美国援引阿根廷—鞋案(DS121)上诉机构的意见,提出 GATT 第 13 条不适用于保障措施。专家组提出,DS121 案上诉机构指出,GATT 和《保障措施协定》都是《WTO 协定》附件一的一部分,从这一意义上看,它们是同一个条约。因此,GATT 第 19 条和《保障措施协定》要作为一个整体来理解,第 19 条适用于保障措施;并没有排除 GATT 的其他条款也可以适用于保障措施。WTO 成员在 GATT 和《保障措施协定》下的权利和义务是一揽子的,只有经过特别授权,才可以偏离 GATT 或《保障措施协定》下的义务,《保障措施协定》没有任何一个条款授权成员可以偏离 GATT 第 13 条的义务。

美国提出,《保障措施协定》的起草者把 GATT 的一部分写进了《保障措施协定》,却特意不提另外的部分;如果说整个第 13 条都适用,显然不符合起草者的原意。这种观点的逻辑与DS121案中专家组对"未预见的情况"的分析有相似之处。该案专家组认为,《保障措施协定》中略去了这一短语肯定是有意义的。但是,该案上诉机构不接受专家组的看法,认为专家组没有结合WTO所有关于保障措施的规定来考虑相关条款的含义,违背了条约有效解释原则。本案专家组认为,根据DS121案上诉机构的意见,不能从《保障措施协定》没有提到GATT第13条这一事实中得出任何结论。

美国又提出,GATT第13.2(d)条与《保障措施协定》第5.2(a)条相同,如果前者独立适用于保障措施,则后者就变成多余的了,这也不符合条约有效解释原则。专家组指出,这是对条约有效解释原则的误解。条约有效解释原则要求对条约所有条款都赋予意义,对一个条款的解释不能造成另一个条款的无效。确认GATT第13条适用于保障措施,不会使《保障措施协定》的任何条款无效。GATT第13.2(d)条与《保障措施协定》第5.2(a)条可能有相同之处,但相同不等于后者无效,何况两者并不完全相同。

美国提出,GATT第13条不适用于保障措施符合政策需要。如果对实施保障措施再增加限制,如GATT第13条对数量限制的限制,则限制了成员达到《保障措施协定》目的的能力。专家组提出,如果GATT第13条不能适用,成员将能够逃避《保障措施协定》对关税配额方式规定的大多数义务,由此产生的后果显然与《保障措施协定》的目标和宗旨相悖。专家组据此认为GATT第13条适用于条形管措施。

韩国指出,美国违反了GATT第13.2条、第13.2(a)条、第13.3(b)条和第13.2(d)条。第13.2条导言要求,缔约方对产品进行限制时,"应使产品的贸易分配尽可能接近在无此类限制的情况下各缔约方预期获得的份额"。美国对这一诉请没有提出抗辩。专家组认为,如果美国在实行限制时没有考虑传统的贸易模式,就违反了第13.2条导言的要求;实施限制措施前的贸易流量是衡量没有贸易限制措施情况下贸易情况的客观标准。韩国指出,它是美国市场条形管的最大供应国,而美国分配给韩国的配额是最小的,甚至小于某些以前不供应美国市场的国家的配额。专家组确认,没有任何证据表明美国考虑过让分配接近没有限制的情况下各缔约方预期的份额。据此,专家组认为美国的措施不符合GATT第

13.2 条导言。

韩国指出,美国没有固定准许以低关税进口的总配额,违反了 GATT 第 13.2(a)条。美国一方面提出第 13 条不适用,另一方面又指出关税配额及其中的配额都不是第 13 条意义上的配额。专家组指出,不管关税配额是不是第 13 条意义上的配额,根据第 13.5 条的明确规定,关税配额显然要受第 13.2(a)条规定的约束。美国提出,只有接受 9000 短吨进口限额的关税区才有资格享受低关税。专家组认为,这可以推定为总的配额是 9000 短吨乘以愿意接受限制的关税区数量,但是这种理论上的限制不能满足第 13.2(a)条的要求。美国提出,要固定总的配额是不现实的,因为即使每个成员都可以享受低关税,也不能确定有多少成员有能力向美国出口条形管,还是无法确定可以享受低关税的总数。专家组指出,美国在确定实行限制时并没有提出固定总配额不现实;同时,美国提出的无法固定总配额的理由恰恰是自己实施的措施,如果美国选择另一种措施,应该是可以固定总配额的。据此,专家组认为美国违反了第 13.2(a)条。

韩国还指出美国违反了 GATT 第 13.2(d)条和第 13.3(b)条。专家组提出,既然已经有了前面的结论,就没有必要对韩国的这两个诉请再作结论了。

3.《保障措施协定》第 5 条、第 7 条以及 GATT 第 19 条

(1)《保障措施协定》第 5 条

韩国关于《保障措施协定》第 5.1 条和第 5.2(a)条的诉请在很大程度上与它关于 GATT 第 13 条的诉请类似。专家组首先要分析第 5.1 条和第 5.2(a)条是否适用于关税配额。关税配额只是规定超过一定数量的进口需要支付更高的关税,它不是第 5.1 条所指的减少进口数量的限制;关税配额并没有限制进口总量,它不同于第 5.1 条规定的进口的全面限制。另外,把第 5.1 条的第 1 句和第 2 句结合起来,也可以看出这一条不适用于关税配额。在韩国—奶制品案(DS98)中,上诉机构把关税配额与数量限制作了区分。专家组还认为,第 5.2(a)条也不适用于关税配额,否则 GATT 第 13.5 条就没有意义了。如果说关税配额是配额,那还可以说关税配额是关税,一项措施不可能既是配额又是关税,所以这种理解肯定是站不住脚的。根据上述分析,专家组认为《保障措施协定》第 5 条

关于数量限制的规定不适用于关税配额,并据此驳回韩国的有关诉请。

韩国提出,《保障措施协定》第5.1条第1句规定了成员在适用保障措施时的具体义务:保障措施仅在防止或补救严重损害并便利调整所必需的限度内实施,采取的措施不得将进口减少至过去3年平均水平之下。据此,韩国提出,美国的保障措施超过了必要的水平。美国提出,实施保障措施的成员没有必要解释措施的类型和水平,而韩国作为申诉方应当证明美国的措施过度。

专家组指出,《保障措施协定》第5.1条第1句要求成员实施的保障措施应保证它处于必要限度内,但第5.1条确实没有要求成员解释其采取措施时考虑的因素。从以往上诉机构的意见看,只有成员采取的数量限制措施将进口减少至过去3年平均进口水平以下时,才需要履行"解释"义务。专家组据此认为,美国在实施措施时没有义务表明措施是"防止或补救严重损害并便利调整所必需的"。

专家组指出,韩国作为申诉方,有义务举证美国的措施超过了必要的水平。韩国的指控以ITC建议的措施和它提出的措施进行比较,专家组认为,这样的比较不能直接作为确定必要水平的依据,至多只能表明双方的考虑不同。如果韩国想证明美国采取的措施比它提议的措施限制更多,应当把两个措施加以全面比较,不应当忽视两者在性质上的区别。专家组认为,韩国未能证明美国采取的措施从总体上看比它提议的措施更有限制性。专家组审查了双方提交的证据,包括配额内进口、配额外进口、进口数据和经济分析,以及韩国提出的造成损害的其他因素。

专家组的结论是:《保障措施协定》第5.1条第1句规定了成员在实施保障措施时的义务,即保障措施仅在防止或补救严重损害并便利调整所必需的限度内实施;美国是否履行了这一义务,不能仅根据美国在决定采取措施时对必要程度的认识来判断,韩国没有能够证明美国的措施超过了必要的水平。

(2)《保障措施协定》第7.1条

韩国指出,1998年下半年和1999年上半年,美国产业状况出现的暂时下降已经扭转,ITC根本没有必要在1999年10月决定采取保障措施,更不用说实行3年的保障措施。美国在保障措施实施期限方面违反了《保障措施协定》第7.1条的义务。

专家组指出,要确定韩国的诉请是否成立,必须分析调查期间美国产业状况。在本报告后一部分,专家组已经确认不能排除调查末期存在严重损害的情况。因此,专家驳回韩国的这一诉请。

(3) GATT 第 19.1(a) 条

韩国关于 GATT 第 19.1 条诉请的依据与其关于《保障措施协定》第 5.1 条和第 7.1 条诉请的依据相同,鉴于专家组已经驳回韩国的那两个诉请,专家组也驳回韩国关于 GATT 第 19.1 条的诉请。

4.《保障措施协定》第 3.1 条和第 4.2(a) 条

韩国指出,美国没有在实施措施时表明其措施符合《保障措施协定》第 5.1 条,违反了《保障措施协定》第 3.1 条和第 4.2(a) 条。专家组指出,韩国成立专家组的请求中不包括这两个诉请,因此它们不属于专家组的职权范围。欧共体—香蕉案(DS27)上诉机构指出,没有在成立专家组的请求中提出的诉请,不能因随后书面提交材料中的补充而得到弥补。专家组据此确认,关于《保障措施协定》第 3.1 条和第 4.2(a) 条的诉请不属于专家组的职权范围。

5. GATT 第 1 条、第 13 条、第 19 条和《保障措施协定》第 2.2 条

韩国指出,将加拿大和墨西哥排除在适用关税配额的国家之外,违反了 GATT 第 1 条、第 13 条、第 19 条和《保障措施协定》第 2.2 条。美国指出,这些条款没有禁止一个成员对自由贸易协定的合作伙伴实施保障措施。

专家组首先分析了 GATT 第 24.5 条。第 24.5 条指出,本协定的规定不得阻止在缔约方领土之间形成自由贸易区。根据第 24.8 条对自由贸易区的定义,专家组指出,在符合规定的条件时,WTO 成员可以组成自由贸易区,免除相互的关税,尽管这样肯定会造成给予区内国家比区外国家更优惠的待遇。专家组认为,关税配额属于第 24.8(b) 条所指的"关税或其他限制性贸易法规"。原则上,美国可以排除对墨西哥和加拿大适用保障措施,但条件是 NAFTA 必须符合第 24.5(b) 条的要求,并在 NAFTA 内所有贸易中基本取消所有关税和其他限制措施。专家组指出,NAFTA 各国向区域贸易委员会提供了资料,而韩国未能提供有效的反驳证据,区域贸易委员会没有就 NAFTA 与 GATT 第 24.8 条是否相符作出最终结论,还不足以推翻美国已经提供的初步证据。专家组认为,

美国有权依据GATT第24条对抗韩国提出的有关诉请。土耳其—纺织品案(DS34)中,上诉机构指出,以 GATT第24条作为偏离其他条款的理由,必须满足两个条件:其一,措施是组建关税同盟时就制定的;其二,如果没有这一措施,关税同盟就无法建立。本案专家组认为,上诉机构在该案中的观点在很大程度上受到案情的局限:该案是正在形成中的关税同盟成员限制第三国的进口,与本案不同。专家组指出,如果被指控的措施是在消除所有关税和贸易障碍的过程中产生的,显然是为了消除关税和其他贸易障碍,是必要的。

《保障措施协定》第2.2条规定,"保障措施应针对正在进口的产品,而不考虑其来源"。韩国指出,美国排除对墨西哥和加拿大适用保障措施,违反了《保障措施协定》第2.2条。专家组指出,它已经决定美国可以依据GATT第24条对不符合GATT第11条的行为作出抗辩,GATT第24条当然也能为不符合《保障措施协定》第2.2条的行为提供抗辩。《保障措施协定》第1条关于《保障措施协定》与GATT第19条关系的规定,以及该条脚注,也支持专家组的这一解释。韩国提出,对加拿大和墨西哥的产品不实施保障措施,使韩国的产品竞争力相对减弱。专家组认为,这正是自由贸易区的精髓所在。

专家组的结论是:GATT第24条构成美国不对加拿大和墨西哥的产品实施保障措施的抗辩理由,可以对抗韩国提出的涉及GATT第1条、第13条、第19条和《保障措施协定》第2.2条的诉请。

6.《保障措施协定》第2条和第4条

韩国在其成立专家组的请求中指出,美国在分析产业损害时囊括了加拿大和墨西哥的数据,在实施措施时却将两国排除,这不符合《保障措施协定》第2条和第4条。但是,在提交书面材料和口头审理时,韩国都没有提到这一诉请。专家组询问韩国是否已经放弃这一诉请,韩国答复称它提交的第一书面材料中已经提出这一问题。通过分析韩国的书面材料,专家组认为韩国在书面材料中并没有提出有关观点。但是,专家组认为,韩国成立专家组的请求之第7条诉请已经足够详细,专家组可以据此作出分析和结论。

美国提醒专家组注意ITC决定的第168条脚注,其中指出:"如果我们在分析时不考虑从加拿大和墨西哥的进口,我们仍然会得出相同的结论……"对此,韩国提出的唯一抗辩是这一脚注没有法律意义。专家组认为这一脚注显然是 ITC 调查结果的一部分,特别是提到来自非 NAFTA 国家的进口无论是绝对数量还是相对份额都有大量增加,这构成了确认非 NAFTA 国家的进口增加造成美国同类产业损害的依据。要使诉请能够成立,韩国至少要提供反驳第 168 条脚注的证据。由于韩国没有提供相应证据,专家组驳回韩国的第 7 条诉请。

7. 《保障措施协定》第 9 条

韩国指出,美国没有考虑对哪些发展中国家成员可以不适用措施,没有考虑发展中国家成员以前的进口水平,对所有供应国同等对待,违反了《保障措施协定》第 9.1 条。美国则称,9000 短吨的低关税额度满足了第 9.1 条的要求:9000 短吨已经代表了 1998 年总进口的 2.7%,在实施保障措施后,进口数量会有所下降,从任何国家进口超过 9000 短吨,就是超过了总进口的 3%,发展中国家只有在超过总量 3% 时,才缴纳 19% 的关税,这符合第 9.1 条。

《保障措施协定》第 9.1 条规定:"对于来自发展中国家成员的产品,只要其有关产品的进口份额在进口成员中不超过 3%,即不得对该产品实施保障措施,但进口份额不超过 3% 的发展中国家成员份额总计不得超过有关产品总进口的 9%。"这一条的规定非常明确,专家组要确定的就是美国是否对进口份额不足 3% 的发展中国家成员实施了保障措施。专家组指出,如果对某些国家不实施保障措施,就应当将这些国家明确排除。专家组仔细审查了美国提交的各项文件后指出,美国没有明确排除任何一个发展中国家成员的进口,而是将措施适用于所有发展中国家成员,不管它们是否符合《保障措施协定》第 9.1 条规定的条件。同时,即使实施了保障措施,条形管的进口仍然有可能增加,特别是对加拿大和墨西哥的进口不实施任何措施,来自这两个国家的进口就可能增加。如果进口数量增加,9000 短吨就可能达不到总进口的 3%。尽管这只是一种假设,但上诉机构一再指出,评价一项贸易措施的影响与该项措施是否符合《保障措施协定》无关。不允许实施对发展中国家成员有影响的措施与不允许对来自某些发展中国家成员的进口实施措施,这两个义务是不同的。专家组认为,美国未能遵守《保障措施协定》第 9.1 条的义务。

三、与保障措施调查有关的诉请

1. 进口增加

与这一诉请相关的是三个问题：ITC 使用不同阶段的数据比较；在调查末期进口下降的情况下，ITC 仍然认定进口绝对增加；ITC 认定进口相对增加。

美国—小麦面筋案（DS166）专家组指出，审查进口增加的决定，要看公布的调查报告中是否含有充分、有理由和合理的解释，说明事实是如何支持 ITC 得出进口增加的结论。本案专家组同意这一看法。但是，该案针对的是调查报告中的事实，本案针对的是调查过程中主管机关所使用的方法。专家组决定运用 DSU 第 11 条的方法分析美国所选择的方法是不是没有偏见的、客观的，有没有为事实如何支持 ITC 得出进口增加的结论提供充分、有理由和合理的解释。

美国 ITC 审查了过去五年的进口数据，韩国认为这违反了《保障措施协定》第 2.1 条。专家组注意到，《保障措施协定》并没有规定主管机关应当调查多长时间的进口，看来这个问题主管机关有权决定。本案中，ITC 选择了 1994 年至 1998 年作为调查期间，也收集了 1999 年上半年的数据。ITC 将每一年的数据与上一年相比，用 1999 年上半年的数据与 1998 年的同期数据相比。韩国以 DS121 案上诉机构的意见为依据，指出五年的时间太长。专家组注意到，DS121 案上诉机构强调的不是调查期间本身的长短，而是调查应当关注最近的数据，不是整个调查期间的平均趋势。专家组认为，《保障措施协定》并没有关于调查期间长短的具体规定，美国的选择能够让它分析近期的数据，选择五年半的调查期间并没有违反《保障措施协定》第 2.1 条和 GATT 第 19 条。

韩国提出，美国以 1998 年和 1999 年两个上半年的数据相比是错误的，应当以 1999 年上半年的数据与 1998 年下半年的数据相比。专家组注意到，《保障措施协定》中没有任何条款明确调查期间应当如何划分。专家组认为，美国选择的方法本身并没有排除对事实作合理审查的可能性，其选择不是为了操纵数据以得出某种特定的结果。据此，专家组认为，美国的方法是没有偏见和客观的，可以提供对 ITC 决定的合理解释。

从美国 ITC 掌握的数据看，1998 年上半年至 1999 年上半年，进口呈现下降趋势。在这种情况下,ITC 还可以得出进口增加的结论吗？专家组认为,这一问题的关键是"最近"(recent)一词。专家组认为,进口增加必须是最近的事实,但这不是说进口增加必须持续到开始进行保障措施调查之前,或持续到调查期间的最后。在保障措施调查中,进口增加的考察期通常都与产业损害的调查期相同,这与反倾销和反补贴调查不同。反倾销和反补贴调查中,倾销和补贴进口的调查期往往短于产业损害的调查期。专家组认为,存在这种区别的原因之一是,确定进口增加不仅是一个数学上的决定和技术决定,主管机关必须确认调查期间的进口趋势。尽管1999年上半年的进口与1998年同期相比有所下降,但ITC认为进口仍然维持在一个很高的水平,可以支持其关于进口增加的结论。ITC的结论是进口绝对增加,专家组认为该结论是正确的。

专家组指出,即使美国关于进口绝对增加的结论不正确,《保障措施协定》第2.1条也规定成员可以在进口数量绝对或相对增加的情况下实施保障措施。专家组确认,进口相对国内生产而言是明显增加的。据此,专家组驳回韩国提出的美国进口增加的结论不符合《保障措施协定》第2.1条和GATT第19条的诉请。

2. 损害

韩国指出,美国 ITC 作出损害结论的依据有问题,资料中包括其他产业的数据；美国的同类产业在经历了历史最高峰之后,实际上只遭遇了一年的下降。因此,ITC 的结论没有事实和法律依据,不符合 GATT 第19条和《保障措施协定》第3条、第4条。韩国认为,美国根据营业额分配固定成本,而石油国家管状产品(OCTG)的营业额下降比条形管的下降更大,这样一大部分的固定成本被算在了条形管上。

专家组指出,《保障措施协定》没有任何条款规定不允许根据营业额分配固定成本。《保障措施协定》第4.2(a)条要求评估影响产业状况的所有相关因素,专家组注意到,调查机关通常根据营业额分配固定成本。除非韩国能够提出一种分配方法,既可以消除韩国所谓的扭曲作用,又能完全吸收固定成本,否则专家组不认为美国的分配方法是错误的。韩国未能提出这样的方法,专家组驳回韩国的该条诉请。

韩国提出,一些主要生产商的赢利受到其他因素的影响,有些企业状况恶化与条形管生产无关。专家组审查了韩国提出的两个企业,最后的结论是:韩国没有证明美国作出损害裁定的依据是错误的。

韩国指出,在调查末期,美国的产业状况已经好转,下降是暂时的,美国不应当确认产业损害。韩国的主要理由是1998年和1999年美国对条形管的投资增加。专家组指出,它不认为资本投资表明产业状况的恶化是暂时的。韩国还提出美国国内需求增加、国内交货增加和国内市场价格上扬等因素。专家组指出,这些情况确实存在,但都不能直接表明产业没有严重损害。

韩国指出,ITC关于损害的裁定没有充分的解释和理由,不符合GATT第19条以及《保障措施协定》第3.1条和第4条。

《保障措施协定》第3.1条要求成员公布的报告列出对所有事实问题和法律问题的调查结果和附带理由的结论。专家组审查了美国ITC的报告,认为其中既没有确认进口增加是损害的原因,也没有确认进口增加正在造成严重损害威胁。在这一点上,美国的措施不符合《保障措施协定》第2.1条和第4.2(c)条。但是,报告中没有包括保密信息这一点,本身并不违反《保障措施协定》第3.1条和第4.2(c)条。

韩国认为美国仅凭推测就断定存在损害威胁。专家组指出,从事实看,美国并没有这样做,韩国的诉请没有依据。

3. 进口增加与产业损害之间的因果关系

韩国指出,美国未能表明产业损害与进口增加之间的因果关系,主要是未能区分由其他因素造成的损害,不符合《保障措施协定》第4.2(b)条。ITC指出了除进口增加之外的其他几个因素,包括需求减少、国内生产者之间的竞争、出口市场萎缩、OCTG产品向条形管产品转移、原料价格下跌。ITC分析了这些因素,并特别注重分析石油钻探减少导致的需求下降,目的是确认这一因素是不是比进口增加更重要的因素。专家组认为,这样的分析不能满足《保障措施协定》第4.2(b)条的要求,即不能将其他因素造成的损害归咎于进口增加。美国在调查中的做法与美国—羊肉案(DS17、DS178)中的分析方法完全一样。美国并没有充分解释它如何确保未将其他因素造成的损害归咎于进口增加。据此,专家组认为美国的行为不符合《保障措施协定》第4.2(b)条。

4. 未预见的情况

韩国指出,美国没有表明存在未预见的情况,需要实施保障措施,违反了 GATT 第 19 条。

专家组注意到,要实施保障措施,必须表明存在未预见的情况。这是 WTO 已经确立的规则。专家组审查了 ITC 的报告,发现其中没有说明存在未预见的情况。美国辩称它在报告中提到亚洲金融危机和石油价格下跌。但是,专家组注意到,这些是作为造成损害的其他因素,而不是作为未预见的情况。因此,美国的报告中没有指明未预见的情况,没有遵守 GATT 第 19 条的义务。专家组指出,未预见的情况是主管机关在实施保障措施前就必须表明的,美国未能这样做,违反了 GATT 第 19 条。

5. 紧急行动

韩国指出,条形管措施没有满足关于紧急行动的要求,违反了《保障措施协定》第 11 条或 GATT 第 19 条。

专家组指出,虽然 GATT 第 19 条的标题是"对某些进口产品的紧急行动",但是这里的"紧急行动"实际上是指保障措施本身。《保障措施协定》第 11.1(a) 条中提到的"紧急行动"也是指成员可以采取的保障措施。据此,专家组驳回韩国关于这一问题的诉请。

7. 程序问题

(1) 未能事先提供充分的磋商机会

韩国认为,美国未能事先提供充分的磋商机会,违反《保障措施协定》第 12.3 条。美国则提出,从总统建议采取措施到实际实施保障措施有 17 天时间,美国提供了充分的磋商机会。

专家组注意到,韩国并没有说美国通知不及时,也没有说美国的通知内容不充分。韩国认为美国违反《保障措施协定》第 12.3 条,没有提供磋商的充分机会。虽然双方在 2000 年 1 月 24 日有过磋商,但韩国认为那不能满足《保障措施协定》第 12.3 条的要求。从美国的抗辩可以看出,美国认为新闻发布会已经满足提供机会的要求。专家组指出,实施保障措施的成员应当提供足够详细的信息,2000 年 2 月 11 日的新闻发布会本身不能向韩国提供足够详细的信息。在这一点上,美国的行为不符合《保障措施协定》第 12.3 条。

(2)《保障措施协定》第 8.1 条的补偿

韩国指责美国以同样的方式违反了《保障措施协定》第 8.1 条。该条要求成员"努力在它与可能受措施影响的成员之间维持与在 GATT 项下存在的水平实质相等的减让和其他义务水平"。专家组指出,韩国关于第8.1条的诉请完全依赖于关于第12.3条的诉请。专家组引用了美国—小麦面筋案(DS166)上诉机构的意见:如果一个成员没有提供充分的磋商机会,它就不可能维持水平实质相等的减让和其他义务水平。既然美国违反了第12.3条,那么它也违反了第8.1条。

专家组确认,美国的措施在以下方面不符合《保障措施协定》和GATT:

(1) 对条形管的措施没有尊重传统的贸易模式,不符合GATT第13.2条导言;

(2) 对条形管的措施没有确定以较低关税进口的总量,不符合GATT第13.2条;

(3) 在公布的报告中没有关于进口增加造成严重损害或造成严重损害威胁的结论,不符合《保障措施协定》第3.1条和4.2(c)条;

(4) 未能证明进口增加与产业损害之间的因果关系,不符合《保障措施协定》第4.2(b)条;

(5) 对出口未超过单独及综合起点的发展中国家实施保障措施,不符合《保障措施协定》第9.1条;

(6) 没有证明存在未预见的情况,不符合GATT第19条;

(7) 没有向有实质利益的国家提供磋商机会,不符合《保障措施协定》第12.3条;

(8) 没有努力维持相同水平的减让和其他义务,不符合《保障措施协定》第8.1条。

专家组驳回韩国的下列诉请:

(1) 措施不符合《保障措施协定》第5条;

(2) 因措施没有被限制在必要的程度,违反了GATT第19.1条和《保障措施协定》第5.1条、第7.1条;

(3) 美国对进口增加的认定不符合《保障措施协定》第2.1条和GATT第19条;

(4) ITC审查的资料中包括其他国家的数据,美国违反了《保障措施协定》第4.1(c)条、第4.2(a)(b)(c)条;

(5) 国内产业状况的恶化只是暂时现象,美国对严重损害的认定存

在严重错误;

(6) 依据推论、断言作出严重损害威胁的结论,不符合《保障措施协定》第 2 条和第 4.1 条;

(7) 没有将某些资料包括在保密信息中,违反了《保障措施协定》第 3.1 条和第 4.2(c)条;

(8) 措施不符合《保障措施协定》第 11 条或 GATT 第 19.1 条关于紧急行动的要求;

(9) 不对墨西哥和加拿大实施措施,违反了《保障措施协定》第 2 条和第 4 条;

(10) 将加拿大和墨西哥排除在措施之外,违反了 GATT 第 1 条、第 13.1 条和第 19 条。

【上诉机构的分析和结论】

上诉机构首先对保障措施作了简要的评价。第一,保障措施"只能作为紧急情况下的非常救济手段",而且在缺乏"不公正"贸易行为的判断时采取。因此,一方面应当界定采取保障措施的权利适当和范围合法,另一方面要确保保障措施不被用于对付正常贸易。第二,在解释《保障措施协定》时,有两个基本问题:(1) 一个成员是否有权采取保障措施?(2) 如果有权,那么这种保障措施的采取是否应当被限制在《保障措施协定》所规定的范围内?上诉机构强调,这两个问题是独立、有区别的。

一、充分的磋商机会

《保障措施协定》第 12.3 条要求采取保障措施的成员充分提供利害关系方事前磋商的机会。专家组审理时,美国提出它已经通过政府媒体公布了所采取的保障措施,已经符合该款的规定。专家组对此予以驳斥,认为媒体公布不足以"确保"出口成员获取有关措施的必要信息,因而违反了《保障措施协定》第 12.3 条。美国对此提出上诉。

上诉机构引用了 DS166 案中上诉机构对《保障措施协定》第 12.3 条的阐述,其中特别提到,实施保障措施的成员必须向出口成员提供"充分的信息和时间,以便能够通过磋商达到有意义的交流"。同时,有关拟议中措施的信息应在磋商之前提供,以便磋商能够充分讨论该措施。鉴于本案与 DS166 案的事实在很大程度上相似,即磋商是在 ITC 报告的基础上,而不是根据总统最终宣布的措施进行的。由于 ITC 建议的措施与总统实际采取的措施"实质上不同",任何与 ITC 措施相关的美国政府的通知都不足以提供有意义的磋商机会。

韩国在措施生效 18 天前得知该措施,在措施实施 11 天前得知措施实施的日期,美国则在措施生效 8 天前发出通知。据此,上诉机构认为这使得措施生效前不可能进行实质性交流。在如此短的时间内,韩国没有时间分析该项措施,考虑其可能的后果,进行适当的国内协商并与美国进行磋商。据此,上诉机构支持专家组的裁定,即美国没有为保障措施提供足够的先期磋商机会,因而违反了《保障措施协定》第 12.3 条。

二、维持实质相等的减让和其他义务

专家组确认美国也违反了《保障措施协定》第 8.1 条。美国上诉称,专家组唯一的理由是美国违反了《保障措施协定》第 12.3 条。美国请求上诉机构撤销这一结论。

上诉机构指出,专家组引用了上诉机构在 DS166 案中的决定,得出上述结论。上诉机构认为专家组的推论是正确的,支持专家组的这一结论。

三、排除对发展中国家的"微量"出口商适用保障措施

《保障措施协定》第 9.1 条规定,对于来自发展中国家成员的产品,如果其进口份额在进口成员中不超过 3%,并且发展中国家进口累计不超过 9%,则不应对其采取保障措施。本案中,美国对于从单个成员进口超过 9000 短吨的产品有条件地征收关税。由于没有明确排除发展中成员的微量进口,专家组认为美国对发展中成员采取的措施违反了《保障措施协定》第 9.1 条。美国对此提出上诉。

上诉机构注意到,争议保障措施采取关税配额的方式,每个成员的进口有 9000 短吨可以享受低关税,不论其来源如何;超过 9000 短吨的进口则要在 3 年时间里分别交纳 19%、15%、11% 的关税。该措施确实没有明确提出对出口量小于 3% 的发展中国家不适用保障措施。上诉机构认

为,《保障措施协定》第9.1条并没有要求明确排除不适用保障措施的成员。美国认为,即使不列出一份适用或者排除适用保障措施的国家清单,也可以符合《保障措施协定》。上诉机构同意这一看法。

美国提出,根据2000年的进口总量计算,任何成员只要进口超过9000短吨,必然会超越3%的底线;该保障措施的设计使进口在9000短吨以下的成员不会被适用措施。上诉机构分析了专家组报告中双方没有争议的统计数据,认为9000短吨豁免数没有达到进口总量的3%,在1998年仅为2.7%,10000短吨才大约相当于3%。可见,美国的豁免量太小。美国提出,它期望措施的实施能降低进口数量,这样9000短吨就可以达到进口总量的3%。上诉机构指出,期望并不总能实现,事实上,在实施该措施之后,9000短吨还是没有达到进口总量的3%。美国对超过9000短吨配额、不足进口总量3%的产品都征收了高额关税,不论其来源是否为发展中国家。专家组指出,美国没有作出任何努力,将发展中国家微量进口排除在保障措施之外。据此,上诉机构维持专家组对美国违反《保障措施协定》第9.1条的裁定。

四、裁定应确认存在严重损害或严重损害威胁

在实施保障措施时,ITC认定:"条形管……以造成严重损害或严重损害威胁的增量进口到美国市场。"专家组裁定,美国未能在其公布的报告中确认进口增长是造成严重损害,还是造成严重损害威胁,违反了《保障措施协定》第3.1条和第4.2(c)条。专家组认为,从《保障措施协定》第4.1(a)条和第4.1(b)条的规定看,一种产品不可能在造成损害的同时造成严重损害威胁,"造成严重损害"与"造成严重损害威胁"是相互排斥的。

上诉机构认为,问题的关键在于《保障措施协定》第2.1条的"造成严重损害或严重损害威胁"应当理解为两者之中只能有其一,还是既可以有其一,也可以两者兼有。上诉机构引用了《保障措施协定》第2.1条、第3.1条、第4.2(c)条、第4.1(a)(b)条、第5.1条。上诉机构提到它在分析具体问题前提到的两个问题中的第一个:一个成员是否有权采取保障措施?问题的回答是清楚的,在符合一定条件的前提下,成员有此权利。采取保障措施的条件之一是《保障措施协定》第2.1条规定的进口数量绝对或相对地以如此数量增加,以至于对国内同类产品的产业造成严重损害或严重损害威胁。至于国内主管机关如何作出实施措施的决定,《保障措施协定》并没有具体规定,这是成员的主权,WTO只关心成员作出的决定是否符合《保障措施协定》。

上诉机构同意专家组的看法:履行《保障措施协定》第2.1条的要求是法律问题,根据第3.1条,在公布的报告中应当有调查结果和决定的理由。在理解"造成严重损害或严重损害威胁"时,关键是"或"这个词。专家组并没有深入分析这个词,而是重点分析了"严重损害"与"严重损害威胁"的区别,并得出两者不能共存的结论。上诉机构指出,根据词典上"或"的含义,前述两种解释都是可以的。《保障措施协定》第2.1条本身没有对如何解释提供任何指导,但这并不是说"严重损害"和"严重损害威胁"的含义相同,或者主管机关可以确认两种情况共存。上诉机构认为需要分析第2.1条的上下文来帮助理解。上诉机构认为,《保障措施协定》第4.1条对"严重损害"和"严重损害威胁"作出定义,所以与第2.1条的关系最密切。在深入分析第4.1条之后,上诉机构同意专家组的分析,"严重损害"和"严重损害威胁"是两种不同的情况。但是,上诉机构指出,从这一结论不能推定主管机关只能明确认定其中一种情况存在。应当说,严重损害由一系列损害影响逐渐积累形成,不会突然发生。通常的情况是,先出现严重损害威胁,继续发展就成了严重损害,从严重损害威胁转变为严重损害的时间点有时很难确定。确定严重损害威胁的存在,实际上是在一个较低的起点上启动保障措施。上诉机构认为,这是《保障措施协定》起草者给予成员采取预防措施的权利,如果存在损害威胁,但还没有达到严重损害的程度,成员就可以实施保障措施。如果存在严重损害威胁都可以采取措施,存在严重损害当然就更可以采取措施了。上诉机构认为,根据相关规定,只要存在严重损害威胁就可以实行措施,主管机关确认是存在损害还是存在损害威胁,对采取措施的权利没有影响。据此,上诉机构认为,《保障措施协定》第2.1条应当理解为既包括两者之中存在一种情况,也包括两者都存在。因此,国内主管机关可以认定存在"严重损害"、存在"严重损害威胁",或者像ITC所裁定的存在"严重损害或者严重损害威胁"。上诉机构撤销专家组认为《保障措施协定》第3.1条和第4.2条要求双方各自确定严重损害或者严重损害威胁的裁定。

但是,上诉机构强调,任何一项保障措施必须符合《保障措施协定》第

5.1条的规定,只能在抵消损害的限度内实施。

五、对应性(parallelism)

韩国向专家组提出,美国在进行严重损害调查时考虑了加拿大和墨西哥的进口,而在适用保障措施时却将它们排除在外,这违反了《保障措施协定》第2条和第4条的"对应性"。专家组认为韩国未能举证,故而拒绝了韩国要求裁定 ITC 违反《保障措施协定》的诉请。韩国对此提出上诉。

上诉机构注意到,在确定进口增加时,美国并没有区分来源,而是考虑了所有来源的数据,以确定进口增加;在确定损害时,美国分析了美国产品和所有外国产品分别拥有的份额;在分析因果关系时,美国称来自进口产品的压力使国内产业状况恶化。从数据可以看出,美国在所有分析中使用的都是所有来源的进口数据,而在实施措施时,却排除了加拿大和墨西哥,在受调查的产品和被实施措施的产品之间存在一个"间隙"。韩国已经证明受调查的所有来源的产品,也证明了加拿大和墨西哥的产品被排除在措施实施范围之外。这已经构成了初步证据,轮到美国提供反驳证据。美国在第168号脚注中指出来自非 NAFTA 的进口增加,这并不表明来自非 NAFTA 的进口造成了严重损害。美国未能提供充分的反驳证据,没有明确地证明是非 NAFTA 国家的进口造成严重损害或者严重损害威胁。因此,上诉机构撤销专家组的结论,并认为美国在分析时包括加拿大和墨西哥的进口,但却排除对这两个国家实施保障措施,违反了《保障措施协定》第2条和第4条。上诉机构认为,有了这一结论,没有必要再分析涉及 GATT 第19条的问题。

六、因其他原因造成的损害不归咎于进口增加

《保障措施协定》第4.2(b)条要求调查机构不得将其他因素造成的损害归咎于进口增加。韩国认为,美国未能表明它没有把其他因素造成的损害归咎于进口增加,违反了《保障措施协定》第4.2条。专家组认为,ITC 没有充分解释它如何保障其他因素造成的损害没有被归咎于进口增加,违反了《保障措施协定》第4.2(b)条。美国对此提出上诉。

上诉机构指出,美国在进行因果关系分析时,适用了美国法律规定的

标准:确定其他因素是不是比进口增加更重要的因素。ITC 审查了一系列因素,把每一个因素与进口增加进行了比较,还特别注意到 1998 年至 1999 年需求下降的情况,最终却认为其他因素都不比进口增加更重要。在 DS166 案中,上诉机构已经指出:《保障措施协定》第 4.2(b)条要求建立进口增加和国内产业损害之间的联系,但并没有要求将进口增加视为造成损害的唯一原因。然而,调查机构应当保证,其他因素造成的损害没有被归咎于进口增加。上诉机构指出,这就要求调查机构区分进口增加和其他因素造成的损害,并确保其他因素造成的损害没有被归咎于进口增加。上诉机构审查了 ITC 报告的相关段落,认为美国没有明确区分,也没有作出充分解释。据此,上诉机构维持专家组的结论:美国没有充分解释它如何确保不把其他因素造成的损害归咎于进口增加,违反了《保障措施协定》第 4.2(b)条。

美国提出 GATT 第 24 条作为抗辩。上诉机构指出,GATT 第 24 条和《保障措施协定》第 4.2(b)条的关系仅在两种情况下予以考虑:第一,在 WTO 成员有关机构的调查中,确定严重损害时没有考虑不予采取保障措施的进口;第二,调查确定严重损害时考虑了不予采取保障措施的进口,且有关机构同时确认从非自由贸易区的进口单独满足了采取保障措施的条件。但是,两者均不属于本案的情况,因而上诉机构认为不需要考虑。上诉机构修改了专家组对这一问题的结论,认为问题不存在,专家组的结论没有法律效力。

七、明确的举证和允许的程度

《保障措施协定》第 5.1 条规定,采取保障措施应当控制在必要的限度内,如果超出该限度,应当举证说明正当理由。韩国认为,第 5.1 条规定了成员的程序义务和实体义务,两种义务是不同的。专家组认为,美国在采取保障措施时无须证明采取措施的必要性。韩国对此提出上诉。

在 DS98 案中,专家组指出,调查机构应当解释其如何处理所掌握的事实,以及为什么必须采取措施。这一结论被上诉机构推翻,上诉机构认为《保障措施协定》第 5.1 条并没有规定这样的义务。因此,上诉机构同意本案专家组的上述结论。

专家组认为,韩国没有提供初步证据证明美国所采取的措施超过了防止或补救严重损害或严重损害威胁的程度。韩国对此提出上诉。

上诉机构认为,美国未能将非归因于进口增长的因素从损害中区别开来,因此也就无法断定美国所采取的保障措施是在"防止或补救损害并便利调整所必需的限度内实施的保障措施"。上诉机构撤销专家组的结论,并认定美国未能提供它没有违反《保障措施协定》第4.2(b)条的反驳证据。

上诉机构维持专家组的下列决定:

(1) 美国未能向受措施影响的成员提供充分的磋商机会,违反了《保障措施协定》第12.3条的决定(上诉机构的理由不同);

(2) 美国未能尽力维持水平实质相等的减让和其他义务水平,不符合《保障措施协定》第8.1条;

(3) 美国对发展中国家的微量进口实施了保障措施,违反了《保障措施协定》第9.1条;

(4) 美国没有确立进口增加与产业损害之间的因果关系,违反了《保障措施协定》第4.2(b)条;

(5)《保障措施协定》第5.1条没有要求美国在实施措施时表明措施为预防或补救损害所必需。

上诉机构撤销专家组的下列决定:

(1) 在公布的报告中没有确定进口增加是造成损害还是损害威胁,不符合《保障措施协定》第3.1条和第4.2(c)条;

(2) 美国将加拿大和墨西哥排除在措施适用范围之外,没有违反《保障措施协定》第2条和第4条;

(3) 韩国没有提供初步证据证明美国的措施超过了必要限度,并认定美国实施措施超过了防止或补救损害所必需的程度。

上诉机构修改专家组的下列结论:美国将加拿大和墨西哥排除在措施适用范围之外,没有违反GATT第19条;同时,认定这个问题在本案中不存在,专家组的结论没有法律效力。

五 《实施卫生与植物卫生措施协定》

欧共体影响肉和肉制品的措施案

(WT/DS26、WT/DS48)(欧共体—荷尔蒙案)

【案件基本情况】

申诉方(被上诉方/上诉方):美国、加拿大
被申诉方(上诉方/被上诉方):欧共体
第三方(第三参与方):澳大利亚、新西兰、挪威

本案涉及的相关协定条款和法律问题:《SPS协定》第3条、第5条;审查标准和客观评估(DSU第11条);审慎原则;条约的溯及力(VCLT第28条);专家咨询;美国和加拿大作为第三方的额外权利(DSU第9.3条);司法节制。

1996年1月26日,美国要求与欧共体磋商,解决欧共体禁止使用荷尔蒙添加剂生产的牛肉进口问题。由于磋商未果,应美国的请求,专家组于5月20日成立。6月28日,加拿大要求与欧共体磋商,解决欧共体禁止使用荷尔蒙添加剂生产的牛肉进口问题。

1996年7月,澳大利亚、美国和新西兰相继要求加入磋商,欧共体拒绝了美国加入磋商的要求。7月25日,加拿大、澳大利亚和新西兰与欧共体进行了磋商,但未能取得一致意见。10月16日,专家组应加拿大的请求成立。1997年6月30日,专家组将报告分发给各WTO成员。由美国和加拿大分别提出的申诉针对相同的问题,专家组也是由同样的三

个人组成。但是,专家组分别做出两份报告,其内容基本相同,只有一些非实质性的区别。欧共体提出上诉。1998年1月18日,上诉机构提交了报告。2月13日,DSB通过了上诉机构报告和经过修改的专家组报告。

本案涉及的是欧共体理事会1981年和1988年的一系列指令,禁止进口使用荷尔蒙添加剂生产的牛肉。自1997年7月1日起,这些指令被96/22/EC指令取代。新的指令继续禁止进口使用荷尔蒙添加剂生产的牛肉,加强对控制和测试的规定,并规定了处罚措施。

美国提出,欧共体禁止进口使用荷尔蒙添加剂生产的牛肉,违反《SPS协定》《TBT协定》和GATT第1条、第3条。

【专家组的分析和结论】

在分析实体问题之前,专家组首先确定了一些程序问题。由于本案牵涉复杂的技术问题,专家组决定根据DSU有关规定向技术专家咨询。同时,根据DSU第11.2条和《SPS协定》第13.1条,专家组有权向专家个人咨询,可以不成立技术专家组。技术专家的名单与双方协商确定。为保证双方和技术专家有时间审查双方提交的证据,专家组决定双方最迟须于1997年2月8日提交新的证据材料。从理论上说,美国和加拿大对欧共体的申诉应由不同的专家组处理,但由于两个案件涉及同一个措施,专家组的成员是相同的。专家组决定,根据DSU第9.3条,"若就同一事项的申诉设立了一个以上专家组,应尽最大可能由相同的人员担任各专家组成员,应统一此类争端中专家组的工作程序"。在向技术专家咨询之前,把两个案件的技术咨询程序合并,并且将相关证据分别交给两个案件的各方。欧共体对两个决定都提出异议,认为这会影响其抗辩程序权。专家组改变了其不成立技术专家组的决定,但认为将所有证据交给两个案件的各方,能够增加专家组工作的透明度,同时也不影响各方的程序权,因此驳回欧共体的第二个异议。

根据各方的申诉,专家组还确定,他们要审查的是欧共体对使用六种激素生产的牛肉禁止进口的措施,不审查六种激素之外的其他添加剂、其他肉类或活牛进口的问题。根据《SPS协定》,欧共体的措施是为"保护人类"免受激素残留物的损害。本案属于《SPS协定》的管辖范围,双方对此没有异议。但是,《SPS协定》是 1995 年 1 月 1 日开始实施的,而欧共体的措施从 1981 年就开始实施,因此专家组需要解决《SPS协定》是否适用的问题。DSU 第 3.2 条指出,对条约的理解应当根据《维也纳条约法公约》。该公约第 28 条规定:"除条约表示不同意思或另有规定外,对一成员国生效之日以前……已经不存在的任何情况,条约之规定对该成员国没有约束力。"欧共体的措施可以被看作持续存在的措施,这与《维也纳条约法公约》第 28 条规定的情况不同。《SPS协定》中不仅没有不同的意思表示,反而有几个条款明确规定,协定的原则也适用于协定生效前实施、生效后仍然有效的措施。因此,《SPS协定》应当适用于本案。《TBT协定》第 5.1 条明确规定:"本协定各项规定不适用于卫生与植物检疫措施附录 A 所指的卫生及植物检疫措施。"根据这一规定,《TBT协定》对本案不适用。本案涉及的是货物贸易,因此 GATT 是适用的。专家组认为,《SPS协定》是具体的协定,在 GATT 之外为成员方规定了其他义务,即使先分析欧共体的措施是否符合 GATT,也一定要分析其是否符合《SPS协定》的问题。专家组决定按此顺序分析。

《SPS协定》第 3.1 条和第 3.2 条都规定了国际标准与国内措施的关系。第 3.1 条规定,一成员方采取的卫生与植物检疫措施应以国际标准为依据,除非协定另有规定;第 3.2 条认为符合国际标准的措施即符合 GATT。专家组决定,先确定是否存在国际标准,如果存在国际标准,再审查欧共体的措施是否以国际标准为依据;如果对这一问题的答案是否定的,则专家组需要审查欧共体的措施是否符合《SPS协定》第 3.3 条的规定,因为第 3.1 明确将第 3.3 条作为例外。如果不存在国际标准,则专家组需要分析欧共体的措施是否符合《SPS协定》第 2 条和第 5 条。

本案涉及的技术问题非常复杂,举证责任的确定十分重要。美国提出,如果成员方不能提供科学证据,就不能维持检疫措施。也就是说,应当由实施措施的成员方证明存在需要防范的风险,而且成员方已经作了风险评估。欧共体则提出,应当由提出申诉的一方举证,证明其使用激素生产的方法是安全的。专家组指出,在大多数法律程序中,谁主张谁举证,本案也不例外,美国应当初步证明欧共体违反了《SPS协定》,然后由欧共体提出反驳证据,证明它所采取的措施符合《SPS协定》的规定。专家组指出,从协定的措辞可以看出,在涉及《SPS协定》的纠纷中"实行 SPS 措施的成员方有义务证明它没有违反协定规定"。《SPS 协定》第 2.2 条、第 2.3 条、第 3.2 条、第 5.1 条、第 5.6 条、第 5.8 条的规定都支持专家组的这一观点。

《SPS 协定》附录 A 第 3(a) 条指出,国际食品法典委员会(Codex Alimentarius Commission)对食品添加剂、兽药和杀虫剂残留、沾染、分析和取样方法作了规定。对于本案涉及的五种荷尔蒙,Codex 标准使用每日可摄入量(Acceptable Daily Intake,ADI)和最大残留限度(Maximum Residue Limit,MRL)来表示。据此,专家组认为,就欧共体采取的措施中涉及的五种荷尔蒙而言,存在着《SPS 协定》第 3.1 条所说的国际标准,这就是 Codex 标准,但其中一种(MGA)没有国际标准。专家组指出,《SPS 协定》第 3.1 条所要求的以国际标准为依据,是指该措施应当反映出与国际标准相同的保护程度。经过比较,专家组确认,欧共体的措施不是以国际标准为依据的。既然专家组确认存在国际标准,而欧共体实行的措施没有以国际标准为依据,就需要分析《SPS 协定》第 3.3 条。这一条允许成员方实行保护程度比国际标准高的措施,条件有两个:一是有科学依据,或者以《SPS 协定》第 5 条的规定为依据;二是不得违反《SPS 协定》的其他规定。专家组指出,第一个条件的两种情况都涉及《SPS 协定》的其他条款,而且不管欧共体的措施是否符合其中的一种情况,它都必须符合第二个条件,即不能违反《SPS 协定》的其他规定,其中当然包括不能违反《SPS 协定》第 5 条。

专家组接着分析了欧共体的措施是否符合《SPS 协定》第 5 条的规定。《SPS 协定》第 5 条对风险评估和确定合适的保护程度这两个方面作了规定,成员方在这两个方面都有具体的权利和义务。就风险评估而言,欧共体提交了欧洲议会和经社理事会的文件,专家组认为文件没有技术分析,因此只能算是风险控制(risk management)的文件。欧共体还提交了一些技术报告,技术专家认为这些才是风险评估。至于欧共体采取的措施是否以风险评估为依据,专家组认为必须符合程序条件和实体条件。所谓程序条件,是指采取措施的成员方应当证明它至少在决定采取措施时认真考虑了风险评估的资料。欧共体没有提供任何这方面的证据,专家组认为它没有达到这一点的举证要求,因此确认欧共体的措施不符合

《SPS 协定》第 5.1 条。专家组指出,即使欧共体满足了程序条件,也仍然需要满足实体条件,即各种报告中的结论应当与采取的措施相符。经过对一系列证据的分析,专家组得出结论:欧共体没有能够证明激素(如果使用恰当)会对人类生命或健康造成任何风险。技术专家也支持这一意见。欧共体对使用激素生产的牛肉完全禁止进口,这样的措施显然与报告中的技术结论不符。专家组指出,确定合适的保护程度是一国的主权。但是,《SPS 协定》要求成员方在决定采取措施时"尽量减少对贸易的负面效应",避免在各成员方之间造成"保护程度的差异",这也是《SPS 协定》第 5.4 条的要求。如果成员方在"不同情况下"采取的合理措施的保护程度不同,而这种差异又是任意和无理由的,并导致歧视或对国际贸易的变相限制,就是违反了《SPS 协定》第 5.5 条。这三个条件是相互关联的,如果成员方对可比的情况采取了不同的措施,存在差异及任意性,就可以说不同程度的保护是"歧视或变相限制贸易"。专家组确认,对三种天然荷尔蒙而言,欧共体对其用于增长、治疗和使用在肉类生产上的防护措施是不同的;欧共体没有能够证明它采取不同措施的理由,因此可以说差异是任意和无理由的;欧共体采取的不同措施差异很大,这些措施导致了"歧视或变相限制贸易"。对两种合成激素而言,也存在同样的情况。

总之,在五种荷尔蒙方面存在国际标准,欧共体采取的措施与《SPS 协定》第 5.5 条的规定不符。欧共体的措施不是以国际标准为依据的,又不能依据《SPS 协定》第 3.3 条得到支持,因此也不符合第 3.1 条。

对 MGA 而言,虽然不存在国际标准,但欧共体的标准还必须符合《SPS 协定》的其他规定。欧共体没有提供任何证据,证明它曾经评价过 MGA 残留对人类的不利影响。既然欧共体没有进行过风险评估,它的措施就不是以风险评估为基础的。欧共体已经明确表示本案不适用《SPS 协定》第 5.7 条关于临时措施的规定。专家组指出,它对其他五种荷尔蒙的分析完全适用于 MGA,欧共体对 MGA 采取的措施也不符合《SPS 协定》第 5.1 条至第 5.5 条的要求。

《SPS 协定》第 3 条和第 5 条是关于具体权利的规定,第 2 条则是对权利的原则规定。专家组提出,既然已经确认欧共体采取的措施不符合《SPS 协定》第 3 条和第 5 条,就没有必要再分析它是否符合《SPS 协定》第 2 条的问题。

专家组指出,既然已经确认欧共体的措施不符合《SPS协定》的规定,也没有必要再分析欧共体的措施是否符合 GATT 第 1 条和第 3 条的问题。否则,若确定欧共体的措施不符合 GATT 第 1 条和第 3 条,还要分析它是否符合 GATT 第 20(b)条规定的例外情况,就又要回到《SPS协定》。由于不符合 GATT 第 1 条和第 3 条的措施只能以 GATT 第 20 条为理由提出抗辩,而欧共体没有根据 GATT 第 20 条提出具体抗辩,因此专家组决定不分析欧共体的措施是否符合 GATT 第 1 条和第 3 条。

在作出结论前,专家组特意指出,它无意确认欧共体的措施是否必要,也不想讨论成员方是否可以采取不影响国际贸易的检疫措施问题,本案要解决的是美国提出的具体诉请,以及欧共体援引以支持其措施的 GATT 和《SPS协定》相关条款。专家组的结论是:

(1) 欧共体所维持的限制措施不是以风险评估为依据的,不符合《SPS协定》第 5.1 条;

(2) 欧共体任意地、没有理由地采取了它认为合适的措施,是变相的贸易限制措施,不符合《SPS协定》第 5.5 条;

(3) 欧共体所维持的限制措施不是以风险评估为依据的,也不符合《SPS协定》第 3.3 条的要求,因此不符合《SPS协定》第 3.1 条。

专家组建议 DSB 要求欧共体修改其措施,使之符合《SPS协定》的规定。

【上诉机构的分析和结论】

欧共体和美国、加拿大都提出上诉。欧共体要求上诉机构确认专家组存在以下问题:(1) 确认举证责任有误;(2) 对《SPS协定》适用了错误的审查标准;(3) 错误地确认《SPS协定》能适用于《WTO协定》生效之前制定的法规;(4) 对事实的判断不符合 DSU 第 11 条的客观原则;(5) 自己选择技术专家、给予美国和加拿大额外权利、依据当事方之外的论点作出结论,这样做是越权;(6) 对《SPS协定》第 3.1 条和第 3.2 条的解释不正确;(7) 错误地确认根据《SPS协定》第 5.1 条,欧共体的措施没有以风险评估为依据;(8) 对《SPS协定》第 5.5 条的解释不正确。

欧共体和加拿大都要求上诉机构确认:专家组没有对欧共体的措施

是否符合《SPS 协定》第 2.2 条和第 5.6 条作出结论,这样运用"司法节制"是不正确的。

上诉机构首先分析了本案中举证责任的问题。上诉机构指出,专家组一开始的分析是正确的,它提出申诉方应当先提供初步证据,然后举证责任转移,被申诉方必须提出反驳证据。但是,专家组接着就提出了对《SPS 协定》下举证责任普遍适用、不加限制的解释:实行 SPS 措施的成员方有义务证明它没有违反《SPS 协定》的规定。上诉机构认为,《SPS 协定》规定实行检疫措施的成员方必须保证"措施的实施只是为了保护人类、动物或植物生命或健康的必要程度",这与争端解决过程中一方的举证责任并无联系。一个成员方决定在实施检疫措施时不遵守国际标准,不能因此而必须承担普遍的或特殊的举证责任,否则就是一种惩罚。专家组本来应当分析美国和加拿大是否提供了足够的证据和法律论点,证明欧共体没有遵守《SPS 协定》的规定。只有在确认申诉方已经提供了初步证据(prima facie evidence)之后,举证责任才转移到欧共体。据此,上诉机构认为专家组的结论是错误的。

欧共体提出,专家组过多地依赖自己选择的技术专家组的意见,忽略或没有重视欧共体及其技术专家的意见,专家组对欧共体的措施的审查标准是错误的。欧共体提出,有两种审查:一种是"重新审查"(de novo review),即重新对所有事实证据加以审查;另一种是"尊重"(deference),即只审查成员方是否遵守了 WTO 规定的程序。欧共体引用了《反倾销协定》第 17.6(i)条的规定,认为本案专家组应当按"尊重"标准审查欧共体的措施。上诉机构指出,在《SPS 协定》、DSU 及其他协定中确实没有关于审查标准的具体规定,《反倾销协定》的规定只能适用于反倾销案件;专家组或上诉机构都没有权力制定一个专门适用于《SPS 协定》的审查标准。但是,上诉机构认为,实际上存在审查的标准,就是 DSU 第 11 条。DSU 第 11 条要求专家组对事实作出客观判断,这既不是"重新审查",也不是完全"尊重";以往很多专家组都否定过"重新审查"的方法,而完全"尊重"又不可能对事实"作出客观判断"。上诉机构指出,欧共体关于专家组适用了错误的审查标准的上诉,实际上成了专家组在对本案事实作出结论时是否对事实作出"客观判断"的问题。上诉机构认为,专家组没有适用"尊重"标准,也没有适用《反倾销协定》第 17.6 条的标准,这样做并没有错误。

至于《SPS协定》是否可以适用于1995年1月1日《WTO协定》生效前制定的法规,欧共体认为专家组的结论范围太宽。上诉机构在这一问题上完全支持专家组的分析和结论,同时注意到,1981年和1988年的欧共体指令已经不再有效,取而代之的是1996年新的指令,双方对此没有异议。可见,专家组并没有把《SPS协定》适用于《WTO协定》生效前制定的法规。

欧共体指出,专家组忽视或歪曲欧共体提供的证据,以及技术专家的意见,违反DSU第11条。上诉机构指出,根据DSU第17.6条,上诉机构只能审查专家组结论中被提出上诉的法律问题,专家组对事实的确认一般不属于上诉机构审查范围。但是,专家组是否对事实作出客观判断是一个法律问题,属于上诉机构的审查范围。上诉机构审查了专家组对MGA和其余五种荷尔蒙的认定,确认不能认为专家组歪曲了证据。

对欧共体提出的上诉中有关审理程序的观点,上诉机构逐一进行了分析。在选择技术专家的问题上,《SPS协定》第11条和第13条以及DSU第8条都给予专家组向技术专家咨询的权利,因此专家组的做法没有违反上述条款的规定。至于给美国和加拿大额外的第三方权利,上诉机构注意到,欧共体所指的是专家组决定合并召开技术专家咨询会,以及向各方提供两个案件中的各种材料。上诉机构认为,本上诉案处理的两个专家组案件中有一些特别之处:两个案件处理的是同一个问题;各方都同意由相同的人员组成专家组;加拿大提出成立专家组的请求虽然比美国晚了几个月,但是专家组同时完成了两个案件的审理;由于是同一个专家组处理同一个问题,美国和加拿大在各自的案件中都不是通常意义上的第三方。上诉机构认为,专家组在处理上述问题上的理由是充分的。欧共体提出,专家组对《SPS协定》第5.5条进行分析依据的是申诉方没有提出的诉请。上诉机构指出,美国和加拿大的申诉中都提到了《SPS协定》第5条,欧共体混淆了法律诉请和法律论点的区别。专家组确实无权讨论其职权范围之外的法律诉请,但为了支持其结论,可以使用任何一方提出的论点,也可以阐述自己的论点。上诉机构认为专家组没有超越其职权范围。

欧共体提出,专家组对《SPS协定》第3.1条和第3.3条的解释是错误的。专家组在分析《SPS协定》第3.1条时,将成员方的措施"应以国际标准为依据(based on)"解释为"应与国际标准一致(conform to)"。上诉机构认为这样的解释是错误的。首先,"为依据"的普通含义不等于"一致"。其次,《SPS协定》第3条在不同款项中使用了"为依据"和"一致",这更表明其含义不同。最后,第3条的目的和宗旨也不支持专家组的这种解释。专家组对第3.1条和第3.3条的分析是以此为前提的,上诉机构不得不确认这是一个法律上的错误。专家组认为,《SPS协定》第3.1条和第3.2条是原则,而第3.3条是对原则的例外规定。上诉机构认为这一理解也是错误的。第3.1条、第3.2条和第3.3条各自规定了成员方在实行检疫措施时的权利。第3.3条规定成员方自行决定检疫措施的保护水平,是一项重要的独立权利,不是一般原则的例外。但是,成员方的这一权利不是绝对和无限制的。《SPS协定》第3.3条的语言表达确实不够清楚,但从其规定看,上诉机构同意专家组的观点,欧共体可以采取比国际标准保护程度高的措施,同时必须遵守《SPS协定》第5.1条的规定。

专家组认为,欧共体的措施没有以风险评估为依据,不符合《SPS协定》第5.1条。欧共体对此提出上诉。上诉机构首先同意专家组的观点:第5.1条是对第2.2条规定的义务的具体适用。但是,上诉机构不同意专家组把风险评估与风险控制区别开来,因为在《SPS协定》中并没有"风险控制"这一概念。专家组认为必须存在可以量化的风险,上诉机构指出这一要求没有依据。专家组认为,《SPS协定》第5.2条存在程序上的要求,即采取措施的成员方在作决定时至少应该考虑风险评估的结果。上诉机构指出,第5.1条并不存在这样的程序要求,因此专家组的这一结论是法律上的错误。但是,上诉机构指出,综合来看,专家组对证据方法的审查是正确的。上诉机构认为,将《SPS协定》第5.1条和第2.2条的要求结合起来看,风险评估的结果应当支持SPS措施,而欧共体提供的报告不能支持其采取的措施。上诉机构认为,欧共体没有进行《SPS协定》第5.1条和第5.2条要求的风险评估,因此专家组的最终结论是正确的。上诉机构指出,一项措施要符合《SPS协定》第3.3条,必须符合第5.1条。由于欧共体的措施不符合《SPS协定》第5.1条,因此它也不符合第3.3条。

《SPS协定》第5.5条要求成员方采取的措施避免任意或无理由的差

异。上诉机构指出,这一款必须结合其上下文来理解,其中比较重要的是《SPS协定》第2.3条:"成员方应保证,其卫生和植物检疫措施不会在有相同或类似情况存在的成员方之间,包括在成员方自己境内和其他成员方之间产生任意和无理由的歧视。"第5.5条的目的是"在采用合理程度的卫生和植物检疫措施方面达成一致"。专家组认为这不是成员方的义务,上诉机构同意这一观点。上诉机构指出,《SPS协定》只要求避免那些"任意的和无理由的差异"。要认定一项措施违反《SPS协定》第5.5条,必须具备三个条件:成员方针对不同的情况采取了不同的保护措施,这些保护措施是任意和无理由的,这些措施造成歧视或变相限制国际贸易,三个条件缺一不可。专家组指出,欧共体完全禁止使用天然或人工添加剂生产的肉类产品进口,而对肉类产品中含有的天然激素没有任何控制,这种保护程度的差异是任意和无理由的。上诉机构不同意专家组的这一意见。上诉机构认为,使用添加激素生产的肉类与肉类中含有的天然激素有本质区别,要求欧共体完全禁止含有天然激素的肉类产品销售,那是荒谬的。专家组认为,欧共体采取不同措施对待使用添加激素生产的肉类产品和肉类产品中含有的天然激素,是任意和无理由的。因此,专家组没有再分析欧共体对用于治疗的激素和用于催长的激素的不同态度。上诉机构认为,必须分析这一问题。欧共体提出了区别对待治疗用和催长用激素的理由,首先是两者使用的频率和范围不同,治疗用激素只是针对有病牲畜,而催长用激素是大规模使用在所有牲畜上;其次是两者管理方式不同,欧共体对治疗用激素有严格控制。上诉机构认为,这两个理由是成立的,欧共体对治疗用和催长用激素的区别待遇本身不是没有理由的。但是,对两种既可用于治疗又可用于催长的激素,欧共体将它们作为治疗用激素。欧共体提出一系列理由:它们不是激素而是抗生素,其催长作用只是辅助性的;其使用方式是掺在饲料中,而不是注射或植入;不存在替代这两种激素而作用相同的物质;这两种激素不可能被滥用,其使用量很小。专家组及其邀请的技术专家——予以反驳。上诉机构认为,专家组的结论是对的,欧共体上述区别对待的理由不能成立。至于保护程度的差异是否造成歧视或限制贸易,专家组引用了日本—含酒精饮料Ⅱ案(DS8、DS10、DS11)和美国—汽油案(DS2、DS4)上诉机构的意见,该两案上诉机构认为税收差异之大足以认定其保护国内产业的作用。专家组指出,要确认违反《SPS 协定》第 5.5 条,一般应当符合三个条件,但"保护程度的差异之大,加上其任意性,足以认定保护程度的差异造成歧视或对贸易的限制"。上诉机构认为,专家组引用 DS2、DS4 案和 DS8、DS10、DS11 案是不恰当的,因为这两个案件的性质不同。上诉机构认为,第 5.5 条规定的三个条件都是必要条件,保护程度的差异只是其中之一,不能用差异程度来确定"歧视和限制贸易"的性质。在审查了欧共体立法的基础和目的后,上诉机构得出结论:欧共体指令的法律结构和申诉方提交的证据,都不能证明欧共体的措施造成歧视或限制了贸易。上诉机构指出,专家组的结论是没有理由的。上诉机构推翻专家组对这一问题的结论。

专家组以已经确认欧共体违反《SPS 协定》第 2.3 条和第 5.5 条为由,没有对关于《SPS 协定》第 2.2 条和第 5.6 条的诉请作出结论。美国和加拿大对此提出上诉。上诉机构指出,不理解专家组为什么没有先分析《SPS 协定》第 2 条,这是比较符合逻辑的分析途径。但是,由于上诉机构维持了专家组对《SPS 协定》第 5.1 条的结论,从司法节制角度出发,确实没有必要再分析《SPS 协定》第 2.2 条。上诉机构推翻了专家组关于《SPS 协定》第 5.5 条的结论,但没有分析确定第 5.6 条是否被违反所必需的事实。从司法节制角度考虑,上诉机构决定不对这一问题作出结论。

上诉机构的最终结论是:

(1) 推翻专家组关于"实施检疫措施的一方负有举证责任"的结论,同时推翻专家组关于"一方的检疫措施如果不是以国际标准为依据,该方有义务证明其措施符合《SPS 协定》第 3.3 条";

(2) 专家组进行审查的标准是恰当的;

(3) 维持专家组关于《SPS 协定》适用于《WTO 协定》生效前制定且仍在实行的法规的结论;

(4) 尽管对某些证据的处理欠妥,专家组没有违反 DSU 第 11 条;

(5) 确认专家组执行的程序符合 DSU 和《SPS 协定》的规定;

(6) 推翻专家组对《SPS 协定》第 3 条中"为依据"的解释;

(7) 修改专家组对《SPS 协定》第 3.1 条、第 3.2 条和第 3.3 条之间关系的解释;

(8) 维持专家组关于符合《SPS 协定》第 3.3 条的措施必须符合《SPS 协定》第 5 条的结论;

(9) 修改专家组对"风险评估"的解释,确认《SPS 协定》第 5 条或附件 A(4)都没有要求作出可以量化的风险评估;

(10) 推翻专家组关于《SPS 协定》第 5.1 条中"为依据"包括了程序要求的结论;

(11) 维持专家组关于欧共体的措施不符合《SPS 协定》第 5.1 条和第 5.2 条的结论,但对其理由作出修改,确认《SPS 协定》第 5.1 条和第 2.2 条要求风险评估的结果必须能支持采取的措施;

(12) 推翻专家组关于《SPS 协定》第 5.5 条的结论;

(13) 专家组没有分析与《SPS 协定》第 2.2 条和第 5.6 条有关的问题,是正确地运用司法节制的结果。

澳大利亚影响新西兰苹果进口的措施案

(WT/DS367)(简称:澳大利亚—苹果案)

【案件基本情况】

申诉方(被上诉方/上诉方):新西兰

被申诉方(上诉方/被上诉方):澳大利亚

第三方(第三参与方):智利、欧共体、日本、巴基斯坦、中国台北、美国

本案涉及的相关协定条款和法律问题:《SPS 协定》第 2.2 条、第 2.3 条、第 5.1 条、第 5.2 条、第 5.5 条、第 5.6 条、第 8 条、附录 A(1)和 C(1)(a);DSU 第 11 条;成立专家组的请求(DSU 第 6.2 条)、散发初步裁决、第三方介入初步裁决程序、法庭之友、(包括由技术专家参加的)庭审公开、选择咨询专家涉及的正当程序(《SPS 协定》第 11.2 条和 DSU 第 13.1 条)(包括向专家提出的问题)。

2007 年 8 月 31 日,新西兰提出与澳大利亚磋商,讨论澳大利亚政府对进口新西兰苹果采取的措施。由于双方磋商未果,根据新西兰的请求,2008 年 1 月 21 日,DSB 决定成立专家组。2010 年 8 月 9 日,专家组向 WTO 成员分发了专家组报告。澳大利亚和新西兰分别提出上诉。11 月 29 日,上诉机构做出报告。12 月 17 日,DSB 通过了上诉机构报告和专家组报告。

本案涉及的是澳大利亚针对进口新西兰苹果采取的措施。自 1921 年起,澳大利亚就禁止新西兰苹果进口。1999 年 1 月,新西兰提出进入澳大利亚市场的申请,澳大利亚检验检疫局发起了对新西兰苹果的进口风险评估(IRA),其中特别针对火疫病、欧洲溃疡和苹果瘿蚊这三种植物

害虫疾病。2006年11月,澳大利亚生物安全署发布了针对进口新西兰苹果的最终风险分析报告(Import Risk Analysis Report,以下简称"IRA报告")。该报告的风险评估采用的是"半定量"评估方法,即针对每种害虫,采用对于入侵、定居和传播概率的定量评估与对于生态环境和经济环境潜在影响的定性评估相结合的方法。IRA报告对"不受限制的风险"作了总体认定。所谓"不受限制的风险",是指在不采取风险管理措施的情况下进口新西兰苹果所伴随的风险。当某种特定害虫"不受限制的风险"超过澳大利亚的适当保护水平时,当局就可能采取某些管理措施以降低风险。新西兰质疑的正是IRA报告向动植物检疫主管部门建议的一系列风险管理措施。

新西兰在其提交专家组的请求中列明了IRA报告建议的17项措施,其中8项关于火疫病,5项关于欧洲溃疡,1项关于苹果瘿蚊,还有3项是针对这三种害虫疾病的"一般"措施。2008年12月19日,双方就17项具体措施中的1项达成协议,因此专家组最终就另外16项涉案措施进行审查。IRA报告规定,新西兰必须在苹果出口之前针对每种待检疫害虫与澳大利亚达成标准操作程序的协议。但是,双方从未达成此类协议。

新西兰提出,涉案的措施无论单独还是作为整体,均与《SPS协定》第2.2条、第2.3条、第5.1条、第5.2条、第5.5条、第5.6条、第8条和附件C(1)(a)不相符。

【专家组的分析和结论】

专家组审理了下列实体问题:

一、涉案措施是否与《SPS协定》第2.2条、第5.1条和第5.2条相符

新西兰指控,IRA报告关于火疫病的8项要求和关于欧洲溃疡的5项要求与《SPS协定》第2.2条、第5.1条和第5.2条是不相符的。新西兰声称,IRA报告高估了进口新西兰苹果的害虫入侵、定居和传播可能性,同时也高估了澳大利亚境内(火疫病和欧洲溃疡)入侵、定居和传播所伴随的生态环境和经济环境的潜在影响,因为IRA报告的推理并不是恰当地以科学证据为基础的。

首先,专家组探讨了报告中设定的八项具体"进口步骤",在对每项步骤的合理性都作出具体认定之后,考察了进口风险总体可能性。新西兰主张,基于科学证据,针对火疫病的进口风险总体可能性应当明显地更低;而对于欧洲溃疡,在科学证据和每一步骤的可能性之间并没有客观而理性的联系。专家组最终认定,IRA报告针对火疫病的总体进口风险可能性的评估并未依据充分的科学证据,它所依据的科学证据并不支持针对欧洲溃疡总体进口风险可能性的评估。因此,IRA报告对于这两种害虫进口风险的评估论证总体上不是客观和前后一致的。

其次,专家组分析了IRA报告对于火疫病和欧洲溃疡这两种害虫入侵、定居和传播可能性的评估。专家组考察了IRA报告对以下相关因素的处理:进口的可能性(根据之前讨论的不同的进口步骤)、接近程度、暴露程度、入侵的可能性、传播的可能性。专家组指出,IRA报告关于火疫病和欧洲溃疡的暴露程度、定居和传播可能性的结论在很大程度上是基于一系列的假定和限制,其中一些假定和限制没有说服力,无法排除人们对评估的合理怀疑。专家组认为,IRA报告没有恰当地考虑本来可能会对该特定风险的评估产生重要影响的一系列因素。因此,专家组认定,澳大利亚IRA报告中对于火疫病和欧洲溃疡入侵、定居和传播可能性的推理论证,包括对各个可能性的价值评估,并没有依据充分的科学证据,因而不是客观和前后一致的。

最后,专家组分析了火疫病和欧洲溃疡这两种害虫对生态环境和经济环境的潜在影响。专家组注意到,IRA报告对于这两种害虫潜在影响的评估是在考虑了一系列直接和间接标准的基础上得出的,直接标准包括植物生命或健康、人类生命或健康及其他环境影响等,间接标准包括控制或消灭、国内贸易或产业、国际贸易、环境和社区团体等。专家组在考察这些证据后认定,IRA报告对于火疫病和欧洲溃疡所伴随的生态环境和经济环境潜在影响的评估并没有基于充分的科学证据,因而不是客观和前后一致的。

基于以上认定,专家组认为,澳大利亚的IRA报告并不构成《SPS协定》附件A第4段和第5.1条意义上的合适风险评估。前述的缺陷也使得IRA报告无法充分地考虑《SPS协定》第5.2条所要求的诸如可获得科学证据、澳大利亚和新西兰的相关生产和处理方法以及火疫病和欧洲溃疡的事实上流行等诸多因素。

新西兰还认为,IRA 报告采取的评估方法有缺陷,对于一个几乎不可能发生的事件取了最大的可能值,夸大了新西兰苹果计划贸易量;这个缺陷导致了 IRA 报告对涉案害虫入侵、定居和传播概率的高估。专家组审查后得出结论:可能性间隔的选择在 IRA 报告中并没有得到适当的证明,而且这个选择与 IRA 报告采用统一传播的建模方式,会导致对于这类"可以忽略不计的"事件可能性的额外高估。因此,专家组认定这两个缺陷导致评估夸大了风险,将某些最不可能发生的事情评估为有一定的发生概率。由此,专家组裁定,由于上述的方法论错误夸大了评估风险,澳大利亚的 IRA 报告不构成《SPS 协定》附件 A 第 4 段和第 5.1 条意义上的合适风险评估;这些缺陷也使得 IRA 报告无法充分地考虑《SPS 协定》第 5.2 条所要求的科学证据。

综上所述,专家组认定,澳大利亚关于进口新西兰苹果的火疫病和欧洲溃疡的要求与《SPS 协定》第 5.1 条和第 5.2 条不相符。此外,既然这些要求并不是基于第 5.1 条规定的风险评估,那么也可以被推定为并没有基于第 2.2 条意义上的科学原则。因此,这些措施与第 2.2 条也是不相符的。

针对新西兰关于苹果瘿蚊措施的指控,专家组的分析思路也是类似的,从 IRA 报告的缺陷入手,先分析报告对苹果瘿蚊入侵、定居和传播可能性的评估,再分析报告对潜在影响的评估。针对苹果瘿蚊入侵、定居和传播的可能性,专家组考察了以下事项:苹果瘿蚊虫卵生存能力的可得数据,在已捕获的虫卵中苹果瘿蚊的生存能力和作为寄生虫的作用,苹果瘿蚊的迁徙范围、出现时间,澳大利亚境内苹果瘿蚊传播的气候条件和苹果贸易模式。在综合分析各种证据之后,专家组的结论是:IRA 报告关于苹果瘿蚊生存能力的论证;关于苹果瘿蚊延长出现的转移可能性的评估;关于苹果瘿蚊在澳大利亚定居和传播的可能性,包括必需气候条件和地理范围这些条件存在的论证;关于新西兰苹果进口至澳大利亚境内过程中苹果瘿蚊的不受限制风险和苹果贸易模式的论证,都不是客观公正的。综上所述,专家组得出以下结论:澳大利亚 IRA 报告中关于苹果瘿蚊入侵、定居和传播可能性的论证是有缺陷的,足以引起对风险评估的合理怀疑。由于没有考虑相关因素,而这些因素可能会对特定风险的评估产生重大影响,因此这些缺陷导致 IRA 报告的论证不是基于充分的科学证据,也就不是客观公正的。针对苹果瘿蚊进口所伴随的生态环境和经济环境的潜在影响,专家组同样认为 IRA 报告的评估并没有依据充分的科学证据,因此不是客观和前后一致的。

根据以上论证,专家组认为,IRA 报告关于苹果瘿蚊入侵、定居和传播可能性的分析,以及关于进入澳大利亚境内的苹果瘿蚊所伴随的生态环境和经济环境潜在影响的分析,在《SPS 协定》附件 A 第 4 段和第 5.1 条意义上不是合适的风险评估。IRA 报告的缺陷导致它没有充分考虑相关因素。基于此,专家组裁定澳大利亚对新西兰苹果采取的关于苹果瘿蚊的检查和处理要求与《SPS 协定》第 5.1 条和第 5.2 条是不相符的。既然这些要求并不是基于第 5.1 条规定的风险评估,那么也可以被推定为并没有基于第 2.2 条意义上的科学原则。因此,这些措施与第 2.2 条也是不相符的。

新西兰还指控,澳大利亚针对三种涉案害虫采取的三项"一般"措施与《SPS 协定》第 5.1 条、第 5.2 条和第 2.2 条不相符。专家组注意到,这些措施的目的、形式和性质都与本案涉案害虫有关的具体措施相联系。既然已经裁定关于火疫病、欧洲溃疡和苹果瘿蚊三种害虫的措施与《SPS 协定》第 5.1 条、第 5.2 条和第 2.2 条不相符,而 IRA 报告也没有单独论证一般措施,因此专家组裁定这些一般措施与《SPS 协定》第 5.1 条、第 5.2 条不相符,与第 2.2 条也不相符。

二、涉案措施是否与《SPS 协定》第 5.5 条和第 2.3 条相符

新西兰指控澳大利亚对进口新西兰苹果采取的 16 项措施与《SPS 协定》第 5.5 条不符。《SPS 协定》第 5.5 条要求实施措施的成员"避免其认为在不同情况下适当的保护水平存在任意或不合理的区别,如果这样的区别造成歧视或对国际贸易的变相限制"。要证明某个成员的措施违反第 5.5 条,必须满足三个条件:在不同的情况下,某个成员采取了其认为水平适当的保护措施;这样的保护水平存在任意或不合理的区别;这样的区别造成歧视或对国际贸易的变相限制。专家组认为,要考察第一个条件,就必须评估新西兰提出的情形是否不同但又可比,还要评估这些情形

是否涉及适当的保护水平的差异。新西兰提出了两种可比情形,即澳大利亚针对新西兰苹果的火疫病和针对日本鸭梨的欧文氏菌与针对新西兰苹果的欧洲溃疡和针对日本鸭梨的褐腐病所采取的措施。专家组认为,要构成可比情形,就必须涉及同种或类似害虫入侵、定居和传播的风险,或者同种或类似害虫伴随的生态环境和经济环境潜在影响的风险。针对新西兰提出的这两种情形,专家组认定均符合可比性的两项条件,因而构成可比情形。

专家组接着考察了第二个条件,即适当保护水平是否存在任意或不公正的区别。关于前述两种不同病菌的两种不同比较,专家组考察了一系列不同的风险因素,认为新西兰没有提供足够证据来证明新西兰苹果的欧洲溃疡如何与日本鸭梨的褐腐病的总体风险相比较,也未能证明新西兰苹果的火疫病和日本鸭梨的欧文氏菌的总体风险如何比较。因此,专家组最终认定,无法在《SPS协定》第5.5条项下继续其关于新西兰苹果的欧洲溃疡和日本鸭梨的褐腐病的比较分析。专家组指出,新西兰未能证明这两种可比情形满足第5.5条测试标准的第二个条件。因此,专家组认定,新西兰未能证明这种情形下实施的措施实际获得的保护水平存在差异。

综上所述,专家组裁定,新西兰未能证明两组可比情形满足《SPS协定》第5.5条"三步走"测试标准的第一个和第二个条件,因此驳回新西兰的指控。新西兰还就《SPS协定》第2.3条的两句话提出诉请。专家组指出,新西兰在第2.3条项下的指控完全以其在第5.5条项下的诉请为基础,既然专家组已经驳回新西兰在第5.5条项下的诉请,据此也驳回其在第2.3条项下的诉请。

三、涉案措施是否与《SPS协定》第5.6条相符

关于新西兰在《SPS协定》第5.6条项下的指控,双方都认为,证明违反质疑条款,就要证明存在可以累计满足三个条件的替代措施:合理考虑了技术和经济可行性;达到了成员方卫生与植物检疫适当保护水平;与原SPS措施相比,对贸易的限制作用明显较小。第5.6条要求,各成员应保证其采取的卫生与植物卫生措施的贸易限制水平不超过为达到适当保护水平所要求的程度。新西兰提出了关于火疫病、欧洲溃疡和苹果瘿蚊的具体替代措施，并主张其提出的涉案 16 项措施的替代措施都满足上述三个条件。专家组分三组加以分析:关于火疫病和欧洲溃疡的措施、关于苹果瘿蚊的措施以及一般措施，其分析思路是评估新西兰提出的这些替代措施是否满足第 5.6 条"三步走"测试标准。专家组针对特定害虫的措施，首先分析第二个条件，只有在满足第二个条件的前提下才会继续分析第一个和第三个条件；而针对一般措施，专家组则从第三个条件入手，因为这涉及新西兰主张的替代措施是否能与这些措施相比较的门槛问题。

关于火疫病和欧洲溃疡的替代措施，专家组首先明确了新西兰提出的替代措施:将进口苹果限制在成熟、无症状的范围内，然后分析将新西兰进口苹果限制在成熟、无症状的范围内是否达到澳大利亚关于火疫病和欧洲溃疡的适当保护水平。专家组首先分析新西兰是否已经证明澳大利亚夸大计算了新西兰苹果的进口风险。专家组认为其在前述《SPS 协定》第 5.1 条和第 5.2 条项下已经讨论过该问题，并确认新西兰已经证明澳大利亚的 IRA 报告高估了火疫病的风险，因此"没有理由认为新西兰建议的替代措施不符合澳大利亚的适当保护水平"。专家组接着评估新西兰的替代措施是否足以将风险降至乃至低于澳大利亚的适当保护水平。根据科学专家的意见，专家组认定新西兰提出了澳大利亚未能反驳的令人信服的假设，即将新西兰进口苹果限制在成熟、无症状的范围之内的火疫病替代措施符合澳大利亚的适当保护水平，满足第 5.6 条测试标准的第二个条件。专家组就欧洲溃疡得出了类似结论。接下来，专家组分析第 5.6 条测试标准的第一个条件，即替代措施是否考虑了技术和经济灵活性。专家组经过考察认定，新西兰关于火疫病和欧洲溃疡的替代措施是其当前的苹果生产和出口惯例，且是适当的质量控制措施；新西兰在论证关于火疫病和欧洲溃疡的替代措施满足了第 5.6 条测试标准的第一个条件时提出了表面证据，且澳大利亚未能反驳。最后，专家组考察第 5.6 条测试标准的第三个条件，即将新西兰进口苹果限制在成熟、无症状的范围内与澳大利亚现行的火疫病和欧洲溃疡措施相比对贸易的限制作用是否明显更小。专家组认定，新西兰已经证明其替代措施与澳大利亚现行措施相比对贸易的限制作用明显更小。综上所述，专家组认定新西兰证明了关于火疫病和欧洲溃疡替代措施第 5.6 条测试标准的所有三个条件。因此，澳大利亚采取的对火疫病和欧洲溃疡的措施与第 5.6 条不相符。

根据相同的分析思路,专家组认定澳大利亚关于苹果瘿蚊的措施14也与《SPS协定》第5.6条不相符。

最后,专家组考察了新西兰提出的关于一般措施(措施15—17)的替代措施。专家组首先分析第三个条件,即替代措施的贸易限制作用是否明显更小。针对措施15,专家组认定无法有效地比较措施15与新西兰提出的替代措施;针对措施16和17,专家组认定新西兰未能证明替代措施的贸易限制作用更小。综上所述,专家组裁定新西兰未提出表面证据证明替代措施满足了《SPS协定》第5.6条测试标准的三个条件。由于三个条件是累计的,缺一不可,因此专家组裁定新西兰并没有证明措施15—17与第5.6条是不相符的。

专家组建议DSB要求澳大利亚修改其措施,使之符合《SPS协定》的规定。

【上诉机构的分析和结论】

澳大利亚和新西兰均提出上诉。上诉机构首先审察专家组对其职权范围的裁定。专家组裁定,新西兰在《SPS协定》附件C(1)(a)和第8条项下的指控不在本案专家的组职权范围之内。上诉机构注意到,专家组已经在其初步裁决中裁定新西兰的请求列明了17项措施,而附件C(1)(a)和第8条作为新西兰诉请的基础,应在专家组的职权范围之内。认定措施是否可能违反或者引起违反相关义务,是一项须以事实判断为基础予以解决的实体性事项。因此,专家组就其自身职权范围所作的结论是错误的,上诉机构推翻专家组的裁定。

澳大利亚指控专家组没有履行其在DSU第11条项下关于对事项作出客观评估的职责。上诉机构仔细审察了澳大利亚诉请涉及的各个细节,认定专家组没有忽视也没有放弃职责而不处理对澳大利亚有利的证据。基于此,上诉机构拒绝了澳大利亚关于专家组未适当履行其在DSU第11条项下职责的指控。上诉机构还认定,澳大利亚并没有证明专家组在评价澳大利亚的风险评估方法时违背了DSU第11条。

除了上述结论,上诉机构还分析了下面两个问题:

一、关于某些具体措施和一般措施不符合《SPS 协定》第 5.1 条和第 5.2 条的裁定

专家组认定澳大利亚关于火疫病、欧洲溃疡和苹果瘿蚊的涉案 SPS 措施,以及与这些害虫有关的一般措施,均与《SPS 协定》第 5.1 条和第 5.2 条不相符,并暗示其与第 2.2 条不相符。澳大利亚对此裁定提出上诉。

上诉机构首先解释了相关条文。《SPS 协定》第 5.1 条要求卫生与植物检疫措施须以"风险评估"为基础,而针对虫害的"风险评估"定义则规定在《SPS 协定》附件 A(4)中。第 5.2 条规定了风险评估必须考量的一系列因素。上诉机构注意到,"风险评估者是否根据《SPS 协定》第 5.2 条考虑了可获得科学证据,以及其风险评估是否构成第 5.1 条和附件 A(4)意义上合适的风险评估,解决这个问题要分析风险评估者的结论和相关可获得科学证据两者之间关系"。关于专家组在上述条文项下考察风险评估应适用的审查标准,上诉机构忆及之前案件中的认定标准,即"专家组对支撑风险评估结论的科学基础的审查,以及对风险评估者在此基础上的论证推理的审查"。关于科学基础,专家组应当分析,根据相关学界的标准,它是不是合理、科学的。关于对风险评估者的论证推理,专家组应当评估,基于科学证据的论证推理是不是客观、连贯的,即成员方评估风险所得出的具体结论是否有充分的科学证据作为支持。基于以上背景,上诉机构考察了澳大利亚的三点诉请:专家组错误地解释和适用了其在《SPS 协定》第 5.1 条项下审查 IRA 报告所用的审查标准;专家组在评估中对 IRA 报告之专家判断意见的使用犯了错误;专家组没有评估其确认的 IRA 报告论证过程中所犯错误的严重程度。上诉机构依次考察了上述几点。

关于专家组使用的审查标准,澳大利亚声称,专家组错误地适用了上诉机构在美国—持续中止义务案(DS320)中确定的审查标准,由此得出的结论是错误的。上诉机构忆及之前关于风险评估的审查标准中提到的两个方面,此上诉事项并未涉及专家组对于科学基础的审查即第一方面。对于第二方面,上诉机构注意到,专家组裁定某些 IRA 报告结论不是客观、连贯的,是因为它们夸大或者高估了某些风险及后果,并且没有科学证据的支持。因此,上诉机构认定,专家组在裁定 IRA 报告的中期论证

和结论是否有充分的科学证据支持的过程中并没有犯错误。此外,澳大利亚认为,专家组的分析应当仅限于对于中期结论是否落入科学界认可的合理范围之内作简单审查。上诉机构不接受这一观点。上诉机构认为,在 IRA 专家意见成为风险评估者分析不可分割的一部分时,它应当和所有其他风险分析中的论证推理及结论受制于同一种审查标准。上诉机构据此得出结论:专家组在审查 IRA 报告时对于应当适用的审查标准并无不当,即专家组正确地审查了 IRA 报告关于进口可能性,关于火疫病、欧洲溃疡和苹果瘿蚊的入侵、定居和传播可能性及其带来的生态环境和经济环境潜在影响是否有充分的科学证据支持。

关于专家组对于 IRA 使用专家意见的审查,澳大利亚声称,《SPS 协定》第 5.1 条规定的是"适合有关情况"的风险评估,这提供了"当可获得科学证据较少时如何进行风险评估的灵活性",而专家组却错误地要求 IRA 报告详细解释中期阶段如何得出 IRA 专家意见。上诉机构指出,如果成员方基于风险评估而选择采取一项 SPS 措施,它肯定认为相关科学证据已经足以进行一项风险评估;相反,如果成员方考虑到相关科学证据不足以进行一项风险评估,那么它可以基于《SPS 协定》第 5.7 条选择采取临时性 SPS 措施。本案中,澳大利亚进行了风险评估且以此为据采取了 SPS 措施,这个事实表明澳大利亚已经确认相关科学证据足以进行风险评估。上诉机构指出,在科学证据不太确定的情况下,依赖 IRA 专家意见本身无可厚非。但是,在有科学证据的情况下,澳大利亚不依据科学证据,却反复引用专家意见,且没有解释这样做的原因,专家组正是对这一做法提出质疑。上诉机构指出,"适合有关情况"这一短语并没有阻止专家组在存在某些科学不确定性而风险评估者又依赖专家意见得出结论的情况下去评估该风险评估的客观连贯性。上诉机构得出以下结论:专家组在认定 IRA 报告并没有充分证明其对专家意见的使用以及 IRA 报告应当解释中期阶段如何得出专家意见的过程中并无不当;专家组要求 IRA 报告的结论(包括根据专家意见而得出的结论)应当基于可获得科学证据并无不当。因此,专家组对 IRA 报告的结论和科学证据两者之间是否存在客观和理性联系的分析是正确的。

澳大利亚提出,专家组没有评估其在 IRA 报告经论证得出的中期结论中所犯错误的严重程度。澳大利亚声称,专家组应当审视为什么 IRA

报告的论证中的错误严重到损害了整体风险评估的"合理可信度"。上诉机构审查了专家组裁定的分析思路后指出,专家组的分析表明,它已经考虑了 IRA 报告有关害虫入侵、定居和传播的进口步骤和因素的推理中所犯的错误在数量和质量上已足以使 IRA 报告与《SPS 协定》第 5.1 条不相符。更不用说专家组所用方法的正确性,专家组是对所有审查过的步骤和因素都进行了综合分析才得出其结论的,而该结论也揭示了 IRA 报告并没有适当地考虑那些可能对火疫病和苹果瘿蚊的风险评估产生重要影响的步骤和因素。因此,上诉机构得出结论:专家组基于对 IRA 报告分析的单个步骤和因素的综合分析,恰当地评估了 IRA 是否构成《SPS 协定》第 5.1 条意义上的风险评估。

综上所述,上诉机构得出以下结论:专家组正确认定了 IRA 报告并不构成《SPS 协定》第 5.1 条和附件 A(4)意义上的合适风险评估,且专家组根据《SPS 协定》第 5.2 条确认 IRA 报告没有充分考虑诸如可获得科学证据、澳大利亚和新西兰加工和生产的相关方法、火疫病和苹果瘿蚊的流行等因素。因此,上诉机构维持专家组的裁定,即澳大利亚关于火疫病和苹果瘿蚊以及有关害虫的一般措施,与《SPS 协定》第 5.1 条和第 5.2 条不相符,同时也与第 2.2 条不相符。

二、关于专家组对涉案措施贸易限制作用的裁定

专家组认为,澳大利亚的火疫病和苹果瘿蚊措施对贸易的限制作用超过了必要的程度,因而与《SPS 协定》第 5.6 条不相符。澳大利亚对此提出上诉。上诉机构首先解读了第 5.6 条的条文以及脚注 3。上诉机构注意到,要证明某项措施不符合《SPS 协定》第 5.6 条,须证明存在被质疑措施之外的其他措施,该其他措施可以累计满足三个条件:(1) 合理考虑了技术和经济可行性;(2) 达到了成员方卫生与植物检疫适当保护水平;(3) 与原 SPS 措施相比,对贸易的限制作用明显较小。上诉机构解释说,专家组在决定是否满足前两个条件时必须将评价的焦点放在提议的替代措施上,只有审查第三个条件时才需要比较提议的替代措施和受质疑的 SPS 措施。上诉机构注意到,《SPS 协定》第 5.1 条和第 5.6 条的义务是相互独立的,一项 SPS 措施与第 5.1 条相符性的法律分析是独立于与第 5.6 条相符性的法律分析的。

基于以上背景，上诉机构接下来分析了澳大利亚的具体上诉。本案专家组曾经认定，澳大利亚关于火疫病、欧洲溃疡和苹果瘿蚊的措施对贸易的限制作用超过了必要限度，因此与《SPS协定》第5.6条不相符。澳大利亚的上诉重点关注"新西兰提出的替代措施符合澳大利亚的适当保护水平"，即第二个条件。澳大利亚声称，专家组在法律上犯了错误，特别是错误地认定新西兰已经提出一个足以令人信服的假设：将新西兰进口苹果限制在成熟、无症状的范围之内是针对火疫病措施的替代措施，对每个进口批次的600个水果样本进行检疫是针对苹果瘿蚊措施的替代措施，符合澳大利亚的适当保护水平。上诉机构的分析集中于前述第二个条件。《SPS协定》附件A(5)中对"适当的卫生与植物检疫保护水平"的定义是制定措施的成员方"认为适当的保护水平"，且这一条的注释还特别标明，许多成员方把这一概念称为"可接受的风险水平"。在第5.6条项下，专家组要评估一项贸易限制用明显较小且符合适当保护水平的替代措施是否合适，必须同时认定两项保护水平，即进口成员方设置的保护水平与申诉方提出的替代措施将会达到的保护水平。在这一点上，专家组须对上述两项保护水平加以必要的比较：若提出的替代措施达到的保护水平达到或超过了适当保护水平，那么（假设已经满足其他两项条件）进口成员方的SPS措施的贸易限制作用就超过必要限度。澳大利亚声称，专家组关于第5.6条的裁定在很大程度上是关于IRA报告违反第5.1条的延伸，因此如果上诉机构推翻专家组关于第5.1条、第5.2条和第2.2条的裁定，那么专家组关于第5.6条的裁定将会因为缺乏基础而落空。由于上诉机构维持了专家组关于《SPS协定》第5.1条、第5.2条和第2.2条的裁定，因此不会因此推翻专家组关于第5.6条裁定。再说，第5.1条和第5.6条项下的义务是互相独立的，违反一个条款并不意味着违反另一条款。即使上诉机构推翻专家组在第5.1条和第5.2条项下的裁定，也不会必然推翻专家组在第5.6条项下的裁定。

上诉机构接着分析澳大利亚上诉的主要部分，即关于"专家组在评价新西兰在《SPS协定》第5.6条项下指控时采取的总体分析方法"。专家组采取了"两步走"的方法：第一步，评估"新西兰是否证明了澳大利亚夸大计算了新西兰进口苹果导致的风险"。如果新西兰能成功证明这一点，那么对于这一风险是否会超过IRA报告计算出来的澳大利亚适当保护水平,并且据此采取IRA报告规定的严格风险管理措施就会存疑。因为风险管理措施只有在风险超过适当保护水平的时候才是必要的。如果对风险是否超过适当保护水平还有疑问,那么专家组就应当考察新西兰提出的对贸易限制作用较小的替代措施是否能满足澳大利亚的适当保护水平。第二步,专家组会更加直接地评估,假设风险管理措施是必要的,新西兰提出的替代措施是否足以将风险降至乃至低于澳大利亚的适当保护水平。上诉机构在审查时发现,专家组在分析第5.6条时存在一系列问题:对于"两步走"的分析方法,专家组认为,申诉方在第5.6条项下提出诉请时要证明进口成员方高估了进口产品带来的风险,或者在论证SPS措施必要时犯了错误。上诉机构认为这种要求是没有依据的。专家组认为,只有对进口成员方的风险评估有疑问,才需要分析申诉方提出的替代措施是否符合第5.6条的第二个条件。上诉机构也不同意这样的说法。上诉机构反复重申第5.1条和第5.6条项下规定的义务"不同且在法律上是相互独立的",专家组的职责是评价新西兰提出的替代措施(而非涉案的SPS措施)是否能达到澳大利亚的适当保护水平,而不是审查成员方当局对这个问题的决定。上诉机构接着指出,在第5.6条项下,法律问题是进口成员方是否可以采取一项贸易限制作用较小的措施,而这要求专家组就申诉方提出的替代措施是否能达到进口成员方的适当保护水平作出客观的评价。基于以上论证,上诉机构认定,专家组分析新西兰在第5.6条项下的指控时采取的方法是错误的。由于专家组不适当地将其裁定依赖于第5.1条项下审查IRA报告时已经作出的裁定,因而没有就新西兰的替代措施是否达到澳大利亚的适当保护水平作出肯定性裁定。专家组关于第5.6条的裁定是缺乏法律基础的。因此,上诉机构驳回专家组认定澳大利亚关于火疫病和苹果蠹蛾的涉案措施与第5.6条不相符的裁定。

上诉机构接下来考虑是否能够就新西兰在《SPS协定》第5.6条项下的指控完成法律分析。关于这一点,上诉机构确认专家组已经认定第一个和第三个条件已经满足,且澳大利亚没有就这些认定提出上诉。那么,接下来的问题只有"新西兰的替代措施是否能达到澳大利亚的适当保护水平"。通过审查专家组的分析,上诉机构发现,关于火疫病的替代措施,专家组的记录足以认定澳大利亚的适当保护水平就是"为了将风险降至非常低却非零水平的目标"。而关于新西兰的替代措施的风险,专家组讨论了相当数量的涉案证据,但最后并没有就大部分证据作出认定,也没有考虑新西兰的替代措施带来的总体风险,即害虫入侵、定居和传播的风险以及潜在的生态环境和经济环境影响。因此,上诉机构指出,由于不存在足够的无争议事实或者专家组的事实性裁定,它无法对新西兰替代措施的保护水平和澳大利亚的适当保护水平作出必要的比较,因此无法完成关于第5.6条第二个条件的法律分析。基于同样的原因,上诉机构也无法完成新西兰关于苹果瘿蚊的替代措施是否满足第5.6条第二个条件的法律分析。

基于以上论证,上诉机构推翻了专家组关于澳大利亚关于火疫病和苹果瘿蚊的措施与《SPS协定》第5.6条不相符的裁定,但是无法完成新西兰在该条项下指控的法律分析。

美国影响中国禽肉进口的措施案

(WT/DS392)(简称:美国—禽肉案(中国诉))

【案件基本情况】

  申诉方:中国
  被申诉方:美国
  第三方:巴西、欧共体、危地马拉、韩国、中国台北、土耳其

  本案涉及的相关协定条款和法律问题:《SPS协定》第2.1条、第2.2条、第2.3条、第3.1条、第3.3条、第5.1条、第5.2条、第5.3条、第5.4条、第5.5条、第5.6条、第5.7条、第8条;《农业协定》第4.2条;GATT第1.1条、第11.1条和第20(6)条。

  2009年4月17日,中国要求与美国磋商,解决美国阻止中国禽肉出口措施的问题。由于双方磋商未果,经中国请求,成立了专家组。2010年9月29日,专家组做出最终报告。10月25日,DSB通过了专家组报告。

  中美禽肉贸易争端最早可追溯至2004年。这一年,中美同时爆发禽流感,中方停止进口美国禽肉产品,而中国的禽肉产品此前从未打入美国市场。为解决中美禽肉贸易问题,当年4月,双方经商谈同意同时解除对对方的"禁令",约定在履行相关程序后,美方向中国出口冷冻禽肉产品,中方则对美出口熟制禽肉产品。但是,美方提出希望先向中方出口,并保证履行其承诺。在这种情况下,中方提前对美国禽肉产品开放了市场。

  然而,在把本国禽肉产品输入中国后,美方开始千方百计地阻止中国禽肉产品出口到美国。美国农业部以"履行有关法律程序"为由,一拖再

拖。2007年8月2日,美国农业部再无任何合适的理由限制中国禽肉产品进口,其众议院通过了《2008年农业拨款法》,其中731条款明确规定,"根据本法所提供的任何拨款,不得用于制订或实施任何允许美国进口中国禽肉产品的规则"。同时,美国《2008年综合拨款法》733条款也作出相同的规定。由于财政预算不能提供相应资金,也就无法制订关于中国禽肉的更进一步的市场准入规则,因此导致中国禽肉对美出口受阻的状态始终无法改变。

继731条款和733条款后,2009年3月10日,美国参议院通过的《2009年综合拨款法》(以下简称《2009拨款法》)727条款又完全照搬了先前的规定,重申"根据本法所提供的任何拨款,不得用于制订或实施任何允许美国进口中国禽肉产品的规则"。3月11日,时任美国总统奥巴马签署了该法案。法案签署当天,中国商务部即作出回应,明确表示727条款是典型的歧视性贸易保护主义做法,严重违反了WTO规则,干扰了中美禽肉贸易的正常开展,损害了中国禽肉业的正当权益。中国正式就美国《2009拨款法》的727条款诉诸世界贸易组织。

2009年10月21日,奥巴马正式签署《2010年综合拨款法》。该法案第743条(以下简称"743条款")对《2009拨款法》的727条款进行了修正,规定在满足加强检验核查、增强措施透明度等要求后,允许将拨款用于进口中国禽类或禽类制品。

【专家组的分析和结论】

在长达200页的专家组报告中,专家组裁定,美国《2009拨款法》关于限制中国禽肉进口的规定,即727条款违反了包括《SPS协定》及最惠国待遇原则在内的多项WTO规则。

一、先决问题:专家组的审理权限

在程序伊始,美国便请求专家组对中国有关《SPS协定》的诉请作出初步裁决。美国认为,中国并没有就关于《SPS协定》的诉请提出磋商请求,因此关于《SPS协定》的诉请并不在专家组的审理权限范围内。

中国的磋商请求相关部分的原文如下:"此外,尽管中国认为引发争议的美国限制中国禽肉产品进口的措施不构成《SPS 协定》含义下的 SPS 措施,但是如果任何这类措施被证明属于 SPS 措施,中国同样依《SPS 协定》第 11 条请求与美国进行磋商。尤其是,在任何这类措施被证明是 SPS 措施的限度内,中国认为其违反了美国在《SPS 协定》下的义务,包括但不限于该协定第 2.1 至 2.3 条、3.1 条、3.3 条、第 5.1 至 5.7 条及第 8 条项下的义务。"

因此,专家组需首先决定,中国在磋商请求中使用虚拟语态是否意味着中国没有根据《SPS 协定》请求磋商,以及这是否将使得专家组对中国在《SPS 协定》下的诉请没有管辖权。

在专家组看来,中国是根据 GATT 和《农业协定》质疑 727 条款,作为替代诉请,美国在争辩 727 条款是《SPS 协定》范围内的 SPS 措施时,则根据《SPS 协定》质疑 727 条款。因此,在后一种情况下,中国似乎想确保《SPS 协定》也在专家组的职权范围内。专家组认为,中国的这种考虑与韩国—商业船舶案(DS273)中专家组的论证相符,即"如果一申诉方希望根据多项规定对一特定措施提出诉请,无论是互补性的还是选择性的,DSU 第 6.2 条不但允许申诉方在其设立专家组的请求中提及全部这些规定,并且要求申诉方这样做"。专家组认为这一逻辑同样适用于本案的情形。因此,考虑到磋商请求的上下文,专家组认为中国的磋商请求的确"指明"了一项《SPS 协定》。此外,如果跳出磋商请求来考察"随后发生的情况",并将中美两国随后的信件往来纳入考察范围,结论将更加明显。

基于上述分析,专家组认为,通过对磋商请求的整体考虑,中国在其磋商请求中指明了涉及《SPS 协定》的措施,尽管是用一种附条件的方式。另外,对随后发生的情况,特别是对磋商进行之前双方信件往来的考察,同样支持这一结论。专家组否定了美国的主张,裁定中国的确根据《SPS 协定》第 11 条提出了磋商请求,并指明了作为其诉请基础的《SPS 协定》的各项规定。因此,中国的 SPS 诉请在专家组的审理权限范围内。

美国主张,727 条款已于 2009 年 9 月 30 日,中国提交第一次书面材料截止日期的两天前过期。对此,中国并无异议。这引发了如下问题:专家组能否对一项不再有效的措施作出裁定?

专家组注意到,之前案件的专家组曾决定在如下情况下可对过期的措施作出裁定:被申诉方不承认其过期措施与 WTO 义务不相符,并且被废除的措施很容易就被重新确立。结合本案,专家组认为727条款的情形正是如此:美国不承认被指控的727条款与WTO义务不符,且在美国此类拨款法律具有年度性。727条款用相同的措辞重申了前一年度的拨款规定。727条款取代了733条款,743条款又取代了727条款。尽管743条款与727条款、733条款并没有使用相同的措辞,但是专家组认为,如果拒绝对已经过期的727条款作出裁定,则有可能剥夺中国请求对美国的行为与WTO义务的相符性进行实质性审查的权利,并有可能允许潜在的违反WTO相关规定的不法行为重复。

因此,专家组决定继续审查727条款与WTO义务的相符性。但是,专家组承认,对于一项已经终止法律效力的、被废除的措施来说,并不适宜根据DSU第19条给出建议。

二、727条款与《SPS协定》的相符性

在确认专家组对涉及《SPS协定》的诉请有审理权限以及对727条款这一过期措施的审理必要性后,专家组首先分析了727条款是否属于《SPS协定》范围内的措施,随后对727条款与《SPS协定》相关规定的相符性逐一进行了审查。

1. 727条款是否属于SPS措施

《SPS协定》附件A对SPS措施进行了规定:

  1. 卫生与植物卫生措施——用于下列目的的任何措施:
  ……
  (b) 保护成员领土内的人类或动物的生命或健康免受食品、饮料或饲料中的添加剂、污染物、毒素或致病有机体所产生的风险;
  ……
  卫生与植物卫生措施包括所有相关法律、法令、法规、要求和程序,特别包括:最终产品标准;工序和生产方法;检验、检查、认证和批准程序;检疫处理,包括与动物或植物运输有关的或与在运输过程中为维持植物生存所需物质有关的要求;有关统计方法、抽样程序和风险评估方法的规定;以及与食品安全直接相关的包装和标签要求。

根据《SPS协定》第1.1条,一项措施要构成《SPS协定》下的SPS措

施,除了必须符合附件 A(1)关于 SPS 措施的定义外,还必须是受《SPS 协定》纪律约束的直接或间接影响国际贸易的措施。根据上述标准,本案专家组对争议措施 727 条款进行了考察。

专家组注意到,727 条款于 2009 年 3 月 11 日制定,同年 9 月 30 日过期,规定于《2009 拨款法》中。《2009 拨款法》是一部常规的拨款法案,它为美国食品安全检验局(FSIS)的运作提供必要的资金。

专家组注意到,《SPS 协定》附件 A(1)(a)到(d)第一部分以如下方式提及 SPS 措施,即"用于保护……用于防止……的任何措施"。争议双方及专家组均同意这一表述指的是措施的"目的"。附件 A(1)第二部分则为 SPS 措施的类型提供了一份清单,规定(SPS)"措施包括所有相关法律、法令、法规、要求和程序,特别包括",随后列举了一些 SPS 措施可能采取的形式。

据此,专家组从"目的"和"形式"两方面对 727 条款进行了考察。

专家组认为,727 条款的原文并没有提到《SPS 协定》附件 A(1)(a)到(d)所列举的任何目的。但是,《联合解释性声明》及美国国会记录中的有关陈述却清楚地表明,727 条款的制定旨在保护人类与动物的生命和健康免受来自中国的受污染的禽肉产品进口的风险。因此,专家组裁定,727 条款是为附件 A(1)(b)之目的而实施的措施。

关于形式问题,专家组注意到,727 条款是《2009 拨款法》中的一项规定,规范的是与美国政府的一个行政部门的活动有关的拨款问题。尽管 727 条款是一项拨款法案,但美国国会却通过该法案对负责实施有关 SPS 事项的实体法律和规章的行政部门的活动施加控制。因此,727 条款是一项拨款法案的事实并不妨碍其构成《SPS 协定》附件 A(1)第二部分所列明的 SPS 措施的形式。

考虑到 727 条款是一项旨在达成《SPS 协定》附件 A(1)(b)所规定目的的措施,且其属于附件 A(1)第二部分所描述的形式,专家组得出结论,727 条款符合《SPS 协定》附件 A(1)关于 SPS 措施的定义。

那么,727 条款是否直接或间接影响国际贸易?在专家组看来,727 条款的确影响了国际贸易,因为它禁止 FSIS 使用拨款资金来制定和实施允许中国禽肉产品进口的规则。无论将 727 条款的影响视为直接的还是间接的,这一措施的效果都是显而易见的,在其生效期间,中国对美国的禽肉出口根本无从开展。因此,727条款直接或间接影响了禽肉产品的国际贸易,同样满足《SPS协定》第1.1条的第二个条件。

基于以上分析,专家组裁定727条款是《SPS协定》范围内的一项SPS措施。

2. 727条款与《SPS协定》第5.1条和第5.2条的相符性

《SPS协定》第5.1条和第5.2条规定:"1. 各成员应保证其卫生与植物卫生措施的制定以对人类、动物或植物的生命或健康所进行的、适合有关情况的风险评估为基础,同时考虑有关国际组织制定的风险评估技术。2. 在进行风险评估时,各成员应考虑可获得的科学证据;有关工序和生产方法;有关检查、抽样和检验方法;特定病害或虫害的流行;病虫害非疫区的存在;有关生态和环境条件;以及检疫或其他处理方法。"

《SPS协定》第5.1条阐明了SPS措施必须建立在风险评估基础上的基本原则,而第5.2条则为WTO成员如何进行风险评估提供了指导。

根据日本—苹果案(DS245)的专家组报告,依据《SPS协定》第5.1条进行的分析需要回答两个至关重要的问题:第一,是否进行了适合有关情况的、考虑了有关国际组织制定的风险评估技术以及第5.2条所列各项因素的风险评估?第二,SPS措施是否以该风险评估为基础?

结合本案的实际情况,由于美国没有提出任何论点或证据来证明存在风险评估,专家组只能得出结论:727条款没有以任何风险评估为基础,无论这种风险评估是由其官方或任何其他实体作出的。在考察了争议双方提交的证据后,专家组认为,中国已经就如下诉请确立了表面证据案件:就727条款而言,美国未进行任何《SPS协定》第5.1条、第5.2条及附件A(4)意义上的风险评估。因此,专家组裁定,727条款并未建立在风险评估的基础上,违反《SPS协定》第5.1条和第5.2条的义务。

3. 727条款与《SPS协定》第2.2条的相符性

727条款第2.2条规定:"各成员应保证任何卫生与植物卫生措施仅在为保护人类、动物或植物的生命或健康所必需的限度内实施,并根据科学原理,如无充分的科学证据则不再维持,但第5.7条规定的情况除外。"

如果一项SPS措施没有建立在《SPS协定》第5.1条和第5.2条所要求的风险评估基础上,则这一措施通常被推定为没有以科学原理为基础,并且是在没有充分科学证据的情况下维持的。

除FSIS报告外,美国没有向专家组提交有关来自中国的禽肉产品造成的风险的任何具体科学证据,美国提交的证据并没有证明消费来自中国的不安全禽肉的风险的存在。因此,专家组裁定,美国所展示的食品安全实施问题的证据并不构成《SPS协定》第2.2条含义下的"充分"证据。727条款的维持缺乏充分的科学证据,美国违反《SPS协定》第2.2条项下的义务。

4. 727条款与《SPS协定》第5.5条的相符性

《SPS协定》第5.5条体现了在适用适当水平的卫生与植物卫生保护(appropriate level of sanitary or phytosanitary protection,以下简称"适当水平保护")方面的非歧视性原则。该条规定:"为实现在防止对人类生命或健康、动物和植物的生命或健康的风险方面运用适当的卫生与植物卫生保护水平的概念上的一致性,每一成员应避免其认为适当的保护水平在不同的情况下存在任意或不合理的差异,如此类差异造成对国际贸易的歧视或变相限制。"

欧共体—荷尔蒙案(DS26、DS48)的上诉机构指出,为证明一项措施违反《SPS协定》第5.5条,如下三个条件必须全部满足:(1)成员在"不同的情况下"确立了不同的保护水平;(2)保护水平体现了它们对待不同的情况下"任意或不合理的"差异;(3)这些任意或不合理的差异导致对贸易的"歧视或变相限制"。同时,根据澳大利亚—鲑鱼案(DS18)的执行情况审查专家组的裁定,申诉方"承担证明第5.5条的全部三个条件都已满足责任"。

在本案中,专家组必须决定中国就其提出的涉及《SPS协定》第5.5条的诉请是否满足了举证责任。专家组注意到,中国共提出了两种可能的比较,以证明第5.5条的三个条件均获得满足:(1)中国的禽肉与其他WTO成员的禽肉的比较;(2)中国的禽肉与中国的食品产品的比较。

专家组注意到,727条款明确规定,"根据本法所提供的任何拨款,不得用于制定或实施允许美国进口中国禽肉产品的任何规则"。很显然,美国通过727条款所施加的资金限制只适用于中国的禽肉产品,而不针对其他WTO成员禽肉产品。据此,727条款规定的资金限制导致适用于中国禽肉产品的措施(727条款)与适用于其他WTO成员的禽肉产品的措施(FSIS 程序)之间的差异。因此,专家组同意中国的观点,即中国禽肉产品的进口与其他 WTO 成员的禽肉产品构成不同的情形。同时,专家组认为,中国的禽肉产品和其他 WTO 成员的禽肉产品显示的沙门氏菌、弯曲杆菌及李斯特菌的风险,构成《SPS 协定》第 5.5 条项下具有可比性的情形。因此,专家组得出结论:中国禽肉产品的进口与其他 WTO 成员的禽肉产品是不同但具有可比性的情形。专家组确认,本案中 727 条款与 FSIS 程序这样的适用措施之间的实质性区别,的确反映了在两种不同但具有可比性的情形下适用的适当水平保护的差异。因此,专家组裁定,FSIS 程序与 727 条款是如此的不同,反映了适当水平保护方面的区别,满足第 5.5 条的第一个条件。接着,专家组指出,727 条款并没有以风险评估为基础,并且其维持缺乏充分的科学证据。因此,专家组只能得出结论:在适当水平保护上的差异缺乏基于科学原理以及建立在科学证据基础上的正当理由,适用于中国禽肉产品和其他 WTO 成员禽肉产品的适当水平保护的差异是第 5.5 条含义内的"任意或不合理的"差异,第 5.5 条的第二个条件也得到了满足。若在适当水平保护差异的背景下考察措施本身,则 727 条款只适用于中国产品本身就存在歧视。因此,专家组得出结论:在适当水平保护上的"任意或不合理的"差异造成对中国产品的歧视,满足第 5.5 条的第三个条件。因此,在第一种比较的情况下,727 条款违反《SPS 协定》第 5.5 条。

得出上述结论后,专家组认为其已有效解决了中国在《SPS 协定》第 5.5 条项下的诉请。因此,对中国建议的第二种比较,专家组决定适用司法节制,不予分析。

5. 727 条款与《SPS 协定》第 8 条的相符性

《SPS 协定》第 8 条规定:"各成员在实施控制、检查和批准程序时,包括关于批准食品、饮料或饲料中使用添加剂或确定污染物允许量的国家制度,应遵守附件 C 的规定,并在其他方面保证其程序与本协定规定不相抵触。"附件 C(1)(a)规定:"1. 对于检查和保证实施卫生与植物卫生措施的任何程序,各成员应保证:(a) 此类程序的实施和完成不受到不适当的拖延,且对进口产品实施的方式不严于国内同类产品。"

根据上述规定,《SPS 协定》第 8 条和附件 C(1)(a)适用于特定类型的"程序",即那些旨在检查和确保 SPS 措施履行的"控制、检查和批准程序"。专家组认为,根据FSIS的等效性决定过程,除非FSIS承认一国关于禽肉产品检查和安全的SPS措施足以实现美国对禽肉产品的适当水平保护,否则该国将不得对美国出口禽肉产品;只有当这些SPS措施足以满足美国的适当保护水平时,一国才能将禽肉产品出口到美国;如果没有一项肯定的FSIS等效性决定,一国将被禁止在任何情形下向美国出口禽肉和禽肉产品。因此,专家组认为,有理由认定FSIS的等效性决定过程是附件C(1)(a)范围内的进口禽肉产品进入美国的一项"批准程序",因为FSIS的等效性决定程序意味着FSIS给予正式或官方的授权,并因此批准一国向美国出口禽肉和禽肉产品。专家组得出结论:FSIS对于其他WTO成员禽肉和禽肉产品进口的等效性决定程序属于《SPS协定》附件C(1)(a)含义内的"批准程序"。

727条款规定:"根据本法所提供的任何拨款,不得用于制定或实施允许美国进口中国禽肉产品的任何规则。"该条款通过禁止"规则的制定或实施",毫无疑问地排除了FSIS等效性决定过程"完成"的任何可能性。鉴于专家组已经裁定727条款违反《SPS协定》第5.1条、第5.2和第2.2条,因此上述FSIS批准程序完成上的迟延是没有正当理由的。专家组得出结论:727条款完全排除了中国禽肉产品的FSIS等效性程序的完成,并导致《SPS协定》附件C(1)(a)含义内的无故拖延,美国未能遵守《SPS协定》附件C(1)(a)的要求。由于《SPS协定》第8条要求WTO"成员在实施控制、检查和批准程序时,……应遵守附件C的规定",因此对附件C(1)(a)的违反即意味着违反第8条。据此,专家组裁定,727条款违反《SPS协定》第8条。

三、727条款与GATT的相符性

1. 727条款与GATT第1.1条的相符性

GATT第1.1条规定:"在对出口或进口、有关出口或进口及进出口货物的国际支付转账所征收的关税和费用方面,在征收上述关税和费用的方法方面,在出口和进口的规章手续方面,以及在本协定第3.2条及第4款所述事项方面,一缔约国对来自或运往其他国家的产品所给予的利益、优待、特权或豁免,应当立即无条件地给予来自或运往所有其他缔约国的相同产品。"

上诉机构在加拿大—汽车案(DS139、DS142)中指出,GATT 第 1.1 条的目的和宗旨是禁止对来自或运往不同国家的相同产品之间的歧视待遇。本案专家组决定按如下三个步骤进行分析:(1) 727 条款是否为受 GATT 第 1.1 条纪律约束的措施;(2) 727 条款是否授予 GATT 第 1.1 条所涵盖类型的利益;如果是,(3)这些利益是否被立即和无条件地延伸至所有相同产品。

727 条款禁止 FSIS 使用拨款资金制定或实施允许美国进口中国禽肉产品的规则,而 FSIS 对规则的制定或实施是禽肉产品进口到美国的先决条件。同时,727 条款作为一项法律规定的效果便是禁止中国禽肉产品被进口到美国。GATT 第 1.1 条中使用的"与进口有关"并不仅指与进口过程直接相关的措施,也可以包括如 727 条款这样,与一项产品进口的其他方面相关,或者对实际进口具有影响的措施。因此,专家组裁定,727 条款是 GATT 第 1.1 条含义内的与进口有关的规则。

专家组注意到,根据美国的《禽肉法》及 FSIS 程序,任何国家都可以申请将禽肉产品出口美国的资格认定,一旦获得成功的等效性决定,并经《联邦纪事》公布最终规则,相关国家就可以向美国出口禽肉产品。可见,成功完成上述程序是进入美国禽肉产品市场的唯一途径。在美国市场上销售禽肉产品是非常有利的市场机会,失去这种机会则意味着严重的竞争劣势,或者相当于从美国市场竞争中被排除了。这种机会也同样影响两种不同来源产品之间的商业关系,其中一种来源国家被拒绝进入《禽肉法》及 FSIS 的程序。因此,专家组认为,在成功完成《禽肉法》及 FSIS 程序后出口禽肉产品到美国的机会是 GATT 第 1.1 条含义内的一种利益,因为它创造了市场准入机会并影响不同来源产品之间的商业关系。

727 条款禁止 FSIS 使用拨款资金制定或实施允许来自中国的禽肉产品被进口到美国的规则,可见该条款所施加的拨款限制是以其所影响的产品来源为基础的。由于仅针对中国,727 条款施加的是以来源地为基础的歧视。为审查一种利益是否授予其他 WTO 成员的产品而没有授予中国产品,专家组假定中国的禽肉产品与其他 WTO 成员的禽肉产品是相同产品。

727 条款禁止 FSIS 使用资金制定或实施允许进口中国禽肉产品的规则。如果不存在允许禽肉产品进口的规则,即使 FSIS 已决定一国提供了同等的食品安全标准,该国仍无法向美国出口禽肉产品。这意味着,即使中国的禽肉生产制度被证明能够提供与美国适用的标准同等的食品安全标准,由于727条款拨款禁止的存在,中国仍无法向美国出口禽肉产品。此外,美国承认,727条款的目的和效果即在于阻止中国的禽肉产品出口美国,而且727条款对中国施加的拨款禁止不适用于任何其他国家。这意味着,中国是唯一一个被拒绝给予专家组先前所确认的利益的WTO成员。因此,727条款通过拒绝给予中国上述利益而构成对中国的歧视,这一歧视意味着美国没有"立即和无条件地"扩展一种利益。

据此,专家组得出结论:美国未将授予其他WTO成员的利益立即和无条件地授予来自中国的相同产品,因此727条款违反GATT第1.1条。

2. 727条款与GATT第11.1条的相符性

GATT第11条规定了GATT/WTO法律体制的一项基本原则——普遍性取消数量限制。第11.1条规定:"任何缔约国除征收关税、国内税或其他费用以外,不得设立或维持配额、进出口许可证或其他措施以限制或禁止其他缔约国领土的产品的输入,或向其他缔约国领土输出或销售出口产品。"

专家组同意中国的主张,即727条款既不是关税、国内税或其他费用,也不是配额或进出口许可证。考虑到727条款是美国国会制定的一项法律,因此专家组认定它属于可依GATT第11.1条提出质疑的"其他措施"。

FSIS在《联邦纪事》中制定或实施一项规则以允许来自特定国家的禽肉产品进口,是进口这种产品的先决条件;如果没有这一规则的设立或实施,一国将被禁止出口禽肉产品至美国。727条款禁止FSIS使用拨款资金来"制定"或"实施"允许进口中国禽肉产品的规则,这种对资金使用的限制具有禁止进口中国禽肉产品的效果。因此,727条款系为限制中国禽肉产品进口到美国而运作。

据此,专家组裁定,在727条款运作期间,实现对中国的禽肉产品进口禁止,违反GATT第11.1条的规定。

3. 727条款与GATT第20(b)条的相符性

美国根据GATT第20(b)条提出了一项肯定性抗辩。美国主张,

727条款的制定旨在"保护人类和动物的生命和健康免受中国禽肉产品进口的风险"。

GATT第20条导言和(b)项规定如下："本协定的规定不得解释为禁止缔约方采取或实施以下措施，但对情况相同的各国，实施的措施不得构成武断的或不合理的差别待遇，或构成对国际贸易的变相限制：……(b)为保护人类、动植物的生命或健康所必需的措施。"

专家组认为，该规定是对GATT1947相应规定的重申，先于《SPS协定》而存在。但是，《SPS协定》导言、第3.2条、附件A(1)、第2.3条、第5.5条等以及其谈判历史均表明：在涉及SPS措施时，《SPS协定》阐述并更详尽地解释了GATT第20(b)条的规定。

专家组认为，用GATT第20(b)条来证明一项已经被裁定违反《SPS协定》规定(如第2条和第5条)的SPS措施合理，是难以接受的，因为《SPS协定》的规定恰恰是用来进一步解释GATT第20(b)条的。同时，《SPS协定》第2.1条规定，成员有权采取保护人类、动物或植物生命或健康所必需的SPS措施，前提是这些措施并不违反《SPS协定》的规定。因此，专家组认为，一项已经被裁定违反《SPS协定》第2条和第5条的SPS措施不能依GATT第20(b)条被证明合理。

专家组裁定，由于已经裁定727条款违反《SPS协定》第2.2条、第2.3条、第5.1条、第5.2条和第5.5条，美国没能证明727条款在GATT第20(d)条项下的合理性。

六 《技术性贸易壁垒协定》

美国涉及金枪鱼及制品进口和销售的措施案

(WT/DS381)(简称:美国—金枪鱼案 II(墨西哥诉))

【案件基本情况】

申诉方(被上诉方/上诉方):墨西哥

被申诉方(上诉方/被上诉方):美国

第三方(第三参与方):阿根廷、澳大利亚、巴西、玻利维亚、加拿大、中国、厄瓜多尔、欧共体、危地马拉、日本、韩国、新西兰、中国台北、泰国、土耳其、委内瑞拉(未参与上诉)

本案涉及的相关协定条款和法律问题:GATT 第 1.1 条、第 3.4 条、第 11.1 条、第 13.1 条、第 20(b)(d)条、第 24 条;《TBT 协定》第 2.1 条、第 2.2 条、第 2.4 条。

2008 年 10 月 24 日,就美国针对金枪鱼及制品的进口、上市和销售所采取的某些措施,墨西哥要求与美国进行磋商。由于双方磋商未果,经墨西哥请求,成立了专家组。2011 年 7 月 8 日,专家组发布最终报告。墨西哥和美国分别提出上诉。2012 年 5 月 16 日,上诉机构做出报告。6 月 13 日,DSB 通过了上诉机构报告和专家组报告。

墨西哥的诉请针对的美国的相关措施为:(1)《海豚保护消费者信息法》(Dolphin Protection Consumer Information Act,DPCIA);(2)《海豚安全标签标准》(Dolphin-safe Labeling Standards)及《东部热带太平洋海

域通过大型围网渔船捕获的金枪鱼的海豚安全要求》(Dolphin-safe Requirements for Tuna Harvested in the ETP(Eastern Tropical Pacific Ocean) by Large Purse Seine Vessels);(3) 美国第九巡回上诉法院关于"地球岛屿研究所诉霍格斯案"(Earth Island Institute v. Hogarth)的判决。这些措施规定了金枪鱼生产和销售过程中向美国商务部申请"海豚安全"标签的条件和程序。

DPCIA 规定,除非符合法定条件,否则在美国销售或自美国出口的金枪鱼上使用"海豚安全"等标签,错误地标明其产品中包含的金枪鱼是以对海豚无害的方式捕获的,属于违法行为。DPCIA 还规定,除非符合特定条件,否则在金枪鱼上使用涉及海豚、鲸类及其他海洋哺乳动物的其他标签或符号也是违法行为。

DPCIA 将捕获的金枪鱼设立了四个标准:位置(ETP 内外);捕鱼装置(是否使用袋状围网);金枪鱼和海豚群的相互作用(两者间是否有常规和显著的联系);海豚死亡率和受伤情况(是否有严重伤亡率)。同时,DPCIA 按这些标准将捕捞划分为五种类型:公海上使用流网捕获的;在 ETP 之外用袋状围网捕获的(细分为两类:商务部长确认存在金枪鱼和海豚常规联系的渔场,除第五类外的其他渔场);在 ETP 内用袋状围网捕获的;上述各类之外对海豚造成普遍和严重伤害的渔场捕获的。

本案涉及墨西哥渔船最传统、最常用的捕捞方式,即在 ETP 内用袋状围网捕获金枪鱼。根据 DPCIA,美国商务部曾经认定以袋状围网捕鱼造成围困海豚的情形不会对 ETP 濒临灭绝的海豚造成显著不利影响,因此在符合一定条件下也可使用"海豚安全"标签。但是,美国法院在"霍格斯案"中撤销了商务部的认定,使得在 DPCIA 条款规定下,以袋状围网捕获的金枪鱼不能再使用"海豚安全"标签。一些海豚保护国际条约也有自己的要求。例如,美国、墨西哥均属其成员国的《国际海豚养护项目协定》(Agreement on the International Dolphin Conservation Program,AIDCP)中,"海豚安全"标签要求集中于对海豚造成的死亡率和严重伤害,而不考虑是否使用了袋状围网。

墨西哥认为,美国的上述措施与 GATT 第 1.1 条、第 3.4 条以及《TBT 协定》第 2.1 条、第 2.2 条、第 2.4 条不符。

【专家组的分析和结论】

2011年7月8日,专家组发布最终报告,裁定争议措施违反《TBT协定》第2.2条,没有违反《TBT协定》第2.1条和第2.4条。对于墨西哥针对GATT第1.1条和第3.4条的诉请,专家组行使了司法节制,不予裁定。

上诉机构在欧共体—石棉案(DS135)及欧共体—沙丁鱼案(DS231)中确立了认定"技术法规"的三个标准,即涉案措施适用于一个或一组可辨别的产品,规定了一个或一些产品特性,对产品特性的要求是强制的。据此,专家组首先确认争议措施构成《TBT协定》附件一第1.1条定义下的"技术法规"。

一、争议措施是否违反《TBT协定》第2.1条

《TBT协定》第2.1条规定:"各成员应保证在技术法规方面,给予源自任何成员领土进口的产品不低于其给予本国同类产品或来自任何其他国家同类产品的待遇。"

双方对争议产品是同类产品并没有不同意见。那么,就争议措施而言,墨西哥的金枪鱼及制品是否被给予了低于美国和其他国家金枪鱼及制品的待遇?

墨西哥认为,墨西哥金枪鱼几乎都是在ETP内以袋状围网捕获的,根据美国法律,不能使用"海豚安全"标签,而在ETP以外地区以其他甚至导致海豚死亡的方法捕获的金枪鱼却可使用"海豚安全"标签;鉴于美国市场对"海豚安全"标签的敏感度,且消费者基于此选择金枪鱼产品,它改变了墨西哥金枪鱼及制品与美国同类产品的竞争机会。此外,墨西哥渔业长期以来使用袋状围网,而在ETP以外地区捕捞的其他国家则使用不同的方法;相对于可使用"海豚安全"标签的含有其他国家金枪鱼的金枪鱼产品,争议措施也在事实上对墨西哥造成了歧视。

专家组认为,本案中需要确定的是:相比美国或其他国家的金枪鱼及制品,就争议措施而言,墨西哥金枪鱼及制品是否处于不利地位?

对"海豚安全"标签在美国市场上是否构成有利条件,专家组承认,是

否购买使用"海豚安全"标签的金枪鱼是消费者的偏好,争议措施控制了"海豚安全"标签的可获得性,但应允许消费者表达其偏好。美国消费者对"海豚安全"标签比较敏感,该标签具有巨大的商业价值,因而提供了在美国市场上的有利条件。

在分析墨西哥金枪鱼及制品是否因被拒绝给予"海豚安全"标签而处于不利地位时,专家组首先阐明其分析起点应是同类产品的整体比较,进行评估的时间点是专家组设立时的情形,但也不意味着过去的事情与评估无关。随后,专家组分析了三个因素:

(1) 监管区别。专家组认为,争议措施的监管区别是基于捕获方法,而非国家产地,其本身并未将墨西哥金枪鱼及制品置于不利地位。

(2) 美国和墨西哥金枪鱼捕获实践及其对获得标签的影响。专家组注意到,墨西哥 2/3 的袋状围网捕鱼发生在 ETP 之内,而美国在 ETP 之内则不使用此方法,这使得美国捕获的大部分金枪鱼可获得标签。1990年,美国和墨西哥在 ETP 内有数量相当的袋状围网捕鱼船,目前双方不同的状态是私人选择而非政府措施导致的结果。参照上诉机构在韩国—牛肉案(DS161、DS169)中的观点,专家组认为,根据《TBT 协定》第 2.1 条,应考虑这种待遇是否由于一个成员采取的技术法规导致,而非归因于市场上私人行为的措施影响。对于为适应美国法律所要作的调整的成本,专家组认为其本身并不代表着"较不利待遇"。

(3) 墨西哥金枪鱼及制品相对其他同类产品在美国市场上的状态。专家组认识到,美国金枪鱼及制品市场存在相当比例的进口,而墨西哥金枪鱼及制品只占很小份额。专家组强调其分析的不是措施是否具有某些影响,而是措施是否将涉案的同类进口产品置于不利地位。专家组认为,无法判断墨西哥的市场份额反映了竞争条件的改变,还是墨西哥实际应有的参与水平;绝大多数进口金枪鱼是通过对海豚安全的方式捕获的,也不必然意味着争议措施将墨西哥金枪鱼及制品置于不利地位。关于争议措施对墨西哥渔业带来的调整压力,专家组考虑了上诉机构在美国—虾案(DS58)中的观点,认为体现政策或标准选择的措施本身并不构成推定其与 WTO 规则不符的原因。

综上,专家组认为,争议措施是产地中立的监管,没有区分不同产地的产品,未导致墨西哥产品不可能符合该要求,也未禁止其获得该标签的可能性。对某些产品进口的不利影响取决于多种因素,并不必然意味着其导致了《TBT协定》第2.1条项下的"较不利待遇"。就本案而言,争议措施对墨西哥的不利影响并非针对产地,而是由多种因素决定的,其中也包括墨西哥自身的捕鱼船队和罐头产品制造商的选择。因此,专家组裁定争议措施并未与《TBT协定》第2.1条不一致。

二、争议措施是否违反《TBT协定》第2.2条

《TBT协定》第2.2条规定:"各成员应保证技术法规的制定、采用或实施在目的或效果上均不对国际贸易造成不必要的障碍。为此目的,技术法规对贸易的限制不得超过为实现合法目标所必需的限度,同时考虑合法目标未能实现可能造成的风险。此类合法目标特别包括……防止欺诈行为……保护动物或植物的生命或健康及保护环境……"

墨西哥认为,争议措施不是为了实现合法目标;即使是,也超出了所必需的限度,因而违反《TBT协定》第2.2条。

专家组首先分析了《TBT协定》第2.2条头两句话的关系,第1句将技术法规"不对国际贸易造成不必要的障碍"这一总体目标转化为成员在技术法规的制定、采用或实施方面的积极义务;第2句则阐述了两个具体的要求,包括:(1)必须追求合法目标;(2)对贸易的限制不得超过为实现合法目标所必需的限度,同时考虑合法目标未能实现可能造成的风险。

1. 争议措施是否追求合法目标

墨西哥认为,美国的真实目标是在ETP之内金枪鱼捕捞作业中保护海豚群。美国则主张,其目标包括确保消费者就有关金枪鱼产品所使用的金枪鱼是否以对海豚不利的方式捕获不被误导或欺骗,通过确保美国市场不被用于鼓励以对海豚不利的方式捕获金枪鱼而促进对海豚的保护。因此,专家组认为,澄清争议措施的目标是首要任务。通过对争议措施的设计基础、结构和特性的分析,专家组认为,争议措施的目标包括美国主张的两个方面,但促进海豚保护的目标部分依赖于第一个目标的实现。

关于《TBT协定》第2.2条的"合法目标",专家组认为是非穷尽的,美国"海豚安全"标签的两个目标分别属于"防止欺诈行为"和"保护动物的生命或健康及保护环境"。专家组进一步声称,不能阻止成员通过利用消费者偏好产生的激励来鼓励或阻止对动物生命和健康有影响的行为,而规定标签所表达的信息就是实现这一目标的机制。此外,成员有权决定其追求的目标,有利于保护海豚的目标也不能因为没有涵盖保护其他海洋物种而被认为非法。因此,专家组认定争议措施是追求合法目标的。

2. 争议措施对贸易的限制是否超过了为实现合法目标所必需的限度,同时是否考虑了合法目标未能实现可能造成的风险

关于贸易限制,如果存在以更少对贸易限制的方式实现同样目标的措施,当前措施就违反《TBT 协定》第 2.2 条。必要性评估是针对措施的贸易限制影响,而非措施本身。专家组认为,需要在考虑成员选择的保护水平基础上,评估争议措施实现目标的方式和程度,进而与可能具有更少贸易限制效果的替代措施进行比较。在比较时,应考虑合法目标未能实现可能造成的风险;如果一个具有更少贸易限制效果的替代措施会导致合法目标未能实现的更大风险,则该措施不是合适的替代措施。

目标一:为消费者提供信息。专家组认为,该目标的实现直接与能否明确区分金枪鱼是否以对海豚有害的方式捕获有关。美国新的"海豚安全"标签要求可使消费者避免购买以对海豚不利的方式捕获的金枪鱼制造的产品。但是,争议措施没有将在海豚群上方设置捕鱼装置(setting on dolphins,以下简称"SOD 方法")区分为一般设置和受控情形下的设置,美国消费者不能获悉其是否系根据 AIDCP 所采取的措施。争议措施对在 ETP 以外地区捕获的金枪鱼使用"海豚安全"标签不需证明其没有导致海豚被杀害或严重受伤,而对在 ETP 之内捕获的金枪鱼需要证明。专家组认为,在 ETP 以外的某些捕捞方法对海豚有潜在不利影响,在美国"海豚安全"标签生效期间已经导致误捕大量海豚,而美国却允许其使用"海豚安全"标签,从而使消费者无法确切知晓此类金枪鱼在捕获过程中是否对海豚造成不利影响。因此,专家组认为,美国"海豚安全"标签追求的第一个目标只能部分实现。

墨西哥提出,美国应允许同时存在 AIDCP 的"海豚安全"标签作为替代措施。美国认为此举不能实现其合法目标。专家组注意到,美国认为墨西哥建议的替代措施可以使更多的金枪鱼产品获得标签优势,比美国现行措施对贸易的限制更少。随后,专家组考察了该替代措施是否能够实现与现行措施同样的保护水平。墨西哥建议美国的"海豚安全"标签和

AIDCP 的"海豚安全"标签在美国市场共同存在,其中 AIDCP 的"海豚安全"标签要求提交独立见证人声明,确认没有海豚在捕获金枪鱼的网中被杀害或严重受伤;虽然两种标签体制都存在一定的不确定性,但允许两种"海豚安全"标签共存不会使消费者被误导的范围扩大,反而能提供更准确的信息。因此,专家组认为,就第一个合法目标而言,墨西哥提供了一个对贸易限制更小却可实现与当前措施同等保护水平的替代措施。

目标二:保护海豚。专家组使用了与第一个目标相同的分析方法。

专家组认为,争议措施只能部分实现消费者不被误导的目标,第二个目标也只能部分实现。在 ETP 之外使用其他方法捕获金枪鱼对海豚造成的死亡或严重伤害并非微不足道。同时,美国对在 ETP 之外以对海豚不利的方式捕获的金枪鱼允许使用"海豚安全"标签,却对在 ETP 之内受 AIDCP 控制条件下捕获的金枪鱼不允许使用"海豚安全"标签,实际上可能会产生相反的效果。因此,专家组认为,即使在最好的情形下,争议措施也仅能部分实现第二个目标。

对墨西哥提出的替代措施,专家组认为,允许在美国市场适用 AIDCP 标签要求不会降低保护水平。专家组注意到,大量的海豚死亡是缘于在 ETP 之外使用美国法律允许以外的方法,美国现行措施并未解决此不利影响,因此允许额外适用 AIDCP 标签要求并不会导致更低的保护水平。专家组据此认为,墨西哥建议的替代措施不会对 ETP 的海豚产生比美国现行措施更大的风险。

综上,专家组认为,争议措施对贸易的限制超过了为实现合法目标所必需的限度。因此,争议措施与《TBT 协定》第 2.2 条不一致。

三、争议措施是否违反《TBT 协定》第 2.4 条

《TBT 协定》第 2.4 条规定:"如需制定技术法规,而有关国际标准已经存在或即将拟就,则各成员应使用这些国际标准或其中的相关部分作为其技术法规的基础,除非这些国际标准或其中的相关部分对达到其追求的合法目标无效或不适当。"

墨西哥认为,争议措施没有基于现行的有关国际标准,而该有关国际标准已经存在(AIDCP 标准),且对实现美国追求的合法目标并非无效或不适当。

专家组的分析思路是,首先确定 AIDCP 标准是否构成有关国际标

准,然后看争议措施是否将其作为基础,最后分析其对实现美国追求的合法目标是否无效或不适当。

专家组经过分析,首先认定 AIDCP 的"海豚安全"条款构成有关国际标准。

鉴于美国法院明确指出美国偏离了 AIDCP 标准,并拒绝采用该标准,专家组认定争议措施没有将 AIDCP 标准作为基础。

专家组认识到,美国的目标不限于在 ETP 地区保护海豚,而 AIDCP 标准则只解决 ETP 地区的捕捞问题,不可能实现美国对 ETP 之外的目标。尽管如此,专家组还是对 AIDCP 标准对实现美国在 ETP 地区追求的合法目标的有效性和适当性进行了分析。

专家组认为,AIDCP 标准仅仅解决了在捕获金枪鱼时是否造成海豚的死亡或严重伤害问题,不涉及对海豚产生的其他不利影响,其标签不能向消费者传递海豚是否被追逐或存在未观察到的潜在后果等信息,因而无法有效并适当地保证美国消费者得到完整信息。对于美国保护海豚这一目标,专家组认为,AIDCP 标准有助于减少 ETP 地区海豚在 SOD 方法中的死亡或严重伤害,但没有解决未观察到的不利影响,包括反复追逐、围困海豚等。

据此,专家组认为,墨西哥未能证明 AIDCP 的"海豚安全"标准是实现美国保护海豚目标的有效和适当方式,争议措施并未与《TBT 协定》第 2.4 条不一致。

对墨西哥关于 GATT 的诉请,专家组决定实行司法节制,不予分析和裁定。

【上诉机构的分析和结论】

2012 年 5 月 16 日,上诉机构发布了报告,裁定争议措施构成《TBT 协定》下的技术法规;推翻专家组关于争议措施未违反《TBT 协定》第 2.1 条的结论;推翻专家组关于争议措施违反《TBT 协定》第 2.2 条的结论,并在此问题上未支持墨西哥的附条件上诉;推翻专家组关于 AIDCP 的"海豚安全"标准构成相关国际标准的结论,并据此维持专家组关于争议措施未违反《TBT 协定》第 2.4 条的结论;裁定专家组对墨西哥关于

GATT 第 1.1 条和第 3.4 条的诉请实行司法节制不符合 DSU 第 11 条。

一、争议措施的法律定性

美国特别提出,专家组在理解"强制性"一词时,将其与"要求"混淆在一起。在美国看来,只有当使用特定标签成为产品上市销售的必备要求时,该标签要求才满足"强制性"的定义。上诉机构注意到,首先,争议措施由美国联邦当局的法律、条例和判例组成,对在美国市场上销售的金枪鱼产品作出任何有关"海豚安全"声明的事宜,规定了唯一的、由法律授权的要求;其次,争议措施规定了强制执行的机制。上诉机构认定,没有将使用特定标签作为产品上市销售的必备条件并不能排除某一措施构成"技术法规"的可能性。上诉机构维持专家组将争议措施认定为"技术法规"的裁决。

二、涉案措施是否违反《TBT 协定》第 2.1 条

要认定某项措施违反《TBT 协定》第 2.1 条,必须证明的三个要素为:(1) 争议措施构成《TBT 协定》附件第 1.1 条的技术法规;(2) 进口产品必须与来源于国内及其他国家的产品属于同类产品;(3) 进口产品被给予低于国内及其他国家产品的待遇。墨西哥的上诉请求仅针对第三个要素,由于在前述分析中已认定了第一个要素,所以上诉机构关于该条款的分析仅针对第三个要素。

上诉机构引述了美国—丁香香烟案(DS406)中上诉机构的解读,认为要证明有"较不利待遇",仅证明争议措施改变了相关市场的竞争条件,造成进口产品的损害是不够的,专家组还必须进一步分析这种对进口产品的损害是仅仅来源于合法的监管区别,还是反映了对进口产品的歧视。

专家组认为,墨西哥的金枪鱼及制品并未被剥夺贴上"海豚安全"标签的权利,若其改变捕捞方法,仍有可能获得标签。墨西哥提出,专家组将争议措施违反《TBT 协定》第 2.1 条的判定建立在对进口产品的"绝对禁止"上的做法是错误的,问题的关键不在于是否存在这样一个禁止,相反,必须将进口产品与国内及其他国家产品相比,确认进口产品是否被提供了平等的竞争机会。上诉机构认同墨西哥的意见,认为判定是否给予进口产品"较不利待遇"的关键,并不在于进口产品能否通过遵守争议措施的规定获得利益,而在于争议措施是否改变了相关市场的竞争条件,对进口产品造成了损害。专家组认为,争议措施的规定主要是基于一些和产地无关的因素,如捕鱼实践、地理位置、经济和市场选择等,因此判定争议措施是对所有的金枪鱼产品适用了产地中立的监管,其本身并没有基于产品的产地造成歧视。但是,上诉机构认为,专家组错误地假定非基于产地的监管区别就与评估争议措施是否违反《TBT 协定》第 2.1 条无关,因为这种假定无法解决某些措施可能表面上看来是产地中立,但却在事实上违反《TBT 协定》第 2.1 条的情形。综上,上诉机构判定,专家组适用了错误的方法解读和分析争议措施是否违反《TBT 协定》第 2.1 条。

上诉机构从以下两方面着手,分析争议措施是否违反《TBT 协定》第 2.1 条:

第一,争议措施是否改变了美国相关市场的竞争关系,对墨西哥金枪鱼及制品造成了损害?

首先,上诉机构认为,专家组的事实裁定部分清楚地表明,包含以 SOD 方法捕获的金枪鱼产品无法获得"海豚安全"标签,对墨西哥的金枪鱼及制品在美国市场上的竞争机会确实造成了损害。其次,对于墨美双方争议的墨西哥产品所受的损害是争议措施还是私人行为导致,上诉机构认为,专家组已经裁定正是争议措施的采用和实施过程中的政府行为,改变了市场的竞争条件,对墨西哥金枪鱼及制品造成损害,因而该损害来源于争议措施。上诉机构认定,争议措施否决了大部分墨西哥金枪鱼及制品获得"海豚安全"标签的可能,即使墨西哥金枪鱼及制品所受的损害可能涉及私人选择等因素,也不能排除美国在《TBT 协定》下的义务。综上,上诉机构认定,争议措施改变了美国相关市场的竞争关系,对墨西哥金枪鱼及制品造成了损害。

第二,这种损害影响是否体现了歧视?

首先,上诉机构罗列了专家组裁决中没有争议的事实部分:(1) 使用 SOD 方法捕捞会造成大量的海豚死亡或严重受伤,特别是在没有控制装置的情况下;(2) SOD 方法之外的一些方法也可能会造成对海豚的伤害;(3) 在 ETP 之外,没有 ETP 海域内如此频繁的海豚和金枪鱼之间的关联;(4) 争议措施并不处理 ETP 之外使用 SOD 方法之外的方法捕获的金枪鱼,在这种情形下的捕捞过程即使造成海豚的死亡或重伤,相关金枪鱼及制品仍能获得"海豚安全"标签。

接着,上诉机构分析了争议措施规定的获得"海豚安全"标签的不同条件(如美国所称)是否"针对"不同海域中不同捕捞方法给海豚带来的风险。上诉机构主要引述了专家组的数项认定,确认ETP海域外通过围网捕捞法之外的方法捕获金枪鱼带给海豚的不利影响是争议措施所未能解决的。对于美国主张的围网捕捞法之外的方法对海豚的不利影响微不足道,上诉机构也根据专家组的意见,认定并没有证据证明这种不利影响不可能上升到一个显著的程度。

基于专家组作出的无争议的事实认定和裁决,上诉机构认为,美国未能证明取得"海豚安全"标签的要求差异,是针对不同捕捞方法可能导致的不同的海豚伤亡风险,而且美国也没能证明取得标签要求的程度不同是基于各海域的不同特性。综上,上诉机构认为,美国未能证明争议措施给墨西哥金枪鱼及制品造成的损害仅仅来源于合法的监管区别,而非对墨西哥金枪鱼及制品的歧视。据此,上诉机构推翻专家组的裁定,判定争议措施给予墨西哥金枪鱼及制品"较不利待遇",违反《TBT协定》第2.1条。

三、涉案措施是否违反《TBT协定》第2.2条

专家组在衡量了墨西哥提出的替代措施后认为,即使满足较少贸易限制的条件,也能达到美国采取争议措施所要追求的目的,故裁决争议措施对贸易的限制超过了必要限度,违反《TBT协定》第2.2条。

美国提出上诉,要求推翻这一结论,声称专家组在适用《TBT协定》第2.2条时出现了错误。

上诉机构指出,判定某一技术法规"对贸易的限制是否超过了必要限度",应当考虑以下三个要素:(1)争议措施对实现合法目标的贡献程度;(2)争议措施的贸易限制性程度;(3)合法目标未实现可能造成的风险和严重后果。

上诉机构首先指出,专家组在分析墨西哥是否证明了争议措施对贸易的限制超过了必要限度时,进行了错误的比较,没有考虑到墨西哥提出的替代措施不是AIDCP标准,而是AIDCP体制与争议措施并存。接下来,上诉机构对墨西哥提出的替代措施与争议措施进行了比较:(1)由于AIDCP只针对ETP之内,对ETP之外的金枪鱼捕捞活动可适用的只有

争议措施,所以有关ETP之外"海豚安全"标签的获得条件,替代措施的规定和争议措施是完全相同的。(2)根据前述理由,分析的重点应为ETP海域内的规定。根据AIDCP的规定,在ETP海域内使用围网捕捞法捕获的金枪鱼也可能被贴上"海豚安全"标签,从而在总体上使更多以对海豚不利的方式捕获的金枪鱼满足"海豚安全"标签的使用条件。上诉机构认为,无论是在为消费者提供信息目标还是保护海豚目标方面,替代措施的效果都小于争议措施。因此,上诉机构推翻了专家组作出的争议措施违反《TBT协定》第2.2条的认定。

另外,上诉机构还驳回了墨西哥在附条件上诉中提出的两项主张。上诉机构认为,专家组关于保护海豚的目标是合法目标的裁定并无不当;专家组在裁定争议措施只能部分实现保护海豚目标后,也有权继续审查是否存在对贸易限制更少的替代措施。

四、《TBT协定》第2.4条

针对专家组关于《TBT协定》第2.4条的裁决,墨西哥和美国分别提出了上诉。美国上诉的理由是,专家组认定AIDCP的"海豚安全"条款构成"相关国际标准",特别是认定AIDCP构成《TBT协定》第2.4条的"国际标准化组织"是错误的。墨西哥则针对专家组认定墨西哥没能证明AIDCP标准是实现美国所追求目标的有效和适当方式提出上诉。

上诉机构意识到,要对美国的上诉请求进行分析,前提是完成一个重要的认定——什么是《TBT协定》下的"国际标准"。《TBT协定》没有对"国际标准"作出定义。但是,根据《TBT协定》附件一的规定,同时出现在《TBT协定》与ISO/IEC(国际标准化组织/国际电工委员会)指南2中的术语应具有相同的含义。上诉机构回顾了ISO/IEC指南2对"国际标准"的定义,应包含三个要件:(1)一项标准;(2)国际标准化或标准组织通过;(3)对公众公开。上诉机构指出,此定义表明,赋予一个标准"国际性"特色的主要因素是通过该标准的组织的性质。由于美国的上诉请求也仅限于这一点,上诉机构认为首先要解决批准AIDCP标准的实体的定性问题。

首先,上诉机构注意到,在《TBT协定》下,采用"国际"标准的实体应该是"国际标准化机构",而不必是"国际标准化组织"。根据《TBT协定》

与 ISO/IEC 指南 2 的规定,"国际标准化机构"指的是"有在标准化领域公认的活动,成员资格对至少所有成员方的有关机构开放的机构"。

其次,上诉机构注意到,美国和墨西哥都提及 WTO 的 TBT 委员会有一个决议,指出有关标准化机构在制定国际标准时所应执行的原则和程序。这一决议对"开放"是这样陈述的:"一个国际标准化机构的成员资格应当以非歧视的方式对至少所有 WTO 成员的相关机构开放。"美国在上诉中强调,AIDCP 的成员资格并不对所有 WTO 成员开放,而仅仅对受邀请的成员开放。墨西哥辩称,这里的"邀请"只是一个加入程序。上诉机构指出,要证实"邀请"只是加入 AIDCP 的程序,墨西哥必须证明:一旦有 WTO 成员表示了加入的兴趣,"邀请"就会自动发出。但是,墨西哥没能证明这一点。相反,无可争议的是,AIDCP 的成员必须以协商一致的方式决定向谁发出邀请。综上,上诉机构认定,AIDCP 没有满足"开放"的要求,不符合《TBT 协定》下"国际机构"的定义;专家组作出的 AIDCP 规定构成"相关国际标准"的结论自然也是错误的。上诉机构同时认定,没有必要再考虑墨西哥针对这一问题的上诉请求。

根据上述分析,上诉机构推翻了专家组认定 AIDCP"对所有国家的相关机构开放,由此构成国际标准化组织"的结论,也推翻了专家组认定 AIDCP 规定构成"相关国际标准"的结论。上诉机构虽修改了理由,但维持了专家组认定争议措施没有违反《TBT 协定》第 2.4 条的裁决。

五、墨西哥针对 GATT 第 1.1 条和第 3.4 条的诉请

墨西哥在上诉中提出,专家组就其针对 GATT 第 1.1 条和第 3.4 条的诉请采取司法节制的做法是错误的,违背了 DSU 第 11 条。

上诉机构重申,司法节制的原则在于,只要某一个或某一些裁决足以解决争端,那么允许专家组在就相同的措施违反不同规定作出裁决时实行节制。本案中,专家组实行司法节制是基于其认为《TBT 协定》第 2.1 条与 GATT 第 1.1 条和第 3.4 条所规定的义务是相同的。上诉机构推翻了这个结论,认定两者不完全一致,专家组实行司法节制的做法是错误的,违背了其在 DSU 第 11 条项下的义务。

墨西哥在上诉请求中提出,如果上诉机构认定争议措施违反了《TBT 协定》第 2.1 条,则不再请求上诉机构就其针对 GATT 第 1.1 条和第 3.4 条提出的诉请进行裁决。因此,上诉机构并未对上述诉请作出裁决。

欧盟禁止海豹产品进口和销售的措施案

(WT/DS400 WT/DS401)(简称:欧盟—海豹产品案)

【案件基本情况】

申诉方(上诉方、被上诉方):加拿大、挪威

被申诉方(上诉方、被上诉方):欧盟

第三方(第三参与方):阿根廷、中国、哥伦比亚、厄瓜多尔、冰岛、日本、墨西哥、纳米比亚、俄罗斯和美国(加拿大和挪威各自作为另一方案件的第三方)

本案涉及的相关协定条款和法律问题:《TBT协定》第2.1条、第2.2条、第5.1.2条、第5.2.1条;GATT第1.1条、第3.4条、第11.1条、第20条导言、第20(a)条、第20(b)条、第23.1(b)条;《农业协定》第4.2条;DSU第11条。

2009年11月2日,加拿大提出申诉,要求就欧盟禁止海豹产品进口和销售的措施与欧盟进行磋商。11月5日,挪威就同一问题要求与欧盟磋商。2009年12月15日和2010年12月1日,各方分别进行了磋商。由于磋商未果,经加拿大请求,DSB于2011年3月25日决定成立专家组。4月21日,应挪威的请求,DSB决定由先前成立的专家组合并审理两个案件。专家组报告于2013年11月25日公布。2014年1月24日,欧盟、加拿大和挪威均提出上诉。上诉机构报告于5月22日公布。6月18日,DSB通过了上诉机构报告和专家组报告。

本案涉及欧盟第1007/2009号和第737/2010号条例,这两个条例禁止海豹产品进口及在欧盟投放市场,除非产品符合条例规定的三个例外

之一:(1)因纽特人捕猎的(IC hunts);(2)根据自然资源管理计划捕猎的(MRM hunts);(3)旅行者携带入境(travelers imports)。条例适用于加工或未加工的海豹产品,包括肉、油脂、内脏、皮和皮革,以及上述产品的制品,如服装、饰品和鱼油胶囊等。对每一种例外,条例都规定了条件。

【专家组的分析和结论】

申诉方认为,欧盟海豹管理制度对进口和销售设置了三个方面的条件,而欧盟则认为条例是对海豹产品的普遍禁令,同时规定了例外。专家组决定首先分析欧盟海豹管理制度的性质。专家组从措辞入手,对条例的规定进行了分析,最后的结论是:欧盟海豹管理制度是对海豹产品的普遍禁令,但保留了一些例外。

一、欧盟海豹管理制度是否违反《TBT协定》

1. 欧盟海豹管理制度是不是技术法规

根据《TBT协定》附件第1.1条,"技术法规"是"规定强制执行的产品特性或其工艺和生产方法,包括适用的管理规定文件。该等文件还可包括专门针对适用于产品、工艺或生产方法的专门术语、符号、包装、标志或标签要求"。上诉机构在欧共体—沙丁鱼案(DS231)中提出了三步分析法:文件必须适用于可辨识的产品或一类产品;必须规定产品的一种或几种特性,可以以积极或消极的方式规定;必须有强制力。

各方都同意,欧盟海豹管理制度符合上述第一个和第三个条件。专家组决定分析双方有争议的第二个条件。申诉方提出,欧盟海豹管理制度规定的例外本身不一定要规定产品特性,只要条例总体达到了《TBT协定》附件第1.1条的要求,就是技术法规。被诉方则认为,不能只看禁止进口,还要分析允许进口的例外。专家组引用了欧共体—石棉案(DS135)中上诉机构的意见指出,上诉机构并没有要求禁止和例外各自都符合技术法规的条件;专家组需要分析措施的诸多因素,但最终的决定应该针对措施整体。

欧盟海豹管理制度有没有规定产品的特性或生产方法?在DS135案中,上诉机构认为欧共体没有规定石棉的特性,因为欧共体禁止一切自然状态的石棉,对石棉制品的禁令是用否定的方式规定了产品的特性,即不得含有石棉。按照这样的解释,专家组确认,欧盟海豹管理制度对允许进口和投放市场的产品规定了详细的条件,这是用反向的方式规定了产品的特性。专家组对第二个条件的结论是:欧盟海豹管理制度从整体上规定了含有海豹的所有产品的特性。据此,专家组认为,欧盟海豹管理制度是《TBT协定》附件第1.1条所指的技术法规。

2. 欧盟海豹管理制度是否违反《TBT协定》第2.1条

《TBT协定》第2.1条要求各成员的中央政府在技术法规方面给予其他成员的产品最惠国待遇和国民待遇。专家组决定依次审查下列问题:产品是不是同类产品;欧盟海豹管理制度对进口海豹产品的竞争环境是否有不利影响？如果有不利影响,是不是完全由法规造成的？

专家组从产品的物理特性、最终用途、消费者消费习惯和产品的海关分类几个方面加以分析,确认受到欧盟海豹管理制度管理的海豹产品都是同类产品。

各方虽然都同意海豹产品是同类产品,但是在分析欧盟海豹管理制度对竞争条件的影响时,对于如何进行分类比较却有不同意见。专家组首先将海豹产品分成四组:欧盟产、挪威产、加拿大产、其他外国产(再分成格陵兰和其他),然后将每一组分成符合条件和不符合条件。申诉方认为,应当将欧盟产品与所有外国产品进行比较,不管是否符合条件;而欧盟则认为,符合条件与不符合条件的情况不同,因此不可比。

专家组参考了美国—丁香香烟案(DS406)中上诉机构的做法。在该案中,印尼主要出口丁香味香烟;美国允许销售薄荷味香烟,禁止其他口味香烟销售。上诉机构没有考虑印尼可以出口的薄荷味香烟,而是把丁香味香烟与薄荷味香烟进行比较。本案中,专家组决定比较加拿大海豹制品、欧盟海豹制品和格陵兰海豹制品,不考虑是否符合欧盟海豹管理制度的条件。

欧盟海豹管理制度规定,只有符合三个例外之一的海豹制品才可以投入欧盟市场。2010年丹麦咨询机构COWI的研究报告显示,加拿大约95%的产品无法进入欧盟市场;而格陵兰的产品因符合IC例外的条件,可以进入欧盟市场。加拿大提出,尽管加拿大捕猎海豹也按照可持续计划操作,但由于加拿大捕猎海豹是为了商业目的,不可能符合欧盟的条件。2008年COWI的研究报告显示,如果完全禁止海豹产品进入市场,对欧盟国家的影响很小;而考虑到捕猎的规模及对欧盟的出口,这一禁令对加拿大和挪威的影响要大得多。据此,专家组认为,欧盟海豹管理制度的设计、结构和预期的执行效果会排除加拿大捕猎的海豹产品进口,但却允许大多数欧盟产同类产品进入市场,对加拿大产品的竞争环境造成不利影响。

曾有上诉机构指出,如果不利影响完全是由合法的法律区分造成的,而不是反映了对进口产品的歧视,即便对进口产品有不利影响,也不一定违反《TBT协定》第2.1条。所谓合法的法律区分,是指法律的制定是公平的(even-handed)。这需要专家组通过仔细审查案件的具体情况来确定。

专家组注意到,欧盟根据捕猎人的身份(因纽特人或土著居民)、捕猎方式(传统方法)、捕猎目的(生存需要或海洋生物管理)以及产品进入市场的方式(非商业)等条件,允许某些海豹及其制品进入欧盟市场。欧盟认为,其主要区别在于商业和非商业。加拿大则提出,从保护物种出发,无论哪种性质的捕猎都会影响海豹,所谓的商业或非商业是虚假的标准,因为只要捕猎,就含有商业成分。

专家组用很大的篇幅考察了海豹的捕猎方法、加拿大和挪威捕猎海豹的法律规定及实践,得出结论:由于地域广、船队多、监控的资源有限等原因,非虐杀(humane killing)执法并不容易,任何一次捕猎都有造成动物福利问题的风险。专家组从捕猎规模、捕猎季节、捕猎方法、捕猎的组织控制、猎物的使用等方面进行了比较,认为因纽特人的捕猎有其不同于其他类型捕猎的特点,但同样存在动物福利的问题。

欧盟提出,其立法目的是回应公众对动物福利的关注。专家组提出,因纽特人捕猎中使用陷阱和网同样会造成海豹遭受痛苦。因此,因纽特人捕猎与商业捕猎的区别同欧盟声称的目的之间没有合理的联系。欧盟承认这一点,但认为这是因纽特人维持生存不可避免的。欧盟提出两点理由:第一,如果IC例外的目的合法,那么法律规定的区别也当然合法;第二,因纽特人捕猎很独特,生存权超越对猎杀方法的任何担忧,所以目的很关键。专家组首先表示不能接受第一点,目的是分析区别待遇时要考虑的因素,但不是决定因素。关于第二点,专家组先分析因纽特人捕猎与商业捕猎的目的是否不同:因纽特人捕猎主要是为了自己消费,也有部分用于换取收入。后一种用途看来与商业捕猎没有区别,因为换取收入并不是为了保存传统,而是为了向现代生活变化。然而,专家组认为,维持生存的目的也包括对副产品的商业利用,因纽特捕猎所涉及的商业成分与商业捕猎不同。

专家组确认了区别对待与欧盟海豹管理制度的目的之间没有合理联系,又确认了因纽特人捕猎目的与商业捕猎目的不同。那么,目的不同可以证明区别待遇的合法性吗?欧盟提出,因纽特人的权益已得到国际条约的承认,反映在欧盟海豹管理制度的立法中;加拿大也豁免了因纽特人的某些义务。专家组认为,这表明因纽特人保护其文化和传统的权益得到承认,而海豹捕猎是因纽特人文化传统的一部分。本案中要平衡的利益是得到国际社会普遍承认的因纽特人文化传统。据此,专家组认为,欧盟已经充分说明了其区别对待因纽特人捕猎和商业捕猎的基础。至于欧盟提到公众对动物福利的关注,专家组认为欧盟没有提供证据证明公众更看重对因纽特人的保护。根据上述分析,专家组得出结论:因纽特人捕猎的主要目的可以证明通过 IC 例外给予其区别待遇是合理的。

接下来要分析的是,反映在欧盟海豹管理制度中的区别是不是以公平的方式适用。根据欧盟海豹管理制度,要适用 IC 例外,必须符合三个条件:由具有捕猎海豹传统的族群和地区的因纽特人或其他土著捕猎;捕获的海豹至少有部分自己消费;捕猎是为了族群的生存。加拿大提出,居住在格陵兰的因纽特人捕猎海豹用于商业目的已经很广泛,他们有加工制造设施,有复杂的销售渠道,这与商业捕猎相似。但是,他们的申请却得到了批准。因此,欧盟海豹管理制度的实施是任意的。专家组注意到,自从欧盟海豹管理制度 2010 年实施以来,格陵兰是唯一申请并获得批准适用 IC 例外的。尽管这一事实本身不能直接证明 IC 例外的实施是任意的,但专家组认为,欧盟海豹管理制度可能存在内在的缺陷,使得其他因纽特人无法申请 IC 例外。专家组决定分析 IC 例外的设计和实施是不是使得只有格陵兰事实上能够得益。证据显示,与加拿大、阿拉斯加和俄罗斯的因纽特人捕猎主要是为了个人使用不同,格陵兰捕获的 50% 海豹卖给了 Great Greenland A/S 制革公司,公司归政府所有,拥有现代化的加工设备,号称"世界领先的高质量海豹皮制造者"。格陵兰有两千多个专职海豹猎人和五千多个业余海豹猎人,从1993年到2009年,平均每年猎杀的海豹有16.3万头。自欧盟实施条例以来,格陵兰积压了三十多万张海豹皮。与此形成对照的是,在加拿大的努纳武特地区,2009年出口了六千多头海豹。虽然猎杀的数量不能决定是因纽特人捕猎还是商业捕猎,但决定商业捕猎的因素之一是大规模猎杀。格陵兰、加拿大和挪威的海豹加工和贸易都形成了一体化,如果由于天气原因使海豹捕获量减少,Great Greenland A/S制革公司就会从加拿大进口未加工的海豹皮。综合上述因素,专家组认为格陵兰的海豹捕猎具有商业捕猎的特点,连格陵兰政府都承认"捕猎在格陵兰是一种混合的经济活动,挣钱和生存的因素共存"。

加拿大的因纽特人没有申请IC例外,因为他们捕猎的海豹数量很少,要依赖商业捕猎者的渠道加工和出售他们的产品,不值得区分因纽特人捕猎和其他人的捕猎。根据这一点,专家组认为,格陵兰成了欧盟海豹管理制度事实上唯一的受益者。从欧盟海豹管理制度立法的历史也可以得知,欧盟在制定条例时就知道只有格陵兰可以获得IC例外的好处。COWI的研究报告也预见到了这一点。实际上,丹麦海关在格陵兰捕猎者获得欧盟批准之前就根据格陵兰当局颁发的许可证允许进口。所有上述因素都让专家组认为,条例的设计和实施事实上不是公平的。

专家组确认,尽管通过捕猎目的对商业捕猎和因纽特人捕猎加以区分是有理由的,但其设计和实施方式是不公平的,因此违反了《TBT协定》第2.1条。

至于MRM例外,欧盟提出其目的是控制海豹造成的麻烦和筛选海豹。专家组经分析认为,考虑到MRM捕猎的量太小,次数太少,在欧盟提出的目的和MRM例外之间没有合理的联系;不能认为MRM捕猎和商业捕猎的目的不同,退一步说,即便有区别,也不足以弥补目的和措施之间缺少的联系。据此,专家组认为,MRM例外对加拿大海豹产品竞争有不利影响,此不利影响完全缘于欧盟的法律区分。根据同样的思路,专家组分析了条例的设计和实施。专家组的最终结论是:MRM例外违反了《TBT协定》第2.1条。

3.《TBT协定》第2.2条

《TBT协定》第2.2条规定:"各成员应保证技术法规的制定、采用或实施在目的或效果上均不对国际贸易造成不必要的障碍。为此目的,技术法规对贸易的限制不得超过为实现合法目的所必需的程度,同时考虑合法目的未能实现可能造成的风险。此类合法目的特别包括:国家安全要求、防止欺诈行为、保护人类健康或安全、保护动物或植物的生命或健康及保护环境。在评估此类风险时,应考虑的相关因素特别包括:可获得的科学和技术信息、相关加工技术或预期的最终用途。"

专家组首先分析了欧盟海豹管理制度的目的。欧盟提出,其立法目的是回应公众对动物福利的关注,同时通过减少虐杀来保护动物福利。专家组认为,各方的分歧在于:本案所涉公众关注是不是欧盟公众的公共道德关注;欧盟海豹管理制度中规定的例外所考虑的其他利益是不是也构成有别于动物福利的目的。

美国—博彩案(DS285)专家组曾指出,"公共道德""是一个社会在特定时期对行为正确或错误的判断标准",成员应该有权界定"公共道德"的范围。中国—音像制品案(DS363)的专家组也持同样的观点。虽然这些论断是在分析 GATT 或 GATS 的一般例外时提出的,但专家组认为在解释《TBT 协定》第 2.2 条时也适用,上诉机构在 DS406 案中就指出"《TBT 协定》是对已有的 GATT 纪律的延伸,两个协定应该作一致的解释"。专家组先要确定是不是存在欧盟所说的公共关注,然后分析这类关注根据欧盟体制是不是可以作为"公共道德",以及其价值的衡量(scale of values)。专家组考察了欧盟海豹管理制度的文本,确认在立法时确实考虑了公众对动物福利的关注,同时也考虑了其他利益;再考察该立法历史,确认在立法过程中公众对海豹福利的关注构成欧盟人的道德问题。然而,专家组也发现,公众关注的是海豹捕猎,而不是某种特定类型的捕猎。专家组认为,尽管欧盟海豹管理制度也考虑了其他利益,但它们不构成欧盟立法的目的,在欧盟存在对海豹福利的公共关注。专家组接着分析了欧盟《里斯本条约》、欧盟成员国的国内法等,确认这些法律在总体上设立了海豹福利问题的"正确和错误行为的判断标准",公众关注的是"虐杀"海豹,而不是商业性猎杀。

专家组接着分析了目的的合法性问题。在《TBT 协定》第 2.2 条列举的因素中,没有提到对动物福利的关注,专家组认为应该再考察《TBT 协定》导言和其他涵盖协定中提到的目的。但是,《TBT 协定》导言中也没有提到"公共道德",只有 GATT 第 20 条和第 14 条中提到了"公共道德"。考虑到《TBT 协定》延伸了 GATT 的目的,专家组认为,"公共道德"是《TBT 协定》第 2.2 条项下的合法目的,因而对具体公共道德问题,即对海豹福利的关注的立法也是《TBT 协定》第 2.2 条项下的合法目的。

专家组从三个方面分析了欧盟海豹管理制度对贸易的限制是否超过了必要限度:有没有限制;措施对达到目的的贡献度;有没有替代措施。第一个问题的答案是不言而喻的。对于贡献度问题,欧盟提出,有了欧盟海豹管理制度,就能保证欧盟公众不会成为商业捕猎中虐杀的同谋,也不会碰到被虐杀海豹加工的产品。然而,专家组已经确认,欧盟公众虽然关注捕猎海豹造成的动物福利问题,但并没有对商业捕猎予以特别关注,也没有证据表明公众可以允许因纽特人虐杀海豹的行为。既然存在 IC 例外和 MRM 例外,而这些捕猎中也存在虐杀,由此加工成的海豹产品也会进入市场,欧盟消费者还是可以接触到被虐杀的海豹加工的产品。有证据表明,条例实施之后,海豹产品市场萎缩,价格下跌,交易量下降。但是,IC 例外和 MRM 例外同时削弱了条例对这一目的的贡献度。证据还表明,并非所有的因纽特人都可以从 IC 例外中得益,欧盟海豹管理制度对因纽特人也有不利影响。某些情况下,商业捕猎的海豹及其产品仍然可以在欧盟市场流通。COWI 的研究报告也显示,欧盟海豹皮市场占全球贸易的 5%,还有更多的海豹皮通过中转、拍卖或加工的途径进入欧盟,然后转向其他国家。根据这些资料,专家组确认,欧盟一方面禁止被虐杀的海豹及其产品进入欧盟,另一方面却允许在欧盟内进行与此有关的商业活动,这种不协调性进一步减弱了措施对立法目的的贡献度。关于条例的执行情况,由于各方提供的数据不完整,专家组无法得出具体结论。但是,数据显示,过去几年从申诉方向被诉方出口海豹及其产品的数量剧减:从 2002 年到 2011 年,海豹皮分别从 20016 张和 23753 张降至 5 张和 36 张,交易数值分别从 68.9 万欧元和 162.7 万欧元降至 1000 欧元和 2000 欧元。专家组的结论是:禁令本身对条例的目的有一定的作用,但 IC 例外和 MRM 例外削弱了条例对其目的的贡献度。

那么,是不是存在可行的替代措施呢? 首先,要考察合法目的未能实现可能出现的风险。既然欧盟的立法目的是引起公众对海豹福利的关注,那么目的未实现就可能有道德风险,即欧盟公众有可能使用被虐杀海豹制作的产品。专家组已经确认,欧盟海豹管理制度的实施减弱了条例对目的的贡献度。所以,专家组认为,条例能够达到的保护程度没有欧盟号称的那么高。接着,专家组分析了申诉方提出的替代措施。申诉方提出建立市场准入制度:规定捕猎海豹的要求,颁发遵守动物福利要求的证书,给销售的海豹产品加贴合规标签。专家组认为,替代措施对贸易的限制作用比欧盟现行措施小;标签要求是否可以有效阻止被虐杀的海豹产品进入欧盟市场,取决于标签要求本身的可行性,但无法减少虐杀的发生。替代措施允许符合条件的海豹产品进口,这样有可能增加猎杀海豹的总量,导致动物福利问题的风险增大;同时,由于各国会规定允许进入市场的条件,这可能促使、鼓励改变捕猎方法,从而减少风险。综合考虑,替代措施对实现合法目的同时具有正面和负面的作用,关键是看施加的动物福利要求的类型、实施的可行性以及伴随的虐杀风险。申诉方提出的替代措施是不是合理可行呢?对这个问题,双方争议很大。事实上,各国对猎杀方式的要求并不相同,原因是各国对风险的评估和容忍度不一样。但是,不管市场准入的要求如何不同,风险都照样存在。如果措施很严格,捕猎者要想始终满足条件就比较困难;如果真的要执行这些要求,必须有机制可以区分不同方式猎杀的海豹,而为了让满足捕猎条件的海豹出口,可能会造成更大量的海豹遭受痛苦。如果条件比较宽松,则可能直接牺牲了动物福利,从而又削弱了对目的的作用。至于许可证和标签等替代措施,它们是与捕猎条件相关联的,而且执行措施的成本也很高。可见,替代措施是否可行与措施的宽严有关。专家组认为,申诉方没有提出很具体的替代措施,尽管它们对贸易的限制作用可能更小。

专家组认为,欧盟海豹管理制度的限制没有超出必需的程度,申诉方提出的替代措施不是合理可行的。

4. 欧盟海豹管理制度是否违反《TBT 协定》第 5.1.2 条的合格评定程序

《TBT 协定》第 5 条规定了各成员中央政府合格评定程序应当遵守的纪律,其中第 5.1.2 条规定合格评定程序的制定、采用和实施在目的和效果上不应对国际贸易造成不必要的障碍。专家组首先确认,欧盟海豹管理制度属于第 5 条所说的"合格评定程序"。

欧盟海豹管理制度没有建立合格评定机构,而是允许任何第三方提出申请,经欧盟审查批准后颁发许可证,即作为合格评定机构。申诉方认为,一个成员不能让第三方履行 WTO 义务,欧盟没有建立也没有指定合格评定机构,而是依赖第三方主动申请,这样的规定在事实上阻止了进口;制定规则的成员有义务从规则实施之日起就有合格评定机构可以处理合格评定问题,如果欧盟自己不想建立评定机构,就应该提前发出通知,让希望成为评定机构的组织在条例实施前提出申请,在条例实施时具备评定资格。

专家组注意到,《TBT 协定》第 5.1.2 条没有明确禁止第三方评定,而第 5 条的其他各款允许合格评定有一定的灵活性。专家组还把第 6 条作为上下文进行分析,得出的结论是:第 5.1.2 条允许第三方作为合格评定机构,欧盟的做法没有违反第 5.1.2 条。欧盟海豹管理制度于 2010 年 8 月 17 日公布,自 8 月 20 日起实施。即使合格产品在 8 月 17 日提出申请,也不可能在 3 天内完成合格评定程序。因此,欧盟海豹管理制度的设计使其实施当天合格产品不可能进口,对国际贸易造成了不必要的阻碍,不符合《TBT 协定》第 5.1.2 条。

关于合格评定程序对贸易的限制是否超过必要限度的问题。专家组指出,《TBT 协定》第 5.1.2 条与第 2.2 条的内容和结构都相似,第 5.1.2 条第 2 句也要求分析合格评定程序对贸易的限制、对合法目的的贡献度以及替代措施。在依照同样的思路进行分析之后,专家组得出结论:合格评定程序对贸易有一定的限制,对目的实现有作用,申诉方提出的措施并非合理可行,因此,欧盟的合格评定程序对贸易的限制没有超出必要限度。

《TBT 协定》第 5.2.1 条要求合格评定程序尽可能快地进行和完成,欧盟的合格评定程序有没有违反这一规定?专家组认为,第 5.2 条规定的是对第 5.1 条合格评定程序的执行,涉及整个实施阶段,也就是从收到合格评定申请到整个程序完成。本案中,申诉方所指的是评定机构要求获得评定资格的申请,而不是向现有的合格评定机构申请颁发证书。申诉方的第一个指控实际上还是说欧盟没有指定评定机构,专家组对此已经有了结论。关于批准评定机构拖延的问题,欧盟提出,不能把瑞典和格陵兰的拖延算在欧盟头上。从证据看,格陵兰政府于 2011 年 2 月 11 日提出申请,要求获得评定机构资格;同年 7 月 7 日,欧盟通知其文件短缺;

2012年1月5日、11月1日和2013年1月29日,格陵兰补充了文件;2013年4月25日,格陵兰获得批准。瑞典政府于2011年1月20日提出申请,要求获得评定机构资格;同年7月7日,欧盟通知其文件短缺;同年10月6日,瑞典逐一回复了欧盟提出的问题;2012年12月18日,瑞典获得批准。专家组指出,无法对格陵兰的申请过程所需时间作出准确的判断;欧盟也没有解释,从向申请者发出回复到收到申请者补充材料或答辩这段时间,欧盟做了哪些工作。综合考虑两个申请的情况,专家组认为,在没有合理解释的情况下,欧盟批准程序所需的时间不能说是"迅速的"。但是,由于申诉方没有提出为什么认为欧盟未能尽可能快地进行和完成程序,因此专家组认为没有充分的事实作出结论。

二、GATT下的非歧视义务

专家组指出,上诉机构曾经论述过GATT的非歧视原则与《TBT协定》第2.1条的关系,提出:GATT的非歧视原则不允许成员区别对待进口产品和国产品,而《TBT协定》并不完全禁止对进口产品的不利影响,只要这一不利影响完全缘于法律上合法的区分,而不是为了歧视进口产品。

1. GATT第1条

GATT第1条规定了最惠国待遇,专家组在前面的分析中已经确认进口产品与欧盟产品是同类产品;欧盟允许部分产品进口,这些产品获得了利益;欧盟海豹管理制度对申诉方同类产品的竞争造成不利影响;给予格陵兰产品的优惠没有立即无条件给予申诉方的产品,欧盟海豹管理制度违反了GATT第1.1条。

2. GATT第3.4条

专家组指出,欧盟海豹管理制度是GATT第3.4条所称的法律法规;申诉方的产品与允许进口的产品是同类产品;证据表明申诉方的绝大多数产品不符合两个例外,而欧盟产品却都符合条件,因此欧盟海豹管理制度给予申诉方的同类产品低于欧盟产品的待遇。根据上述分析,专家组确认欧盟海豹管理制度违反了GATT第3.4条。

3. GATT第20条例外

欧盟提出了关于GATT第20条的抗辩。专家组首先概括了前文对

《TBT 协定》第 2.1 条的分析,并认为这些结论与 GATT 第 20 条的分析相关。专家组引用了此前上诉机构的分析,认为要将进口禁令与其例外综合分析。关于 GATT 第 20(a)条"公共道德"例外,上诉机构提出,要综合考虑各种因素,特别是被指控的措施所要保护的利益的重要性,越是重要的利益,采取的措施越容易被认为是必要的。根据前文分析,专家组确认,欧盟海豹管理制度要达到的目的属于 GATT 第 20(a)条所指的"保护公共道德"。至于欧盟的措施对实现目的的作用,专家组提出,鉴于 GATT 与《TBT 协定》的密切关系,《TBT 协定》第 2.2 条与 GATT 第 20 条的分析相关。曾有上诉机构指出,如果一项限制措施的效果相当于禁令,除非该措施对实现目的有重大的作用,否则不能认为该措施是必需的。专家组在分析《TBT 协定》第 2.2 条时已经得出结论:欧盟海豹管理制度对实现其目的有一定作用,但其例外也在一定程度上削弱了其作用。由于申诉方没有提出合理可行的替代措施,专家组暂时认为欧盟海豹管理制度是"必需的"。

专家组接着分析欧盟海豹管理制度是否符合 GATT 第 20 条导言。GATT 第 20 条导言要求,措施的实施不得在情况相同的国家之间构成任意和不合理的歧视,或者构成变相贸易限制。欧盟海豹管理制度的区别待遇是明显的,专家组要分析这些区别待遇是不是"任意的""不合理的"。专家组再次引用了前文对《TBT 协定》第 2.1 条的分析,认为因纽特人捕猎与商业捕猎的区别尽管缺少与目的的合理联系,仍然是有理由的,但是由于没有公平地设计和实施,因此不符合 GATT 第 20 条导言;而 MRM 例外则既没有与目的的关联,也没有理由。专家组的最终结论是:欧盟未能证明 IC 例外和 MRM 例外造成的歧视性影响符合 GATT 第 20(a)条。

欧盟还提出该制度符合 GATT 第 20(b)条。专家组经审查确认,欧盟没有就此提出任何观点,因此欧盟海豹管理制度也不符合 GATT 第 20(b)条。

专家组的最终结论是:欧盟海豹管理制度是《TBT 协定》所称的"技术法规";IC 例外和 MRM 例外并非完全源自法律上合法的区分,因此违反《TBT 协定》第 2.1 条;欧盟海豹管理制度没有违反《TBT 协定》第 2.2 条;欧盟的合格评定程序违反《TBT 协定》第 5.1.2 条;IC 例外违反

GATT 第 1.1 条;MRM 例外违反 GATT 第 3.4 条;两种例外都不符合 GATT 第 20(a)和(b)条。

【上诉机构的分析和结论】

一、欧盟海豹管理制度的性质

专家组确认欧盟海豹管理制度属于《TBT 协定》所指的"技术法规",欧盟对此提出上诉。上诉机构从《TBT 协定》对技术法规的定义入手,逐一分析了这一定义中"文件""产品特性""相关工艺和生产方法"等措辞的含义,还引用了此前案件中上诉机构的解释。本案专家组认为,欧盟海豹管理制度从反面规定了产品特性(即不得含有哪些特性),因此属于技术法规。上诉机构指出,在分析这个问题的时候要强调三点:要根据个案的事实决定;一项措施具有多个因素,在决定时考虑或排除某个因素是非常重要的,会影响最后定性;本案中欧盟海豹管理制度所适用的产品是"不确定的一类产品"。专家组认为,遵循上诉机构在 DS135 案中的分析思路,禁止海豹进口不能说是技术法规;而禁止海豹产品进口则是从反面规定了产品特性,即产品不得含有海豹。上诉机构指出,专家组虽然应该分析禁止性规定和许可性规定,但在提出上述观点之后,又提出欧盟海豹管理制度规定的例外是适用的行政法规,然后并没有继续分析,就得出"欧盟海豹管理制度从整体上看属于技术法规"的结论。上诉机构认为,专家组错在仅仅审查了"禁止含有海豹的产品",没有分析各个因素在整个体系中的作用,就得出欧盟海豹管理制度的法律性质的结论。

上诉机构分别审查了纯海豹产品、含有海豹的产品,以及各项例外的条件,以确定这些因素是不是规定了产品特性。欧盟认为涉及纯海豹产品的规定不是技术法规,上诉机构同意这一点。其实,专家组在审查时也提到 DS135 案中上诉机构的说法。然而,天然状态的石棉没有可以直接使用的用途,而纯海豹产品的使用、消费和贸易却是大量的。上诉机构认为,专家组本应审查欧盟海豹管理制度的这个因素及其对定性的影响,但却只是在脚注里写了一句"针对自然状态的海豹的规定不属于技术法规,这一事实不影响我们的结论"。再来看含有海豹的产品,条例规定不得将含有海豹的产品投放市场,这似乎是规定了产品的特性,即不含有海豹。但是,专家组没有审查欧盟海豹管理制度中允许投放市场的条件。在 DS135 案中,欧共体禁止石棉制品是由于石棉的物理特性对人类健康存在风险,这与石棉制品的生产者或生产目的无关。欧盟海豹管理制度禁止含有海豹的产品并不是因为产品含有海豹,而是由于海豹捕猎者或捕猎的性质。从专家组的分析逻辑可以看出,专家组把捕猎者的身份、捕猎方式和捕猎目的作为"产品特性"对待,上诉机构认为这样的认识是错误的,无论是在《TBT 协定》附件第 1.1 条还是此前的上诉机构报告中,都没有这样的理解。另外,欧盟海豹管理制度中允许投放市场的条件也没有产品特性的规定。因此,欧盟的其他规定不是与产品特性相关的行政法规。从欧盟海豹管理制度允许投放市场的例外规定看,虽然这些规定适用于含有海豹的产品,但同样没有规定产品特性。综合上述分析,专家组认为欧盟海豹管理制度是《TBT 协定》附件 1.1 所称的"技术法规",上诉机构推翻了专家组的相关结论。

既然欧盟海豹管理制度没有规定产品特性,那么是不是规定了相关工艺和生产方法呢?由于专家组没有分析这个问题,也就没有对这个问题的事实作出结论,上诉机构认为自己缺少事实依据,无法完成分析。上诉机构推翻了专家组关于欧盟海豹管理制度性质的结论,宣布专家组关于欧盟海豹管理制度违反《TBT 协定》第 2.1 条、第 2.2 条、第 5.1.2 条的结论没有法律效果。

二、GATT 第 1.1 条和第 3.4 条

欧盟的上诉针对以下两点:《TBT 协定》第 2.1 条中非歧视标准不能同样适用于 GATT 第 1.1 条和第 3.4 条;欧盟海豹管理制度违反 GATT 第 1.1 条。

专家组审查了 GATT 与《TBT 协定》非歧视要求的关系,认为曾有上诉机构提出 GATT 的非歧视原则不允许成员区别对待进口产品和国产品,而《TBT 协定》并不完全禁止对进口产品的不利影响,只要这一不利影响完全源自法律上合法的区分,而不是为了歧视进口产品。专家组的解释是:GATT 第 20 条平衡了非歧视义务与各成员管理贸易的权利,《TBT 协定》没有类似的一般例外条款,所以对 GATT 第 1.1 条或第 3.4 条

的解释标准不能同等适用于《TBT协定》第2.1条。在分析具体问题之前，上诉机构比较了GATT第1.1条和第3.4条的异同：这两条比较的点虽不同，但适用范围有重叠，条款措辞也不一样，核心关注点是竞争条件，而不是实际的贸易影响。欧盟似乎认为，分析GATT第1.1条不能只看是不是对竞争条件有不利影响，还要考虑造成影响的理由，具体而言，就是区别待遇是不是源自合法区别。上诉机构不接受欧盟的观点。上诉机构提出，GATT第1.1条没有这样的规定，欧盟的上诉依据的是它对GATT规定的错误理解。据此，上诉机构维持专家组关于欧盟海豹管理制度违反GATT第1.1条的结论。

关于GATT第3.4条国民待遇问题，欧盟提出上诉，并再次提出"专家组需要审查区别待遇是不是源自合法区别"的观点。上诉机构指出，此前案件中专家组和上诉机构已经多次就GATT第3.4条中"不低于……的待遇"作出结论，概括起来有以下几点：进口产品和国产品有平等的竞争机会；确定进口产品受到较低待遇不需要形式上的不同；要评估措施对竞争条件的影响，如果有不利影响，则进口产品就是受到了较低待遇；措施与不利影响之间有真实的联系。以往的案件都表明，仅仅是区别待遇本身不一定是对进口产品的较差待遇，但不能理解成一项措施对竞争条件的不利影响不是决定性的。上诉机构指出，GATT第3.4条允许对进口产品和国产品作出管理上的区分，只要这样的区分没有改变两者的竞争条件。上诉机构驳回欧盟的上诉，维持了专家组的结论。

三、GATT第20条

在GATT第20条例外的问题上，上诉机构分析了三点：欧盟海豹管理制度的目的；欧盟海豹管理制度是否必要；GATT第20条导言。

1. 欧盟海豹管理制度的目的

专家组经分析认为，尽管存在其他考虑，欧盟海豹管理制度的主要目的是回应公众对动物福利的关注，属于《TBT协定》第2.2条所指的合法目的。上诉机构审查了专家组的分析路径，确认专家组的结论是正确的，并驳回挪威关于专家组违反了DSU第11条的主张。

2. 欧盟海豹管理制度是否必要

上诉机构指出，确定一项措施是不是符合GATT第20条例外，需要分两步分析:第一步,确认措施符合 GATT 第 20 条列举的 10 个项目;如果符合,再进行第二步,即确定该措施的实施方式是否符合第 20 条导言规定的条件。

在本案中,上诉机构已经肯定欧盟海豹管理制度是为公共道德而制定的,那么它是不是为保护公共道德所必需的呢?专家组认为欧盟海豹管理制度是必需的,申诉方对此提出几点上诉:专家组整体分析欧盟海豹管理制度而没有分析其中违反 WTO 的具体措施;专家组没有确立公众道德面临的风险是什么;专家组未能确立欧盟海豹管理制度对实现立法目的有实质性贡献。上诉机构指出,GATT 第 20 条要求分析成员实施的措施是不是符合其提出的条件,并没有要求分析某个措施与 GATT 不一致之处是不是符合第 20 条,所以申诉方的第一点主张不能得到支持。对申诉方的第二点主张,上诉机构指出,申诉方的意思是必须要有明确的风险,才谈得上保护,虐杀海豹与在陆地上打猎没有什么不同,没有特别的风险,因此欧盟不能用公众对虐杀海豹的关注作为其管理制度的理由。上诉机构认为,GATT 第 20(a)条并没有要求指明具体的风险,因此维持专家组的结论,即欧盟海豹管理制度的目的属于 GATT 第 20(a)条的范围。关于第三点,上诉机构指出,一项措施是否"为保护公共道德所必需的"是在衡量了一系列因素之后得出的结论,专家组无须首先认定一项措施对立法目的有实质性贡献。专家组在分析时提出了"实质性贡献"的标准,上诉机构认为这是错误的。专家组既审查了欧盟海豹管理制度的禁止性规定,也审查了允许进口的例外。但是,由于双方提交的证据不足,专家组承认无法对贡献度得出结论。上诉机构认为,在这样的情况下,专家组认为欧盟海豹管理制度可以对立法目的有作用,并无不妥。

此外,申诉方还认为欧盟海豹管理制度导致的结果是更糟糕的海豹福利问题,也没有减少全球对海豹产品的需求或虐杀海豹,因此认为专家组的一些结论没有事实依据。专家组注意到,因纽特人捕猎和 MRM 捕猎同样造成动物福利问题,但是没有证据表明它们比商业捕猎对海豹的威胁更大,也无法得出欧盟市场海豹产品进口被因纽特人捕猎和 MRM 捕猎的海豹产品替代。上诉机构指出,申诉方提出的问题是对证据的衡量和采纳问题,本应在 DSU 第 11 条项下提出。据此,上诉机构驳回申诉方在本条项下的上诉。申诉方认为,专家组错误地推定欧盟海豹管理制度减少了欧盟市场对海豹的需求,从而减少了全球虐杀海豹的数量。上诉机构注意到,专家组并没有作出明确的判断,而是推定市场需求的减少会减少猎杀海豹的数量,这样做并无不妥。至于欧盟海豹产品市场需求是不是减少,专家组根据各种证据得出的结论是非常谨慎的,也是合理的。

上诉机构接着分析专家组对替代措施的结论。上诉机构引用此前案件中的观点指出,一个替代措施可能由于各种原因而不合理可行,如纯粹理论的,被诉方无法实施的,或实施的成本太高的。替代措施不仅要对贸易的限制作用小,还要保留被诉方能达到其预期的保护水平的权利。本案申诉方提出了允许符合条件的海豹产品进口、许可证和标签等替代措施。申诉方提出,专家组没有将替代措施与现行欧盟海豹管理制度可以达到的保护水平相比,而是与完全达到立法目的的水平相比。上诉机构首先审查了专家组所依据的证据,认为专家组并没有将替代措施与完全达到立法目的的标准相比。申诉方认为,在分析替代措施的成本时,应当从整个国家的成本角度考虑,而不应该只考虑某个产业。上诉机构没有采纳这个主张,认为在分析替代措施可行性时可以考虑相关产业的负担。综合上述分析,上诉机构认为专家组对替代措施可行性的分析没有错误。上诉机构还驳回了申诉方关于专家组没有分析另外两个替代措施违反DSU 第 11 条的主张。

据此,上诉机构维持专家组关于欧盟海豹管理制度是保护公共道德所必需的之结论。

3. GATT 第 20 条导言

在分析欧盟海豹管理制度的实施是不是任意或不合理的时,专家组依据其对《TBT 协定》第 2.1 条的分析结论,即欧盟海豹管理制度的 IC 例外和 MRM 例外没有公平地设计和实施,认为该制度不符合 GATT 第 20 条导言。申诉方对此提出上诉,认为专家组没有解释为什么《TBT 协定》第 2.1 条的标准可以适用于 GATT 第 20 条的分析。上诉机构指出,《TBT 协定》导言第 6 段与 GATT 第 20 条导言的措辞有相同之处,但是《TBT 协定》第 2.1 条与 GATT 第 20 条的分析是不同的:两者适用的法律标准不同,前者审查有不利影响的措施源自合法的管理上的区别,后者审查措施在条件相同的国家之间是否构成任意的、不合理的歧视;两者的适用范围不同,前者适用于技术法规,后者是为了平衡成员引用例外的权利与其他成员在各项协定下的权利。由于存在上述不同,上诉机构认为,专家组引用《TBT 协定》第 2.1 条的标准审查 GATT 第 20 条是错误的。据此,上诉机构推翻专家组关于欧盟未能证明其 IC 例外和 MRM 例外符合 GATT 第 20(a)条的结论。

上诉机构确认,欧盟没有证明加拿大、挪威和格陵兰的条件有何不同;挪威认为,在捕猎海豹的国家,动物福利的条件都是一样的;专家组确认,捕猎海豹引起的对动物福利的关注在 IC 捕猎也同样存在,IC 捕猎和商业捕猎的区别并不会造成申诉方和格陵兰的捕猎有什么区别。欧盟对这些都没有异议。

申诉方提出,欧盟海豹管理制度是任意和不合理的,因为措施与立法目的之间不存在合理联系。欧盟提出,它已对普遍禁令给予例外,但没有解释这些例外是如何与立法目的相关的。上诉机构指出,欧盟没有证明在保护因纽特人和其他土著居民利益的时候,为什么不能同时考虑动物福利问题。专家组注意到,因纽特人捕猎也有获取经济利益的成分,在这一点上,与商业捕猎类似。欧盟对此并无异议。上诉机构指出,由于缺乏为生存捕猎的标准,IC 例外存在模糊之处;同样,"海豹产品必须根据其传统,部分在族群内利用、消费或加工"也存在模糊的问题;在庭审阶段,欧盟无法回答"部分利用"是指一头海豹、一次捕猎还是一个捕猎季。这些问题加在一起,使得 IC 例外的要求模糊不清;而是不是符合要求,完全由合格评定机构决定,即使他们善意行事,仍然可能造成 IC 例外的滥用。欧盟未能说明如何防止这样的情况发生。MRM 例外和旅行者携带例外都规定了反规避条款,但 IC 例外没有。由于这些问题的存在,本应属于商业捕猎的海豹有可能根据 IC 例外进入欧盟市场。由此可见,从法律的设计来看,欧盟海豹管理制度可以以任意和不合理的方式实施。上诉机构继续审查 IC 例外的实施方式是否构成对不同国家的因纽特人的"任意和不合理的歧视"。如果欧盟海豹管理制度的设计和实施事实上只惠及格陵兰,那么欧盟海豹管理制度就是对情况相同的国家给予了不同待遇。专家组认定只有格陵兰得到了 IC 例外的优惠,但没有提出 IC 例外的哪些条件阻止了申诉方的因纽特人申请许可。加拿大承认,其因纽特人没有申请是因为欧盟禁止商业捕猎的海豹进口。上诉机构提出,如果欧盟海豹管理制度是中立的,那么对海豹进口的限制既会影响加拿大的因纽特人,同样也会影响格陵兰的因纽特人,也就不会影响加拿大和格陵兰的因纽特人之间的竞争。但是,上诉机构注意到,欧盟事实上没有像帮助格陵兰因纽特人那样给予加拿大因纽特人同等的便利和优惠;对欧盟所称的加拿大的误解,欧盟也没有予以澄清。同时,要设立满足所有条件的"合格评定机构"又非常麻烦。概括了上述各点之后,上诉机构的结论是:欧盟未能证明其实施欧盟海豹管理制度的方式满足 GATT 第 20 条导言的要求,因此亦未能证明欧盟海豹管理制度符合 GATT 第 20(a)条。

七 《与贸易有关的知识产权协定》

加拿大药品专利保护案

(WT/DS114)(简称:加拿大—药品专利案)

【案件基本情况】

申诉方:欧共体

被申诉方:加拿大

第三方:澳大利亚、巴西、哥伦比亚、古巴、印度、以色列、日本、波兰、瑞士、美国

本案涉及的相关协定条款和法律问题:《TRIPS协定》第27条、第28条和第30条;条约解释原则对《TRIPS协定》条款的适用(VCLT)。

1997年12月19日,欧共体向DSB提出与加拿大磋商的要求。欧共体提出,加拿大《专利法实施细则》没有对药品提供保护,其保护期的规定不符合《TRIPS协定》第27条、第28条和第33条。由于磋商未成,经欧共体请求,1999年2月1日,DSB决定成立专家组。2000年3月17日,专家组做出报告。2000年4月7日,DSB通过了专家组报告。

本案涉及加拿大《专利法》第55.2(1)(2)条。根据《TRIPS协定》第28条和第33条,专利权人对其专利拥有独占性权利,该权利的保护期限不得短于自申请之日起20年。但是,加拿大《专利法》第55条却允许在特定条件下,不经专利权人的同意,他人可以在20年期间制造、使用或销售专利产品。加拿大《专利法》第55.2(1)条规定:"任何人仅为开发和提

交加拿大、加拿大各省或加拿大以外的国家法律要求的信息而制造、使用和销售专利发明不构成侵权。"这一条也被称为"法规审查例外",适用于药品,因为药品上市前必须经过政府机构的审批。这一例外的目的是使专利药品的潜在竞争者在专利保护期内就可以获得政府生产许可,这样在专利保护到期之日前就可能已经得到销售竞争药品的许可。如果没有法规审查例外,竞争者必须等专利期满后才可以为提交审批需要的资料而生产,而竞争的药品要投放市场则会在专利到期以后再过一段时间。根据加拿大提供的资料,药品从开发到获得批准投放市场一般需要8年至12年的时间,如果无此例外,那么20年的专利保护期只能享受8年至12年。一旦药品专利到期,马上会出现仿制药。仿制药也必须通过政府批准。一般来说,生产和批准仿制药需要4年至6年半的时间,其中2年至4年为开发时间,批准过程要2年半。如果没有法规审查例外,仿制药的生产者获得销售许可就要在专利到期后再等3年至6年半,这等于无形中延长了专利的实际保护期。

加拿大《专利法》第55.2(2)条规定:"任何人为在专利到期日后的销售而制造、储藏根据上述第1项制造使用专利发明,不构成侵权。"这一规定也被称为"储藏例外"。根据法律,储藏例外的实施必须有具体条例的规定。到本案提起申诉时为止,加拿大颁布的允许储藏例外的条例只针对药品。这一条例规定,在某项专利到期前6个月,可以实施针对这一专利的储藏例外。

欧共体认为,加拿大《专利法》的这两项例外规定不符合其根据《TRIPS协定》第27.1条和第28.1条应当承担的义务,储藏例外还不符合第33条。加拿大承认这两项例外不符合《TRIPS协定》第28.1条和28.2条,但认为它们符合第30条规定的例外,而第27.1条不适用于根据第30条可以豁免的规定。加拿大还认为储藏例外不违反《TRIPS协定》第33条。

【专家组的分析和结论】

一、加拿大《专利法》第55.2(2)条(储藏例外)

《TRIPS协定》第28.1条规定:"一专利授予所有权人下列专有权

利:(a)如一专利的客体是产品,则防止第三方未经所有权人的同意而进行制造、使用、提供销售、销售或为这些目的而进口该产品的行为;(b)如一专利的客体是方法,则防止第三方未经所有权人的同意而使用该方法的行为,并防止使用、提供销售、销售或为这些目的而进口至少是以该方法直接获得产品的行为。"加拿大承认,储藏例外不符合第28.1条,但符合第30条。《TRIPS协定》第30条规定:"各成员可对授予的专有权规定有限的例外,只要此类例外不对专利的正常使用发生无理抵触,在考虑到第三方合法利益的前提下,也不会无理侵害专利所有权人的合法利益。"

双方都同意,要符合《TRIPS协定》第30条例外必须同时符合三个条件:例外是有限制的;例外不能影响专利的正常使用;在考虑到第三方合法利益的基础上,例外不得不合理地侵害专利权人的合法利益。这三个条件的解释应当相互补充,但含义是各不相同的。

加拿大引用《TRIPS协定》第7条和第8.1条提出,《TRIPS协定》的目的是平衡知识产权与成员国政府重要的社会经济政策,因此对适用第30条的三个条件的解释应当宽松。欧共体同意《TRIPS协定》有平衡利益的作用,但认为这种平衡在谈判达成的协定中已经得到体现。欧共体引用《TRIPS协定》导言和第1.1条提出,协定的根本宗旨是实施知识产权最低保护标准。专家组指出,一方面,协定第30条本身就是对第28条赋予之权利的限制;另一方面,第30条规定的适用条件表明协定制定者不想让第30条成为重新谈判的工具。

例外必须是有限制的。加拿大认为,储藏例外对专利权人的影响是很有限的,并没有影响专利权人在专利期间向最终用户的销售,即独占性的商业销售权。欧共体则认为,储藏例外影响到《TRIPS协定》第28条赋予专利权人的五项权利中的三项,因此不是有限的例外;考虑到药品专利实际受到保护的时间只有8年至12年,6个月的时间也绝不是有限的。此外,储藏例外没有数量限制,专利权人不能索取使用费,甚至没有权利得知是否有人在为储藏例外而生产。

专家组认为,《TRIPS协定》第30条的第一个条件源于《伯尔尼公约》第9.2条,该条规定了一些例外情况,使用的措辞是"在某些特殊情况下"。专家组考证了《TRIPS协定》制定过程中留下的文字记录,希望能了解为什么《伯尔尼公约》第9条的措辞被协定改成"有限例外",但没有找到任何依据。尽管"有限"这个词本身可以作广义和狭义解释,但在"有限"和"例外"连在一起使用时,应当从狭义的角度考虑。专家组同意欧共体的观点,即应从专利权受影响的程度视角考察,而不看其规模或经济影响。但是,对于欧共体简单地列举受影响的权利的数量,专家组不同意这一做法。专家组指出,一个小小的行动可能影响专利权人的全部五项权利而实际上并没有给专利权人带来不利后果,因此必须审查专利权人权利受影响的程度。加拿大认为,只要专利权人在专利权有效期间保有销售独占权,储藏例外就是有限的。专家组指出,这意味着只有销售权利是五项权利中最关键的,而制造和使用等权利无关紧要,加拿大的这一观点没有任何依据。专家组指出,专利权人的制造和使用权可以使其在整个专利保护期间从源头上阻挡竞争产品,并且可以禁止使用,而不管其来源如何。储藏例外使这两项权利在最后 6 个月被完全剥夺了。专家组指出,制定协定的人很清楚,从理论和实践两个方面看,有了制造权和使用权,专利权人在专利到期后的一段时间内仍可利用其在市场上的实际影响获得更多的利益,这是其规定制造权和使用权的本意。储藏例外实质性地影响了《TRIPS 协定》第 28 条规定的权利,这样的例外不能算是有限的。

加拿大提出两个抗辩,只有依据其《专利法》第 55.2(1)条生产药品以及为申报批准而生产药品的人才可以享受储藏例外。专家组认为,考虑到对专利权人权利的影响,这两个所谓的限制都不能改变储藏例外不是有限例外的结论。储藏例外只能在一项专利到期前 6 个月适用,这一点可能会减少一些对专利权人权利的影响。但是,由于储藏例外没有生产数量的限制,专家组的结论是:储藏例外不是有限例外。

有了这一结论,专家组认为没有必要再分析《TRIPS 协定》第 30 条的另外两个条件,也没有必要分析欧共体提出的储藏例外违反第 27.1 条和第 33 条的问题。

二、法规审查例外

双方都同意,如果法规审查例外符合《TRIPS 协定》第 30 条,也就不违反第 28.1 条。

例外必须是有限的。加拿大再次提出,由于专利期内专利权人向最终用户销售的权利并未受到影响,这样的例外就是有限的。在法规审查例外上,加拿大还提出另外两点抗辩:一是美国专利法中有与加拿大的法规审查例外类似的规定,各国在《TRIPS协定》谈判时都知道这一例外,也都知道美国希望能保证协定的内容保留这一例外。加拿大还引用了美国贸易代表1996年的谈话,证明美国的理解是《TRIPS协定》保留了这一例外。二是在《TRIPS协定》订立之后,阿根廷、澳大利亚、匈牙利和以色列通过的立法中也包括类似的例外条款,日本和葡萄牙对现有立法的解释也包括了类似的例外规定。加拿大认为,这些成员的做法是VCLT第31.3条所说的"嗣后的实践",可以证明加拿大对《TRIPS协定》第30条的解释。欧共体则提出,法规审查例外允许第三人从事专利法给予专利权人独占权的五种活动。虽然从事这些活动的目的是向政府机构提供审查用的数据,但允许活动的范围广泛,可能实施的人也很多,特别是允许药品原料精细化工厂向药品生产者进行商业销售。此外,法规审查例外没有时间限制,在整个专利有效期内都可以实行,而且向世界上任何一个政府提交审查资料都可以实行。这些都表明例外不是有限的。

专家组认为,法规审查例外符合《TRIPS协定》第30条关于有限制的要求,只要生产和销售完全是为了向有关审批机构提交数据,专利权人的商业利益就不会受到影响,第28.1条规定的权利受到的影响就是很小的。至于外国审查机构,其性质与加拿大审查机构没有两样,欧共体也没有提供证据证明它们之间有什么不同。但是,加拿大提出的关于协定制定历史和嗣后实践的抗辩并没有依据:协定制定没有留下书面材料,而其他成员的国内立法也不是VCLT第31.3条所说的可以用来解释条约含义的"嗣后的实践"。

在分析例外的有限性时,还必须面对经济利益的问题。法规审查例外是针对仿制药品生产和批准通常需要经过4年至6年半的时间而制定的。如果没有这一例外,专利权人可以继续在这一段时间内事实上垄断该药品的市场。专家组认为经济影响是另外两个条件需要分析的问题。专家组的结论是:加拿大《专利法》第55.2(1)条是《TRIPS协定》第30条所说的"有限例外"。

例外不得与专利权人正常利用冲突。加拿大认为"利用"指的是能产生经济利益的利用,而欧共体则认为"利用"是制造使用和销售等行为。

双方对"正常"一词的理解大相径庭。专家组认为,"利用"指专利权人利用其独占权利从事商业活动并从中获得经济利益;而"正常"一词在字典上有许多含义,概括地说,可以指从经验出发对某一个社会是普通的事情,也可以指权利的规范标准。在《TRIPS 协定》第 30 条中,"正常"一词同时具备两个方面的含义。专利权人对专利的正常利用就是要消除一切可能影响其经济利益的竞争,专利的具体形式不是固定的,必须适应技术发展和市场变化。加拿大认为,在专利到期后,专利权人对市场享有的事实独占不是正常利用。专家组认为,不能一概而论。由于存在对药品的法定审查,专利权人在药品专利到期后享受的独占权就不是正常的,因为这一期间不是专利权的自然延伸,而是专利法和药品审查结合的后果。对其他大多数专利产品来说,不存在上市前要审查的问题,也就不存在因审查而延长的市场独占期。专家组的结论是:法规审查例外没有与专利权的正常利用形成不合理的冲突。

在考虑第三人合法利益的前期下,例外不应不合理地侵害专利权人的合法利益。法规审查例外剥夺了专利权人事实上享有的专利权到期后的经济利益。此时,关键是要确定由专利权到期后事实上的市场垄断权产生的经济利益,是不是专利权人的"合法利益"。如果答案是肯定的,再确定法规审查例外是否不合理地影响了这一利益。欧共体提出,法规审查例外涉及的第三人只有专利权人直接竞争者,而其合法利益是在专利到期后制造、销售和使用专利;法规审查例外对专利权人权利的影响程度构成了"侵害",在不存在与此相反的第三方权利的情况下,这样的侵害是不合理。专家组首先对"合法"一词作出解释。通常的理解是:符合法律或原则,或经法律或原则批准或授权的,是有理由的、合适的。欧共体把"合法利益"与"法律上的利益"作为同义词,这样的解释是不正确的。依照欧共体的解释,对《TRIPS 协定》第 28 条所赋予任何权利的影响都构成对合法利益的影响,如果立法者希望的是这样的结果,他们可以更加明确地将之写在协定里。依照欧共体的理解,在第三个条件中写进"考虑到第三方的合法利益",就没有意义了,因为第三方根本不存在法律上的利益。此外,如果把第三个条件作为对法律上利益的又一层保护,那它和《TRIPS 协定》第 30 条的第一个条件是重复的。专家组认为,"合法利益"一词在这里应当解释为"一种作为规范的权利,要求对正当利益给予保护,因为这些利益得到公共政策或其他社会规范的支持"。专家组以各国专利法都规定的科学研究例外为例,认为这一例外也是由公共政策决定的:专利法的一个根本目的就是要促进技术知识的传播,社会和科学工作者都应有合法利用专利披露的内容发展科学技术的权利。专家组指出,从《TRIPS协定》制定过程的文件中,无法找到有关材料。但是,《伯尔尼公约》第9.2条制定时对第三个条件的分析,与专家组的理解是一致的。《伯尔尼公约》第9.2条所说的合法利益仅指作者的利益,而《TRIPS协定》第30条却要求考虑第三方的合法利益。不管这一变化是出于什么原因,专家组认为,合法利益应当比法律上的利益范围更宽。

在合法利益问题上,欧共体提出了另一个抗辩:由于药品上市前的审批程序,药品专利权人在专利期内相当长一段时间无法销售其产品。加拿大提供的资料表明,药品一般在提出专利申请后8年至12年的时间才能真正在市场上销售。也就是说,专利权人在专利期内享有独占性销售权只有8年至12年,仅是专利保护期的40%—60%。欧共体提出,受到法规审批影响的专利权人应当有权让竞争者受到同样的影响。专家组认为,这一抗辩与欧共体对第二点的抗辩不同,因为它提出的不是正常利用专利。专利法给予专利权人在20年时间内从其发明创造获利的机会,虽然不能保证每个专利权人都可以实际获得利益,但理论上他们获利的时间是20年,而药品专利权人被法规审查的规定剥夺了其中的一段时间。专家组需要审查这一利益是不是《TRIPS协定》第30条所说的合法利益,尤其是看它是否符合普遍接受的公共政策。欧共体提出的这种权利实际上得到一些国家和地区的承认,不少成员(欧共体、美国、瑞士、日本、澳大利亚和以色列)通过立法补偿药品专利权人因法规审查而实际少享受的保护期。其中,欧共体和瑞士在通过立法延长保护的同时,仍允许专利权人在享受法定延长的保护期后,再享受事实上延长的市场独占期。但是,通过立法补偿法规审查造成的专利保护不足并没有成为各国普遍的做法。除加拿大外,还有一些国家通过立法规定法规审查例外,以此消除事实上的专利到期后延长的市场独占期,但却没有同时通过立法补偿专利权人。这表明,这些国家认为公共政策上的考虑超过了对专利权人利益的考虑。专家组在审理期间,曾经询问加拿大为什么授予法规审查例外以消除法规审查对竞争者进入市场的影响,却不延长专利期以消除法规审查对专利权人的影响。加拿大的回答是,对新药的法规审查是出于对公众安全的考虑,因此这样的影响是必然和不可避免的;而用专利权阻挡竞争者享受法规审查例外,从而延缓其进入市场,不是为了公众安全,也不是对专利权的正常利用。专家组在考虑了各方的观点后指出,从专利权人实际保护期的角度提出的理由未能得到普遍承认的公共政策的支持,不能被认为是"合法利益"。专家组相信,这一问题在 TRIPS 谈判时还没有出现,所以没有清楚地规定在协定中。专家组认为,通过争议解决的途径对一个在政策上仍然存在争议的问题下结论是不合适的。专家组的结论是:加拿大证明了法规审查例外没有侵害专利权人的合法利益。

专家组对这一问题的最终结论是:加拿大《专利法》第 55.2(1)条符合《TRIPS 协定》第 30 条的三个条件,因而不违反该协定第 28.1 条。

三、《TRIPS 协定》第 27.1 条的适用

欧共体提出,法规审查例外还违反《TRIPS 协定》第 27.1 条。第 27.1 条规定:"在遵守第 2 款和第 3 款规定的前提下,专利可授予所有技术领域的任何发明,无论是产品还是方法,只要它们具有新颖性、包含发明性步骤,并可供工业应用。在遵守第 65.4 条、第 70.8 条和本条第 3 款规定的前提下,对于专利的获得和专利权的享受不因发明地点、技术领域、产品是进口还是当地生产而受到歧视。"欧共体提出,根据第 27 条,不仅应在赋予专利权上不歧视,在专利权的例外方面也应当不歧视。由于加拿大专利法的法规审查例外只限制了药品专利权人的权利,而没有限制其他专利权人的权利,因此构成歧视,不符合《TRIPS 协定》第 27.1 条。加拿大提出,第 27.1 条不适用于第 30 条的例外,其法规审查例外也不构成歧视。

专家组不接受加拿大的第一个观点。《TRIPS 协定》第 27.1 条的规定非常明确,没有任何限制,没有提出例外可以不适用非歧视原则。加拿大辩称《TRIPS 协定》第 31 条是授权性的,而第 30 条是强制性的,因此第 27.1 条适用于第 31 条而不适用于第 30 条。专家组指出,即使存在加拿大所说的区别,也不能证明加拿大的观点。专家组的结论是:第 27.1 条规定的非歧视原则适用于第 30 条规定的例外情况。非歧视原则在《TRIPS 协定》其他条款中都是使用很具体的措辞,只有第 27.1 条使用

了"歧视"一词。根据一般理解,歧视带有贬义,它既可以是表面上相同的待遇,但由于情况不同而造成歧视,也可以是法律上明确的不同待遇。"歧视"的含义很多,为避免歧义,只要有可能使用更确切的标准,就应当避免使用这一词汇;如果使用了,在解释时应当格外谨慎。专家组注意到,在 GATT 和 WTO 的许多专家组报告中都分析过这一问题,但每一个报告都是针对各个案件中具体问题的,不能被看作对歧视原则的解释。既然如此,专家组决定只针对本案的具体情况确定涉及争议的措施是否构成歧视,而不试图给歧视下一个定义。专家组指出,欧共体没有提供证据证明法规审查例外只适用于药品。因此,专家组接受加拿大的说法,即法规审查例外适用于一切需要法规审查的产品。但是,专家组强调,这一结论依据的是加拿大提供的解释,如果加拿大的解释被证明是错误的,则专家组的这一结论也无效。至于是否存在事实上的歧视,专家组首先指出,欧共体并没有在书面材料中明确提出这一问题。接着,专家组根据各方提交的材料进行分析,指出事实上的歧视指表面上平等而实际上存在差别待遇。从法律上看,需要分析两点:事实上的歧视效果与从这种效果可以推断出存在或不存在歧视的目的。双方都没能证明法规审查例外不适用于其他产品。专家组认为,欧共体没有证明法规审查例外存在歧视后果。各国对专利权例外的问题有许多争论,凡是规定例外的,都希望在最大程度上实行例外,因此从法规审查例外也不能推断出制定法律的人有歧视的目的。为此,专家组认为,加拿大《专利法》第 55.2(1)条没有违反加拿大根据《TRIPS 协定》第 27.1 条应当承担的义务。

专家组的最终结论是:

(1) 加拿大《专利法》第 55.2(1)条并没有违反加拿大根据《TRIPS 协定》应当承担的义务;

(2) 加拿大《专利法》第 55.2(2)条违反加拿大根据《TRIPS 协定》应当承担的义务。

中国影响知识产权保护和实施的措施案

(WT/DS362)(简称:中国—知识产权案)

【案件基本情况】

申诉方:美国

被申诉方:中国

第三方:阿根廷、澳大利亚、巴西、加拿大、欧共体、印度、日本、韩国、墨西哥、中国台北、泰国、土耳其

本案涉及的相关协定条款和法律问题:《TRIPS协定》第9条、第41条、第46条、第59条、第61条;《伯尔尼公约》;表面证据;专家组职权范围;从WIPO获取信息。

2007年4月10日,美国要求与中国磋商,解决中国《著作权法》和其他相关法规对知识产权保护的问题。由于双方磋商未果,经美国请求,成立了专家组。2009年1月26日,专家组公布最终报告。3月20日,DSB通过了专家组报告。

【专家组的分析和结论】

美国的诉请针对的中国知识产权保护法律和法规问题可归纳为三类:中国《著作权法》,特别是其第4.1条违反《TRIPS协定》所纳入的《伯尔尼公约》相关条款;中国的知识产权海关保护中对侵权罚没货物的处理违反《TRIPS协定》第59条;中国对侵犯知识产权刑事处罚的起点违反《TRIPS协定》第61条。

一、关于中国《著作权法》第4.1条的诉请

中国《著作权法》第4.1条规定:"依法禁止出版、传播的作品,不受本法保护。"美国指出,这一条款违反《TRIPS协定》第9.1条、第41条、第61条,也违反国民待遇原则。

1.《TRIPS协定》第9.1条

《TRIPS协定》第9.1条规定:"各成员应遵守《伯尔尼公约》(1971)第1条至第21条及其附录的规定。"通过这一条款,TRIPS把《伯尔尼公约》规定的义务赋予WTO所有成员。美国正是依据这一规定,认为中国《著作权法》的相关规定违反《伯尔尼公约》第2.6条、第5.1条和第5.2条。

专家组首先指出,美国成立专家组的请求中并没有指明《伯尔尼公约》第2.6条,虽然《TRIPS协定》第9.1条提及《伯尔尼公约》的多个条款,但申诉方不能仅因指出被申诉方违反第9.1条,就认为第9.1条涉及的所有条款都包括在申诉内。专家组审查了美国成立专家组的请求,以及美国第一次提交的材料,其中都没有具体涉及《伯尔尼公约》第2.6条。专家组据此确认,关于《伯尔尼公约》第2.6条的诉请不属于专家组的职权范围。

美国提出,根据中国《著作权法》第4.1条,外国人的某些作品(内容未通过审查的作品)不能享有《著作权法》第10条所规定的权利,也不能获得《著作权法》第46条和第47条规定的救济。中国提出,"著作权"和"著作权保护"是两个概念,依法不给予保护,是指在实施权利时不能保护,但不影响其著作权。专家组列举了中国《著作权法》第一章的8条内容,发现第2.2条和第4.1条使用了同样的措辞,由此可以看出,第4.1条否定的是第2.2条所提供的保护。第4.1条很明确:有一部分作品,由于法律(不限于某一部具体法律)禁止其出版、传播而得不到《著作权法》的保护。专家组同时指出,得不到保护的是《著作权法》第10条列举的人身权和财产权,而不能得到保护的作品也包括WTO其他成员(包括美国)公民的作品。专家组还引用了中国最高人民法院1998年给湖南省高级人民法院的回函,以及中国国家版权局就同一案件给最高人民法院的回复,并据此确认,根据第4.1条,部分作品因其内容而不能得到版权保

护。中国提出,第4.1条的"不受本法保护",仅指权利人不能依据法律主张权利,但初始的权利仍然存在。这一观点没有被专家组接受。专家组认为,中国无法解释一部作品如果内容得不到法律保护,其权利如何行使。专家组指出,《TRIPS协定》要求WTO成员对协定第二部分规定的客体给予保护,并保证以协定第三部分所提出的程序实施保护。中国的司法机关可以决定在具体某些情况下不提供救济,但《著作权法》第4.1条完全拒绝对符合条件的作品给予保护。一个成员的法律如果直接规定某些符合条件的客体不能得到保护,这不是单纯的不实施保护的问题,同时也不符合《TRIPS协定》第二部分的规定。

所谓"法律禁止出版、传播",不限于某一部具体法律,包括刑法、出版法规等。中国提交的陈述材料中列举了多项法律规定,这些规定中列举了10种被禁止的情况。

专家组认为,所谓"法律禁止出版、传播"不仅取决于作品的内容,还涉及确定内容违法的程序。中国提出,能够适用《著作权法》第4.1条的只有法院和国家版权局,而内容审查与第4.1条的适用是完全分开的。美国认为,第4.1条适用于四种作品:从来没有送交审查的作品;正在等待审查通过的作品;未经授权,为了在中国发行而编辑过的作品(指删除了某些不适合在中国出版的内容);因内容通不过被禁止出版传播的作品。也就是说,这四种作品都得不到中国《著作权法》的保护。专家组从最后一类开始分析。中国提出,对内容审查通不过的作品,只要著作权人删除违法的内容,修改后的作品就可以得到保护。在这种情况下,如果出现侵权,著作权人修改后的作品可以得到保护。专家组接着考虑从来没有送交审查的作品和正在等待审查通过的作品。美国没有提交任何证据证明此类作品不能得到保护,其诉请是依据2002年TRIPS理事会审查中国知识产权立法时中国提交的材料推论出来的。专家组注意到,根据中国电影和音像制品管理规定,还没有通过审查的电影或音像制品不得出版、发行,因为这些作品可能被认为是第4.1条所说的"法律禁止出版、传播"的作品,不知道是否还要对它们作内容审查;出版单位不得出版或进口带有违法内容的作品,在适用第4.1条之前要审查其内容;《刑法》和《电信条例》虽然也禁止某些内容,但没有提到内容审查的程序。对于绕开审查而未经批准的出版物,中国提出,由法院或国家版权局确定这类作品的合法性。专家组指出,版权自作品完成时起即自动产生,中国法律也是如此规定的。专家组不清楚那些没有提交审查和等待审查通过的作品是否属于第 4.1 条的范围。中国提交了一些证据说明,对未经批准进口的书籍和音像制品中国是保护的。专家组经过上述分析确认,根据《著作权法》第 4.1 条不给予保护的是完全通不过内容审查的作品,以及在审查中为了通过而删除的部分。专家组认为,美国未能证明第 4.1 条适用于它提出的其他几种情况。

《伯尔尼公约》第 5.1 条规定:"就享有本公约保护的作品而言,作者在作品起源国以外的本同盟成员国中享有各该国法律现在和今后可能给予其国民的权利,以及本公约特别授予的权利。"专家组指出,这一规定设定了两类权利,一类是各国给予本国国民的权利(对外国作者和外国作品来说,就是国民待遇),另一类是公约特别授予的权利。美国的诉请涉及第二类权利。

《伯尔尼公约》第 5.1 条并没有具体指明作者享有哪些权利,作者享有的权利规定在公约其他条款中由于《TRIPS 协定》第 9.1 条的规定,各成员国没有义务赋予作者《伯尔尼公约》第 6 条之二规定的权利,专家组因此确定,公约第 5.1 条所指的权利是公约第 8 条、第 9 条、第 11 条、第 11 条 bis、第 11 条 ter、第 12 条、第 14 条、第 14 条 bis 和第 14 条 ter 条所指的权利,而这些权利规定在中国《著作权法》第 10 条中。专家组指出,中国《著作权法》第 4.1 条拒绝给予保护的就是第 10 条所赋予的权利。专家组已经确认,根据第 4.1 条的规定,中国法律对通不过内容审查的作品,以及在内容审查时为符合条件而被删除的部分作品不提供保护;第 4.1 条所适用的"作品"比根据《伯尔尼公约》第 2 条及第 2bis 条可以拒绝或限制给予保护的作品的范围要广,对这一点各方均无异议。据此,专家组确认,从表面看,中国《著作权法》第 4.1 条的规定不符合《伯尔尼公约》第 5.1 条。

专家组接着分析了中国提出的对《伯尔尼公约》第 17 条的抗辩。《伯尔尼公约》第 17 条规定:"如果本同盟任何成员国认为有必要对于任何作品或制品的发行、演出或展出,通过法律或条例行使许可、监督或禁止权利,本公约的条款不应以任何方式妨碍本同盟各成员国政府的这种权利。"双方都认可,根据第 17 条,政府有权控制作品的利用,而且这一条主要与内容审查有关。但是,对于政府是否有权完全否定一类作品的全部权利,双方持不同意见。专家组指出,该条款使用了范围很广的词"任何",表明其所说的"作品"和"制品"与公约其他条款的范围一致,而政府的权力是"许可、监督或禁止"作品的"发行、演出或展出"。尽管"发行、演出或展出"没有穷尽作品的所有利用方式,但不能从这一条推出政府可以否定任何作品的所有权利。专家组指出,中国无法解释为什么审查制度要影响著作权人阻止他人利用作品的权利。

据此,专家组确认,中国《著作权法》,特别是其第 4.1 条不符合《伯尔尼公约》第 5.1 条。专家组特别指出,美国的诉请并不针对中国的审查制度,专家组的结论也不影响中国的审查制度。

2.《TRIPS 协定》第 41.1 条

美国提出,对于得不到《著作权法》保护的作品,无法得到《著作权法》第五章提供的救济,中国没有履行《TRIPS 协定》第 41.1 条的义务。第 41.1 条规定:"各成员应保证其国内法中包括本部分所规定的程序,以便对侵犯本协定所涵盖知识产权的任何行为采取有效行动,包括防止侵权的迅速救济措施和制止进一步侵权的救济措施。"

中国承认,《著作权法》第 4.1 条的核心是对内容非法的作品不给予著作权保护。专家组认为,对这些作品而言,中国法律没有提供《TRIPS 协定》第 41.1 条要求的保护程序。中国提出,著作权人向法院提出诉讼的权利不受限制,不论其作品的内容如何,都可以向法院起诉。专家组指出,这等于说,只要一个成员不阻止权利人起诉,就履行了《TRIPS 协定》第 41.1 条的义务。专家组认为,《TRIPS 协定》第三部分为成员规定的义务要广泛得多,包括提供救济的义务;而在中国,被《著作权法》第 4.1 条剥夺了著作权的作品得不到第五章提供的救济。据此,专家组确认,中国《著作权法》,特别是第 4.1 条不符合《TRIPS 协定》第 41.1 条。

美国还提出了涉及《伯尔尼公约》第 5.2 条与《TRIPS 协定》第 14 条、第 61 条的诉请。专家组认为它已经针对《伯尔尼公约》第 5.1 条作出结论,没有必要再分析其他诉请。

二、中国《知识产权海关保护条例》及其《实施办法》的相关规定

美国针对中国《知识产权海关保护条例》(以下简称《保护条例》)及其

《实施办法》中海关处理侵犯知识产权被没收货物的措施提出诉请,认为中国的海关措施违反《TRIPS协定》第59条。

《保护条例》第27条第3款规定:"被没收的侵犯知识产权货物可以用于社会公益事业的,海关应当转交给有关公益机构用于社会公益事业;知识产权权利人有收购意愿的,海关可以有偿转让给知识产权权利人。被没收的侵犯知识产权货物无法用于社会公益事业且知识产权权利人无收购意愿的,海关可以在消除侵权特征后依法拍卖;侵权特征无法消除的,海关应当予以销毁。"

美国提出,根据《TRIPS协定》第59条,"主管机关应当有权依照第46条所列原则责令销毁或处理侵权货物",中国海关当局必须按照法律规定的顺序处理侵权货物,而不能自行选择销毁。美国认为,将侵权货物交给社会公益机构,无法保证后者不出售这些货物;权利人收购则是要求权利人为侵权货物花钱;而拍卖更没有使侵权货物脱离流通渠道。只要可能按照上述三种处理方法之一处理被没收的侵权货物,海关就不能销毁侵权货物。中国提出,《TRIPS协定》第59条应当与第1.1条结合起来理解。中国关于海关措施的规定只是给海关不同的选择,2005年至2007年,海关实际销毁了58%的扣押货物。中国还提出,第59条的规定并不要求主管机关必须销毁侵权货物。

专家组首先把第59条放在《TRIPS协定》第三部分第4节的背景下加以分析,认为第59条是海关处理侵权货物程序的一部分。专家组接着对相关概念作了界定,认为"侵权货物"包括侵犯不同知识产权的货物,但仅指进口货物;"应当有权"在整个第三部分的许多条款中使用,从第59条的措辞看,提供救济的义务从主管机关确认侵权时起,一直到发出救济令时止,但针对具体侵权的救济是主管机关的自由裁量权,"应当有权责令"并不意味着主管机关有义务行使这一权力,"应当有权责令某些救济措施"也不意味着主管机关有义务只能责令这些救济措施;"避免对权利持有人造成任何损害"是主管机关责令救济的基础;"应当有权销毁或处理"表明,只要成员的相关主管机关有权销毁或处理,该成员的法律就符合规定。

美国认为,中国相关规定要求海关必须根据一定的顺序处理侵权货物,因此在特定情况下不能提供《TRIPS协定》第59条要求的救济。专家组指出,如果在一定情况下主管机关必须责令某种救济措施,它就可能排除《TRIPS 协定》第 59 条要求的救济。中国的海关措施中除销毁侵权货物外,还有三种其他措施,美国认为这三种措施都不符合第 59 条的规定。

通过回顾《TRIPS 协定》谈判的历史,专家组明确了《TRIPS 协定》第 59 条所说的"第 46 条的原则"的含义,确认第 46 条的第 1 句、第 3 句和第 4 句都与第 59 条相关。专家组认为,第 59 条所提及的"第 46 条的原则"包括四项:(1)主管机关有权在"不给任何补偿的情况下"责令处理或销毁;(2)有权责令将已被确认侵权的货物"清除出商业渠道,以避免对权利持有人造成任何损害";(3)有权下令销毁,除非这样做违背宪法的要求,应当考虑侵权的严重程度与给予的救济及第三方利益之间的均衡性;(4)除例外情况外,不能仅去除非法加贴的商标就把冒牌货放行进入商业渠道。专家组分别分析了中国海关的三种处理方式。

美国认为,中国的第一种处理方式无法保证侵权货物以后不再回到商业渠道,比如公益机构可能为筹集资金而出售海关交给的货物,或者货物分配后其他人再次出售。专家组提出,从《TRIPS 协定》第 46 条的措辞看,"主管机关有权"表明主管机关只是下令,实际处理的可以是其他机构;"以避免"指的是目的,不是结果,但处理方式的设计必须避免任何损害。

关于将侵权货物交给社会公益机构,美国提出的劣质产品、对权利人名声的损害以及随后可能发生的再出售问题,都被专家组一一驳回。专家组认定,美国未能证明在这一措施下海关缺乏根据《TRIPS 协定》第 46 条的原则责令处理侵权货物的权力。

关于权利人收购侵权货物,专家组认为这只是与交给社会公益机构并列的选择,且必须得到权利人的同意。没有证据表明这是唯一的措施,也没有证据表明这一措施排除其他措施。专家组认为,没有必要分析这一措施以决定它是否符合《TRIPS 协定》第 59 条。

关于拍卖,它既不是销毁,也不是将货物排除到商业渠道之外。专家组注意到,《保护条例》第 27 条规定"海关可以在消除侵权特征后依法拍卖",这里使用的是"可以"而非"应当",表明拍卖并不是主管机关的义务。从这一条看,"消除侵权特征"是拍卖的前提,但不能由此推断海关必须拍卖能够消除侵权特征的货物。《实施办法》第30条使用了不同的措辞,对侵权货物的处理方法有一个排序。不过,仅从这一条规定还不能断定海关有义务拍卖,还要结合其他规定来分析。专家组审查了中国海关2007年第16号公告,这一公告中重复了《保护条例》第27条的措辞。专家组又考察了中国提供的大量数据,据此确认美国未能证明海关措施要求海关对侵权货物进行拍卖,未能证明海关措施违反《TRIPS协定》第59条提及的第46条的第一项原则。但是,专家组指出,《TRIPS协定》第59条不仅适用于强制性规定,也适用于授权性规定。因此,专家组要进一步审查中国海关拍卖措施是否符合第46条第4句确立的原则。从海关措施的要求看,"消除侵权特征"是拍卖的前提,如果消除侵权特征仅仅是去除商标,那显然不符合第59条。中国提出,在拍卖前还会邀请权利人提出意见。但是,专家组指出,根据相关规定,拍卖机构并没有义务考虑这些意见。第46条提出的要求表明,条约起草者不仅仅是为了阻止侵犯商标权,因为假冒商标的商品往往也会仿冒商品的外观,即使去除了商标,产品仍然可能与他人的产品相似,因此仅去除商标还不足以消除对权利人的侵害。这一项原则还提出了"除例外情况外,不能仅去除非法加贴的商标就把冒牌货放行进入商业渠道"。专家组认为,这里的"例外情况"是指特殊情况,而不是指在少量案件中可以仅去除商标。专家组最后的结论是:中国海关的这一措施不符合《TRIPS协定》第59条提及的第46条第4句。

三、中国关于侵犯知识产权刑事制裁的相关规定

《TRIPS协定》第61条规定:"成员应至少规定适用于构成商业规模的蓄意假冒商标和盗版的刑事程序和处罚。可以获得的救济措施应当包括足以构成威慑的监禁和/或罚金,应与严重程度相应的犯罪所适用的处罚相当。在适当的案件中,救济措施还应当包括扣押、没收和销毁侵权物品以及主要用于侵权的材料和工具。成员可以规定适用于其他侵犯知识产权行为的构成商业规模的刑事程序和处罚,尤其是对那些蓄意并构成商业规模的侵权。"美国认为,中国为侵犯知识产权犯罪刑事程序的启动规定了门槛,这不符合《TRIPS协定》第61条和第41.1条。

专家组首先用较大的篇幅介绍了中国法律法规中关于侵犯知识产权

犯罪的多项规定,然后概括指出,商标和著作权侵权行为在一定的起点之下,不适用刑事程序和刑事处罚。专家组要分析的是,这些不会引发刑事程序的侵权行为是不是《TRIPS协定》第61条规定的"构成商业规模的蓄意假冒商标和盗版"。专家组决定从两个方面分析这一问题:首先,看中国设定的"门槛"是否太高以至于未能涵盖所有具有商业规模的案件;其次,看中国的"门槛"是否可以考虑美国提出的其他因素以涵盖所有具有商业规模的案件,如果不能,再看这是不是TRIPS的要求。

专家组在分析了条约用语的含义之后明确指出,《TRIPS协定》第61条规定了各成员的义务,这一义务有四个方面的限制:只适用于商标和版权,不适用于其他知识产权;只适用于假冒商标和盗版,不适用于其他形式的商标和版权侵权;只适用于恶意的侵权,要看侵权人的主观意图;只适用于商业规模的侵权。

关于"商业规模"的解释,专家组用大量篇幅分析了美国和中国双方的观点,最后得出的结论是:商业规模指典型或通常的商业活动的量或程度,具有商业规模的假冒商标或盗版则指某种产品在某个特定市场上典型或通常的商业活动的量或程度。"某种产品在某个特定市场上典型或通常的商业活动的量或程度"构成了评估《TRIPS协定》第61条第1句义务的基准。专家组也注意到,"典型或通常的商业活动"本身是一个可变的概念,取决于具体情况,对其解释要依靠其他文件。中国提出了一些证据作为"嗣后的实践",如提出以《TRIPS协定》谈判时的示范条款作为辅助解释手段,还提出《TRIPS协定》第41.5条可作为理解"商业规模"的参考,专家组都没有接受。专家组注意到,《TRIPS协定》第1.1条没有要求成员以特定的方式立法,专家组不会预先就假定成员可以赋予其主管机关充分的自由裁量权来决定什么是"商业规模",也不会推定设定了"门槛"就一定不符合第61条。专家组要审查中国是否未能对具有商业规模的蓄意假冒商标或盗版提供刑事程序,而"商业规模"这一概念则要与中国市场相关联。

专家组认为,美国的诉请实际上包括两个方面:第一个是设定"门槛"本身,第二个是"门槛"中包含的具体数据。

既然是美国提出的诉请,美国负有责任举证。专家组逐个审查了美国和第三方提出的证据,认为这些证据都与确定中国市场的商业规模无关。对于中国提供的经济审查数据,专家组注意到,50000元的"门槛"是中国小型企业年收入的0.8%,是个体户年收入的22.56%,是从事零售的个体户年收入的29.44%,但是这些数据与产品无关。

专家组注意到,美国提供了许多数据,但没有把这些数据与其诉请相联系作出论证。专家组的结论是:美国未能证明中国的刑事程序启动点不符合其在《TRIPS协定》第61条项下的义务。对于美国关于《TRIPS协定》第41.1条的诉请,专家组行使了司法节制,不予讨论。

八 《服务贸易总协定》

美国影响跨境提供赌博与博彩服务的措施案

(WT/DS285)(简称:美国—博彩案)

【案件基本情况】

申诉方(被上诉方/被上诉方):安提瓜与巴布达
被申诉方(上诉方/被上诉方):美国
第三方(第三参与方):加拿大、欧共体、日本、墨西哥、中国台北
本案涉及的相关协定条款和法律问题:GATS 第 14(a)(c)条、第 16 条;专家组程序的保密;职权范围;一方向 DSB 所作说明的相关性;争议的措施(完全禁止);作为措施的实践;初步证据案件;延迟提交抗辩(DSU 第 11 条);举证责任。

2003 年 3 月 13 日,安提瓜与巴布达(以下简称"安提瓜")要求与美国磋商,解决美国针对安提瓜提供的赌博与博彩服务采取的措施问题。由于磋商不成,经安提瓜请求,7 月 21 日,DSB 决定成立专家组。2004 年 4 月 30 日,专家组公布报告。美国提出上诉。2005 年 4 月 7 日,上诉机构报告公布。4 月 20 日,DSB 通过了上诉机构报告和专家组报告。

安提瓜政府在 20 世纪 90 年代建立因特网博彩服务业,并配套许可制度对其加以规范。许可经营的网上博彩服务包括互动赌博游戏(如卡西诺、纸牌赌博等)和互动下注(如体育博彩等)。安提瓜欲将在本国合法的网上博彩服务向美国境内客户提供。但是,美国的《有线通信法案》(以

下简称《有线法案》)等三个联邦法律及相关州法规禁止在美国从事网络博彩。美国允许跨境提供特定博彩服务,同时禁止州际或跨境"远程提供"的博彩服务。网上博彩被美国界定为"远程提供"的博彩服务。安提瓜认为,美国的 GATS 减让表(以下简称"减让表")中对博彩服务的跨境提供有承诺,但自己的网络博彩商却得不到相关许可,无法提供服务。安提瓜还强调,美国境内的网络服务商事实上也提供网上博彩,却未被美国查禁,且美国的《州际赛马法案》也对境内外服务商歧视对待:作为前述《有线法案》等联邦法律的例外,《州际赛马法案》允许境内服务商提供与赛马相关的各类博彩业务(包括网上提供),却不给予安提瓜网络运营商此类权利。

【专家组的分析和结论】

一、美国对博彩服务是否有承诺

美国减让表中具体编号为 10.D 的部门栏标题为"其他休闲服务(不包括体育)",美国在该栏下对跨境提供模式(模式一)作出完整的市场准入承诺。安提瓜认为减让表中所指"体育"不包括"博彩",并主张将以下两文件作为辅助解释美国减让表的"上下文",即"服务部门分类清单"(在 WTO 中简称"W/120")与"1993 年关于承诺减让的解释说明"(专家组将其简称为"1993 减让指南")。安提瓜主张,成员普遍依据 W/120 及该文件中引用的"核心产品分类"(以下简称"CPC")制定减让表,而根据以上文件,"体育"的范围不包括博彩,则美国对博彩未排除承诺。美国认为,安提瓜提出的相关文件至多是辅助解释手段,还有不少未依据 CPC 制定减让表的成员,这些才是解释美国减让表的上下文;同时,从美国减让表本身找不到引用 CPC 的依据,所以对减让表的合理解释不应参照 CPC。美国认为,"体育"的通常含义包括博彩,而美国减让表 10.D 栏中排除了"体育",从而排除了对博彩作出承诺。

专家组首先明确解释方法:GATS 规定减让表构成其组成部分,所以解释减让表按解释 GATS 同样的规则,即 DSU 第 3 条引申出的 VCLT 第 31 和第 32 条。第 31 条要求,依条约措辞的通常含义,结合上下文及条约宗旨进行善意解释。

专家组接着考察了美国减让表相关条款的通常含义,反对美国认为"博彩"通常包含在体育中的观点,指出只有部分词典将与体育直接相关的特定博彩放在"体育"中解释。专家组注意到,根据减让表中"其他休闲服务"(10.D 部门栏)及"娱乐服务"(10.A 分部门栏)的通常含义,仍无法判定美国在第 10 部门栏(休闲、文化与体育服务)下对博彩业是否有承诺,因此决定根据 VCLT 第 31 条规定的上下文及宗旨进一步分析。

美国认为,W/120 与 1993 减让指南不构成 VCLT 第 31.2 条所指的"上下文"。专家组参照了美国—版权法 110 节(5)案(DS160)裁决对"上下文"设定的三个条件:第一,与条约(此处为 GATS)直接相关;第二,构成所有成员间的协定或被其他成员认可的部分成员间协定;第三,与 GATS 的缔结相关。专家组指出,两文件的书面宗旨即已表明其与 GATS 相关;而文件为秘书处根据所有谈判方意志草拟,各成员均对其制定有权发表意见,所以它们可被视为所有成员认可的协定,符合上述三个条件,是解释美国减让表的"上下文"。专家组指出,1993 减让指南第 16 段表明,各成员认可减让表中部门与分部门的分类通常基于 W/120 及其引用的 CPC,任何成员若不采用这两个文件的体制,应明确表示并避免任何歧义;而美国减让表编号 10"休闲、文化与体育服务"的部门分类和 W/120 的相关部门分类、标题都相同,W/120 引用 CPC 进一步细分该部门,把"体育""其他休闲服务"并列,将"赌博和博彩服务"放在后者。美国认为,减让表中未引用 CPC 的细分,不能将 CPC 强加于解释减让表。专家组指出,CPC 对美国无强制力,但不代表不能将其用来解释减让表:CPC 被"上下文"W/120 直接引用;参考 CPC 解释只是根据条约解释习惯规则的必然结果,美国本可以却未在减让表中对 10.D 部门提出自己的明确解释,也没有对减让表 10.D 分部门栏内容的其他明确表述。此外,专家组将其他成员及美国的减让表都作为上下文。美国提出,有两个成员的减让表未依据 CPC,而将"博彩"放在 10.E 栏下。专家组认为,这不足以证明美国也采用了这两个成员的方式,且更多成员将"博彩"放在 10.D 栏下。将美国的减让表作为上下文考察后,专家组认为,减让表严格依照了 W/120 的格式,尤其是在 10.D 部门栏中,部门与分部门标题、编号、位置摆放都与 W/120 中的分类相对应;即使有个别背离 W/120 之处,美国也按 1993 减让指南的要求明确表述。

专家组结合条约宗旨指出:GATS 关于透明度的宗旨在 1993 减让指南中体现为对减让表清晰与可预见的要求;相应地,如成员未表明采用其他框架,应推定其依据 W/120 及对应的 CPC 制定减让表。基于以上分析,专家组确认美国在 10.D 部门栏中有对博彩的承诺。

二、美国是否违反了相关承诺

专家组归纳了安提瓜诉请涉及的众多措施,确认具体审查的措施包括:《有线法案》《旅行法案》《非法赌博经营法案》以及犹他等八个州的法规。

安提瓜认为,美国对博彩服务作出完全的市场准入承诺,而美国的措施对跨境供应此类服务完全禁止,构成零配额,违反 GATS 第 16.2 条(a)(c)两项及第 16.1 条。美国主张,自己对"远程供应博彩服务"的禁止针对的是该服务活动的性质,而非 GATS 第 16.2 条(a)(c)两项列举的"服务提供者的数量"与"服务经营点数量",因此自己的措施不属于该款管辖。美国还认为,自己未禁止所有跨境博彩服务,所以不存在"完全禁止"或"零配额"问题。

1. GATS 第 16 条的范围界定

对博彩服务,美国在减让表"市场准入限制"一栏的"模式一"下写明"无"。对"无"的含义,专家组参考 1993 减让指南的规定指出,在"市场准入限制"下写明"无"表明成员不得采用任何第 16 条中列出的限制措施。对"模式一"即"跨境提供"的含义,专家组认为,它包括从一成员向另一成员境内提供服务的所有方式。美国注明"无"限制表明,供应商有权以各种方式跨境提供服务;对"模式一"下的传输方式,即使只禁止其中一种,也构成限制,但减让表对此未注明,因此美国违背相关条项下"无"限制的承诺。美国辩称其未禁止所有博彩服务的跨境供应。专家组认为,对某服务部门承诺,则对其下的所有服务种类都有承诺,否则减让表就失去了意义。

2. GATS 第 16.2 条(a)项与(c)项

GATS 第 16.2 条禁止成员采用六种限制措施,(a)项是对服务提供者的数量限制。美国申辩其对相关服务是针对性质的彻底禁止,而非针对数量的配额限制,因此不受该项约束。专家组指出,美国的禁止使已承诺部门中服务提供者的数量为零,属于(a)项中的零配额。美国还申辩其措施只针对部分赌博服务的部分提供方式,不是零配额。专家组引用本部分前述分析指出,对已承诺部门中的任一服务,或是对已承诺提供模式中的任一方式禁止,都构成违背GATS的零配额。(c)项是对服务运营的总量限制。针对(c)列出的"总量"及限制形式(以配额表现的数量单位),专家组认为,这与(a)项中的"数量"及"配额"实质意思相同。美国对此项也作出与对(a)项相同的两个申辩,专家组以对(a)项同样的分析予以否定。

3. 对争议措施是否违反承诺的判定

美国对博彩服务有承诺且未注明限制,在该前提下,专家组将前述法律标准应用于本案事实,具体分析争议措施。针对《有线法案》,专家组认为,它禁止以线路设施(美国法院将其解释为包括因特网)跨境传输若干博彩服务,从而禁止"模式一"中至少一种或几种服务供应方式。专家组引用自己对GATS第16条的分析指出,这种禁令构成对"模式一"的"零配额",造成欲利用"模式一"中线路传输方式的服务提供者无法提供服务,相关运营也被禁止。《有线法案》规定了GATS第16.2条禁止采用的限制措施,违反第16.1条与第16.2条。针对《旅行法案》,专家组指出,该法案明确禁止以任何"非法活动"(包括博彩服务)为目的的跨境传输;该法案规定的传输方式为"旅行、邮件及任何设施",而"任何设施"可解释为包括"因特网";该法案结合相关州法律共同起作用,使想利用"模式一"通过各类设施传输(包括因特网)的博彩服务提供者无法提供服务,相关运营也被禁止。因此,专家组认为,《旅行法案》违反GATS第16.1条与第16.2条。针对《非法赌博经营法案》,专家组指出,该法案明确禁止被界定为"非法赌博经营"的活动;该法案禁止了通过"模式一"下的各种方式(包括因特网)提供博彩服务,且结合相关州法律共同起作用,使想利用"模式一"中各类方式(包括因特网)的博彩服务提供者无法提供服务,相关运营也被禁止。因此,《非法赌博经营法案》也违反GATS第16.1条与第16.2条。

对八个州的涉案措施,专家组认为其中四个州的法规违反相关承诺。综上,专家组总结,争议措施中的三个联邦法律及四个州的法规共同起作用,违反GATS第16.1条与第16.2条及相关承诺。

三、关于一般例外的抗辩

美国提出,其争议措施有GATS第14条(一般例外)所指的重要政策目的;同时强调,其三个联邦法律为第14条(a)项所述的保护"公共道德或秩序"所"必要的"。安提瓜则认为,美国的措施不是必要的,美国对博彩服务消费巨大,其48个州都提供法律允许的赌博。美国还提出,其措施是第14条(c)项所述的"确保跟其他不与WTO冲突的法律(如刑法)相协调的执行工具"。安提瓜提出,美国未提供充分信息论证其援引14条(c)项依据的法律是不违反WTO规则的,美国对此应承担初步举证责任。美国则反驳,成员法律,包括自己援引第14条抗辩时所涉的法律,应被默认为不违反WTO规则。

这是WTO成立以来专家组第一次要就GATS第14条抗辩作出结论,没有现成的判例可以引用。但是,欧共体—香蕉案(DS27)上诉机构指出,可以参考援引GATT第20条的条件。专家组根据上诉机构在美国—汽油案(DS2、DS4)、美国—虾案(DS58)和韩国—牛肉案(DS161、DS169)中的论述,确定援引GATS第14条要符合两个要求:第一,符合第14条(a)到(e)项中某情形;第二,若符合前一要求,是否符合第14条导言,而且欲援引第14条的一方应举证其符合该两个要求。

1. 是否符合第14条(a)项的要求

专家组将GATS第14条(a)项的法律标准概括为两点:第一,措施是为了维护"公共道德或秩序";第二,措施是"必要的"。对于第一点,专家组认为要看争议措施的目标是否为维护公共道德。对于第二点,专家组决定参照上诉机构对GATT第20条中措施"必要性"总结的三个标准,以及上诉机构分析以上各标准时的"权衡"方式。三个标准为:(1)被申诉措施所保护利益/价值的重要性;(2)被申诉措施对实现保护目标的关联度;(3)被申诉措施对贸易的影响。对于第三个标准,专家组按上诉机构观点指出,还需考虑是否另有可行的、符合WTO规则的替代措施。

专家组将法律标准应用于本案事实。首先,专家组认可措施是为了维护"公共道德或秩序"。接着,专家组主要分析争议措施是否"必要",并按上述"必要性"的三个标准逐一分析。对"措施所保护利益/价值的重要性",专家组认为,借由相关措施防止远程博彩服务导致未成年人参赌等问题,保护的利益"至关重要"。对措施"对实现保护目标的关联度",专家组强调,措施禁止远程博彩与未成年人赌博等问题相关,多少与实现保护目标有一定关联度。关于"措施对贸易的影响",专家组指出,禁止远程博彩显然限制贸易。专家组还引用上诉机构观点指出,考虑对贸易的影响时,一成员在不得不背离WTO规则(援引例外)之前,应先穷尽所有符合WTO规则的替代措施。由此,专家组决定考察美国在非远程博彩上使用的"禁止"以外的措施,确定它们是否可作为"符合WTO规则的替代措施"。美国提交的材料表明了远程博彩的特殊性,如对于"未成年人参赌",远程博彩比非远程情况下更难阻止未成年人接触,年龄认证在网络环境中难以实现,未成年人可能用父母的信用卡在网上进行大额赌博。专家组对此表示认可,但指出美国可以采用不同措施应对前述远程博彩的特有问题。专家组认为,用于管理非远程博彩的较宽松的措施,对远程博彩而言不算"合理可行的、符合WTO规则的替代措施"。

安提瓜又提出,它有替代方案(如身份证明)应对前述远程博彩的特有问题,且主动提出协商寻求更多应对措施,包括提出用国际体制解决上述问题的动议,而美国拒绝回应,违反相关义务。美国辩称,安提瓜的态度使双方在客观上达不成共同意见,且GATS未规定此类协商/回应的义务。专家组引用先前分析指出,成员在援引规则例外前,有义务考虑穷尽可行的、符合WTO规则的替代措施,并强调这是分析措施"必要"与否的关键点——安提瓜的协商提议恰恰与此相关,美国有义务与安提瓜协商,以承担其"穷尽可行的、符合WTO规则的替代措施"的义务。专家组运用"权衡"方法综合前述三个标准,认为争议措施保护利益重大,措施与实现保护目标有关联度,但措施对贸易影响重大。尽管措施有一定必要性,但美国未与安提瓜安排协商机制以寻求可行的替代措施。专家组强调,即使措施是"必要"的,在实施前美国仍有义务善意寻求各种可行的、符合WTO规则的替代措施,而美国未尽此义务,因此美国的三个联邦法律(结合相关州法规)不符合GATS第14条(a)项的要求。

2. 是否符合GATS第14条(c)项的要求

专家组将该款法律标准归为三个要求:第一,援引例外的措施(此处即三个联邦法律及相关的州法规)须"为确保与其他法规协调";第二,"其他法规"不得违反 WTO 规则;第三,措施对"确保执行其他法规"而言是"必要"的。参考 GATT 第 20 条(d)项的相关裁决观点,对第一个要求,专家组认为,援引例外的措施须为执行"符合 WTO 规则法规",但措施不必只为以上目的,仅部分为此也可以。对第二个要求,专家组指出,GATS 第 14 条(c)项中的列举为非穷尽的,因此该项列举范围以外的法规也可作为"不违反 WTO 规则的法规"援引该条项。对第三个要求,专家组又引用了相关案例的"权衡"标准,并总结出与判断 GATS 第 14 条(a)项下的"必要"类似的三个标准:(1)"符合 WTO 规则的其他法规"所保护利益或价值的重要性;(2)执行措施对于实现其"确保和其他法规协调"这一目标的关联性;(3)执行措施对贸易的影响。

接着,专家组将上述法律标准应用于本案事实。首先,美国申明其援引例外依据的"其他法规"是各州的管理博彩法规和涉及有组织犯罪的刑法。对涉及有组织犯罪的刑法,美国提出《反敲诈腐败组织法》(以下简称《反腐败法》)等三个法律,安提瓜未质疑它们是否符合 WTO 规则,因此专家组默认它们符合 WTO 规则。由于资料详尽,专家组主要考察《反腐败法》。其次,相关措施是否"为确保执行《反腐败法》"。专家组结合《反腐败法》涉及博彩的规定,认为争议措施是为确保《反腐败法》的执行。第三,专家组依照上述对"必要性"归纳的三个标准考察争议措施必要与否:对前两个标准(保护利益、关联),专家组都认可;而对标准三即相关措施"对贸易的影响",专家组认为其对贸易限制作用很大,并认为关键是看是否有符合 WTO 规则的替代措施。按照对 GATS 第 14 条(a)项的分析思路,专家组认为,美国未证明其已考虑所有符合 WTO 规则的措施而无法找到这样的替代措施,这是美国的义务,包括为此与安提瓜善意商谈。专家组运用"权衡"方式总结:《反腐败法》保护的利益很重要,涉案措施与"确保执行《反腐败法》"关联度很高,争议措施对贸易影响很大,而 GATS 第 14 条(c)项要求成员先考虑所有"可行的、符合 WTO 规则的替代措施",美国却未通过谈判履行该义务,因此美国三个联邦法律(结合相关州法规)不符合第 14 条(c)项的要求。

3. 关于 GATS 第 14 条导言

由于已裁定争议措施不符合 GATS 第 14 条(a)(c)两项,专家组本不需继续分析第 14 条导言,但专家组认为双方的重要主张涉及导言,因此仍对其进行分析。美国主张其三个联邦法律都没有基于国籍的歧视。安提瓜则认为美国措施的实施构成第 14 条导言禁止的"武断、不合理的歧视"与"变相的贸易限制"。

对导言的法律标准,专家组再次依照上诉机构对 GATT 第 20 条同类条款的观点,指出导言强调的不是争端措施本身,而是其实施是否"武断、不合理"。

专家组将相关法律标准应用于本案事实,着重判断美国禁止"远程提供博彩服务"的方式是否协调一致,一致实施就不构成"武断、不合理的歧视"。首先,专家组分析的是争议措施在美国本地的执行。安提瓜提出,Youbet、OTB 等美国大型因特网运营商提供网络博彩服务,美国对其未执行争议措施;而一名在安提瓜经营体育博彩网站的叫 Jay Cohen 的个人,其运营方式与 OTB 相同,却被美国根据《有线法案》起诉、判刑。美国辩解其措施对境内外供应商是平等的,并提交证据证明其司法部依据引起本案争议的联邦法律对远程博彩的国内服务供应商提出很多诉讼,同时提到其司法部正在考虑对 Youbet 采取司法措施。专家组指出,未得到证据证明美国对 Youbet 以外的其他网络博彩公司(如 OTB)采取司法措施,却有证据表明美国对一安提瓜运营者起诉,因此美国的证据不足以证明其对 OTB 等本地服务商实施禁止措施的方式符合 GATS 第 14 条导言的要求。其次,专家组分析的是争议措施以外的一些美国相关措施,主要是《州际赛马法案》。安提瓜认为,该法案允许于美国境内提供与赛马相关的远程博彩服务,且它的修订案允许网络博彩。美国则认为,立法背景证明,该法案是未撤销颁布于其前的《有线法案》等联邦法律关于网络博彩违法的规定。专家组认为,该法案修订案的字面意思允许网络博彩,而它与《有线法案》等涉案措施的关系含混,此种关系是判断修订案是否准许网络博彩的关键。专家组指出,美国有义务证明其措施符合 GATS 第 14 条导言,而其提供的证据未解决《州际赛马法案》与涉案联邦法律的含混关系,因而美国未证明该法案排除网络博彩。

专家组总结,考虑到美国对 OTB 等公司实施措施的方式,以及《州际赛马法案》的含混之处,美国未证明其对境内外服务提供者实施措施的方式协调一致,从而未证明其对远程博彩实施禁止的方式符合 GATS 第 14 条导言。

专家组的裁决主要为:美国减让表针对博彩服务有承诺;通过上述《有线法案》等三个联邦法律及四个州的法规,美国对本案涉及的博彩服务未给予安提瓜的服务与服务供应商不低于减让表中的待遇,违反美国在 GATS 第 16.1 条与第 16.2 条项下义务;美国未证明其争议措施符合 GATS 第 14 条(a)(c)项及导言的要求。

【上诉机构的分析和结论】

上诉机构认为,就安提瓜针对州法规的申诉而言,未能满足初步证据的要求。上诉机构由此推翻专家组对四个州的法规违反相关 GATS 条款的裁决,将自己的考察范围限于三个联邦法律。

一、关于美国在减让表中是否有相关承诺

专家组裁决"美国对博彩服务有相关承诺",美国对此提出上诉,认为减让表 10.D 标题已明确"不包括体育",而专家组错将"体育"通常含义解释为不包括博彩。美国还认为专家组错将 1993 减让指南与 W/120 这样的条约准备文件提升为解释条约的"上下文",它们的效力应不及通常含义,从而不可违背通常含义。

上诉机构首先认可减让表构成所有成员共同协议,因此对其解释适用 VCLT 第 31 条与第 32 条的原则。

1. 根据 VCLT 第 31 条对减让表 10.D 部门栏的解释

上诉机构首先分析 10.D 部门栏中"其他休闲服务(不包括体育)"一词的通常含义,批评专家组对此的分析使通常含义等同于词典含义,并指出专家组应注意到仅从通常含义分析不出应支持哪一方观点。

因此,上诉机构着重分析专家组依照"上下文"进行的解释。上诉机构否定专家组将 1993 减让指南与 W/120 解释为"上下文",并指出,根据这两份文件的制定背景,它们都是由 GATT 秘书处制定而非所有成员谈判达成,且 VCLT 第 31.2 条所指的"上下文"是"成员之协议或承诺"。因此,上诉机构认为,仅在有充分证据表明此类文件构成涉及条约的成员间的协议或承诺时,它们才可作为"上下文",专家组的错误在于,仅仅因为成员要求制定这两份文件且参考它们协商减让表就认为

成员接受它们为涉及条约的协议。于是，上诉机构撤销专家组把该两份文件作为"上下文"的观点。

然后，上诉机构分析其认可的"上下文"：第一是美国减让表本身，上诉机构认为其中没有明确 10.D 部门栏是否依据 W/120；第二是 GATS 正文，上诉机构认为它要求减让表里的部门与分部门互相不重合；第三是其他涵盖协定，上诉机构认为 DSU 规定 W/120 与划分减让表中的部门有联系，但未说明该文件可用来判定某服务具体属于何分部门；第四是其他成员的减让表，上诉机构认为虽然很多成员明确引用 CPC 分类（被 W/120 引用）而美国未明确引用，但美国承认其减让表总体依照 W/120 的体制编写。基于美国减让表与 W/120 结构和措辞的相似，上诉机构认为，不能因美国未明确引用 CPC 就认为同样的措辞在美国的减让表中可进行不同解释；同时，美国未提供任何成员将博彩涵盖在"体育"项目下的做法。上诉机构总结，对"上下文"的分析还不能说明博彩属于"体育"还是"其他休闲服务"。

综上，上诉机构否定专家组结合 VCLT 第 31 条的分析，认为根据该条无法判断美国是否有承诺。

2. 根据 VCLT 第 32 条（辅助解释手段）对减让表的解释

上诉机构指出，自己与争议双方都同意 1993 减让指南与 W/120 构成 VCLT 第 32 条所指的"辅助解释手段"。但是，美国认为，根据 VCLT 第 31 条对减让表的解释已足够明确。上诉机构对此表示否定，并认为有必要借助第 32 条，即将减让指南、W/120 和美国减让表草案的卷首说明作为辅助解释文件。上诉机构考察了 W/120，指出：首先，W/120 的 10.D 栏简单指明对应 CPC964 组，而从 W/120 援用 CPC 的背景可看出，CPC 被选用是因其分类更详细，若无特别说明，引用 CPC 某组就默认为引用其下更细的分组；CPC964 对应 W/120 里的"体育与其他休闲服务"，其下并列细分为"体育"和"其他休闲服务"，其中博彩不在"体育"中，而在"其他休闲服务"中。其次，W/120 虽未指明其与成员减让表的关系，但 1993 减让指南中有说明，该文件强调成员减让表用统一格式与术语，并推荐 W/120 及其对照的 CPC 分类；该文件要求，成员如背离 W/120 及 CPC 而采用自己的分类，应"对此充分表明并避免减让表含义模糊"。上诉机构认为，美国减让表 10.D 采用 W/120 的格式，其术语与 W/120 中的术语完全对应,如主张减让表中某部分不依据 W/120,仅在减让表中抹去 CPC 编号的做法,是违背"避免模糊"要求的。上诉机构指出,根据 W/120 及 1993 减让指南的产生背景,对于措辞与 W/120 相同的美国减让表,在成员无特别说明的情况下,有理由认为它依据 W/120 及被其引用的 CPC964 组。

综合以上分析,上诉机构概括:推翻专家组对此部分的分析思路,但其根据 VCLT 第 31 条与第 32 条的分析得出的结论与专家组的结论一致,即美国减让表对博彩有承诺。上诉机构不支持专家组的分析,但支持其结论。

二、美国是否违反承诺——关于 GATS 第 16 条

美国对专家组关于 GATS 第 16.2 条(a)(c)两项法律标准的分析及对其在本案中的应用都提出上诉。上诉机构支持专家组在这一问题上的观点与结论。

三、关于一般例外——GATS 第 14 条

1. GATS 第 14 条(a)项与(c)项

这里主要涉及"必要性"的衡量。美国上诉提出,专家组对"可行的、符合 WTO 规则的替代措施"的分析违背该问题的以往实践,错误地赋予美国在援引例外前与安提瓜谈判的义务。上诉机构考察了之前案件对 GATS 第 14 条(a)项中"必要性"的分析后认为,专家组应以"权衡"方式比较争议措施与可能的"替代措施",但被申诉方无义务证明没有其他可行的替代措施——WTO 体制未要求这种举证责任,被申诉方的举证责任不包括证明没有任何可行的替代措施;除非专家组明确提出某个替代措施,被诉方才需证明为何该替代措施不可行。上诉机构指出,专家组根据"替代措施"标准对措施必要性的分析有误,专家组未着重分析某具体的替代措施。而是要求美国与安提瓜谈判以求得可行的替代措施,此谈判不同于可行的替代措施本身,而只是程序,不应作为与争议措施"权衡"的因素。专家组不应将这种谈判作为美国本应采用的可行替代措施,并由此裁决美国未能证明其措施的必要性。上诉机构撤销专家组该部分的相关裁决。

对于美国是否证明了争议措施具备"必要性",上诉机构参考专家组的相关分析认为,专家组事实上承认美国对措施"必要性"已提供初步证据,只因美国拒绝与安提瓜谈判寻找替代措施才否定其措施"必要"。据此,上诉机构指出,安提瓜未提出可行的替代措施,专家组也未审查具体替代措施,因此美国的联邦法律符合第14条(a)项。

关于GATS第14条(c)项,上诉机构指出,由于专家组对(c)项的分析依据其对(a)项分析的同样思路,它也根据对(a)项审查的同样思路分析撤销专家组的相关裁决。

2. GATS第14条导言

上诉机构主要分析了以下几个问题:第一,专家组决定审查GATS第14条导言是否错误。安提瓜引用上诉机构以往裁决认为,专家组裁决措施不符合例外条款的具体某款后不应再分析导言问题。上诉机构指出,它从未强制要求专家组不分析导言,只要专家组遵循"客观评估"的职责。第二,专家组对美国措施"武断、不合理"的分析是否错误。美国认为,专家组强调分析"一致性",表明其只关注美国对境内外服务商的措施实施方式不同,而未按导言的要求继续分析该不同是否"武断"。上诉机构认为,专家组将导言中的不得"武断"等标准总体界定为"一致"标准,且对美国的不一致做法加以分析,这本身并没有错。第三,专家组关于美国对境内外服务商不同对待的分析是否有错。上诉机构认为,专家组根据几个事例就认为美国未能证明非歧视,缺乏论述;在证据有限的情况下,专家组应侧重从法律角度分析措施本身的规定。上诉机构指出,相关措施本身并未对境内外服务商歧视对待,因此撤销专家组关于美国未证明其措施的实施符合第14条导言的论断。第四,美国对专家组关于《州际赛马法案》的分析提出上诉。上诉机构认为,专家组虽掌握证据有限,但不影响其裁量权,美国未能证明专家组评估不客观。

上诉机构总结指出,美国的争议措施不符合GATS第14条导言,但是由于其相关措施(《州际赛马法案》)在文本上允许本国服务商从事相关远程博彩服务而未给境外服务商这样的机会。

上诉机构认为,争议措施符合GATS第14条(a)(c)两项;对于导言,部分赞同专家组的裁决,即美国未能证明其措施符合第14条导言,但将其依据限定为前述关于《州际赛马法案》的分析这一单一论据。

上诉机构对专家组的裁决分别作出撤销、修正与支持的决定,其主要实质观点为:支持专家组认为美国减让表包含对博彩服务的承诺,但撤销并修正专家组的论述理由;支持专家组关于美国违反其承诺的决定;撤销专家组关于美国措施不符合 GATS 第 14 条(a)(c)两项的决定,修正专家组对第 14 条导言的观点,改为:考虑到《州际赛马法案》的相关规定形式上未给予境内外服务商同等待遇,美国未能证明其争议措施的实施符合第 14 条导言的要求。

中国影响电子支付服务的措施案[*]

(WT/DS413)(简称:中国—电子支付服务案)

【案件基本情况】

申诉方:美国

被申诉方:中国

第三方:澳大利亚、厄瓜多尔、欧盟、危地马拉、印度、日本、韩国

本案涉及的相关协定条款和法律问题:GATS 第 16 条、第 17 条;初步裁定。

2010 年 9 月 15 日,美国要求与中国磋商,解决中国影响电子支付服务的措施问题。由于双方磋商未果,2011 年 2 月 11 日,美国请求成立专家组。3 月 25 日,DSB 决定成立专家组。2012 年 7 月 16 日,专家组做出最终报告。8 月 31 日,DSB 通过了专家组报告。

美国提出,电子支付服务是指处理涉及支付卡的交易及处理并促进交易参与机构之间资金转移的服务。电子支付服务提供者通常直接或间接提供包括下列内容的系统和服务:处理设备、网络、促进、处理和实现交易信息和支付款项流动,提供系统完整、稳定和降低金融风险的规则和程序;批准或拒绝某项交易的流程和协调,核准后通常都会允许完成某项购买或者现金的支付或兑换;在参与机构间传递交易信息;计算、测定并报告相关机构所有被授权交易的净资金头寸;促进、处理和/或其他参与交易机构间的净支付款项转移。支付卡包括信用卡、赊账卡、借记卡、支票

---

[*] 本案初稿由清华大学法学院杨国华教授撰写。

卡、自动柜员机（ATM）卡、预付卡，其他类似卡、支付或资金转移产品或接入设备，以及该卡、产品或接入设备所特有的账号。美国认为，中国加入WTO时，就"电子支付服务"作出了市场准入和国民待遇承诺。但是，中国却通过采取一系列措施，限制市场准入，并且没有提供国民待遇。具体而言，美国认为，在《中国加入世界贸易组织议定书》所附"服务贸易具体承诺减让表"（以下简称"减让表"）之金融服务部门下，中国在GATS第16条和第17条项下对下列内容作出承诺："银行服务列表如下：……所有支付和汇划服务，包括信用卡、赊账卡和借记卡、旅行支票和银行汇票（包括进出口结算）"；"其他金融服务如下：……提供和传送金融信息、金融数据处理以及其他金融服务提供者有关的软件"；"就(a)至(k)项所列所有活动进行咨询、中介和其他附属服务，包括资信调查和分析、投资和证券研究和建议、关于收购的建议和关于公司重组和战略的意义。"尽管作出上述承诺，但是中国对其他成员中试图向中国提供电子支付服务的提供者设置了市场准入限制和要求。通过这些规定及其他相关要求和限制，中国给予其他成员的电子支付服务提供者的待遇低于其给予中国的此类服务提供者的待遇。美国具体指控了中国的下列措施：（1）中国银联（以下简称"银联"）是一家中国实体，是中国允许在其境内为以人民币计价并以人民币支付的支付卡交易提供电子支付服务的唯一实体。中国要求由银联来处理所有中国内地发行的支付卡发生于香港或澳门地区的人民币交易，以及任何发生于中国内地的使用香港或澳门地区发行的人民币支付卡的人民币交易。（2）中国要求，中国境内所有商户的支付卡处理设备、所有的自动柜员机（ATMs）以及所有的销售点（POS）终端与中国银联系统相兼容并且能够受理银联支付卡；所有的收单机构标注银联标识并且能够受理所有带有银联标识的支付卡；所有在中国境内发行的以人民币计价并支付的支付卡（包括"双币种"卡）标注银联标识。这意味着发卡行必须接入银联系统，并且必须为此向银联支付费用。这些措施并没有对非银联支付卡或使用非银联支付卡进行的交易作出相似的要求。（3）中国还要求，所有涉及支付卡的跨行或行内交易应通过银联进行；禁止使用非银联支付卡进行异地、跨行或行内交易。美国认为，这些措施与中国在GATS第16.1条项下的义务不一致，即对于任何其他成员的服务和服务提供者应给予不低于中国减让表所规定的待遇，且中国正在维持和采取 GATS 第 16.2 条明确指出的措施。美国还认为,这些措施与中国在 GATS 第 17 条项下的义务不一致,即对任何其他成员的服务和服务提供者给予的待遇不得低于其给予本国同类服务和服务提供者的待遇的承诺。

【专家组的分析和结论】

本案专家组成立后,中国向专家组递交了请求,提请专家组对美国的诉请是否符合 DSU 第 6.2 条作出先期裁决(preliminary ruling)。专家组的先期裁决没有支持中国的观点,确认美国的诉请符合 DSU 第 6.2 条。专家组认为,诉请指明了中国违反 GATS 第 16.1 条、第 16.2 条和第 17 条,没有必要详细解释这些措施如何违反中国的承诺。

在减让表中,中国的确作出一些承诺,但这些承诺是不是美国所说的"电子支付服务"?中国的确对电子支付有一系列规定,但这些规定是否属于美国所界定的措施?因此,中国是否就电子支付服务作出承诺,以及中国是否采取了美国所说的措施,成为本案的两个先决问题。如果中国没有就电子支付服务作出承诺,那么就不存在违反 GATS 条款的问题。如果中国没有采取美国所说的措施,即使中国作出承诺,同样不存在违反 GATS 条款的问题。对于这两个问题,中美双方产生很大的争议,专家组也用很大的篇幅进行了分析。通过使用条约解释的方法,专家组认定,中国就电子支付服务作出承诺。但是,对于所谓中国所采取的措施,专家组则作出了分别认定,即美国证明了一些措施,但却没有证明另外一些措施。据此,专家组需要审查的是否违反市场准入和国民待遇承诺的措施,就仅仅是那些美国所证明的措施。

如上所述,本案争议的焦点,是中国所采取的措施是否违反了 GATS 的市场准入和国民待遇条款。专家组对这两个问题进行了详细的分析。

一、中国的措施是否违反市场准入条款

GATS 第 16 条"市场准入"规定如下:"(1) 对于通过第 1 条确认的服务提供方式实现的市场准入,每一成员对任何其他成员的服务和服务提供者给予的待遇,不得低于其在具体承诺减让表中同意和列明的条款、

限制和条件。(2)在作出市场准入承诺的部门,除非在其减让表中另有列明,否则一成员不得在其一地区或在其全部领土内维持或采取如下措施:(a)无论以数量配额、垄断者、专营服务提供者的形式,还是以经济需求测试要求的形式,限制服务提供者的数量;(b)以数量配额或经济需求测试要求的形式限制服务交易或资产总值;(c)以配额或经济需求测试要求的形式,限制服务业务总数或以指定数量单位表示的服务产出总量;(d)以数量配额或经济需求测试要求的形式,限制特定服务部门或服务提供者可雇用的、提供具体服务所必需且直接有关的自然人总数;(e)限制或要求服务提供者通过特定类型法律实体或合营企业提供服务的措施;(f)以限制外国股权最高百分比或限制单个或总体外国投资总额的方式限制外国资本的参与。"

服务贸易减让表将服务分为四种模式:(1)跨境交付;(2)境外消费;(3)商业存在;(4)自然人流动。本案中,美国认为,中国就模式一和三,即"跨境交付"和"商业存在"作出承诺。跨境交付(cross-border supply),是指一成员服务提供者在其境内向任何其他成员境内的服务消费者提供服务,以获取报酬。这是典型的"跨国界贸易型服务",它的特点是:服务的提供者和消费者分处不同国家,在提供服务的过程中,就服务内容本身而言,已跨越了国境;可以没有人员、物资和资金的流动,而是通过电信、计算机的联网实现,如一成员咨询公司在本国向另一成员客户提供法律、管理、信息等专业性服务,以及国际金融服务、国际电信服务、视听服务等;也可以有人员、物资和资金的流动,如一成员租赁公司向另一成员用户提供租赁服务以及金融、运输服务等。商业存在(commercial presence),是指一成员的服务提供者在任何其他成员境内建立商业机构(附属企业或分支机构),为所在国和其他成员的消费者提供服务,以获取报酬,包括通过设立分支机构或代理提供服务等。例如,一成员电信公司在国外设立电信经营机构,参与所在国电信服务市场的竞争,就属于商业存在。它的特点是服务提供者(个人、企业或经济实体)在境外开业,如投资设立合资、合作或独资的服务性企业(银行分行、饭店、零售商店、会计师事务所、律师事务所等)。

专家组决定根据先例确定的两步骤法,先确定中国是否就模式一和模式三作出承诺,然后审查其有关措施是否违反了GATS第16条。

1. 中国是否就模式一和模式三作出承诺

关于模式一,中国减让表中的相关内容为:"部门或分部门"栏目之"银行及其他金融服务"之相关描述为:"(d) 所有支付和汇划服务,包括信用卡、赊账卡和贷记卡、旅行支票和银行汇票(包括进出口结算)"。"市场准入限制"栏目之相关描述为:"(1) 除下列内容外,不作承诺(unbound):—由其他金融服务提供者提供和转移金融信息、金融数据处理及有关软件;—就(a)至(k)项所列所有活动进行咨询、中介和其他附属服务,包括资信调查和分析、投资和证券的研究和建议、关于收购的建议和关于公司重组和战略制定的建议……"美国认为,就电子支付服务,中国作出模式一的承诺。

专家组认为,从措辞看,中国仅就两个连字符"—"后面所描述的服务作出承诺。专家组发现,此处的措辞与(k)和(l)项几乎完全相同,唯一的区别为:此处的服务提供者"suppliers"为复数,而(k)项为单数"supplier";(k)和(l)项的模式一承诺为:"没有限制"(none)。专家组研究了第一个连字符后面的"其他"(other)和第二个连字符后面的"附属"(auxiliary)两个字的含义,认为这两类服务是指(a)至(f)项之外的服务。也就是说,此处的承诺不包括(d)项,即本案所涉及的电子支付服务。专家组进一步指出,(k)和(l)项属于条款解释的上下文,其措辞与模式一承诺的措辞相同,印证了模式一承诺所指向的是(k)和(l)项的服务。此外,由于(k)和(l)项与(d)项并列,根据服务部门相互排斥的原则,也不能将这三种服务理解为相同的部门。因此,专家组认定,对于(d)项,中国没有作出模式一的市场准入承诺。也就是说,中国没有就电子支付服务作出"跨境交付"的承诺。

关于模式三,"市场准入限制"栏目之相关描述为:"(3) A. 地域限制:对于外汇业务,自加入时起,无地域限制。对于本币业务,地域限制将按下列时间表逐步取消:自加入时起,开放上海、深圳、天津和大连;加入后1年内,开放广州、珠海、青岛、南京和武汉;加入后2年内,开放济南、福州、成都和重庆;加入后3年内,开放昆明、北京和厦门;加入后4年内,开放汕头、宁波、沈阳和西安;加入后5年内,将取消所有地域限制。B. 客户:对于外汇业务:允许外国金融机构自加入时起在中国提供服务,无客户限制。对于本币业务,加入后2年内,允许外国金融机构向中国企业提供服务;加入后5年内,允许外国金融机构向所有中国客户提供服务。获得在中国一地区从事本币业务营业许可的外国金融机构可向位于已开放此类业务的任何其他地区的客户提供服务。C.营业许可:对于金融服务部门的批准标准仅为审慎性的(即不含经济需求测试或营业许可的数量限制)。加入后5年内,应取消现在的限制所有权、经营及外国金融机构法律形式的任何非审慎性措施,包括关于内部分支机构和营业许可的措施。满足下列条件的外国金融机构允许在中国设立独资银行或独资财务公司:提出申请前一年年末总资产超过100亿美元。满足下列条件的外国金融机构允许在中国设立银行分行:提出申请前一年年末总资产超过200亿美元。满足下列条件的外国金融机构允许在中国设立中外合资银行或中外合资财务公司:提出申请前一年年末总资产超过100亿美元。从事本币业务的外国金融机构的资格如下:在中国营业3年,且在申请前连续2年赢利。其他,没有限制。"美国认为,从2006年开始,就电子支付服务,中国就已经没有模式三的市场准入限制。

专家组注意到,中国在适用于外国金融机构的(d)项和模式三方面作出市场准入承诺,对这一点中美双方意见一致。但是,在这些承诺是否限于外国金融机构,以及电子支付服务提供者是否属于外国金融机构方面,双方存在分歧。专家组通过研究"外国金融机构"的含义及减让表的上下文,认定中国承诺中的"外国金融机构"在银行业务方面,包含提供(a)至(f)项金融服务的外国公司。因此,"外国金融机构"包含外国银行、外国金融公司及其他外国非金融机构,包括电子支付服务提供者。专家组认为,认定了其他成员的电子支付服务提供者属于"外国金融机构",就没有必要继续审查中国是否作出适用于非外国金融机构的外国服务提供者的(d)项和模式三承诺。随后,专家组决定审查中国现有的关于外国金融机构通过模式三提供服务的市场准入承诺。

本案中,对于模式三承诺,美国所提出的问题是在中国为其境内人民币支付卡交易提供电子支付服务,指其他成员的电子支付服务提供者的相关业务,即当地货币(人民币)业务。模式三承诺明确提到了本币业务,即在一段过渡期后,外国金融机构可以向所有中国企业和自然人提供服务,而没有地域限制和限制所有权、经营及外国金融机构法律形式的任何非审慎性措施。电子支付服务提供者所服务的企业和自然人包括发卡机构、收单机构、商户、个人或公司持卡人。重要的是,模式三没有通过专营或独家服务提供者的形式限制服务提供者的数量,但提到外国金融机构从事本币业务的资质要求。

基于上述分析,专家组认定,对于包括其他成员电子支付服务提供者的外国金融机构所提供的(d)项下的服务,中国作出模式三承诺;该承诺没有服务提供者数量方面的限制,但有资质限制。因此,中国应当让其他成员的电子支付服务提供者以商业存在形式进入其市场,以便在满足资质要求的条件下在中国从事本币业务。

2. 中国有关措施是否违反了 GATS 第 16 条

专家组首先对已经审查得出结论的涉案措施进行了回顾总结。专家组认为,中国的法律文件要求在中国发行的银行卡标注银联标识,并要求发卡机构成为银联网络的成员,且在中国所发银行卡应达到统一的商业要求和技术标准。中国要求作为全国银行卡银行间处理网络成员的所有终端(ATM 机、商户处理设备和 POS 机)都能够接受标注银联标识的所有银行卡。中国要求收单机构标注银联标识,成为银联网络的成员,并且能够接受标注银联标识的所有银行卡。此外,中国的某些文件授权银联而不是其他的电子支付服务提供者处理某些人民币银行卡交易的结算,这些交易涉及在中国内地发行、在香港或澳门地区使用的人民币银行卡,或者在香港或澳门地区发行在此两地或内地使用的人民币银行卡。但是,专家组认定,对于在中国境内发生的所有人民币银行卡交易,不存在一项普遍的规定,即要求必须使用银联或者将银联作为电子支付服务的唯一提供者。类似地,专家组还认定,对于跨地区或跨行的交易,中国没有禁止使用非银联卡。专家组称,在美国提出的六种措施中,由于专家组没有认定中国采取"唯一提供者要求"和"跨地区/银行要求",因此就不再审查这两种措施是否违反 GATS 第 16 条。但是,由于中国采取了"发卡机构要求""终端要求"和"收单机构要求",并且存在"香港/澳门要求",因此要审查这四种要求是否违反了第 16 条。

此外,专家组指出,由于上面已经认定中国没有作出模式一承诺,所以在这个方面,四种要求都没有违反 GATS 第 16 条。由于中国作出模式三承诺,所以专家组将审查四种要求是否违反第 16 条。具体而言,美国认为,这四种措施通过第 16.2(a)条所指的以"垄断"和"专营服务提供者"的形式,限制了服务提供者的数量,因此专家组就根据该项进行审查。

专家组首先解释了"垄断"(monopoly)、"专营服务提供者"(exclusive service supplier)的含义及两者之间的关系,以及"以……形式"的含义。对于"发卡机构要求""终端要求"和"收单机构要求",专家组指出,虽然认定了这些措施的存在,但还存在进一步的情况。具体而言,对于"发卡机构要求",专家组认为,法律文件并未表明作为银联成员的发卡机构不能在中国加入其他网络,或者满足银联统一商业要求和技术标准的银行卡不得同时满足其他网络的要求。对于"终端要求",法律文件并未表明这种终端不能同时接受标注其他电子支付服务提供者标识的银行卡,即这一要求并未阻碍接受非银联的通过银行间网络处理的银行卡。对于"收单机构要求",法律文件并未表明收单机构不能接受非银联的通过银行间网络处理的银行卡。总之,专家组认为,从性质上看,这些要求并没有对电子支付服务的提供实施数量限制,即没有将银联设定为"垄断"或"专营服务提供者"。此外,法律文件并未以"垄断"还是"专营服务提供者"形式出现,也未表明这些要求对电子支付服务提供者实施了明确的限制。因此,专家组无法认定这些措施违反了 GATS 第 16.2(a)条。

对于"香港/澳门要求",专家组却得出了不同结论。专家组经过详细分析后认为,这些要求以银联垄断的形式,限制了服务提供者的数量。甚至对于达到了模式三条件的其他 WTO 成员的电子支付服务提供者,也有此项限制。因此,专家组认定,此项措施违反了 GATS 第 16.2(a)条。

二、中国的措施是否违反了国民待遇条款

GATS 第 17 条"国民待遇"的规定如下:(1) 对于列入减让表的部门,在遵守其中所列任何条件和限制的前提下,每一成员在影响服务提供的所有措施方面给予任何其他成员的服务和服务提供者的待遇,不得低于其给予本国同类服务和服务提供者的待遇。(2) 一成员可通过对任何其他成员的服务或服务提供者给予与其本国同类服务或服务提供者的待遇形式上相同或不同的待遇,满足第 1 款的要求。(3) 如形式上相同或不同的待遇改变竞争条件,与任何其他成员的同类服务或服务提供者相比,有利于该成员的服务或服务提供者,则此类待遇应被视为较为不利的待遇。

根据先例所确定的三步骤法,专家组认为,要证明违反 GATS 第 17 条,美国必须证明以下三个方面:(1) 在相关服务部门和服务提供方式方面,中国作出国民待遇承诺。(2) 中国的措施是"影响服务提供的措施"。(3) 这些措施对其他成员的服务或服务提供者所给予的待遇,与给予中国同类服务或服务提供者的待遇相比较为不利。专家组按照这三个方面进行分析。专家组指出,其审查仅涉及"发卡机构要求""终端要求"和"收单机构要求";对于美国提出的六种措施中的其他措施,由于专家组没有认定中国采取"唯一提供者要求"和"跨地区/银行要求",因此就不再审查这两种措施是否违反 GATS 第 17 条。对于"香港/澳门要求",由于上面已经认定其在模式三方面违反了第 16 条,因此对于该措施在模式三方面是否违反第 17 条,专家组决定行使司法节制,不予审查。但是,专家组会审查该措施是否违反了模式一的国民待遇承诺。

中国减让表中的相关内容与"市场准入"部分相同,即"部门或分部门"栏目之"银行及其他金融服务"之相关描述为:"(d) 所有支付和汇划服务,包括信用卡、赊账卡和贷记卡、旅行支票和银行汇票(包括进出口结算)"。"国民待遇限制"栏目之相关描述为:"(1) 没有限制……(3) 除关于本币业务的地域限制和客户限制(列在市场准入栏中)外,外国金融机构可以同外商投资企业、非中国自然人、中国自然人和中国企业进行业务往来,无个案批准的限制或需要。其他,没有限制。"美国的主张就是关于以上承诺的。专家组经过详细分析,对于三步骤法中的前两个步骤都作出肯定回答,即在相关服务部门和服务提供方式方面,中国作出国民待遇承诺,且中国的措施是"影响服务提供的措施"。此外,专家组还顺便在这一分析部分认定,"香港/澳门要求"并未违反模式一的国民待遇承诺。专家组随后重点分析了在"发卡机构要求""终端要求"和"收单机构要求"这三项措施方面,中国是否向外国同类服务或服务提供者提供了较为不利的待遇。

对于"发卡机构要求",专家组分析了两个具体因素:银联标识和联网通用(interoperability)。(1) 银联标识。如前所述,中国要求,商业银行在中国发行并能够在跨行人民币交易中使用的人民币银行卡和双币卡,必须在卡的正面标注银联标识,但并未禁止所发的银行卡能够通过非银联的网络进行处理。其结果是,对于其他 WTO 成员的任何电子支付服务提供者来说,要想让中国的商业银行在其网络内发行银行卡,就不得不在银行卡的显著位置标注银联标识。持卡人时刻都会被提醒银联及其网络的存在,而银联正是其他电子支付服务提供者的竞争对手。银联进一步从中国的这一要求中获益了:发卡机构必须在所有卡上标注银联标识且免费,而其他成员的服务提供者则无权要求将其标识标注在银联品牌的卡上,以这样的方式带来的关注提高了银联的知名度。专家组认为,标注银联标识的要求改变了竞争条件,有利于银联,而根据 GATS 第 17.3 条,这就是对其他成员的服务提供者给予了较为不利的待遇。(2)联网通用。中国的发卡机构必须接入银联网络,标注银联标识的银行卡也必须与银联联网通用。其结果是,确保所有发卡用于国内跨行人民币交易的商业银行都是银联的成员,并且确保商业银行的所有银行卡,不论是银联卡还是非银联卡,都能够在银联网络中处理。相比之下,其他成员的服务提供者不得不劝说发卡机构加入其网络,而劝说可能不会成功,或者至少无法达到相同的会员水平。同时,即使能够达到相同的会员水平,这些提供者也要额外花费时间和精力。不仅如此,发卡机构的银行卡要想与其他成员服务提供者的网络联网通用,还必须与银联网络联网通用,而银联品牌的银行卡则不必与其他服务提供者的网络联网通用。专家组认为,联网通用要求改变了竞争条件,有利于银联,而根据 GATS 第 17.3 条,这就是对其他成员的服务提供者给予了较为不利的待遇。

对于"终端要求",中国要求作为全国银行卡银行间处理网络成员的所有终端(ATM 机、商户处理设备和 POS 机)都能够接受标注银联标识的所有银行卡,这就保证了所有标注银联标识的银行卡能够被商业银行和商业终端设备接受,并通过银联网络处理。但是,这一要求并未排除这种终端同时接受标注其他电子支付服务提供者标识的银行卡,也就是并未阻碍接受非银联的通过银行间网络处理的银行卡。其结果是,其他成员的服务提供者可以进入必须接受标注银联标识的银行卡的终端,这些终端随后也通过其网络处理交易。然而,这些服务提供者可能无法进入所有终端,因为与银联标识卡不同的是,商业银行、收单机构和商户可以拒绝其进入。此外,即使达到同等进入水平,这些服务提供者也必须花费比银联更多的时间和精力,而进入银行和商户终端的水平恰恰是对发卡机构和银行卡使用者吸引力及其竞争地位的重要决定性因素。专家组认为,"终端要求"改变了竞争条件,有利于银联,而根据 GATS 第 17.3 条,这就是对其他成员的服务提供者给予了较为不利的待遇。

对于"收单机构要求",中国要求收单机构标注银联标识,成为银联网络的成员,并且能够接受标注银联标识的所有银行卡,但并未要求收单机构不能接受非银联的通过银行间网络处理的银行卡。专家组依据上述"终端要求"的分析思路认定,"收单机构要求"改变了竞争条件,有利于银联,而根据 GATS 第 17.3 条,这就是对其他成员的服务提供者给予了较为不利的待遇。

专家组报告对中国是否在某个具体模式上作出承诺,以及各项措施是否违反 GATS 的市场准入和国民待遇的结论,可以用表格综合表示如下:

措施	市场准入		国民待遇	
	模式一:跨境交付	模式三:商业存在	模式一:跨境交付	模式三:商业存在
发卡机构要求	未承诺	未违反	违反	违反
终端要求	未承诺	未违反	违反	违反
收单机构要求	未承诺	未违反	违反	违反
香港/澳门要求	未承诺	违反	未违反	不分析
唯一提供者要求	美国未能证明中国采取了这一措施			
跨地区/银行要求	美国未能证明中国采取了这一措施			